Funktionen der Günstigkeit im kollektiven Arbeitsrecht

Europäische Hochschulschriften
Publications Universitaires Européennes
European University Studies

Reihe II
Rechtswissenschaft

Série II Series II
Droit
Law

Bd./Vol. 3851

PETER LANG
Frankfurt am Main · Berlin · Bern · Bruxelles · New York · Oxford · Wien

Simone Pahl

Funktionen der Günstigkeit im kollektiven Arbeitsrecht

Eine Untersuchung zum deutschen und französischen Recht

PETER LANG
Europäischer Verlag der Wissenschaften

Bibliografische Information Der Deutschen Bibliothek
Die Deutsche Bibliothek verzeichnet diese Publikation in der Deutschen Nationalbibliografie; detaillierte bibliografische Daten sind im Internet über <http://dnb.ddb.de> abrufbar.

Zugl.: Osnabrück, Univ., Diss., 2003

D 700
ISSN 0531-7312
ISBN 3-631-51600-2

www.peterlang.de

Vorwort

Die vorliegende Arbeit wurde im Sommersemester 2003 vom Fachbereich Rechtswissenschaften der Universität Osnabrück als Dissertation angenommen. Die Literatur und Rechtsprechung wurde soweit möglich bis Juli 2003 berücksichtigt. Insbesondere bei ausländischen Veröffentlichungen war dies jedoch mangels Verfügbarkeit nicht immer realisierbar.

Mein besonderer Dank gilt Frau *Professor Dr. Renate Käppler*, die mich bei der Abfassung dieser Arbeit in vielfältiger Hinsicht unterstützt hat. Sie hatte jeder Zeit ein offenes Ohr für auftretende Fragestellungen und ihr Engagement - auch in ihrer Freizeit - war außergewöhnlich. Ferner haben die von ihr regelmäßig geleiteten Doktorandenseminare zu einem fruchtbaren Gedankenaustausch unter uns Doktoranden geführt und dazu beigetragen, umfangreiche Themenkomplexe zu bewältigen.

Herrn *Professor Dr. Christian von Bar* danke ich für die Erstellung des Zweitgutachtens und seine engagierte Lehre, durch die er mein Interesse an der Rechtsvergleichung geweckt hat.

Schließlich danke ich meinem Mann *Dirk* für seine stets aufmunternden Worte an den vielen Abenden und Wochenenden, die ich mit der Abfassung dieser Arbeit neben meinem Beruf als Rechtsanwältin verbracht habe. Ohne sein Verständnis und seine Unterstützung wäre es sehr viel schwieriger gewesen, diese Arbeit fertigzustellen.

Bad Breisig, im Oktober 2003 Simone Pahl

Inhaltsverzeichnis

EINLEITUNG 1

1. TEIL: DAS GÜNSTIGKEITSPRINZIP IM FRANZÖSISCHEN RECHT 5

1.ABSCHNITT: MÖGLICHE KOLLISIONSKONSTELLATIONEN UND DEREN RECHTLICHE GRUNDLAGEN 6

A. EINFÜHRUNG 6

I. Rechtsquellen und Normenhierarchie 6
1. Besonderheiten des französischen Arbeitsrechts 6
2. Normenhierarchie und Principes généraux du droit 7

II. Normenkonflikte 9

B. KONFLIKTKONSTELLATIONEN 12

I. Konflikte zwischen staatlichen Regelungen 12
1. Konflikte zwischen Gesetz- und Verordnungsgeber 13
a) Zweigleisigkeit bei der staatlichen Normsetzung 13
b) Konsequenzen der Zweigleisigkeit 14
2. Konflikt zwischen Rechtsprechung und Gesetz 16

II. Konflikte zwischen beruflichen Regelungen 17
1. Konflikte zwischen Tarifverträgen 17
a) Strukturell bedingte Konfliktkonstellationen 18
aa) Gewerkschaftspluralität 18
bb) Vielfalt der Verhandlungsebenen und Tarifvertragsarten 21
(1) Der Branchentarifvertrag 21
(2) Der Firmentarifvertrag 21
b) Konflikte bei aufeinander folgenden Tarifverträgen 22
aa) Geltungsbereich 23
(1) Verbandszugehörigkeit des Arbeitgebers 23
(2) Beitritt 24
(3) Allgemeinverbindlichkeit 24
bb) Beendigungsfolgen (Avantages acquis) 26
2. Konflikte zwischen Arbeitsvertrag und Tarifvertrag 27
a) Die Rechtsnatur von Tarifverträgen 27

b) Wiederaufleben von Normen 30
3. Konflikte zwischen Tarifvertrag und accords atypiques 31
4. Konflikte zwischen Arbeitsvertrag/Tarifvertrag und Übungen (Usages) 33

III. Konflikte zwischen staatlichen und beruflichen Regelungen 34

IV. Ergebnis 35

C. LÖSUNGSANSÄTZE 36

I. Grundsätze 36

II. Die einzelnen Konfliktlösungsregeln 37
1. Die zeitlichen Regelungen 37
a) Die zeitlich spätere Regelung (lex-posterior-Regel) 38
b) Die zeitlich frühere Regelung (lex-prior-Regel) 38
2. Das Hierarchieprinzip 39
3. Das Spezialitätsprinzip 40
4. Das Günstigkeitsprinzip 41

2. ABSCHNITT: DIE AUSGESTALTUNG UND DER GELTUNGSBEREICH DES GÜNSTIGKEITSPRINZIPS IM FRANZÖSISCHEN ARBEITSRECHT 42

A. EINFÜHRUNG 43

I. Die historische Entwicklung des Günstigkeitsprinzips 43

II. Der Stand der Diskussion über Natur, Inhalt und Tragweite des Günstigkeitsprinzips 46

B. DIE GESETZLICHE AUSGESTALTUNG DES GÜNSTIGKEITSPRINZIPS 50

I. Art. L. 132-4 CT – Konfliktlösungsregel für das Verhältnis Tarifvertrag - Gesetz? 51
1. Art. L. 132-4 Satz 1 CT 51
a) Gestaltung der Regelungsmacht der Tarifparteien 53
b) Die Regelung auftretender Normenkonflikte 54
aa) Folgen einer Überschreitung der Regelungsmacht 55
bb) Auftretende Fragen im Rahmen späterer gesetzlicher Regelungen 55

c) Zusammenfassung 56
2. Art. L. 132-4 Satz 2 CT 57
a) Der Begriff des „ordre public" im Zivilrecht 58
b) Der Begriff des „ordre public" im Arbeitsrecht 59
aa) Der ordre public absolu 60
bb) Der ordre public social 63
cc) Der ordre public supplétif 65
dd) Zusammenfassung und Ergebnis 66
c) Inhalt und Bedeutung von Art. L. 132-4 Satz 2 CT 67
3. Gesamtbetrachtung von Art. L. 132-4 CT 69
4. Ergebnis 71

II. Art. L. 135-2 CT – Das Günstigkeitsprinzip als Konfliktlösungsregel für das Verhältnis Tarifvertrag - Arbeitsvertrag? 72
1. Inhalt und Bedeutung des Art. L. 135-2 CT 72
a) Problemstellung 72
b) Konfliktlösung 73
2. Abänderbarkeit in melius des Tarifvertrages durch die Arbeitsvertragsparteien 75
a) Zulässigkeit von Abweichungsverboten in Tarifverträgen 76
b) Sind die Regelungen eines Tarifvertrages ordre public absolu? 76
3. Die Übertragbarkeit dieser Vorschrift auf andere Rechtsverhältnisse 78
4. Ergebnis 80

III. Das Günstigkeitsprinzip als Konfliktlösungsregel zwischen Tarifverträgen 80
1. Art. L. 132-13 CT – Das Verhältnis zwischen Tarifverträgen im allgemeinen 80
a) Art. L. 132-13 Absatz 1 CT 81
aa) Inhalt und Bedeutung von Art. L. 132-13 Absatz 1 CT 81
bb) Folgen einer Nichteinhaltung des Verbotes 83
b) Art. L. 132-13 Absatz 2 CT 84
c) Konfliktlösung bei Konflikten unter Tarifverträgen im Rahmen des Art. L. 132-13 CT 85
2. Art. L. 132-23 CT – Das Verhältnis zwischen Branchen- und Firmentarifverträgen 86
a) Existiert eine Hierarchiestruktur unter den Tarifverträgen? 87
aa) Das textliche Argument (Art. L. 132-23 CT) 87
bb) Das historische Argument 87
cc) Stellungnahme 88
b) Art. L. 132-23 Absatz 1 CT 90
c) Art. L. 132-23 Absatz 2 CT 92

d) Konfliktlösung bei Konflikten zwischen Firmen- und Branchentarifvertrag ... 93
3. Ergebnis ... 95

C. DAS GÜNSTIGKEITSPRINZIP ALS ALLGEMEINES RECHTSPRINZIP -ANWENDUNGSBEREICHE AUẞERHALB GESETZLICHER NORMIERUNG - ... 96

I. Die Urteile SNCF und EDF der Cour de Cassation ... 97
1. Inhalt der Urteile ... 97
2. Die Bedeutung der Einordnung des Günstigkeitsprinzip als allgemeines Prinzip des Arbeitsrechts ... 99

II. Das Günstigkeitsprinzip als allgemeine Konfliktlösungsregel – Fallgruppen ... 100
1. Accords atypiques ... 100
a) Konflikt zwischen einem Tarifvertrag und einem accord atypique ... 100
b) Konflikt zwischen accord atypique und usage ... 101
2. Usages ... 102
a) Die Rechtsprechung zu den regionalen und beruflichen Übungen ... 103
b) Die Rechtsprechung zur betrieblichen Übung ... 104
3. Engagement unilatéral ... 107
4. Zusammenfassung und Ergebnis ... 108

3. ABSCHNITT: DER GÜNSTIGKEITSVERGLEICH ... 109

A. DIE IN DER LITERATUR ENTWICKELTEN VERGLEICHSREGELN ... 109

I. Analytischer oder globaler Vergleich? ... 110

II. Individueller- oder kollektiver Vergleich? ... 111

III. Objektive oder subjektive Betrachtungsweise? ... 113

IV. Weitere Vergleichskriterien ... 114

B. DER GÜNSTIGKEITSVERGLEICH IN DER RECHTSPRECHUNG ... 115

I. Vergleich im Verhältnis Tarifvertrag – Gesetz (Art. L. 132-4 CT) ... 116
1. Urteil vom 2. März 1960 ... 116
2. Urteil vom 16. Januar 1985 ... 117
3. Weitere Fallgruppen ... 118

4. Ergebnis 119

II. Vergleich im Verhältnis Tarifvertrag – Arbeitsvertrag (Art. L. 135-2 CT) 120
1. Urteilsanalyse 120
a) Urteil vom 27. Juni 1979 120
b) Urteil vom 15. Oktober 1981 121
c) Urteile vom 3. März 1988 und 23. April 1997 122
d) Urteil vom 19. November 1996 122
2. Ergebnis 123

III. Vergleich bei Konflikten unter Tarifverträgen 124
1. Vergleichskriterien bei den gesetzlich geregelten Fällen 125
a) Urteil vom 11. Januar 1962 125
b) Urteil vom 25. Januar 1984 126
c) Urteil vom 10. März 1988 126
2. Vergleichskriterien bei nachfolgenden Tarifverträgen – avantages acquis 127
a) Urteil vom 12. Februar 1969 128
b) Urteil vom 18. März 1988 129
c) Urteil vom 22. Oktober 1996 130
3. Die Entwicklungen in der neueren Rechtsprechung 131
a) Urteil vom 19. Februar 1997 131
b) Die Entwicklung der Rechtsprechung nach dem Urteil vom 19. Februar 1997 133
aa) Urteil vom 8. Juni 1999 134
bb) Urteil vom 3. November 1999 134
4. Ergebnis 136

C. ERGEBNIS 138

ZUSAMMENFASSUNG UND GESAMTERGEBNIS DES ERSTEN TEILS 141

2. TEIL: DAS GÜNSTIGKEITSPRINZIP IN DEUTSCHLAND - ANALYSE DER RECHTSLAGE UNTER VERGLEICHENDER HINZUZIEHUNG DER FÜR FRANKREICH GEFUNDENEN ERGEBNISSE 143

1. ABSCHNITT: GRUNDLAGEN 144

A. RECHTSQUELLEN UND KONFLIKTKONSTELLATIONEN (ÜBERBLICK) 144

I. Staatliche Rechtsquellen 145

II. Berufliche Rechtsquellen 146

B. GRUNDSÄTZLICHE UNTERSCHIEDE ZUM FRANZÖSISCHEN RECHT 148

I. Tarifbindung 148

II. Gewerkschaftspluralität 148

III. Betriebsverfassung 149

2. ABSCHNITT: GESETZLICHE AUSGESTALTUNG UND FUNKTIONEN DER GÜNSTIGKEIT IM DEUTSCHEN ARBEISTSRECHT 151

A. DIE GESETZLICHE AUSGESTALTUNG DER GÜNSTIGKEITSMAXIME 151

I. Die Funktion der Günstigkeitsmaxime in § 4 III TVG 152
1. Ist § 4 III TVG eine Kollisionsregel? 153
a) Analyse des Gesetzestextes 154
aa) § 4 I Satz 1 TVG 155
bb) § 4 III TVG 157
cc) Zusammenfassung und Ergebnis 158
b) Die Funktion der Vorschriften 158
aa) Rangstufe des Tarifvertrages 158
bb) Einseitige Dispositivität 159
cc) Grenze der Regelungsmacht 160
c) Ergebnis 161

2. Der Wirkungsbereich des § 4 III TVG ... 162
a) Problemfelder ... 162
b) Anwendbarkeit des § 4 III TVG auf vortarifliche günstigere Abmachungen ... 164
aa) Gibt es eine Konfliktlösungsregel im TVG? ... 165
bb) Anwendbarkeit des Günstigkeitsprinzips auf vortarifliche günstigere Abreden ... 166
cc) Ergebnis ... 168
c) Die Anwendbarkeit des Günstigkeitsprinzips im Verhältnis von Betriebsvereinbarung und Tarifvertrag ... 168
aa) Funktion und Geltungsbereich des § 77 III BetrVG ... 169
bb) Anwendbarkeit des Günstigkeitsprinzips auf vortarifliche Betriebsvereinbarungen ... 173
d) Ergebnis ... 175
3. Konsequenzen der Ergebnisse für die Wirkung der Tarifnormen ... 175
a) Schranke der Regelungsmacht ... 176
aa) Sanktionen des Zivilrechts bei Überschreitung der Regelungsmacht ... 176
(1) Nichtigkeit ... 176
(2) Unwirksamkeit ... 177
bb) Lösungsansätze in der arbeitsrechtlichen Literatur ... 178
(1) Nichtigkeit ... 178
(2) Unwirksamkeit ... 179
cc) Stellungnahme ... 179
dd) Zusammenfassung und Ergebnis ... 182
b) Kollisionsregel ... 182
aa) Vernichtende Wirkung ... 182
bb) Überlagernde Wirkung ... 183
4. Konsequenzen der Ergebnisse für das Wiederaufleben von Regelungen ... 184
a) Schranke der Regelungsmacht ... 185
b) Kollisionsregel ... 186
c) Zusammenfassung ... 188
5. Ergebnis ... 189

II. § 28 II Sprecherausschußgesetz ... 189
1. Die Funktion der Günstigkeit in § 28 II SprAuG ... 190
2. Folgen ... 190
a) Anwendbare Kollisionsregel ... 190
b) Wirkung der Regelung und Wiederaufleben ... 191

III. § 12 EntgeltfortzahlungsG und § 13 I BUrlG ... 191
1. Regelungsinhalt ... 192

a) Der Rechtsgeltungswille 192
b) Die Zulässigkeit anderer Abmachungen 192
2. Anwendungsbereich 193

IV. Ergebnis 194

B. ANWENDUNGSBEREICHE AUßERHALB GESETZLICHER NORMIERUNG 195

I. Betriebsverfassungsrecht 195
1. Die Wirkung des Günstigkeitsprinzips im Verhältnis von Betriebsvereinbarung und Arbeitsvertrag 196
a) Kollisionsregel 198
b) Schranke der Regelungsmacht 199
2. Die ablösende Betriebsvereinbarung 200
a) Die Entwicklung des kollektiven Günstigkeitsprinzips durch den Großen Senat des BAG 200
b) Stellungnahme 201
c) Zusammenfassung und Ergebnis 204

II. Tarifkollisionen 204
1. Begriffsklärung: Tarifkonkurrenz, Tarifpluralität 205
2. Die rechtliche Lösung von Tarifkonkurrenzen und Tarifpluralität 207
a) Tarifkonkurrenz 207
aa) Rechtsprechung und Literatur 207
bb) Stellungnahme 208
cc) Zusammenfassung und Ergebnis 211
b) Tarifpluralität 212
aa) Vorhandensein einer Regelungslücke 212
bb) Umgehung der Allgemeinverbindlichkeitserklärung 214

III. Ergebnis 214

C. ERGEBNIS 216

3. ABSCHNITT: DER GÜNSTIGKEITSVERGLEICH 218

A. BESCHÄFTIGUNGSGARANTIE CONTRA LOHNVERZICHT - EIN VERGLEICH ZWISCHEN ÄPFELN UND BIRNEN? 219

I. Vorbemerkung 219

II. Der „Burda – Beschluß“ des BAG vom 20.04.1999 ... 220
1. Beschlußinhalt ... 220
2. Reaktionen ... 222

III. Der Günstigkeitsvergleich im „Burda – Beschluß“ ... 224
1. In Literatur und Rechtsprechung entwickelte Grundsätze ... 224
a) Bezugspunkt, Bewertungsmaßstab und berücksichtigungsfähige Umstände ... 224
b) Vergleichsgegenstand ... 226
aa) Meinungsstand ... 226
bb) Kompensatorische Vereinbarungen ... 228
2. Die Vergleichspraxis des BAG im „Burda – Beschluß“ ... 229
3. Kritik ... 231
a) Unter Zugrundelegung des deutschen Rechts ... 231
b) Unter Zugrundelegung der französischen Vergleichspraxis ... 234
c) Ergebnis ... 236
4. Lösungsansätze ... 236
a) Tatsächliche Gefahrenlage ... 237
b) Wahlmöglichkeit des Arbeitnehmers ... 239

IV. Ergebnis ... 240

B. DER KOLLEKTIVE GÜNSTIGKEITSVERGLEICH ... 242

I. Die Vergleichspraxis des BAG ... 242
1. Der kollektive Günstigkeitsvergleich nach dem Beschluß vom 16.9.1986 ... 243
2. Die Praxis des durchzuführenden Vergleiches ... 244

II. Die Vergleichspraxis der französischen Rechtsprechung ... 246
1. Vergleichskonstellationen ... 246
2. Vergleichstechnik ... 247

III. Ergebnis ... 249

GESAMTERGEBNIS ... 251

LITERATURVERZEICHNIS ... 255

Abkürzungsverzeichnis

a.A.	anderer Ansicht
a.a.O.	am angegebenen Ort
a.M.	anderer Meinung
AcP	Archiv für die civilistische Praxis
AOG	Gesetz zur Ordnung der nationalen Arbeit
AP	Arbeitsrechtliche Praxis
ArbG	Arbeitsgericht
ARS	Arbeitsrechtssammlung, Entscheidungen des Reichsarbeitsgerichts und der Landesarbeitsgerichte (Bensheimer Sammlung)
Art.	Article, Artikel
Artt.	Articles
Ass. plén.	Assemblée plénière de la Cour de Cassation
AT	Allgemeiner Teil
AuA	Arbeit und Arbeitsrecht
Aufl.	Auflage
AuR	Arbeit und Recht
BAG	Bundesarbeitsgericht
BAT	Bundesangestellten Tarifvertrag
BB	Betriebsberater
Beil.	Beilage
BetrVG	Betriebsverfassungsgesetz
Bd.	Band
BGB	Bürgerliches Gesetzbuch
BlStSozArbR	Blätter für Steuerrecht, Sozialversicherung und Arbeitsrecht
Bull. civ.	Bulletin des arrêts de la Cour de Cassation, Chambres civiles (Chambre sociale: zitiert nach Teil, Nummer)
BUrlG	Bundesurlaubsgesetz
BVerfG	Bundeverfassungsgericht
BVerfGE	Offizielle Sammlung der Entscheidungen des Bundesverfassungsgerichts
Cass. pen.	Cour de Cassation, chambre pénal
Cass. soc.	Cour de Cassation, chambre social
CE Conseil d'État	
CFDT	Confédération Française Démocratique du Travail
CFTC	Confédération Française des Travailleurs Chrétiens

CGT	Confédération Générale du Travail
CGT-FO	Confédération Générale du Travail, Force Ouvrière
CGPME-PR	Confédéraion Générale des Petites et Moyennes Entreprises et du Patronat Réel
CNPF	Conseil National du Patronat Français
CT	Code du travail
D.	Recueil Dalloz (von 1854 – 1940 Recueil périodique et critique Dalloz; von 1941 - 1944 Recueil critique Dalloz, von 1945 – 1964 Recueil Dalloz de doctrine, de jurisprudence et de législation, seit 1965 Recueil Dalloz-Sirey)
DB	Der Betrieb
ders.	derselbe
dies.	dieselbe
d.h.	das heißt
Dr. ouvr.	Droit ouvrier
Dr. soc.	Droit social
Dr. trav.	Droit du travail
ed.	Édition
EDF	Électricité de France (Staatliches Stromversorgungsunternehmen)
ErfKomm	Erfurter Kommentar
EU	Europäische Union
EzA	Entscheidungssammlung zum Arbeitsrecht
fasc.	fascicule
FAZ	Frankfurter Allgemeine Zeitung
Fn.	Fußnote
FS	Festschrift
GG	Grundgesetz
GK	Gemeinschaftskommentar
GS	Großer Senat
Halbb.	Halbband
h.M.	herrschende Meinung
Hrsg.	Herausgeber
HStR	Handbuch des Staatsrechts

I.N.S.E.E.	Institut national de la statistique et des études économiques
I.R.	Recueil Dalloz, Informations Rapides
J.-Cl. trav.	Juris-Classeur, Traité de droit du travail
J.C.P.	La Semaine Juridique, Juris-Classeur Périodique, Édition Générale (zit. nach Jahr, Teil und Ordnungdnummer)
J.C.P., éd. C.I.	La Semaine Juridique, Juris-Classeur, Périodique, Édition Commerce et Industrie
J.C.P., éd. E	La Semaine Juridique, Juris-Classeur Périodique, Édition Entreprise
J.O.	Journal Officiel de la République Française, Édition de Lois et Décrets
Jus	Juristische Schulung
JZ	Juristen Zeitung
L.	loi
LAG	Landesarbeitsgericht
Liais. soc.	Liaisons sociales
MünchArbR	Münchener Handbuch zum Arbeitsrecht
MünchKomm	Münchener Kommentar
n°	Nummer
NJW	Neue Juristische Wochenschrift
Nr.	Nummer
NRW	Nordrheinwestfalen
m.w.N.	mit weiteren Nachweisen
NZA	Neue Zeitschrift für Arbeitsrecht
RAG	Reichsarbeitsgericht
RAGE	Offizielle Sammlung der Entscheidungen des Reicharbeitsgerichts
RdA	Recht der Arbeit
Rdnr.	Randnummer
Rev. trim. de droit civil	Revue trimestrielle de droit civil
RGBl.	Reichsgesetzblatt
R.I.D.C.	Revue internationale de droit comparé
RJS	Revue de la jurisprudence sociale

SAE	Sammlung arbeitsrechtlicher Entscheidungen
SMIC	Salaire minimum interprofessionel de croissance
SNCF	Société nationale de chemins de fer français (Staatliche französische Eisenbahn)
somm.	Sommaire
SprAuG	Sprecherausschußgesetz
TGI	Tribunal de grande instance
TVG	Tarifvertragsgesetz
TVVO	Tarifvertragsordnung
Überbl	Überblick
U.I.M.M.	Union des Industries Métallurgiques et Minières
UrlG	Urlaubsgesetz
Urt.	Urteil
Vorbm.	Vorbemerkung
vgl.	vergleiche
z.B.	zum Beispiel
ZfA	Zeitschrift für Arbeitsrecht

Einleitung

Das Günstigkeitsprinzip im Arbeitsrecht war in den vergangenen Jahren Gegenstand zahlreicher Diskussionen und schriftlicher Abhandlungen. Betrachtet man die Vielzahl der Autoren, die sich mit diesem Thema beschäftigt haben und den Umfang der erschienenen Veröffentlichungen, drängt sich unmittelbar der Eindruck auf, dieses Rechtsinstitut müsse längst dogmatisch aufbereitet und wissenschaftlich ausdiskutiert sein. Daß dieser Schein trügt, macht der „Burda-Beschluß" des Bundesarbeitsgerichts vom 20.04.1999[1] und die sich hieran anschließende rege Diskussion in der Fachwelt deutlich. Bei einer Analyse der Entscheidung und der Fachpresse tritt in Teilbereichen eine grundverschiedene Auffassung über Umfang, Reichweite und Ausgestaltung des Günstigkeitsprinzips zwischen den einzelnen Autoren und der Rechtsprechung zu Tage und es wird offensichtlich, daß trotz der bestehenden Fülle an Literatur und Rechtsprechung noch immer nicht alle Facetten dieses umfangreichen Prinzips beleuchtet worden und viele Fragen noch immer ungeklärt sind.
Dennoch hat es den Anschein, daß neue Ideen und Lösungsansätze in den letzten Jahren kaum entwickelt worden sind und daß sich die Lehre in ihren Argumentationsstrukturen im Kreis dreht. Es ist daher an der Zeit, den nächsten Schritt zu tun und einmal über den deutschen Horizont hinauszublicken. Ein Blick in die Rechtsordnungen unserer europäischen Nachbarn kann helfen, unser eigenes System besser zu verstehen, Probleme zu erkennen und eventuell Lösungen zu finden, falls dort ähnliche Schwierigkeiten zu bewältigen sind.

Als Vergleichspartner bietet sich Frankreich an. Ein Vergleich mit diesem Land läßt fruchtbare Ergebnisse erhoffen, weil dort zum einen ähnliche geschichtliche Wurzeln vorhanden sind und weil zum anderen ein erster Blick in den Code du Travail zeigt, daß das Günstigkeitsprinzip in diesem Land eine gesetzliche Normierung für weit mehr Bereiche erfahren hat als in der Bundesrepublik. Es ist daher zu erwarten, daß sich im französischen Recht unter Umständen andere Wege und Lösungsansätze zur Bewältigung der gleichen Problempunkte finden werden. Darüber hinaus lassen zwei kontroverse Urteile der obersten Gerichte in Deutschland und Frankreich zur Frage der Einbeziehbarkeit einer Beschäftigungsgarantie in den Günstigkeitsvergleich vermuten, daß sich in beiden Ländern zu einzelnen Fragestellungen abweichende Meinungen gegenüberstehen.

Das Bundesarbeitsgericht hatte sich in seinem „Burda-Beschluß" vom 20.04.1999 unter anderem mit Fragestellungen im Zusammenhang mit einem „Bündnis für Arbeit" auseinanderzusetzen.[2] Die mit Spannung erwartete Antwort auf die Frage, ob eine Beschäftigungsgarantie gegen Lohnverzicht in den Günstigkeitsvergleich einbezogen werden kann, fiel eher enttäuschend aus. „Äp-

---

1 AP Nr. 89 zu Art. 9 GG.
2 AP Nr. 89 zu Art. 9 GG.

fel und Birnen könnten nicht miteinander verglichen werden." Die dogmatische Begründung für diese Entscheidung fällt sehr kurz aus und wirft mehr Fragen auf, als beantwortet werden. Ihre Unentschlossenheit bei der Lösung dieses in den letzten Jahren in der praktischen Handhabung des Günstigkeitsvergleichs ständig gewachsenen Problempunktes dokumentieren die Richter des obersten Arbeitsgerichts des Bundes darüber hinaus in ihrer Urteilsaussage, der Gesetzgeber müsse zunächst tätig werden, um eine andere Entscheidung zu ermöglichen. Der bestehende „Gordische Knoten" kann nach Meinung der „Erfurter Richter" damit nur durch die Legislative zerteilt werden.

Ganz anders ist indessen die Entscheidungspraxis der Cour de Cassation in dieser Frage. Bereits im Februar 1997[3] hatte der oberste französische Gerichtshof über eine ähnliche Fallgestaltung zu entscheiden. Zwei konkurrierende Tarifverträge, von denen einer eine Beschäftigungsgarantie gegen Lohnverzicht enthielt, standen in Konflikt zueinander. Es galt nunmehr zu bestimmen, welcher dieser Verträge anzuwenden war. Die Entscheidung fiel in diesem Fall zu Gunsten des Tarifvertrages mit Lohnverzicht aus. Die Cour de Cassation läßt die Einbeziehung einer Beschäftigungsgarantie in den Günstigkeitsvergleich zu.

Aufgrund dieser kontroversen Standpunkte der beiden Gerichtshöfe ist damit zu rechnen, dass eine nähere Beleuchtung der Entscheidungshintergründe hinsichtlich der Rolle des Günstigkeitsprinzips bei der Lösung von Tarifkonkurrenzen und die Art und Weise der Durchführung des Günstigkeitsvergleichs in Frankreich für das deutsche Recht hilfreiche Ansatzpunkte für Problemlösungen bieten kann und dazu anregt, unsere Argumentationsstrukturen zu überdenken. Ferner wird sich im Rahmen der Urteilsanalysen unter anderem die Frage stellen, ob es sich bei dieser Entscheidung wirklich um ein événement (Ereignis) handelt, wie *Couturier* dieses Judikat in seiner Urteilsanmerkung[4] bezeichnet hat oder doch nur um eine „Eintagsfliege", die in der französischen Rechtswirklichkeit tatsächlich keine Rolle spielt.

Des weiteren wird die Frage zu beantworten sein, inwieweit dieser „revolutionäre Funke aus Frankreich", wie *Frik* ihn nennt[5], auf das bundesdeutsche Recht übertragbar ist oder ob in Frankreich eventuell doch andere rechtliche Voraussetzungen gegeben sind, die einen konkreten Vergleich und eine Übertragbarkeit nicht zulassen. Auch wird zu klären sein, ob die deutsche Arbeitsgerichtsbarkeit aufgrund der Entscheidung der Cour de Cassation „in Zugzwang" geraten ist[6] oder ob es sich insoweit vielleicht doch um eine zu schnell gezogene Schlußfolgerung handelt.

---

[3] Dr. soc. 1997, S. 432 f.
[4] Dr. soc, 1997, S. 433.
[5] *R. Frik*, NZA 1998, S. 525 (526).
[6] So *R. Frik*, NZA 1998, S. 526.

Um die oben aufgeworfenen Fragestellungen zu beantworten, bedarf es zunächst einer umfassenden Analyse und Darstellung der französischen Rechtslage im Hinblick darauf, in welchen Konstellationen das Günstigkeitsprinzip zur Anwendung gelangt und in welcher Funktion es jeweils in Erscheinung tritt. In einem ersten Teil werden daher anhand der gesetzlichen Normierung des Günstigkeitsprinzips in Frankreich die verschiedenen Funktionen der Günstigkeit sowie die Durchführung des Günstigkeitsvergleichs herausgearbeitet. Mit vergleichendem Blick auf die für Frankreich gefundenen Ergebnisse werden dann in einem weiteren Schritt (Teil 2) die Funktionen der Günstigkeit im deutschen Arbeitsrecht dargestellt, um zu klären, ob die im deutschen Rechtskreis für die Interpretation des Günstigkeitsprinzips zugrundegelegten Prinzipen zu korrigieren sind. Schließlich erfolgt eine Überprüfung einiger für das deutsche Recht wichtiger Problempunkte dahingehend, ob für Frankreich gefundene Ergebnisse auf die deutsche Situation übertragbar sind und neue Wege für die Lösung von Problemkonstellationen aufzeigen können.

Ausgangspunkt der Analyse der Rechtslage ist die Funktion der Günstigkeitsmaxime, die diesem Prinzip in beiden Rechtskreisen übereinstimmend als weithin einzige zugeordnet wird, nämlich die Aufgabe als Kollisionsregel zu dienen. Ausgehend von dieser Funktion wird überprüft, ob es sich bei den gesetzlichen Vorschriften um Kollisionsregeln handelt oder ob der Günstigkeitsmaxime andere Aufgaben zugeordnet werden.[7]

---

[7] Zielsetzung der vorliegenden Arbeit ist nur ein Vergleich der nationalen Rechtsordnungen. Soweit das Günstigkeitsprinzip z.B. über Art. 30 EGBGB und das Römer Übereinkommen vom 19. Juni 1980 als Kollisionsregel auch Eingang in das internationale (deutsche) Arbeitsrecht gefunden hat, können sich die im internationalen (deutschen) Arbeitsrecht stellenden Fragen wegen der besonderen Ausrichtung dieser Arbeit jedoch nicht berücksichtigt werden.

1. Teil: Das Günstigkeitsprinzip im französischen Recht

In der französischen Literatur wird das Günstigkeitsprinzip als Kollisionsregel angesehen, die in vielen Bereichen des Arbeitsrechts zur Anwendung gelangt.[8] Die Rechtsprechung hat dieses Prinzip ebenfalls als allgemeine Kollisionsregel anerkannt.[9] Andere Funktionen der Günstigkeit werden - soweit ersichtlich - unter den französischen Autoren nicht ernsthaft diskutiert.[10] Eine Konfliktlösungsregel gelangt jedoch erst dann zur Anwendung, wenn tatsächlich Konflikte zwischen Regelungen auftreten. Das gilt für die Konstellationen, in denen zwei Regelungen gleichzeitig rechtswirksam sind, die den selben Regelungsgegenstand auf unterschiedliche Weise ordnen und deren Regelungsgeber die Kompetenz hatten, die Regelung zu erlassen.[11]

Im Arbeitsrecht nehmen traditionell mehrere Rechtsetzer Einfluß auf die inhaltliche Ausgestaltung des jeweiligen Arbeitsverhältnisses. Aufgrund der Kompetenzen des Staates, der Tarifpartner, des Arbeitgebers und der Arbeitsvertragsparteien besteht die Möglichkeit, daß eine Vielzahl von Regelungen nebeneinander existieren und miteinander konkurrieren. Anzahl, Art und Umfang auftretender Konkurrenzen sind in den einzelnen Rechtssystemen verschieden. Sie sind in der Rechtsordnung eines Landes selbst angelegt und haben ihren Ursprung unter anderem in der jeweiligen Geltungs- und Wirkungsweise einer Vorschrift. Welche Konfliktkonstellationen aufgrund der im französischen Arbeitsrechts bestehenden konkurrierenden Regelungskompetenzen entstehen können, soll im Folgenden als Basis für die später zu prüfende Frage geklärt werden, in welchen Konstellationen das Günstigkeitsprinzip in seiner Funktion als Kollisionsregel zur Anwendung gelangt.

---

8 *Y. Chalaron*, Études offertes à Gérard Lyon-Caen, S. 243 ff.; *A. Jeammaud*, Dr. soc. 1999, S. 115 ff.

9 So das Urteil der Cour de Cassation vom 17. Juli 1996, Dr. soc. 1996, S. 1053; Conclusions des Generalanwalts *P. Lyon-Caen*, Dr. soc. 1996, S. 1049 ff.; Anmerkung von *J. Savatier*, Dr. soc. 1996, S. 1054 ff.

10 So erwähnt *Nikitas Aliprantis* die unterschiedlichen Funktionen der Günstigkeit in einem Aufsatz aus dem Jahr 1987 (R.I.D.C., S. 7 ff.) nur am Rande und andere Autoren stoßen bei ihren Deutungsversuchen dieses Prinzips häufiger an nicht zu erklärende Grenzen, ohne hieraus jedoch Konsequenzen zu ziehen.

11 Vgl. *N. Aliprantis*, R.I.D.C. 1987, S. 7 (10f.).

1. ABSCHNITT: MÖGLICHE KOLLISIONSKONSTELLATIONEN UND DEREN RECHTLICHE GRUNDLAGEN

A. Einführung

I. Rechtsquellen und Normenhierarchie

1. Besonderheiten des französischen Arbeitsrechts

Es gibt kaum ein Rechtsgebiet, das über eine derartig große Anzahl von Rechtsquellen verfügt, wie das Arbeitsrecht[12]. In Frankreich besteht darüber hinaus die Besonderheit, daß die ohnehin bestehende Vielfalt verschiedener Normgeber durch einen historisch gewachsenen Dualismus zwischen staatlichen und beruflichen[13] Normsetzern geprägt wird, der in einem tiefen Mißtrauen des Staates gegenüber der Tarifautonomie begründet liegt. Der französische Gesetzgeber sieht sich bis heute bisweilen veranlaßt, dirigistisch in die Tarifpolitik einzugreifen. So wurde erst im Jahr 2000 von „Staats wegen" die 35-Stunden-Woche in den Betrieben eingeführt.[14] Darüber hinaus sind einige Gesetze so ausführlich gestaltet, daß den Tarifparteien kaum noch Regelungsmöglichkeiten verbleiben.[15] Daher kann berechtigterweise mit *Savatier* festgestellt werden, daß das französische Arbeits- und Tarifvertragsrecht seinen Ursprung in Gesetzen und Verordnungen hat.[16] Denn lange Zeit bildeten Gesetze und Verordnungen die nahezu einzige Grundlage des französischen Arbeits- und Tarifrechts, während von Koalitionen frei ausgehandelte Verträge nur selten vorkamen.[17] Die Ursache für diese Entwicklung ist unter anderem in einer jahrelangen Skepsis der Tarifparteien gegenüber Tarifverträgen zu suchen.

Als das erste Tarifvertragsgesetz im Jahre 1919 erlassen und damit eine rechtliche Grundlage für die Aushandlung von Tarifverträgen gebildet wurde[18], wurde

---

12 Zu den Rechtsquellen im französischen Arbeitsrecht allgemein siehe *Th. Gaillard,* Généralités et sources, J.-Cl. trav. fasc. 1-10, S. 2 ff.; *Jura Europae*, 30.00; *Delamotte/Marchand,* Le droit du travail en pratique, S.49 ff. ; *J.-E. Ray*, Droit du travail, S. 17 ff.; *D. Gatumel,* Le droit du travail en France, S. 389 ff.

13 Der Begriff der beruflichen Normgeber oder Normen wird verwandt von *Delamotte/Marchand,* Le droit du travail en pratique, S. 55 und *D. Gatumel,* Le droit du travail en France, S. 390.

14 Siehe das Gesetz n° 2000-37 vom 19 Jan. 2000, JO 20. Jan. 2000, S. 975.

15 Als Beispiel kann hier das Tarifrecht genannt werden, das Verhandlungspflichten und Inhalte häufig bis ins Detail regelt, so daß den Tarifparteien nur noch wenig Spielraum bleibt. Eine ähnliche Tendenz läßt sich auch für weitere Teilbereiche des Code du Travail erkennen.

16 *J. Savatier*, in: Festschrift für H.C. Nipperdey, Band II, S. 567.

17 Vgl. *F. Kessler,* BlStSozArbR 1983, S. 369.

18 Gesetz vom 25. März 1919.

dennoch keine Tarifgemeinschaft geschaffen, wie dies in der Weimarer Republik zur gleichen Zeit der Fall war.[19] Dieses Gesetz bewirkte in Frankreich eher das Gegenteil, da Arbeitgeber und Gewerkschaften dem Abschluß von Tarifverträgen äußerst kritisch gegenüber standen und sich weigerten, Verhandlungen aufzunehmen, sofern sie nicht durch Arbeitskämpfe hierzu gezwungen wurden. In den Folgejahren wurden die Positionen und Handlungsspielräume der Koalitionen - bis auf einige Zeiten der Unterbrechung - zwar gestärkt, dennoch hat der Staat immer wieder steuernd in die Arbeits- und Tarifpolitik durch Gesetze und Verordnungen eingegriffen. Auf diese Weise entstand ein Dualismus zwischen Staat und Tarifvertragsparteien, der eine Aufteilung der Rechtsquellen nach staatlichen und beruflichen Normsetzern als sinnvoll erscheinen läßt.[20]

2. Normenhierarchie und Principes généraux du droit

Obwohl eine Aufteilung in staatliche und berufliche Normsetzer zweckmäßig ist, hat sich auch in Frankreich die Darstellung der verschiedenen Abhängigkeits- und Hierarchieebenen[21] in Form einer Normenpyramide durchgesetzt.[22] Die Einordnung der Normen in eine Hierarchiestruktur sagt unter anderem etwas darüber aus, welche Durchsetzungskraft eine Norm gegenüber einer anderen besitzt. Die Regel ist, daß die hierarchisch niedrigere Norm in ihrem Regelungsinhalt nicht von der hierarchisch höheren abweichen darf.[23] Hiervon kann das Günstigkeitsprinzip sowohl für die Regelungen der staatlichen, als auch für die Rechtsetzungsakte der beruflichen Normgeber eine Ausnahme bilden.[24]

---

19 Vgl. *F. Kessler*, BlStSozArbR 1983, S. 369.

20 Dieser Einteilung wird in der weiteren Darstellung gefolgt werden, obwohl nur wenige französische Autoren diese Unterteilung vornehmen.

21 Einzelne Fragen der Normenhierarchie sowie deren theoretischer Hintergrund sollen an dieser Stelle nicht dargestellt werden. Siehe hierzu *N. Aliprantis*, thèse, S. 39 ff.

22 Die Verwendung einer solchen Pyramide dient hier nur der Einfachheit und der Übersichtlichkeit der Darstellung. Da die Pyramiden in der Regel für Normenstrukturen im öffentlichen Recht entwickelt worden sind, helfen sie oft dort nicht weiter, wo privatautonome Regelungen in Frage stehen. Denn in diesen Fällen besteht häufig kein Abhängigkeitsverhältnis der Regelungen, auf das solche Pyramiden aufbauen. Daher wird in Frankreich wie auch in Deutschland vereinzelt die Auffassung vertreten, eine Hierarchie unter den verschiedenen privatautonomen Regelungen existiere nicht (vgl. *Y. Chalaron*, Négociations et accords collectifs d'entreprise, S. 344.) Da jedoch die weitaus größere Anzahl der Autoren solche Hierarchiepyramiden verwendet, wird sie an dieser Stelle vorgestellt, stets aber in dem Wissen um die Problematik einer solchen Darstellung.

23 *H. Kelsen*, Theorie der Normen.

24 Siehe hierzu unten im 2. Abschnitt.

Im Wesentlichen ist folgende schematische Darstellung gebräuchlich[25]:

Neben den hier aufgeführten Regelungswerken stehen die Principes généraux du droit oder du droit du travail (eine weitere Besonderheit des französischen Rechts), die stets zu beachten sind.

Bei den principes généraux du droit oder du droit du travail handelt es sich um übergesetzliche Rechtsprinzipien des nationalen oder des supranationalen Rechts, die von der Rechtsprechung zu berücksichtigen sind. Sie stellen eine besondere, eigenständige Rechtsquelle für die Fälle dar, in denen eine Regelungslücke im Gesetz besteht. Bevorzugt wird diese Art der Lückenschließung vom Conseil d'État angewandt, der diesen „fundamentalen Rechtsprinzipien des Arbeitsrechts" den gleichen Stellenwert einräumt, wie einem Gesetz.[26]

Zur Erläuterung und Verdeutlichung sei hier kurz ein Judikat aus dem Jahr 1973 dargestellt: In einer Entscheidung vom 8. Juni 1973[27] hatte der Conseil d'État

[25] Die Grundform dieser Pyramide wurde dem Lehrbuch von *J.-E. Ray*, Droit du travail, S. 24 entnommen und um zusätzliche Punkte erweitert.

[26] Der Conseil d'État hat seine Rechtsprechung jüngst wieder mit Urteil vom 27. Juli 2001, RJS 2002, S. 87, n° 107 bestätigt. Siehe zu diesem Urteil *F. Bocquillon*, De l'autorité du „principe de faveur", RJS 2002, S. 9 f.

[27] J.C.P. 1975 II 17957 mit Anmerkung *Y. Saint-Yours*.

über die Frage zu entscheiden, ob eine Gemeindeangestellte, deren Arbeitsverhältnis nicht unter die Regelungen des Code du Travail fiel und auf die daher auch nicht die Bestimmungen über den Mutterschutz anwendbar waren, dennoch die Rechte aus diesen Vorschriften in Anspruch nehmen konnte. Der Conseil d'État hat das Problem dahingehend gelöst, daß er den Mutterschutz als ein „principe général en droit du travail" qualifizierte und die Lücke in dem Personalstatut, das für den Arbeitsvertrag der Klägerin galt, durch entsprechende Anwendung der Vorschriften des Code du Travail schloß. Hier wird deutlich, daß bestimmte Grundsätze des Arbeitsrechts - aber auch des supranationalen und anderer Rechtsgebiete des nationalen Rechts - für so bedeutend erachtet werden, daß von ihnen trotz fehlender gesetzlicher Grundlage zur Lückenschließung in anderen Fallkonstellationen Gebrauch gemacht wird. Die Entwicklung der „principes généraux du droit" ist ständig im Fluß, so daß regelmäßig neue Grundsätze hinzukommen.[28]

In einem Urteil aus dem Jahre 1996[29] hat die Cour de Cassation auch das Günstigkeitsprinzip in seiner Funktion als allgemeine Kollisionsregel als principe général du droit du travail anerkannt. Damit hat sie einerseits die besondere Bedeutung dieses Prinzips herausgestellt. Andererseits wurde zum Ausdruck gebracht, daß es Sachverhalte im französischen Arbeitsrecht gibt, die trotz einer im Verhältnis zum deutschen Recht sehr umfangreichen gesetzlichen Normierung des Günstigkeitsgedankens in diesem Rechtsgebiet keine gesetzliche Regelung erfahren haben, so daß es einer Lückenschließung bedarf.[30]

Bei einer Vielfalt von Regelungssetzern, wie sie sich aus dem obigen Schema ergibt, kommt es zwangsläufig zu Überschneidungen bei den Kompetenzen und hierdurch bedingt zu Normenkonflikten.[31]

II. Normenkonflikte

Ein Normenkonflikt besteht immer dann, wenn zwei Normen denselben Regelungsgegenstand, wie z.B. den Urlaubsanspruch, auf unterschiedliche Weise re-

---

28 Als weitere allgemeine Rechtsprinzipien sind anerkannt, das Recht auf einen Lohn, der dem SMIC entspricht, das Verbot der Verhängung von Geldstrafen im Rahmen von Personalstatuten, der Grundsatz der freien Aushandelbarkeit des Gehaltes zwischen Arbeitnehmer und Arbeitgeber. Die Aufzählung ist keinesfalls vollständig. Für weitere Einzelheiten siehe *Lyon-Caen/Pélissier/Supiot*, Droit du travail, Rdnr. 64 sowie *M.-L. Morin*, Le droit des salariés à la négociation collective principe général du droit, die sich in diesem Buch ausführlich mit der Frage auseinandersetzt, was unter einem Rechtsprinzip im französischen Arbeitsrecht zu verstehen ist und *A. Jeammaud*, Dr. soc. 1982, S. 618 ff., der sich in diesem Aufsatz mit der Frage auseinandersetzt, welche Rechtsprinzipien es im französischen Arbeitsrecht gibt.

29 Cass. soc. 17. Juli 1996, Dr. soc. 1996, S. 1053.

30 Diese Fragen werden unten im 2. Abschnitt unter C behandelt.

31 Vgl. auch *G. Borenfreund*, Dr. soc. 1996, S. 465 ff.

geln, und beide Regelungen gleichzeitig Rechtswirksamkeit in Bezug auf den zu regelnden Gegenstand beanspruchen.[32]
Damit ein solcher Konflikt entstehen kann, sind folgende Voraussetzungen erforderlich:

1. Der jeweilige Normsetzer hat die Kompetenz, die entsprechende Regelung zu erlassen.
2. Die Normen sind rechtsgültig zu Stande gekommen.
3. Keine der konkurrierenden Vorschriften ist dispositiv.

Da Disposivität bedeutet, daß eine dispositive Norm in bestimmten Regelungskonstellationen ihren Geltungsanspruch zurücknimmt und hinter einer anderen Norm zurücktritt, kann in diesen Fällen schon keine Konfliktsituation auftreten. Denn die dispositive Regelung ist eine Konfliktvermeidungsnorm, sie läßt es erst gar nicht zu einer Konfliktsituation kommen.
Das ist beispielsweise der Fall, wenn in einem Arbeitsvertrag ein längerer, als der gesetzliche Urlaub vereinbart wird, da Art. L. 223-6 CT bestimmt, daß die Vertragsparteien von der gesetzlichen Norm zu Gunsten der Arbeitnehmer abweichen dürfen. Die gesetzliche Vorschrift nimmt somit in den Fällen der günstigeren Regelung in einem Arbeitsvertrag ihren Geltungsanspruch selbst zurück und vermeidet so einen Konflikt.[33] Disposivität herzustellen, scheint damit eine der Funktionen der Günstigkeitsmaxime zu sein, die im französischen Recht anzutreffen sind.[34]

In den Fällen, in denen die oben dargestellten Voraussetzungen erfüllt sind, stellt sich weiterhin die Frage, welche Art von Regelungskonflikt vorliegt und wie er zu lösen ist.[35] Die Arten der möglichen Regelungskonflikte sind vielfältig.[36] Vorgestellt werden an dieser Stelle nur Tatbestands- und Rechtsfolgenkonflikte, da sie allein im weiteren Verlauf der Untersuchung von Bedeutung sein können.

---

[32] *H. Kelsen,* Allgemeine Theorie der Normen, S. 99, der insoweit noch weiter differenziert.

[33] Auch ein Vertragswerk selbst kann in einer Vorschrift bestimmen, daß die Vorschriften dieses Vertrages im Falle einer Regelung des gleichen Gegenstandes durch einen anderen Vertrag oder ein anderes Regelungswerk hinter diese Vorschriften zurücktreten. So könnte z.B. in einem Branchentarifvertrag geregelt werden, daß für den Fall der Regelung der gleichen Gegenstände in einem Firmentarifvertrag die Vorschriften des Branchentarifvertrages nicht anwendbar sind oder umgekehrt.

[34] Diese Frage soll an dieser Stelle nur angerissen werden. Dargestellt wird diese Funktion unten im 2. Abschnitt unter B I.

[35] Zu den verschiedenen Lösungsmöglichkeiten siehe unten unter C.

[36] Ausführlich *H. Kelsen,* Theorie der Normen, S. 99 f.

Eine Rechtsnorm ist grundsätzlich zweiseitig aufgebaut. Sie besteht aus einer Tatbestands- und einer Rechtsfolgenseite[37]. Konflikte können auf beiden Seiten auftreten.[38] Ein Tatbestandskonflikt liegt z.B. dann vor, wenn ein Tarifvertrag vorsieht, daß ein Arbeitnehmer ab einer Betriebszugehörigkeit von 10 Jahren 6 Wochen Urlaub im Jahr erhält, dem Arbeitnehmer aber laut Arbeitsvertrag der sechswöchige Urlaub bereits ab einer Betriebszugehörigkeit von 5 Jahren zusteht. Um einen Rechtsfolgenkonflikt handelt es sich dann, wenn der Tarifvertrag bei einer Betriebszugehörigkeit von 5 Jahren 5 Wochen Urlaub vorsieht, während dem Arbeitnehmer laut Arbeitsvertrag ab einer Betriebszugehörigkeit von 5 Jahren 6 Wochen Urlaub zustehen.
Solange reine Tatbestands- oder Rechtsfolgenkonflikte vorliegen, die quantifizierbare Aspekte betreffen, besteht in der Regel kein Problem, das Günstigkeitsprinzip als Konfliktlösungsregel auf diese Konstellation anzuwenden. Denn hier können konkrete Zahlen miteinander verglichen werden. Problematisch hingegen sind die Fallkonstellationen, in denen sich gestaffelte Gruppen von Ansprüchen (z.B. eine Staffelung der Urlaubstage je nach Alter, wie z.B. häufig in Tarifverträgen zu finden) oder Regelungen gegenüberstehen, bei denen ein anspruchsfremdes Vergleichskriterium miteinbezogen wird, wie dies bei einem Vergleich zwischen Lohnverzicht gegen Arbeitsplatzgarantie der Fall ist. Tritt dieser Umstand ein, ist ein Einzelvergleich in der Regel unsinnig oder nicht möglich, so daß besondere Vergleichskriterien entwickelt werden müssen, um hier praktikabele Lösungen zu finden.[39]

Normenkonflikte sind aufgrund der Regelungsvielfalt im Arbeitsrecht in den unterschiedlichsten Konstellationen anzutreffen. Zur Auflösung solcher Konfliktsituationen werden Konfliktlösungsregeln wie das Günstigkeitsprinzip benötigt. Ziel dieser Untersuchung ist es unter anderem, herauszufinden, welcher Stellenwert dem Günstigkeitsprinzip im französischen Recht in seiner Funktion als Konfliktlösungsnorm zukommt. Die Beantwortung dieser Frage fällt leichter, wenn zuvor die Konstellationen bekannt sind, die häufig einen Regelungskonflikt entstehen lassen und daher eine Konfliktlösungsregel erfordern.

---

37 Siehe *Larenz*, Methodenlehre der Rechtswissenschaft, S. 250 ff.; *H. Kelsen*, Reine Rechtslehre, S. 73 ff.
38 Vgl. *N. Aliprantis*, R.I.D.C. 1987, S. 7 (13).
39 Zu diesen Fragen siehe unten im 3. Abschnitt im Rahmen des Günstigkeitsvergleichs.

B. Konfliktkonstellationen

Legt man für die folgende Untersuchung eine Einteilung in staatliche und berufliche Normen zugrunde, so sind drei verschiedene Konfliktebenen denkbar: Konflikte unter staatlichen, Konflikte unter beruflichen und Konflikte unter staatlichen und beruflichen Regelungen. Die größte Anzahl von Konfliktsituationen ergibt sich zwischen beruflichen Regelungen. Diesen Konstellationen wird daher in der folgenden Darstellung der größte Raum gewidmet.

I. Konflikte zwischen staatlichen Regelungen

Bei der Behandlung der Frage von Konflikten zwischen staatlichen Regelungen orientiert sich ein deutscher Betrachter zunächst an der sich im deutschen Recht häufig stellenden Frage der Vereinbarkeit eines staatlichen Rechtsetzungsaktes mit dem Grundgesetz. Obwohl die französische Verfassung eine große Anzahl von Grundrechten enthält, haben die verfassungsmäßig garantierten Rechte für die im Rahmen dieser Arbeit zu behandelnden Fragestellungen nur eine geringe Bedeutung. Zwar beschäftigt sich der Conseil Constitutionnel regelmäßig mit arbeitsrechtlichen Fallkonstellationen, doch berufen sich die Richter und die Parteien nur sehr selten auf die Verfassung.[40]

Im Gegensatz zu der im deutschen Recht sehr weit verbreiteten Praxis, die Grundlagen des Günstigkeitsprinzips im Grundgesetz zu suchen und an einzelnen Grundrechten, insbesondere der Privatautonomie, festzumachen, ist eine solche Auseinandersetzung bei den französischen Autoren nicht anzutreffen. Die Grundlagen für das Günstigkeitsprinzip werden in Frankreich im Gesetz selbst oder in den „principes généraux du droit" gesehen. Eine Diskussion über die verfassungsrechtliche Verankerung das Günstigkeitsprinzip existiert daher nicht. Die Konfliktfelder zwischen staatlichen Normsetzern sind im wesentlichen zwischen Gesetz- und Verordnungsgeber und Legislative und Judikative angesiedelt.

---

[40] Vgl. *Delamotte/Marchand*, Droit du travail en pratique, S. 52. Die französische Verfassung hat nicht den Stellenwert, der ihr vergleichsweise in Deutschland zukommt. Denn nach Art. 61 Abs. 2 der Verfassung von 1958 besteht die Möglichkeit einer Prüfung der Verfassungsmäßigkeit eines Gesetzes in einem Normenkontrollverfahren durch den Conseil Constitutionnel nur vor Inkrafttreten eines Gesetzes. Dies hat zur Folge, daß einmal in Kraft getretene Gesetze nicht überprüft werden können und trotz ihrer möglichen Verfassungswidrigkeit geltendes Recht sind und angewandt werden müssen. Schutz gegen Eingriffe der Exekutive oder sogar gegen Eingriffe von Privaten in das verfassungsmäßig garantierte Recht besteht hingegen weitgehend. Zu den einzelnen Klagearten siehe *G. Krieger*, Tarifvertragsrecht, S. 15 ff.

1. Konflikte zwischen Gesetz- und Verordnungsgeber

Wie bereits beschrieben wurde[41], besteht in Frankreich ein Dualismus zwischen staatlichen und beruflichen Normsetzern mit der Folge, daß der Gesetzes- und/oder Verordnungsgeber von Zeit zu Zeit dirigistisch in das französische Arbeitsrecht eingreift. Neben den durch solche staatliche Maßnahmen zwangsläufig entstehenden Problemen bei Fragen der Kompetenzabgrenzung ergeben sich weitere Reibungspunkte dadurch, daß in der Verfassung darüber hinaus eine Zweigleisigkeit zwischen Gesetz- und Verordnungsgeber angelegt ist.

a) Zweigleisigkeit bei der staatlichen Normsetzung

In der Präambel der heute gültigen Verfassung der V. Republik vom 4. Oktober 1958[42] findet sich in Absatz 1 eine Verweisung auf die Verfassung von 1946[43], aufgrund derer die dort enthaltenen „sozialen Grundrechte" rechtsverbindlich in die Verfassung einbezogen werden und damit heute gültiges Verfassungsrecht sind. Die Präambel der Verfassung von 1946 zählt eine Reihe von Grundsätzen auf. Zu diesen gehören: Die Koalitionsfreiheit, das Recht und die Pflicht zu arbeiten[44], das Streikrecht, das Recht, Tarifverträge abzuschließen, das Recht auf soziale Sicherung.[45]

Gewissermaßen als Ausgestaltung und Ausfüllung der Verfassungsgrundsätze verleiht der Verfassungsgeber dem Gesetzgeber in Art. 34 der Verfassung die Kompetenz, die „fundamentalen Prinzipien" des Arbeitsrechts, des Gewerkschaftsrechts und des Sozialversicherungsrechts festzulegen. Allerdings räumt die Verfassung dem Gesetzgeber damit im Arbeitsrecht nur eine begrenzte Zuständigkeit ein, denn er ist auf die **Regelung der Grundsätze** beschränkt, während alles weitere durch Verordnungen geregelt wird.[46] Daraus folgt, daß das Parlament im Arbeitsrecht nur noch in den Bereichen entscheidet, die für das Staatswesen als besonders wichtig erachtet werden oder die in die Individualsphäre des Bürgers eingreifen. Im Übrigen ist die Exekutive allgemein regelungsbefugt (Art. 37 der Verfassung). Dementsprechend bestimmen die Gesetze ausschließlich die leitenden Prinzipien zur Regelung einer Materie, während durch Verordnungen deren Umsetzung und Ausführung geregelt werden.

Da der Gesetzgeber nur die Grundprinzipien des Arbeitsrechts regeln darf, ist der Exekutive dann, wenn der Gesetzgeber seine Kompetenzen nicht ausnahms-

---

41 S. 6 f.

42 J.O. vom 05.10.1958, 9151.

43 Verfassung der IV. Republik vom 27.10.1946, J.O. vom 28.10.1946, 9166.

44 Der Text an dieser Stelle lautet: „Chacun a le devoir de travailler et le droit d'obtenir un emploi."

45 Bei den hier dargestellten Grundsätzen handelt es sich um Auszüge siehe hierzu im einzelnen *Jura Europae*, 30.00, Nr. 6; *Lyon-Caen/Pélissier/Supiot*, Droit du travail, Rdnr. 48 ff.

46 Siehe auch *Jura Europae*, 30.00 Nr. 9ff.

weise „weit“ versteht[47], ein erheblicher Handlungs- und Entscheidungsspielraum zur Regelung der arbeitsrechtlichen Materie gegeben. Diese Verordnungsgewalt wird durch den Staatspräsidenten oder Premierminister und die nachgeordneten Stellen, d.h. Minister, Präfekten und Bürgermeister ausgeübt, soweit ihnen durch Gesetz die Kompetenz hierzu verliehen ist. Zur Ausübung der staatlichen Verordnungsgewalt stehen den Hoheitsträgern eine Vielzahl von Instrumenten zur Verfügung.

Der Oberbegriff für alle durch die Exekutive getroffenen Rechtssetzungsakte ist das „Règlement“. „Décret“ und „Arrêté“ bezeichnen konkrete Rechtssetzungsakte. Ein „Décret“ wird vom Staatspräsidenten oder Premierminister erlassen, während das „Arrêté“ eine Verordnung eines Ministers, Präfekten oder Bürgermeisters ist.[48] Eine besondere Rolle spielen darüber hinaus noch die „Circulaires“, denen als gesetzesauslegende Verwaltungsvorschriften zwar keine unmittelbare Außenwirkung zukommt, die aber dennoch verwaltungsintern bindend sind.

Eine Sonderstellung nehmen die „Ordonnances“ ein, die zwischen legislativer und exekutiver Rechtsetzung stehen. Bei ihnen handelt es sich um Exekutivakte der Regierung, die auf der Grundlage ausdrücklicher parlamentarischer Ermächtigung (Art. 38 der Verfassung) Bereiche regeln, die nach der Verfassung dem Parlament vorbehalten sind (Art. 34 der Verfassung). Durch einen parlamentarischen Ratifikationsakt verliert die ordonnance ihren exekutiven Charakter und wird zum Legislativakt.[49] Gerade im Arbeitsrecht sind viele wichtige Bereiche durch „Ordonnance“ geregelt worden. So wurden 1945 zum ersten Mal die „Comités d'entreprise“ durch „Ordonnance“ eingerichtet und in den 80er Jahren wurden auf diesem Wege eine ganze Reihe von Regelungen zur Flexibilisierung der Arbeit getroffen.[50]

b) Konsequenzen der Zweigleisigkeit

Was als Grundprinzip des Arbeitsrechts im Verhältnis zu anderen Regelungen anzusehen ist, ist schwer zu definieren. Auch die Rechtsprechung hat große Mü-

---

47 Besonders weit hat der Gesetzgeber seine Kompetenzen im Rahmen der Regelung des Tarifvertragsrechts verstanden. Die entstehende Problematik beschreibt *G. Krieger*, Tarifvertragsrecht, S. 100 näher.

48 Beispiele für eine solche Regelungen sind die Festsetzung der Höhe des Mindestlohnes und der Höhe der Kündigungsentschädigung, die mindestens zu zahlen ist, sowie die Formalitäten, die beim kündigungsvorbereitenden Gespräch einzuhalten sind. Tarifverträge werden durch einen arrêté des Arbeitsministers für allgemeinverbindlich erklärt. Für weitere Beispiele siehe *Lyon-Caen/Pélissier/Supiot*, Droit du travail, Rdnr. 58.

49 Bemerkenswert ist, daß auf diese Weise ein einem Gesetz gleichzusetzender Rechtsetzungsakt ohne originäre Beteiligung des Parlaments zu Stande kommt, dessen Rechtsstellung und Wirkung mit einem Parlamentsgesetz gleichzusetzen ist.

50 Hierzu im einzelnen *Delamotte/Marchand*, Droit du travail en pratique, S. 53 und *G. Krieger*, Tarifvertragsrecht, S. 101 und 280 f.

he, Grenzen zu ziehen und orientiert sich stets am Einzelfall, ohne daß bisher eine klare Linie erkennbar ist. So hat der Conseil Constitutionnel z. B. in einem Fall entschieden[51], daß das Prinzip, nach dem das Gehalt frei unter Arbeitnehmer und Arbeitgeber ausgehandelt wird, zu den Grundprinzipien des Arbeitsrechts zählt und daher Einschränkungen nur durch Gesetz erfolgen können. Eine Verordnung, die jedem Arbeitnehmer in der Pariser Region eine Prämie für die Streckennetzkarte der Verkehrsbetriebe zusicherte, wurde daher als nichtig angesehen, weil eine solche Regelung in die Zuständigkeiten der Tarif- und Arbeitsvertragsparteien eingreift und nur durch Gesetz hätte ergehen dürfen.

Aufgrund des auslegungsbedürftigen Begriffes „Grundprinzip" ist eine Abgrenzung zwischen den verschiedenen Regelungskompetenzen von Gesetz- und Verordnungsgeber häufig schwierig. Es besteht daher die Gefahr einer Doppelregelung und damit einer Konkurrenz von Vorschriften bereits auf staatlicher Ebene. Hierdurch können sich bei den staatlichen Normsetzern Zuständigkeitsunsicherheiten ergeben, die in letzter Konsequenz dazu führen, daß eventuell überhaupt keine Regelung getroffen wird, bevor eine Verordnung erlassen wird, die von einem Gericht „kassiert" wird.

Diese auf staatlicher Ebene entstehenden Unklarheiten und Konkurrenzen können sich ferner unmittelbar auf die Regelungskompetenzen der Koalitionspartner auswirken. In den Fällen, in denen im Rahmen des Abschlusses von Tarifverträgen über Bereiche verhandelt werden soll, für die aufgrund der Gesetzes- und Verordnungslage nicht eindeutig bestimmbar ist, welcher Verhandlungsspielraum den Tarifparteien bleibt, d.h. ob überhaupt und in welchem Rahmen verhandelt werden darf, werden sich die Tarifparteien mit Abschlüssen zurückhalten.
Legt man hier das oben genannte Rechtsprechungsbeispiel zugrunde, wonach Streckennetzkarten nicht „verordnet" werden durften, weil es ein Grundprinzip darstellt, daß Arbeitgeber und Arbeitnehmer ihren Lohn frei aushandeln, so werden sich die Tarifparteien aufgrund dieser Verordnung dennoch für verpflichtet gehalten haben, ihren Mitarbeitern entsprechende Streckennetzkarten zur Verfügung zu stellen. Eine tarifvertragliche Vereinbarung dahingehend, daß solche Karten nicht zur Verfügung zu stellen sind, wäre wegen Verstoßes gegen Art. L. 132-4 CT bei der bestehenden Verordnungslage nichtig gewesen, da diese Vorschrift nur eine Abweichung zu Gunsten der Mitarbeiter von den Verordnungen erlaubt.[52] Obwohl daher nach dem später ergangenen Urteil das Recht zu einer Regelung durch die Tarifparteien bestanden hätte, weil die Verordnung nichtig war, haben die Tarifpartner aufgrund der unklaren Verordnungslage wahrscheinlich von einer Vereinbarung über diesen Regelungsgegenstand in den Tarifverträgen abgesehen, um Klagen seitens der Arbeitnehmer zu vermeiden.

51 11. Juni 1963, D. 1964, S. 109 mit Anmerkung *L. Hamon*.
52 Hierzu im einzelnen unten im 2. Abschnitt unter B I.

Der unklare Begriff der „Grundprinzipien“ führt daher in solchen Fällen in letzter Konsequenz zu einer zeitweiligen Beschneidung der Rechte der Tarifparteien. Denn von ihnen werden diese Gegenstände trotz bestehender Regelungskompetenz nicht geregelt, wenn Unsicherheit hinsichtlich ihrer tatsächlichen Kompetenz besteht.

Auf der anderen Seite erhöht jede entstehende Lücke die Verhandlungskompetenzen der Tarifparteien. Alles das, was nicht durch Gesetze oder Verordnungen geregelt ist, darf grundsätzlich verhandelt werden. Die mitunter auftretenden Kompetenzstreitigkeiten zwischen den staatlichen Normgebern können sich daher auch positiv auswirken, wenn den Tarifparteien hierdurch ein größerer Verhandlungsspielraum bleibt.

2. Konflikt zwischen Rechtsprechung und Gesetz

Die Rechtsprechung tritt dadurch mit dem Gesetz in Konflikt, daß sie sich große Freiheiten bei der Gesetzesinterpretation nimmt[53]. Weiterhin treten Konfliktkonstellationen auf, wenn der Gesetzgeber auf eine Entscheidung eines Gerichtes derart reagiert, daß ein neues Gesetz erlassen wird, das eine gerichtliche Entscheidung „aushebelt“, um zukünftig eine mißliebige Rechtsprechung bestätigende Urteile zu verhindern. Ein Beispiel für eine derartige Interdependenz zwischen Rechtsprechung und Gesetz aus jüngerer Zeit ist der Fall Basirico[54], der in der französischen Lehre große Aufmerksamkeit erregt hat.

Ein nationaler Tarifvertrag war durch einen zusätzlichen accord geändert worden, den nicht alle Gewerkschaften, die den ursprünglichen Tarifvertrag unterzeichnet hatten, signierten. Die Arbeitgeber wandten den neuen Zusatz, der in einigen Bereichen Verschlechterungen zum Ursprungstarifvertrag enthielt, auf die Arbeitnehmer an, woraufhin Herr Basirico und andere Klage erhoben, um ihre ursprünglichen Ansprüche durchzusetzen. Die Cour de Cassation hat in zwei Urteilen[55] entschieden, daß den Klägern ihre Ansprüche zuständen, da der ursprüngliche Tarifvertrag mangels Unterschrift aller Unterzeichner des alten Tarifvertrages unter den neuen accord weiter gelte und nicht revidiert worden

---

[53] Dies scheint in Frankreich im Bereich des Arbeitsrechts häufig der Fall zu sein. Siehe hierzu den sehr interessanten Aufsatz von *Ph. Langlois,* La Cour de Cassation et le respect de la loi, D. 1997, S. 50 ff., der eine Analyse darüber erstellt hat, welche Freiheiten sich die Cour de Cassation bei der Interpretation des Gesetzestextes mitunter herausnimmt.

[54] Cass. soc. 9. März 1989, Dr. soc. 1989, S. 931 mit Anmerkung *M. Despax*; D. 1990, somm. S. 165 mit Anmerkung *A. Lyon-Caen*; Cass. Ass. plèn. 20. März 1992, Dr. soc. 1992, S. 370, Bericht des Berichterstatters *D. Tricot,* S. 360 ff.; JCP, éd. E, 1992 II 324 mit Anmerkung *G. Vachet*.

[55] Urteil vom 9. März 1989, Dr. soc. 1989, S. 931 und Urteil vom 20. März 1992, Ass. plèn.. Dr. soc. 1992, S. 370. (Dieser Fall ging zweimal durch die Instanzen, weil die untere Instanz dem Spruch der Cour de Cassation im ersten Urteil nicht umfassend gefolgt war, sondern das Günstigkeitsprinzip angewandt hatte.)

sei. Zu einer Änderung eines Tarifvertrages seien die Unterschriften aller am Ursprungsvertrag beteiligten Gewerkschaften notwendig. Der französische Gesetzgeber reagierte sehr schnell auf diese Rechtsprechung, die als zu weitgehend empfunden wurde. Mit Gesetz n° 92-1446 vom 31. Dezember 1992[56], Art. 33 und 34, wurde ein neuer Art. 132-7 in den Code du Travail eingefügt, der die Überarbeitung von Tarifverträgen in der Weise regelt, daß ihre Änderung auch voll rechtswirksam ist, wenn nicht alle Gewerkschaften des Ursprungsvertrages diese Änderung unterzeichnen. Den nicht unterzeichnenden Gewerkschaften wird lediglich ein Widerspruchsrecht zugebilligt. Für die Arbeitgeber wird eine solche Vertragsänderung jedoch nur wirksam, wenn sie diese selbst unterschrieben haben oder einer Arbeitgeberorganisation angehören, die zu den unterzeichnenden Parteien gehört.[57]

II. Konflikte zwischen beruflichen Regelungen

Neben den staatlichen „Rechtsetzern" stehen „berufliche" Normgeber, deren Rechtssetzungsbefugnis eine ganze Anzahl weiterer Rechtsvorschriften entstammen, die ebenfalls auf die Arbeitsverhältnisse einwirken. Oftmals haben die „beruflichen Normen" (Tarifvertrag, règlement intérieur, Übungen, accord atypiques, Arbeitsvertrag) wegen ihrer Nähe zum Arbeitsvertrag für den einzelnen Arbeitnehmer eine größere Bedeutung als staatliche, da ihre Einwirkung unmittelbarer empfunden wird. Die größere praktische Relevanz beruflicher Regelungen wird darüber hinaus in der großen Anzahl von Urteilen der Cour de Cassation deutlich, die sich regelmäßig mit Konfliktkonstellationen unter beruflichen Regelungen auseinanderzusetzen hat.[58] Da die Tariflandschaft in Frankreich im Gegensatz zu Deutschland sehr vielfältig ist, besteht das größte Konfliktpotential zwischen Tarifverträgen.

1. Konflikte zwischen Tarifverträgen

Die Anlässe für die häufig auftretenden Konfliktkonstellationen zwischen Tarifverträgen sind vielfältig und vielschichtig. Zu einem Großteil sind die Konflikte systemimmanent, so daß die Ursachen unter anderem im Tarifrecht zu suchen sind. Bei näherer Betrachtung der einzelnen Konfliktarten kann eine grobe Unterteilung in zwei Konfliktgruppen - strukturell bedingte Konfliktkonstellationen und Konflikte bei aufeinanderfolgenden Tarifverträgen – vorgenommen werden.

---

56 JO vom 1. Januar 1993, S. 19.

57 So das Urteil cass. soc. vom 29. Mai 1996, Dr. soc. 1996, S. 613 mit Bericht des Berichterstatters *J.-Y. Fourin*, S. 608 ff.

58 Theoretisch besteht die Möglichkeit, daß sämtliche Regelungen beruflicher Regelungssetzer miteinander in Konkurrenz zueinander treten. Die Darstellung aller denkbaren Konfliktsituationen übersteigt jedoch den Rahmen dieser Arbeit, so daß im Folgenden die Konstellationen vorgestellt werden, denen praktische Relevanz zukommt oder die im Hinblick auf das deutsche Recht von besonderem Interesse sein können.

Gesichtspunkte wie Gewerkschaftspluralität und verschiedene Verhandlungsebenen können als strukturell bedingte Konfliktgründe benannt werden, während Verhandlungspflichten auf Branchen- und auf Firmenebene Konfliktkonstellationen bei aufeinanderfolgenden Tarifverträgen auslösen können.

a) Strukturell bedingte Konfliktkonstellationen

Anzahl und Umfang auftretender Konfliktsituationen zwischen Tarifverträgen hängen unter anderem von der Vielfalt und der Organisation der in einem Rechtssystem zu Tarifverhandlungen zugelassenen Tarifpartner ab. Je mehr tariffähige Gewerkschaften bestehen, um so größer ist theoretisch die Anzahl ausgehandelter Tarifverträge, die in Konkurrenz zueinander treten können. Gleiches gilt für die Verhandlungsebenen. Je mehr Ebenen bestehen, um so mehr Tarifverträge können abgeschlossen werden und miteinander konkurrieren.

Um von vornherein die möglichen Konfliktkonstellationen zu minimieren, besteht die Möglichkeit, daß der Gesetzgeber korrigierend eingreift und Gewerkschaften nur dann zu Tarifverhandlungen zuläßt, wenn von ihnen durch den Gesetzgeber festgelegte Voraussetzungen erfüllt werden. Von dieser Regulierungsmöglichkeit hat der französische Gesetzgeber nur zum Teil Gebrauch gemacht, mit der Folge, daß eine Gewerkschaftspluralität in Frankreich anzutreffen ist, die ihres gleichen sucht. Hierin liegt ein großes Konfliktpotential begründet.

aa) Gewerkschaftspluralität

Das Gewerkschaftsbild in Frankreich ist vielschichtig und unübersichtlich, da viele kleine und Splittergewerkschaften existieren.[59] Es bietet sich heute noch ein Bild, wie es Deutschland zu Zeiten der Weimarer Republik kannte. Einen Spitzenverband wie den DGB gibt es nicht, so daß häufig in einem Betrieb mehrere Gewerkschaften nebeneinander aktiv sind, von denen jede theoretisch einen eigenen Tarifvertrag aushandeln könnte. Darüber hinaus sind die französischen Gewerkschaften in der Regel politisch ausgerichtet, wodurch die Zielrichtung ihrer Aktivitäten bestimmt wird.

Um dem Gewerkschaftspluralismus und der daraus entstehenden Tarifpluralität entgegenzuwirken, können gem. Art. L. 132-2 CT auf Arbeitnehmerseite ausschließlich Gewerkschaften Tarifverträge abschließen, die auf nationaler Ebene repräsentativ sind oder einer repräsentativen Gewerkschaft angeschlossen sind oder nachweisen können, daß sie für den Geltungsbereich des abzuschließenden Tarifvertrages die Repräsentativität[60] besitzen. Welche Kriterien zur Bewertung

---

[59] Für weitergehende Informationen zu den französischen Gewerkschaften siehe *Jansen/Kißler/Kühne/ Leggewie/ Seul*, Gewerkschaften in Frankreich.

[60] Zur Repräsentativität *Lyon-Caen/Pélissier/Supiot*, Droit du travail, Rdnr. 551 ff.; *A. Arseguel*, La notion d'organisations syndicales les plus représentatives, thèse; *J.-P. Chauchard*,

eines Berufsverbandes herangezogen werden, legt Art. L. 133-2 CT fest; insgesamt sind fünf Kriterien vorgesehen, die alternativ und nicht kumulativ[61] gelten:

1. Die Mitgliederstärke
2. Die Unabhängigkeit
3. Das Beitragsaufkommen
4. Erfahrung und Alter der Gewerkschaft
5. Patriotische Haltung während der Besatzungszeit[62].

Von den fünf Kriterien sind die ersten beiden die wichtigsten, während das letzte Kriterium inzwischen an Aktualität verloren haben dürfte. Unter bestimmten Voraussetzungen werden auch die Wahlergebnisse zum comité d'entreprise mit zur Beurteilung herangezogen.

Auf nationaler Ebene sind vier Gewerkschaften als repräsentativ anerkannt. Diese sind:

1. Die CGT (Confédération Générale du Travail)

Sie ist die wohl größte, mitgliederstärkste Gewerkschaft und kommunistisch ausgerichtet.[63]

2. Die CGT-FO (Confédération Générale du Travail – Force Ouvrière)

Hierbei handelt es sich um eine Abspaltung des Reformflügels der CGT. Auch sie verfolgt weitestgehend kommunistische Ziele.

3. Die CFDT (Confédération Française Démocratique du travail)

Sie ist aus der christlichen Gewerkschaft (CFTC) hervorgegangen, wurde aber 1964 „entkonfessionalisiert". Politisch ist sie in der „linken Mitte" einzuordnen.[64]

4. Die CFTC (Confédération Française des Travailleurs Chrétiens)

Die CFTC besteht aus der beim Richtungswechsel der Gewerkschaft 1964 übriggebliebenen Minderheit des katholischen Flügels. Ihr Fundament ist die katholische Soziallehre.

---

thèse, S. 54-57 und 548-569; *G. Borenfreund*, Dr. soc. 1988, S. 476-488. Die Tariffähigkeit ist nur eines der Privilegien, das mit einer Anerkennung als repräsentativ verbunden ist. An die Repräsentativität wird noch eine Anzahl weiterer Privilegien angeknüpft, die hier jedoch nicht im einzelnen dargestellt werden können. Siehe diesbzgl. *G. Krieger*, Tarifvertragsrecht, S. 50 ff.

61 So das Urteil der Cour de Cassation vom 5. Nov. 1986, J.C.P. 1987 ed. E. I, 16192 und Urteil vom 16. Mai 1990, Dr. trav. 1990, n° 6, S. 17.

62 Mit diesem Merkmal zielt der Gesetzgeber auf alle Gewerkschaften ab, die während des „Vichy-Régimes" die „Charte du travail" akzeptiert haben und so mit der hitlerfreundlichen Regierung kollaboriert haben.

63 Zur Entwicklungsgeschichte der CGT und ihrer Programmatik *R. Mouriaux*, La CGT.

64 Zur CFDT und ihrer Entwicklungsgeschichte und Programmatik *M. Branciard*, La CFDT und *J.-D. Reynaud*, Dr. soc. 1965, S. 199 ff.

Auf anderen Ebenen kann es ferner noch weitere repräsentative Gewerkschaften geben. Abschließende Aussagen können insoweit nicht getroffen werden, da es neben den großen Verbänden eine große Anzahl kleinerer Splittergewerkschaften gibt, die häufig nur in einzelnen Betrieben sehr aktiv und dann dort auch repräsentativ sind.[65]

Aus dem breiten Gewerkschaftsspektrum folgt, daß in einem Betrieb, in einer Region oder einer Branche mehrere Gewerkschaften nebeneinander existieren und tätig sein können. Ein solches System birgt naturgemäß ein nicht zu unterschätzendes Konfliktpotential in sich. Selbst wenn bei Tarifverhandlungen in der Regel zunächst versucht wird, einen Tarifvertrag mit allen repräsentativen Gewerkschaften abzuschließen, so ist eine Einigung, die alle Gewerkschaften zufrieden stellt, häufig dennoch nicht möglich. Tritt dieser Fall ein, handeln eventuell eine oder mehrere Gewerkschaften einen eigenen Tarifvertrag mit dem jeweiligen Arbeitgeber oder mit diesem und einem anderen Arbeitgeberverband aus.[66] Hierdurch entstehen verschiedene Tarifverträge, die gleichzeitig auf ein

---

[65] Für weitergehende Informationen siehe *Jansen/Kißler/Kühne/Leggewie/Seul*, Gewerkschaften in Frankreich; *J.-D. Reynaud*, Les syndicats en France, tome I. Sehr interessant ist auch der Bericht von *W. Lechner*, Gewerkschaften und industrielle Beziehungen in Frankreich, Italien, Großbritannien und Deutschland, WSI Diskussionspapier, S. 4 ff., der den Zustand der französischen Gewerkschaften als desaströs bezeichnet. Die Organisationsquote liegt insgesamt bei 10%, während sie in der Privatwirtschaft bereits auf unter 6% gesunken ist. Das mangelnde Interesse der Arbeitnehmer an einer gewerkschaftlichen Organisation hat zur Folge, daß in vielen Betrieben kein Gewerkschaftsvertreter mehr gestellt werden kann, was wiederum bedingt, daß auch in einem Betrieb ohne Gewerkschaftsvertreter kein Firmentarifvertrag geschlossen werden kann.

[66] Die Arbeitgeber sind im wesentlichen in zwei national und brachenübergreifenden repräsentativen Verbänden organisiert. Dem leicht diffusen Bild auf Arbeitnehmerseite steht damit ein vergleichsweise klar organisierter Block auf Arbeitgeberseite gegenüber:

1. Der CNPF (Conseil National du Patronat Français)

Er ist der Dachverband einer Vielzahl nationaler Einzelarbeitgeberverbände und die bedeutendste Arbeitgeberorganisation in Frankreich. Die Mehrzahl der großen Unternehmen hat sich ihm angeschlossen. Sein Ziel besteht in der Koordination der verschiedenen Wirtschaftszweige und der Verbesserung der wirtschaftlichen und sozialen Bedingungen im Land.

2. Die CGPME-PR (Confédération des Petites et Moyennes Entreprises et du Patronat Réel)

Die CGPME-PR ist der Dachverband von 3 Einzelverbänden. Mitglieder dieses Arbeitgeberverbandes sind Kleinbetriebe und mittelständische Unternehmen. Ziel des Verbandes ist es, für diese Unternehmen Politik zu machen. Im Blickpunkt seiner Mitglieder stehen daher insbesondere die großen Unternehmen, die nach Auffassung der CGPME-PR die mittleren und kleinen Unternehmen aus dem Markt drängen wollen. Deshalb werden nur Arbeitgeber in den Verband aufgenommen, deren Mitarbeiterzahl 500 nicht übersteigt.

Repräsentativität ist auf Arbeitgeberseite nicht erforderlich. Sie erlangt nur dann Bedeutung, wenn ein Tarifvertrag für allgemeinverbindlich erklärt werden soll (Art. L. 133-1 CT).

Arbeitsverhältnis einwirken können. Werden dann noch gleiche Regelungsgegenstände auf unterschiedliche Weise geregelt, treten Konflikte auf.

bb) Vielfalt der Verhandlungsebenen und Tarifvertragsarten

Die Gewerkschaftspluralität ist nur eine Ursache für Konflikte zwischen Tarifverträgen. Daneben treten weitere Konfliktkonstellationen auf, die durch den Abschluß von Tarifverträgen auf verschiedenen Verhandlungsebenen (lokal, regional, national) und dadurch bedingt werden, daß das Gesetz unterschiedliche Tarifvertragsarten kennt.

Das französische Recht unterscheidet zwei Arten von Tarifverträgen, den Branchentarifvertrag und den Firmentarifvertrag.

(1) Der Branchentarifvertrag

Der Branchentarifvertrag[67] ist in Artt. L. 132-11 bis L. 132-17 CT geregelt. Das Gesetz differenziert zwischen der „convention collective de branche" und dem „accord professionel". Bei der convention collective de branche handelt es sich um einen Branchentarifvertrag im eigentlichen Sinn, während der accord professionel ein Tarifvertrag für eine Berufsgruppe ist. Diese Unterscheidung ist jedoch in den meisten Fällen rechtlich bedeutungslos, da auf beide die gleichen Regeln anzuwenden sind.

Branchentarifverträge können auf nationaler, regionaler oder lokaler Ebene abgeschlossen werden (Art. L. 132-11 CT), aber auch Kombinationen der verschiedenen Ebenen sind denkbar, z.B. nationaler Manteltarifvertrag, der durch regionale Zusatzverträge ergänzt wird. Die wirtschaftliche Bedeutung der Branchentarifverträge hat in den letzten Jahren ständig zugenommen.[68]

(2) Der Firmentarifvertrag

Die Reformgesetze[69] des Jahres 1982 haben den Firmentarifvertrag aufgewertet und gleichberechtigt neben den Branchentarifvertrag gestellt. Das französische Recht regelt den Firmentarifvertrag[70] heute in einer eigenen Sektion in Artt. L.

---

[67] Zum Branchentarifvertrag allgemein *Lyon-Caen/Pélissier/Supiot*, Droit du travail, Rdnr. 783 ff.; *M. Despax*, Négociations, conventions et accords collectifs, S. 112 ff. und 205 ff. ; *J.-P. Chauchard*, La conception française de la négociation et de la convention collective de travail, thèse, S. 39-291; *Y. Chalaron*, Conventions et accords collectifs, J.-Cl. trav., fasc. 19-15, Nr. 14 ff, S. 8 ff.

[68] Für nähere Einzelheiten *G. Krieger*, Tarifvertragsrecht, S. 121 ff.

[69] Gesetz n° 82-957 vom 13. November 1982 (loi Auroux), J.O. 14.11.1982, 3414.

[70] Zu den Firmentarifverträgen *M.-A. Rotschild-Souriac*, Les accords collectifs au niveau de l'entreprise, thèse; *Y. Chalaron*, Négociations et accords collectifs d'entreprise; *ders.* J-Cl. trav., fasc. 19-15, Nr. 21 ff., S. 10 ff.; insbesondere, *M. Despax*, Négociations, conventions et accords collectifs, S. 518 ff. ; *J.-P. Chauchard*, thèse, S. 292-606; *Lyon-Caen/Pélissier/Supiot*, Droit du travail, Rdnr. 835 ff.; interessant sind auch die Aufsätze im Sonderheft der

132-18 bis L. 132-29 CT. Das Gesetz unterscheidet zwischen dem Unternehmen (entreprise), dem Betrieb (établissement) und der Betriebsgruppe (groupe d'établissement). Ein Firmentarifvertrag kann auf Unternehmensebene oder für einen Betrieb oder eine Gruppe von Betrieben eines Unternehmens abgeschlossen werden (Art. L. 132-19 CT).
Für Verhandlungen auf Konzernebene sieht das Gesetz keine eigenständige Regelung vor. Konzerntarifverträge werden jedoch im Schrifttum allgemein für zulässig erachtet[71], während die Rechtsprechung diese zwar nicht grundsätzlich für unzulässig hält, jedoch enge inhaltliche Anforderungen.[72]

Die durch Gesetz eröffnete Möglichkeit, sowohl Branchen- als auch Firmentarifverträge abzuschließen, bedingt, daß häufig die Situation eintritt, daß mehrere auf einen Betrieb gleichzeitig anwendbare Tarifverträge vorhanden sind und mitunter Konflikte zwischen den einzelnen Tarifverträgen auftreten. Die Konstellation, daß ein Firmentarifvertrag und ein Branchentarifvertrag gleichzeitig gelten, ergibt sich am häufigsten. Denkbar ist ferner, daß ein Firmentarifvertrag, ein Branchentarifvertrag und ein oder mehrere Berufsgruppentarifverträge oder ein Firmentarifvertrag und ein Berufsgruppentarifvertrag oder ein Branchentarifvertrag und ein oder mehrere Berufsgruppentarifverträge gleichzeitig Geltung beanspruchen. Hinzu kommen Tarifverträge, die auf anderen Verhandlungsebenen (z.B. national und regional oder regional und lokal) abgeschlossen werden. Auch, wenn in der Praxis in der Regel nur zwei Tarifverträge miteinander konkurrieren, ist die Anzahl denkbarer Konfliktkonstellationen theoretisch beliebig erweiterbar. Weitere Konflikte entstehen aufgrund gesetzlicher Verhandlungspflichten.

b) Konflikte bei aufeinander folgenden Tarifverträgen

Sowohl auf Branchen- als auch auf Firmenebene bestehen gesetzlich festgeschriebene[73] regelmäßige Verhandlungspflichten[74], so daß jedes Jahr für einen

---

Zeitschrift Droit social: „ La négociation collective d'entreprise" Ausgabe Juli/August 1990.

71 Vgl. *M.-A. Rotschild-Souriac*, thèse, S. 187-207; *dies.*, Dr. soc. 1991, S. 491 ff.; *Lyon-Caen/Pélissier/Supiot*, Droit du travail, Rdnr. 839.

72 Siehe hierzu die Entscheidung Cass. soc. 20.03.1980 (Clin-Midi), Dr. soc. 1980, S. 339 mit Anmerkung *J. Savatier*; D. 1980, S. 526 mit Anmerkung *Ph.* Langlois; J.C.P. 1982 II 19755 mit Anmerkung *P. Rodière* und soc. 30. Juni 1988, Bull. civ. V, n° 410.

73 Für den Branchentarifvertrag ist die Verhandlungspflicht in Art. L. 132-12 CT enthalten, für den Firmentarifvertrag ist selbige in Art. L. 132-27 CT festgeschrieben.

74 Zur Verhandlungspflicht *Lyon-Caen/Pélissier/Supiot,* Droit du travail, Rdnr. 783 f.; *M. Despax*, Négociations, conventions et accords collectifs, S. 209 ff.; *Y. Chalaron*, J.-Cl. trav., fasc. 19-15, Nr.19, S. 9. Obligatorischer Inhalt der jährlichen Verhandlungen auf Branchenebene sind die Löhne und Gehälter. Mindestens alle fünf Jahre ist über die Eingruppierung der Mitarbeiter zu verhandeln. Auf der Unternehmensebene ist, sofern eine repräsentative Gewerkschaft dort vertreten ist, über die Effektivlöhne, die effektive Dauer und Lage der Arbeitszeit, sowie die Einrichtung von Teilzeitarbeitsplätzen zu verhandeln.

Betrieb mehrere neue Tarifverträge in Kraft treten können. Dadurch ergibt sich zusätzlich zu den ohnehin schon bestehenden Problemen aufgrund der Gewerkschaftspluralität und der verschiedenen Verhandlungsebenen die weitere Frage, wie mit aufeinanderfolgenden Tarifverträgen zu verfahren ist. Dieser Bereich birgt je nach Lösungsart wiederum ein erhebliches Potential an Konfliktkonstellationen in sich.
Besonders schwierig wird es dann, wenn ein neu abgeschlossener Tarifvertrag Vorschriften enthält, die mit Regelungen eines bereits bestehenden Tarifvertrages in Konflikt stehen. Eine solche Konstellation ergibt sich dann, wenn ein Branchentarifvertrag besteht und ein neuer Firmentarifvertrag abgeschlossen wird, der in einigen Punkten nicht mit dem Branchentarifvertrag übereinstimmt. Denkbar ist auch, daß von mehreren Parteien, die zuvor einen Tarifvertrag abgeschlossen hatten, nunmehr nur noch einige Parteien Vorschriften dieses bestehenden Tarifvertrages ändern. Fraglich ist, ob es sich dann um einen neuen Tarifvertrag handelt, der gleichermaßen für alle ehemals vertragschließenden Parteien gilt oder ob der Vertrag nur Wirksamkeit zwischen den Vertragsparteien entfaltet. Von der vom Gesetzgeber getroffenen Lösung hängt ab, ob ein weiterer Vertrag in Konkurrenz zu bereits bestehenden tritt oder ob der alte Tarifvertrag insgesamt abgelöst wird. Die Antworten auf diese Fragen ergeben sich aus dem Geltungsbereich der Tarifverträge und der Verfahrensweise mit außer Kraft tretenden tariflichen Normen.

aa) Geltungsbereich

(1) Verbandszugehörigkeit des Arbeitgebers

Gem. Art. L. 135-2 CT[75] sind die Regelungen eines Tarifvertrages auf alle Arbeitsverträge anwendbar, die mit einem Arbeitgeber geschlossen worden sind. Das französische Recht knüpft daher im Rahmen der Branchentarifverträge die Wirkungen eines Tarifvertrages ausschließlich an die Verbandszugehörigkeit des Arbeitgebers an. Auf eine Gewerkschaftszugehörigkeit der Arbeitnehmer kommt es nicht an, die Tarifverträge gelten vielmehr mit Inkrafttreten[76] im Unternehmen eines verbandszugehörigen Arbeitgebers „erga omnes". Gleiches gilt

---

Die Pflicht zur Verhandlung besteht selbst dann, wenn ein Tarifvertrag noch nicht vorhanden ist. Voraussetzung in diesem Fall ist zusätzlich, daß die Arbeitnehmer Verhandlungen fordern. Bei bestehenden Tarifverträgen trifft den Arbeitgeber darüber hinaus die Verpflichtung, die repräsentativen Gewerkschaften alle zwölf Monate zu Verhandlungen einzuladen. Entzieht sich ein Arbeitgeber den Verhandlungspflichten, begeht er eine strafbewehrte Handlung.
Zu den einzelnen Modalitäten *G. Krieger*, Tarifvertragsrecht, S. 148 ff.

[75] Art. L. 135-2 CT lautet: „Lorsqu'un employeur est lié par les clauses d'une convention ou d'un accord collectif de travail, ces clauses s'appliquent aux contrats conclus avec lui, sauf dispositions plus favorables."

[76] Ein Tarifvertrag tritt gem. Art. L. 132-10 al. 4 CT, wenn von den Tarifparteien nichts anderes bestimmt ist, am Tag nach seiner Niederlegung bei der zuständigen Behörde in Kraft.

für Firmentarifverträge. Auch hier kommt es nicht darauf an, daß die Arbeitnehmer Mitglieder der Gewerkschaft sind, die den Firmentarifvertrag abgeschlossen hat, sondern es genügt, als Arbeitnehmer in dem Unternehmen beschäftigt zu sein, in dem der Firmentarifvertrag gilt. Damit unterfallen auch Arbeitnehmer den Tarifverträgen, die keiner oder einer anderen Gewerkschaft angehören.[77] Andererseits ist es nicht möglich, daß ein Arbeitnehmer sich auf einen Tarifvertrag beruft, der mit einer Gewerkschaft abgeschlossen worden ist, in der er Mitglied ist, wenn der Arbeitgeber dem aushandelnden Arbeitgeberverband nicht angehört.[78]

Durch die Tarifgeltung „erga omnes" wird die Anzahl der Konfliktkonstellationen erhöht. Denn anders als bei einer Geltung der Tarifverträge „inter partes" entsteht, sobald mehrere Tarifverträge in einem Betrieb gelten, eine Tarifpluralität für die gesamte Belegschaft und nicht nur für einen kleinen Teil der Arbeitnehmer, wie dies z.B. in Deutschland der Fall ist.

(2) Beitritt

Eine weitere Möglichkeit, einen Tarifvertrag in einem Betrieb zur Anwendung zu bringen, besteht darin, dem Tarifvertrag beizutreten. Dieser Weg steht einem Arbeitgeber, einer Gewerkschaft oder einem Arbeitgeberverband offen, der/die nicht Mitglied der vertragsschließenden Parteien ist. Selbst, wenn ein Arbeitgeber dem Anwendungsbereich des Tarifvertrages nicht unterfällt, weil sein Unternehmen nicht dem regionalen Bereich oder der Branche zugeordnet ist, ist ein Beitritt möglich und der Tarifvertrag kann in seinem Unternehmen für anwendbar erklärt werden (Art. L. 132-9 CT). Der Tarifvertrag entfaltet dann die gleichen Rechtswirkungen in seinem Unternehmen, wie oben dargestellt. Wenn ein Arbeitgeber allerdings einem Tarifvertrag beitreten will, der für eine andere Branche oder für einen anderen regionalen Bereich gilt, dann ist zuvor die Zustimmung aller im Unternehmen vertretenen repräsentativen Gewerkschaften einzuholen (Art. L. 132-25 CT).[79]

(3) Allgemeinverbindlichkeit

Neben dem Beitritt eines am Tarifvertrag nicht beteiligten Arbeitgebers, eines Arbeitgeberverbandes oder einer Gewerkschaft besteht darüber hinaus die Möglichkeit einer Allgemeinverbindlichkeitserklärung, um den Anwendungsbereich eines Tarifvertrags zu erweitern und bisher nicht tarifgebundene Arbeitgeber einem Tarifvertrag zu unterwerfen. Damit ein Tarifvertrag für allgemeinver-

---

[77] Cass. soc. 25. Jan. 1968, Dr. ouvr. 1969, S. 41; soc. 17. Juli 1956, Dr. soc. 1956, S. 546.

[78] Cass. soc. 20. Dez.1955, *Lyon-Caen/Pélissier*, Les grands arrêts, Nr. 55; soc. 13. Dez. 1973, Bull. civ. V, n° 659.

[79] *Lyon-Caen/Pélissier/Supiot*, Droit du travail, Rdnr. 801; *M. Despax*, Négociations, conventions et accords collectifs, S. 328 ff.

bindlich erklärt werden kann, muß er besondere Voraussetzungen erfüllen. Zunächst muß es sich um einen Branchentarifvertrag, ein Berufsabkommen oder ein berufsübergreifendes Abkommen handeln (Art. L. 133-1 CT). Desweiteren muß er von in seinem Geltungsbereich repräsentativen Tarifparteien geschlossen worden sein und die Tarifverhandlungen müssen durch paritätisch besetzte Ausschüsse geführt worden sein. In den meisten Fällen lädt allerdings der Arbeitsminister zu Tarifverhandlungen unter seinem Vorsitz oder dem Vorsitz eines seiner Stellvertreter ein (commission mixte), um einen solchen Tarifvertrag gezielt auszuhandeln.[80] Ist ein Tarifvertrag für allgemeinverbindlich erklärt worden, dann wird damit gem. Art. L. 133-8 al. 1er CT sein Anwendungsbereich unabhängig von der Verbandszugehörigkeit auf alle Arbeitgeber ausgedehnt, die dem Anwendungsbereich des Tarifvertrages unterfallen. Er entfaltet die oben dargestellten Rechtswirkungen eines „normalen" Tarifvertrages.

Neben der „einfachen" Allgemeinverbindlicherklärung (extension) kennt das französische Recht zusätzlich noch das élargissement. Mit dem élargissement ist es möglich, einen allgemeinverbindlichen Tarifvertrag auf eine andere Branche oder ein anderes Gebiet zu übertragen, wenn dort entweder keine Verbände organisiert sind oder diese untätig sind (Art. L. 133-12 CT) oder seit 5 Jahren kein neuer Branchentarifvertrag ausgehandelt worden ist (Art. L. 133-13 CT).[81] Auf in den einzelnen Unternehmen der Branche bestehende Firmentarifverträge kommt es dabei nicht an. Mit der Maßnahme eines élargissement ist dem Arbeitsminister ein Druckmittel an die Hand gegeben worden, Tarifparteien zu Verhandlungen zu veranlassen, von dem mitunter gerne Gebrauch gemacht wird.[82]

Durch das Mittel der extension oder des élargissement können bisher nicht anwendbare Tarifverträge in einem Unternehmen verpflichtend werden, so daß neben die ohnehin bereits existierenden Tarifverträge weitere treten. Daraus folgen naturgemäß Probleme, da die in den meisten Betrieben bereits bestehende Tarifpluralität zusätzlich vergrößert und das mögliche Konfliktpotential erweitert wird.

Es stellt sich angesichts der Vielfalt denkbarer Konflikte die Frage, was geschieht, wenn ein Tarifvertrag außer Kraft tritt. Hier sind mehrere Lösungsmög-

---

[80] Zu näheren Einzelheiten *Lyon-Caen/Pélissier/Supiot*, Droit du travail, Rdnr. 864.

[81] Zu weiteren Einzelheiten *G. Krieger*, Tarifvertragsrecht, S. 212 ff.; *Lyon-Caen/Pélissier/Supiot*, Droit du travail, Rdnr. 875 ff.; *M. Despax*, Négociations, conventions et accords collectifs, S. 513 ff.

[82] Dieses Druckmittel verdeutlicht z.B. ein im Bilan annuel 1987 auf der Seite 216 veröffentlichte Mitteilung des Nationalen Tarifausschusses, in der es heißt: *„Einem Tierärzteverband ist mit Schreiben der Arbeitsbehörden vorgeschlagen worden, in den kommenden Monaten eine tarifvertragliche Lösung zu finden. Anderenfalls könnte der Geltungsbereich des Tarifvertrages für Arztpraxen für Humanmedizin auf die Tierarztpraxen erweitert werden."*

lichleiten vorstellbar, die entweder zu einer Vergrößerung oder einer Verringerung des Konfliktpotentials beitragen. Der Gesetzgeber kann z.B. anordnen, daß ein Tarifvertrag mit seinem Außerkrafttreten insgesamt unwirksam wird. Denkbar ist darüber hinaus die Nachwirkung des Tarifvertrages mit der Folge, daß weiterhin Konfliktkonstellationen zu anderen Tarifverträgen bestehen können.

bb) Beendigungsfolgen (Avantages acquis)

Wird ein Tarifvertrag durch Kündigung oder Zeitablauf beendet, so enthält der Code du Travail zur Abmilderung der Beendigungsfolgen für die Arbeitnehmer bestimmte Mechanismen. Zum einen wird im Gesetz die Nachwirkung des Vertrages angeordnet und zum anderen den Vertragsparteien die Verpflichtung auferlegt, innerhalb von 3 Monaten Verhandlungen aufzunehmen.[83] Kann im Nachwirkungszeitraum kein neuer Tarifvertrag ausgehandelt werden, so werden die Arbeitnehmer in diesen Fällen nicht rechtlos gestellt, sondern das Gesetz sieht unter bestimmten Voraussetzungen die Aufrechterhaltung der durch den alten Tarifvertrag erworbenen „avantages“ (Vorteile, Ansprüche, Rechte) vor (Art. L. 132-8 al. 6). Diese Vorschrift gilt für alle Fälle der Kündigung eines Tarifvertrages, in denen eine Nachwirkung angeordnet ist sowie für die Fälle des Betriebsinhaberwechsels.[84]

Unter dem Begriff „avantages acquis“ versteht man jede den Arbeitnehmer begünstigende Abweichung des Tarifvertrages von höherrangigem Recht.[85] Als erworben gelten nur die individuellen Vorteile, d.h. höherer Lohn, längere Urlaubsdauer, 13. Monatsgehalt etc. Die Abgrenzung zwischen individuellen und kollektiven Vorteilen bereitet vielfach Schwierigkeiten.[86] Nicht zu verwechseln ist die Aufrechterhaltung der avantages acquis aufgrund gesetzlicher Vorschriften mit den häufig in Tarifverträgen vorkommenden Klauseln, wonach Vorteile des alten Tarifvertrages beibehalten werden, soweit sie günstiger sind als Vorschriften des neuen Tarifvertrages.[87]
Die gesetzlich aufrechtzuerhaltenden avantages acquis werden in den Arbeitsvertrag integriert.[88] Sie sind damit Bestandteile des Arbeitsvertrages, so daß sie nur vertraglich verändert werden können.[89]

---

83 Art. L. 132-8 al. 5 CT.

84 Auf die Fälle, in denen ein befristeter Tarifvertrag ohne Nachwirkungsfrist außer Kraft tritt, ist diese Vorschrift indes nicht anwendbar.

85 Zu den avantages acquis ausführlich *M. Despax*, Négociations, conventions et accords collectifs, S. 282 ff.; zu den avantages acquis siehe auch *E. Dockès*, Dr. soc. 1993, S. 826 ff.

86 Für weitergehende Informationen *G. Krieger*, Tarifvertragsrecht, S. 188 ff.

87 Hierzu unten im 2. Abschnitt S. 127 ff.

88 Cass. soc. 6. Nov. 1991, C.S.B.P. Dez. 1991, S. 275 (A 60); anders noch soc. 23. Mai 1957, Dr. soc. 1957, S. 490; soc. 21. Juni 1967, Bull. civ. IV, n° 453. Früher war die Rechtslage die, daß die avantages acquis nicht in den Arbeitsvertrag inkorporiert wurden,

Die gesetzlichen Folgen, die sich aus der Beendigung eines Tarifvertrags ohne Anschlußtarifvertrag ergeben, verursachen häufig Konfliktkonstellationen, da mitunter vergessen wird, daß die Vorschriften eines alten Tarifvertrages fortwirken. Wenn später Tarifverträge auf anderen Ebenen oder Firmentarifverträge abgeschlossen werden, kann es vorkommen, daß für die Arbeitnehmer ungünstigere Vereinbarungen getroffen werden oder daß Klauseln enthalten sind, die im Gegensatz zu der nunmehr wegen der Integration der avantages acquis geänderten Fassung des Arbeitsvertrages stehen. Hierdurch entstehen Konflikte zwischen Tarifvertrag und Arbeitsvertrag.

2. Konflikte zwischen Arbeitsvertrag und Tarifvertrag

Unterschiedliche Regelungen des gleichen Gegenstandes in einem Arbeitsvertrag und in einem Tarifvertrag sind in der Praxis die Regel. Konflikte zwischen diesen beiden Vertragswerken kommen daher fast so häufig vor, wie zwischen Tarifverträgen. Für die Frage, ob eine und welche Konfliktlösungsregel auf solche Konfliktkonstellationen anzuwenden ist, kommt es entscheidend auf die Wirkungsweise der Normen des Tarifvertrages auf die Regelungen des Arbeitsvertrages an. In dem Fall, in dem die Vorschriften eines Tarifvertrages in den Arbeitsvertrag inkorporiert werden, d.h. entgegenstehende arbeitsvertragliche Regelungen vernichtet werden, ist ein Konflikt ausgeschlossen. Hat der Gesetzgeber sich indes für eine Überlagerung entgegenstehender Regelungen entschieden, können mehrere Konfliktlösungsregeln, unter anderem das Günstigkeitsprinzip zur Anwendung gelangen, um die zurücktretende Vorschrift festzulegen.

a) Die Rechtsnatur von Tarifverträgen

Neben der Tatsache, daß Tarifverträge „erga omnes" wirken, ist Art. L. 135-2 CT des weiteren auch zu entnehmen, daß die Vorschriften eines Tarifvertrages direkt auf den Arbeitsvertrag anzuwenden sind, es sei denn, die Vorschriften des Arbeitsvertrages sind günstiger. Die französische Lehre entnimmt diesem zweiten Halbsatz des Art. L. 135-2 CT drei verschiedene Rechtswirkungen:

1. Der Tarifvertrag verhält sich gegenüber dem Arbeitsvertrag wie ein Gesetz, so daß alle abweichenden Vorschriften des Arbeitsvertrages den Vorschriften des Tarifvertrages zu weichen haben, es sei denn, sie sind günstiger (effet impératif).[90]

---

sondern mit Inkrafttreten eines neuen Tarifvertrags wieder ihre Wirkung verloren. So noch die Darstellung von *G. Krieger*, Tarifvertragsrecht, S. 189 f.

89 *Lyon-Caen/Pélissier/Supiot*, Droit du travail, Rdnr. 807.

90 *Lyon-Caen/Pélissier/Supiot*, Droit du travail, Rdnr. 821 f.; *N. Aliprantis*, thèse, S. 261 ff.; *M. Despax*, Négociations, conventions et accords collectifs, S. 365 ff.; *Y. Chalaron*, J.-Cl. trav. fasc. 19-20, Nr. 29, S. 12 f.

2. Der Tarifvertrag wirkt auf den Arbeitsvertrag ein, ohne daß es eines besonderen Umsetzungsaktes bedürfte (effet automatique).[91]
3. Es ist unbedeutend, ob ein Arbeitsvertrag vor oder nach Inkrafttreten des Tarifvertrags geschlossen worden ist (effet immédiat).[92]

Auch, wenn heute die normative Wirkung der Regelungen eines Tarifvertrages weitgehend unbestritten ist, wurden über die Frage, welche Rechtsnatur ein Tarifvertrag hat, d.h., ob es sich um vertragliche oder gesetzliche Regelungen handelt, in Frankreich in der ersten Hälfte des 20. Jahrhunderts heftige Diskussionen geführt.[93] In der Lehre ist zwischenzeitlich allgemein anerkannt, daß es nicht möglich ist, den Tarifvertrag in das eine oder das andere Schema zu pressen, sondern daß dieser vielmehr eine Mischform aus beiden darstellt.[94] Diese „nature dualiste" besteht nach Auffassung der Lehre deshalb, weil der Tarifvertrag einerseits während seiner Entstehungsphase wie ein Vertrag ausgehandelt wird und auch Rechtswirkungen wie ein Vertrag zwischen den Vertragsparteien erzeugt, weil sich aber andererseits dessen Rechtswirkungen nicht auf die Vertragsparteien beschränken, sondern dieser wie eine Rechtsnorm Rechtswirkungen auch für andere erzeugt.

Auf dieser Basis hat sich die einprägsame Formel entwickelt, daß der Tarifvertrag während der Phase des Vertragsschlusses wie ein Vertrag zu behandeln ist und im Rahmen seiner Anwendung wie ein Règlement, d.h. eine Rechtsnorm.[95] Diese Konzeption beinhaltet, daß die zivilrechtlichen Vertragsvorschriften, sofern sie nicht durch Vorschriften des Code du Travail ersetzt werden, in vollem Umfang Anwendung finden und daher für einen Tarifvertrag die gleichen Nich-

---

[91] *M. Despax*, Négociations, conventions et accords collectifs, S. 435 ff.; *Lyon-Caen/Pélissier/Supiot*, Droit du travail, Rdnr. 823 f.; *Y. Chalaron*, J.-Cl. trav. fasc. 19-20, Nr. 27, S. 12.

[92] Vgl. das Urteil vom 19. Nov. 1997, Bull. Civ. V n° 386: Ein am 20.08.1992 geschlossener Arbeitsvertrag sah eine Probezeit von einem Jahr vor. Ein am 15.03.1993 in Kraft getretener Branchentarifvertrag sah hingegen nur eine zulässige Probezeit von 6 Monaten vor. Damit war eine Kündigung, die am 7.06.1993 ausgesprochen worden war, keine Kündigung innerhalb der Probezeit.

[93] *M. Despax*, Négociations, conventions et accords collectifs, S. 74 ff.
Zwei Parteien, von denen jede ihre eigene Konzeption vertrat, standen sich gegenüber. Für die eine Gruppe waren, die Tarifverträge *Verträge*, weil sie durch Vertragsverhandlungen zu Stande kamen (siehe zur vertraglichen Konzeption um fassend *M.J. Cruege*, Le concept contractuel et les négociations collectives, thèse), während die andere Gruppe der Auffassung war, daß es sich bei ihnen um *Normen* handele, da sie in ihren Regelungsbereichen eine umfassende Rechtswirkung auch für die Arbeitnehmer, entfalteten, die nicht Gewerkschaftsmitglieder waren und daher keiner der Vertragsparteien angehörten (siehe hierzu *J. Brethe de La Gressaye*, De la nature juridique de la convention collective, thèse; *Durand/Jaussaud*, Traité du droit du travail, tome I, S. 132 ff.).

[94] *P. Durand*, Rev. trim. de droit civil 1939, S. 353 ff.; *Lyon-Caen/Pélissier/Supiot*, Droit du travail, Rdnr. 768; *M. Despax*, Négociations, conventions et accords collectifs, S. 79 ff.

[95] *Lyon-Caen/Pélissier/Supiot*, Droit du travail, Rdnr. 768 f.

tigkeitsgründe gelten wie für „normale“ Verträge. Der vertragliche Charakter hat weiter zur Folge, daß bei einer Gesetzesänderung die tarifvertraglichen Regelungen weiterhin nach altem Recht zu behandeln sind, da das neue Gesetz das alte in Bezug auf den Vertrag nicht verdrängt.[96] Wird z.B. in einem Tarifvertrag die 40 Stunden Woche vereinbart, was nach der geltenden Gesetzeslage möglich ist, und nunmehr durch Gesetz die 35 Stunden Woche im ganzen Land eingeführt, so werden die Vorschriften des Tarifvertrags aufgrund der neuen gesetzlichen Regelung nicht unwirksam, da die alte gesetzliche Regelung anwendbar bleibt. Rechtsnormen hingegen unterfallen sofort dem neuen Recht mit der Folge, daß das alte Recht dem neuen unmittelbar weicht.

Folge der gesetzesgleichen Wirkung des Tarifvertrages ist, daß der Arbeitgeber verpflichtet wird, die im Vertrag enthaltenen Regelungen in seinem Betrieb umzusetzen. Damit werden den Arbeitnehmern Rechtsansprüche verschafft, auf die sie nicht verzichten können. Auch dann nicht, wenn sich das Unternehmen in einer Krise befindet und durch Lohnverzicht der einzelnen Arbeitnehmer gerettet werden könnte.[97]

Die Behandlung des Tarifvertrages als Rechtsnorm hat ferner Auswirkungen auf Art und Umfang der Überprüfung unterinstanzlicher Urteile durch die Cour de Cassation. Denn bei einem Vertrag können die obersten französischen Richter die von den Richtern der unteren Instanzen vorgenommene Interpretation einzelner Vertragsklauseln nur dahingehend überprüfen, ob die durchgeführte Auslegung dem Willen der Vertragspartner offensichtlich nicht entspricht. Der Prüfungsrahmen bei einem Règlement hingegen ist wesentlich weiter. Die Richter der Cour de Cassation überprüfen in diesen Fällen, ob die von den Richtern der unteren Instanz gewählte Auslegung in allen Einzelheiten mit dem Règlement und dementsprechend auch mit einem Tarifvertrag vereinbar ist. Wird durch das Gericht eine Abweichung vom Tarifvertrag zu Ungunsten der Arbeitnehmer festgestellt, so wird die abweichende Regelung wegen Verstoßes (violation) gegen den Tarifvertrag aufgehoben.[98] Diese Technik wird sonst nur bei Gesetzen und Verordnungen angewandt.
Sobald ein Tarifvertrag die Grundlage für eine Entscheidung bilden könnte, haben die Richter ferner selbständig den anwendbaren Tarifvertrag zu erforschen. Die Anwendbarkeit von Verträgen hingegen ist von den Prozeßsparteien in einen Prozeß einzuführen.

---

96 Cass. soc. 11. Jan. 1951, Bull. civ. III, S. 13; 6. Mai 1960, Dr. soc. 1960, S. 111.

97 Cass. soc. 25. Febr. .1970, J.C.P. 1971, II 16676; soc. 13. Mai 1982, D. 1985, IR 409; soc. 10. März 1988, Bull. civ. V, n° 173; soc. 4. Dez. 1990, Bull. civ. V, n° 608.

98 *Lyon-Caen/Pélissier/Supiot*, Droit du travail, Rdnr. 769.

b) Wiederaufleben von Normen

Mit der Feststellung, daß aufgrund der normativen Geltung des Tarifvertrages entgegenstehende Regelungen, die ungünstiger sind, weichen müssen, stellt sich die weitere Frage, ob die weichenden Vorschriften „nur" überlagert werden und daher nach einem Außerkrafttreten des Tarifvertrages wieder aufleben oder ob entgegenstehende Regelungen des Arbeitsvertrages durch den Tarifvertrag ersetzt und in den Arbeitsvertrag inkorporiert werden. Werden entgegenstehende Klauseln nur verdrängt, können nach Außerkrafttreten des Tarifvertrages wiederum weitere Konfliktkonstellationen auftreten, da nunmehr die wiederaufgelebten Klauseln evtl. mit anderen Vorschriften konkurrieren.

In der französischen Rechtsprechung ist seit langer Zeit in ständiger Rechtsprechung anerkannt, daß die Bestimmungen des Arbeitsvertrages, die ungünstiger sind, als die des Tarifvertrages nicht ungültig werden, sondern nur für den Zeitraum der Geltung des Tarifvertrages überlagert und gewissermaßen suspendiert werden.[99] Sie leben wieder auf, sobald der Tarifvertrag außer Kraft tritt. Diese Rechtsprechung ist vor kurzem nochmals durch die Cour de Cassation bestätigt worden.[100]

Diese tarifvertragliche Wirkung ist in Frankreich – soweit ersichtlich - unbestritten. Für die französischen Autoren ist das Wiederaufleben der arbeitsvertraglichen Regelungen jedoch eher negativ belegt, da hieraus zwangsläufig folgt, daß der Arbeitnehmer dann keine für ihn besseren Rechte aus dem außer Kraft getretenen Tarifvertrag mehr geltend machen kann, sondern daß von diesem Augenblick an wieder die Regelungen des Arbeitsvertrages maßgebend sind.[101] Das Wiederaufleben der arbeitsvertraglichen Vorschrift wird daher mit einem teilweisen Rechtsverlust gleichgesetzt. Um nach Ablauf des Tarifvertrages den erworbenen Rechtsstatus aufrecht zu erhalten, bedarf es einer besonderen gesetzlichen oder tariflichen Regelung. Eine solche Regelung über sog. avantages acquis trifft Art. L. 132-8 Absatz 6 CT[102].

Daneben enthalten die „modernen" Tarifverträge immer häufiger eine sogenannte „clause de maintien des avantages acquis". Eine solche Klausel sieht vor, daß den Arbeitnehmern die Vorteile des alten Tarifvertrages erhalten bleiben, die für sie günstiger sind, als die korrespondierenden Bestimmungen in den neuen Ta-

---

[99] Cass. soc. 21. Juni .1967, Dr. soc. 1968, S. 177 mit Anmerkung *J. Savatier*; Cass. soc. 21. Juni 1967, Bull. civ. IV, n° 453; soc. 5. März 1969, Dr. soc. 1969, S. 508; so auch die h.M. Siehe zu diesem Komplex insgesamt *Lyon-Caen/Pélissier/Supiot*, Droit du travail, Rdnr. 821 ff; *M. Despax*, Négociations, conventions et accords collectives, S. 105 ff.; *H. Thuillier*, J.C.P. 1974, I 2649.

[100] Cass. soc. 23. Jan. 2001, arrêt n° 230 F-D.

[101] *Lyon-Caen/Pélissier/Supiot*, Droit du Travail, Rn. 822.

[102] Zu den avantages acquis siehe oben S. 26.

rifverträgen.[103] In der Praxis bereiten solche Klauseln häufig große Schwierigkeiten, da sie unter anderem Vergleichsprobleme nach sich ziehen[104] und mitunter schwierig zu klären ist, welche Voraussetzungen erfüllt sein müssen, damit ein Vorteil als erworben gelten kann.

3. Konflikte zwischen Tarifvertrag und accords atypiques

In den letzten Jahrzehnten hat sich neben den Tarifverträgen in Frankreich eine außergesetzliche zweite Form von Kollektivvereinbarungen herausgebildet, die von der französischen Literatur als accords atypiques, accords en marge de la loi, accords de fait, quasi-accords oder paranégociation collective bezeichnet wird.[105] Bei diesen „atypischen Vereinbarungen" handelt es sich um innerbetriebliche Übereinkünfte, die vom Comité d'entreprise, einzelnen Belegschaftsvertretern oder von der gesamten Belegschaft mit dem Inhaber/Geschäftsführer eines Betriebes geschlossen werden.[106] Diese Übereinkünfte sind deshalb besonders problematisch, weil sie sich auf außergesetzlichem Terrain bewegen. Darüber hinaus treten sie häufig in Konflikt zu im Betrieb bereits bestehenden Tarifverträgen und versuchen, diese abzuändern.

Das französische Recht sieht in den Sätzen 2 und 3 des Art. L. 411- 17 CT ausdrücklich vor, daß es nur den Gewerkschaften erlaubt ist, Tarifverträge und Kollektivvereinbarungen abzuschließen[107]. Alle anderen Vereinigungen haben nach dem Code du Travail kein Mandat, Kollektivvereinbarungen zu treffen, auch der Comité d'entreprise nicht. Der Wirkungsbereich des Comité d'entreprise ist vielmehr fast ausschließlich auf Informations- und Konsultationsrechte beschränkt.[108] Um so erstaunlicher ist es, daß die Rechtsprechung, diese Abreden

---

[103] Siehe zu diesen Klausel unter anderem *M. Despax*, Négociations, conventions et accords collectifs, S. 405, der der Auffassung ist, daß eine solche Klausel inzwischen zum „guten Ton" gehört und in fast jedem Tarifvertrag anzutreffen ist. Dieser Beobachtung würde auch die Tatsache entsprechen, daß viele Urteile der Cour de Cassation, die sich mit dem Günstigkeitsvergleich befassen, aufgrund einer solchen Klausel ergehen.

[104] Hierzu unten im 2. Abschnitt, S. 127 ff.

[105] Zu den accords atypiques *G. Vachet*, Dr. soc. 1990, S. 620 ff.; *Ch. Freyria*, Dr. soc. 1988, S. 43 ff.; *ders.*, Dr. soc. 1988, S. 464 ff.; *J. Savatier*, Dr. soc. 1985, S. 188 ff.; *M. Despax*, Négociations, conventions et accords collectifs, S. 561 ff.; *M.-A. Rotschild-Souriac*, thèse, S. 708 – 763.

[106] Einige Autoren (*Freyria* und *Despax*) fassen unter die accords atypiques zusätzlich noch Tarifverträge, die wegen Formmangels nicht als solche in Kraft gesetzt werden können und die Verträge, die einen Streik beenden. Diese weite Ausdehnung führt jedoch zu weit, so daß hier nur die Übereinkünfte behandelt werden, die nicht einer „regulären" Tarifverhandlung entstammen.

[107] Die Sätze 2 und 3 lauten: „Sont seules admises à négocier les conventions et accords collectifs de travail les organisations de salariés constituées en syndicat conformément au présent titre, à l'exclusion des associations quel qu'en soit l'objet. Tout accord ou convention visant les conditions collectives du travail est passé dans les conditions déterminée par le titre III du livre 1er du présent code."

[108] Das Recht der comité d'entreprise ist in Artt. L. 431-1 bis L. 439-24 CT geregelt.

nicht für nichtig erklärt, sondern ihnen in der Regel volle Rechtswirksamkeit zukommen läßt.[109] Da eindeutig ist, daß es sich bei den „atypischen Vereinbarungen" nicht um Kollektivvereinbarungen im klassischen Sinn handeln kann, stellt sich die Frage, welche Rechtsnatur diese in der Praxis so häufig vorkommenden Vereinbarungen[110] haben. In der französischen Rechtsprechung und Literatur sind eine Vielzahl von Lösungsansätzen entwickelt worden, von denen letztendlich keiner wirklich überzeugt.[111]

Bereits sehr früh hat die französische Rechtsprechung außerhalb des Tarifvertragsgesetzes getroffene Abreden als nach allgemeinem Recht gültig erachtet.[112] In diesen frühen Entscheidungen bezeichnet sie solche Vereinbarungen häufig als „accord synallagmatiques immédiatement obligatoires dans les termes du droit commun".[113] Diese Begründung hat sie im Laufe der Zeit aufgegeben[114] und sieht heute in den accords atypiques ein „engagement unilatéral" des Arbeitgebers, der sich durch den Abschluß einer solchen Übereinkunft selbst bindet und diese nicht mehr rückgängig machen kann, wenn er die Vereinbarung einmal in die Praxis umgesetzt hat.[115] Unstreitig ist, daß ein solches Übereinkommen nach mehrmaliger Ausführung zur betrieblichen Übung werden kann.[116] Nach der neueren Rechtsprechung haben die accords atypiques daher nicht mehr die Qualität eines gegenseitigen Vertrages, sondern sind einseitige Verpflichtungserklärungen gegenüber dem jeweiligen Verhandlungspartner.[117]

Wenngleich die Rechtsprechung der Cour de Cassation in der Literatur häufig kritisiert wird[118], so ist doch nicht zu übersehen, daß sich in Frankreich neben

---

[109] Vgl. die Urteile cass. soc. 5. Jan. 1984, Dr. soc. 1985, S. 192; 14. Juni 1985, Dr. soc. 1985, S. 192; 1. März 1989, Dr. soc. 1990, S. 431; 19. Nov. 1997, Dr. soc. 1998, S. 89; 16. Dez. 1998, RJS 1999, n° 245.

[110] Im Jahr 1984 zählte das Arbeitsministerium mehr als 2000 solcher „Firmentarifverträge" und im Jahr 1985 wurden in jedem zweiten Betrieb, in dem der gesetzlichen Verhandlungspflicht nicht nachgekommen war, solche Vereinbarungen abgeschlossen (Bilan annuel 1984 und 1985).

[111] Für Einzelheiten *G. Krieger*, Tarifvertragsrecht, S. 230 ff.

[112] So cass. soc. 9. März 1957, Dr. soc. 1957, S. 278; 7. März 1958, Bull. civ. IV 1958, n° 359; 19. Juni 1958, Bull. civ. IV 1958, n° 754; 4. Juli 1958, Bull. civ. IV 1958, n° 862; 3. Nov. 1960, D. 1960, S. 764; 10. Nov. 1960, Bull. civ. IV 1960, n° 1016; 8. Febr. 1961, Bull. civ. IV 1961, n° 181; 3. Okt. 1962, Dr. soc. 1962, S. 630.

[113] Nachweise siehe oben Fn. 112.

[114] So cass. soc. 23. Febr. 1972, Bull. civ. V 1972, n° 150; 14. Juni 1972, J.C.P. 1972, II 17219; 14. Juni 1984, Dr. soc. 1985, S. 192.

[115] Vgl. nur die jüngeren Urteile cass. soc. 19. Nov. 1997, Dr. soc. 1998, S. 89 und soc. 16. Dez. 1998, RJS 1999, n° 245.

[116] *J. Savatier*, Dr. soc. 1985, S. 191; aufschlußreich ist auch ein Artikel von *J. Déprez*, RJS 1992, S. 3 (15ff.), in dem er einige Urteile analysiert.

[117] Zu Fragen der Wirkung solcher Vereinbarungen auf das einzelne Arbeitsverhältnis *G. Vachet*, Dr. soc. 1990, S. 622 ff.; *G. Krieger*, Tarifvertragsrecht, S. 230 ff.

[118] Siehe nur *Ch. Freyria*, Dr. soc. 1988, S. 464; *M.-A. Rotschild-Souriac*, thèse, S. 716 ff.

den Tarifverträgen eine zweite Form kollektiver Verhandlungen auf der betrieblichen Ebene entwickelt hat, die aufgrund ihrer zahlenmäßigen Bedeutung nicht außer Acht gelassen werden kann. Selbst wenn die rechtliche Einordnung dieser Übereinkünfte noch nicht abschließend geklärt ist, so kommt derartigen außergesetzlichen kollektiven Vereinbarungen im Rahmen der Fragestellungen dieser Arbeit, gerade auch im Hinblick auf die deutsche Situation, große Bedeutung zu. Da solche „atypischen Vereinbarungen" häufig an Stelle eines Firmentarifvertrages geschlossen werden, treten nicht selten Situationen auf, in denen Branchentarifverträge anderes regeln, als die accords atypiques. Es ist zu klären, wie diese Vereinbarungen im Verhältnis zu den Tarifverträgen zu behandeln sind, ob sie gelten können, wenn ein Tarifvertrag bereits Regelungen getroffen hat und ob günstigere Vereinbarungen den Tarifverträgen vorgehen.[119]

4. Konflikte zwischen Arbeitsvertrag/Tarifvertrag und Übungen (Usages)

Lange Zeit kam den Übungen im französischen Arbeitsrecht eine besondere Bedeutung zu. Obwohl deren Anzahl mit der ständig größer werdenden Tarifdichte stetig abnimmt, sind die Übungen immer noch eine wichtige Rechtsquelle des französischen Arbeitsrechts.

Eine Übung liegt immer dann vor, wenn den Arbeitnehmern über einen längeren Zeitraum[120] vom Arbeitgeber Vorteile zugestanden werden, die sie nach dem Gesetz nicht haben, oder wenn sich in einem Berufszweig oder einer Region bestimmte gesetzlich nicht geregelte Üblichkeiten herausgebildet haben, die allgemein angewandt werden.[121]
Es gibt regionale, berufliche und betriebliche Übungen. Beispielsweise ist es im Raum Bordeaux im Handel üblich, daß die Kündigungsfrist erst am Ersten des auf die Kündigung folgenden Monats zu laufen beginnt. In Paris hat ein Arbeitnehmer das Recht, während des Zeitraums der Kündigungsfrist täglich zwei Stunden zur Arbeitssuche frei zu bekommen.[122] Der Code du Travail nimmt an einigen Stellen direkt Bezug auf die Übungen. In Art. L. 122-5 CT ist z.B. geregelt, daß bzgl. der Kündigungsfrist des Arbeitnehmers bei fehlender gesetzlicher oder tarifvertraglicher Regelung auf die örtlichen oder beruflichen Übungen zurückzugreifen ist.
Eine große Rolle spielen auch die betrieblichen Übungen, durch sie werden häufig Prämien und Gratifikationen sowie zusätzliche Rechte im Rahmen der Ar-

---

119 Hierzu unten im 2. Abschnitt, S. 100 ff.

120 Nach wieviel Jahren genau von einer Übung ausgegangen werden kann, ist im französischen Arbeitsrecht nicht festgelegt. Die erforderliche Zeit kann nach Art und Ort der Übung variieren.

121 *J.-E. Ray*, Droit du travail, S. 24; *Delamotte/Marchand*, Droit du travail en pratique, S. 56; *H. Thuillier*, J.C.P. 1975, II 11699; *Lyon-Caen/Pélissier/Supiot*, Droit du travail, Rdnr. 81.

122 *Delamotte/Marchand*, Droit du travail en pratique, S. 56.

beitnehmervertretung geregelt. Um betriebliche Übungen zu beenden, ist deren Kündigung oder die Aufnahme der Regelung in einen Tarifvertrag erforderlich.[123] Der Kündigung muß eine ausreichende Kündigungsfrist vorausgehen und sie muß dem Comité d'entreprise, sofern er besteht[124] und jedem einzelnen Arbeitnehmer zur Kenntnis gebracht werden.[125]

Da die Usages den Arbeitnehmern häufig Rechte gewähren, die über die gesetzlichen und tariflichen Regelungen hinausgehen und die ihnen teilweise seit Jahrhzehnten zustehen, stellt sich die Frage, wie sie sich untereinander oder im Verhältnis zu Tarif- und Arbeitsverträgen verhalten, die die fraglichen Regelungsgegenstände auf eine andere Weise oder gar ungünstiger regeln.

III. Konflikte zwischen staatlichen und beruflichen Regelungen

In der Theorie sind Konflikte sämtlicher beruflicher Normen mit allen staatlichen denkbar. Doch in der Praxis kommen einige dieser möglichen Konfliktsituationen nicht oder nur selten vor. Für die Normsetzer ist es selbstverständlich, daß ein Tarifvertrag, eine Übung oder ein Arbeitsvertrag z.B. keine verfassungsrechtlich garantierten Rechte einschränken darf. Dennoch sind immer wieder vereinzelt Konfliktfälle zwischen einem règlement intérieur[126] und staatlichen Regelungen anzutreffen, da einzelne Arbeitgeber immer wieder versuchen, die Rechte der Arbeitnehmer in einem solchen règlement intérieur widerrechtlich einzuschränken.

---

[123] Vgl. cass. soc. 20. Jan. 1971, Bull. civ. V 1971, n° 37; 17. Febr. 1972, Bull. civ. V. 1972, n° 129; 25. Jan. 1995, Dr. trav. 1995, n° 3; 9. Juli 1996, Dr. trav. 1996, n° 8/9; anders scheint dies bei regionalen Übungen zu sein, denn im Urteil vom 5. Juni 1973, D. 1973 IR 144, hat die Cour de Cassation entschieden, daß eine regionale Übung anzuwenden ist, die günstiger als der Tarifvertrag war.

[124] Ein Comité d'entreprise ist nur in Unternehmen ab 50 Mitarbeitern zwingend. Bei einer Arbeitnehmerzahl darunter kann er mit Zustimmung des Arbeitgebers eingerichtet werden.

[125] Zu Kündigungsfragen im einzelnen siehe *J. Déprez,* Le régime juridique des avantages collectifs de source informelle à travers la jurisprudence, RJS 1995, S. 639 ff., der sich in diesem Aufsatz an Hand einiger Urteile mit einzelnen Fragen auseinandersetzt.

[126] Für jedes Unternehmen ab einer Größe von 20 Arbeitnehmern ist zwingend ein règlement intérieur aufzustellen (Art. L. 122-33 CT). Hierbei handelt es sich um ein vom Arbeitgeber ausgearbeitetes Dokument, in dem die Dienst- oder Betriebsvorschriften geregelt werden, das also allgemeine Arbeitsbedingungen enthält (Jura Europae, 30.00, Nr. 14) In diesem in französischer Sprache abzufassendem Schriftstück müssen zwingend die Gesundheits-, Hygiene- und Arbeitsschutzmaßnahmen, sowie das betriebliche Disziplinarrecht und Verteidigungsrechte der Arbeitnehmer geregelt werden (Art. L. 122-34 CT). Über diese Regelungen hinausgehend werden in den Dienstvorschriften häufig noch andere Bereiche wie Lohnzahlungsmodalitäten, Bestimmungen über die Altersgrenze für die Beschäftigung, Meldeverpflichtungen bei Abwesenheit etc. geregelt. Eine gesetzliche Einschränkung dessen, was geregelt werden kann, gibt es praktisch nicht, die Regelungsgewalt des Arbeitgebers kann in Bereichen, in denen es keine gesetzlichen oder tarifvertraglichen Regelungen gibt, umfassend sein (vgl. Delamotte/Marchand, Droit du travail en pratique, S. 56). Auch auf die arbeitsvertraglichen Regelungen wirken diese Vorschriften ein.

Am häufigsten anzutreffen, ist der Konflikt zwischen Tarifvertrag und Gesetz.[127] Im Zusammenhang mit diesen Konfliktsituationen wird die Frage zu beantworten sein, ob Tarifverträge vom Gesetz abweichen dürfen oder ob das französische Arbeitsrecht eventuell ausschließlich aus imperativen Normen besteht. Des weiteren wird zu klären sein, wie auftretende Konflikte zu lösen sind und ob das Günstigkeitsprinzip hierbei eine besondere Rolle spielt.

IV. Ergebnis

Die vorstehende Darstellung hat gezeigt, daß es in Frankreich eine Vielzahl von Konfliktkonstellationen zwischen Regelungen gibt, die auf ein Arbeitsverhältnis einwirken. Als Ursache für die Konfliktvielfalt kann unter anderem die gesetzliche Ausgestaltung des französischen Tarifrechts genannt werden, in dem viele Konfliktsituationen bereits angelegt sind. Die am häufigsten auftretenden Konflikte bestehen zwischen beruflichen Normen. Besonders auffällig ist ferner die Vielzahl möglicher Konfliktsituationen zwischen Tarifverträgen. Dieses Phänomen ist in Deutschland aufgrund der Organisation der deutschen Gewerkschaften in Spitzenverbänden und aufgrund der fast monopolartigen Stellung der DGB-Gewerkschaften nicht oder doch nur ansatzweise anzutreffen. Da Konflikte aufzulösen sind, stellt sich nunmehr die Frage, welche Konfliktlösungsregeln die Rechtsordnungen vorsehen, um diese Problematik zu beheben.

---

[127] Hierzu ausführlich unten im 2. Abschnitt, S. 51 ff.

C. Lösungsansätze

I. Grundsätze

Stehen zwei oder mehrere Normen zueinander im Konflikt, so kann dieser Konflikt nur dadurch gelöst werden, daß eine dritte Norm die Art der Konfliktlösung anordnet.[128] Häufig ist eine ausdrückliche Normierung einer Konfliktlösungsregel durch den Gesetzgeber jedoch unterblieben, weil er deren Anwendbarkeit unter Umständen stillschweigend voraussetzt oder die Möglichkeit einer Kollision übersehen wurde. Diese Fälle sind sehr problematisch, da Konflikte nur dann gelöst werden können, wenn sich aus der Rechtsordnung ergibt, daß der Gesetzgeber ein oder mehrere Konfliktlösungsregeln tatsächlich als allgemein geltend voraussetzt und davon ausgeht, daß die Gerichte im Zweifelsfall das Recht haben, zu entscheiden, welches dieser Prinzipien zur Anwendung kommen soll.
Die Konfliktlösungsvarianten, die durch den Gesetzgeber festgelegt werden können, sind vielfältig. So kann er anordnen, daß die eine oder die andere Norm aufgehoben wird, daß beide Normen aufgehoben werden oder daß beide Normen gleichzeitig weitergelten, aber eine von beiden während ihres Geltungszeitraumes hinter die andere Regelung zurücktritt.
Diese prinzipiell möglichen Konfliktlösungsvarianten, können in Bezug auf das Arbeitsrecht dann diffizil werden, wenn es um Konflikte zwischen privatautonomen Vereinbarungen, z.B. unter Tarifverträgen oder zwischen Arbeitsvertrag und Tarifvertrag, geht. Denn den „üblichen“ Konfliktlösungsregeln liegt das Modell eines Konfliktes zweier einzelner Normen gleicher oder verschiedener Hierarchieebenen zugrunde, während bei privatautonomen Vereinbarungen häufig ganze Regelungsgruppen in einem Zusammenhang und auch im Widerspruch zueinander stehen können und daher insgesamt miteinander verglichen werden müssen. Das bestehende „Grundmodell“ ist daher auf Tarif- und Arbeitsverträge nicht ohne weiteres übertragbar.

Für die Fälle einer Konfliktsituation zwischen Arbeitsvertrag und Tarifvertrag oder Tarifvertrag und Tarifvertrag gibt es daher zunächst zwei grundsätzliche Arten von Regelungsmöglichkeiten. So kann die ausschließliche Anwendung eines von zwei in Konflikt miteinander stehenden Vertrages oder die Kombination der Verträge miteinander angeordnet werden.[129] Das Postulat einer ausschließlichen Anwendung nur eines Tarifvertrages vertritt das BAG, das grundsätzlich keine Kombination, ja nicht einmal die gleichzeitige Anwendung zweier Tarifverträge in einem Unternehmen, zuläßt.[130] Eine Kombination von einzelnen Verträgen kann hingegen die Anwendung des Günstigkeitsprinzips zur Folge

---

[128] *H. Kelsen,* Theorie der Normen, S. 101.
[129] *J.-M. Ollivier,* in: B. Teyssié, Les sources du droit du travail, S. 213.
[130] BAG AP Nr. 126 zu § 1 TVG Tarifverträge; BAG AP Nr. 16, 19, 30 zu § 4 TVG Tarifkonkurrenz.

haben, denn bei einer entsprechenden Bestimmung des Vergleichsrahmens tritt bei einem Vergleich von Tarifverträgen die Rechtsfolge ein, daß die Vorschriften des einen Vertrages mit einem anderen Vertrag kombiniert werden.[131] Für jede dieser grundsätzlichen Konfliktlösungmöglichkeiten sind Konfliklösungsnormen entwickelt worden, die sich der einen oder der anderen Konfliktlösungsart zuordnen lassen. Welche Regeln in den Rechtssystemen im Laufe der Jahre entwickelt worden sind, soll nun im Folgenden dargestellt werden.

II. Die einzelnen Konfliktlösungsregeln

Im Laufe der letzten Jahrzehnte oder Jahrhunderte[132] haben sich einige Regeln herausgebildet, die generell, d.h. länderübergreifend, oder speziell, d.h. landesspezifisch[133] zur Lösung von Konflikten herangezogen werden. Hierbei handelt es sich um die „lex-posterior"-Regel, das Spezialitätsprinzip, das Hierarchieprinzip, das Günstigkeitsprinzip und sogar eine Regelung, nach der die zeitlich frühere Norm[134] anzuwenden ist. Diese Aufzählung ist nicht abschließend, denn es ist denkbar, daß durch eine Weiterentwicklung der Rechtssysteme im Laufe der Zeit weitere Regeln hinzukommen. Alle diese Regeln stehen gleichwertig nebeneinander. Häufig hängt es von der Tradition des jeweiligen Landes, dem Rechtsgebiet oder den in Konflikt befindlichen Normen ab, welche Kollisionsregel bevorzugt angewandt wird.

1. Die zeitlichen Regelungen

Es mag an dieser Stelle überraschen, daß hier die zeitlichen Regelungen im Plural genannt werden, da nur eine, die lex-posterior-Regel, allgemein gebräuchlich ist. In diesem Zusammenhang sei kurz darauf hingewiesen, daß die lex-posterior-Regel keine Exklusivität besitzt, sondern daß außer ihr noch andere zeitliche Regelungen allein oder in Kombination mit anderen Regelungen denkbar sind. Wie *Hans Kelsen* dargelegt hat, ist die lex-posterior-Regel auch keine logische Regel - wie häufig angenommen wird[135] -, die grundsätzlich anzuwen-

131 Siehe hierzu unten im 2. Abschnitt unter B. III.

132 Einige dieser Regelungen gehen bereits auf römische Rechtstradition zurück. Hierzu *F. Regelsberger*, Pandekten – Systematisches Handbuch der Rechtswissenschaft – I. Abt. 7. Teil Bd. I, S. 110.

133 Die einzige ausschließlich landesspezifische Regelung ist die lex-prior-Regel, - die soweit ersichtlich - nur in Spanien zur Anwendung kommt.

134 Eine solche Regel meint *N. Aliprantis* im spanischen Recht ausmachen zu können. Siehe R.I.D.C., S. 7 (31).

135 So *J. Moor*, Zeitschrift für Theorie des Rechts, Bd. II 1927/28, S. 165; *Fr. Eisele*, AcP Bd. 69 (1886), S. 275 (283).

den ist, sondern ein positiv-rechtliches Prinzip[136]. Als solches muss es daher gesetzlich normiert[137] sein, um zur Anwendung zu gelangen.
Im Rahmen der zeitlichen Kollisionsregeln wird das Datum des Abschlusses eines Tarifvertrages oder eines Arbeitsvertrages z.B. als Konfliktlösungskriterium herangezogen. Dabei sind zwei Möglichkeiten denkbar. Zum einen kann die frühere und zum anderen die spätere Regelung als Maßstab dienen.

a) Die zeitlich spätere Regelung (lex-posterior-Regel)

Die Regel „lex posterior derogat legi priori" löst einen Konflikt unter Normen dahingehend, daß die zeitlich jüngere Norm die ältere verdrängt und damit zur Anwendung gelangt. Damit setzt diese Regel gleichzeitig voraus, daß die eine Norm jünger als die andere ist. Sie ist damit in einem Kollisionsfall zwischen zwei Normen eines zeitgleichen Gesetzes oder Vertrages nicht anwendbar.
In diesem Zusammenhang kommt es somit ausschließlich darauf an, welche Vorschrift die jüngere ist. Die Anwendung dieser Regel auf den Fall des Inkrafttretens eines Tarifvertrages während eines bestehenden Arbeitsverhältnisses bedeutet, daß der Tarifvertrag grundsätzlich bereits bestehende arbeitsvertragliche Normen verdrängt, da er immer jünger wäre als der Arbeitsvertrag. Andere Kriterien, wie die Frage, ob die Anwendung des Tarifvertrages die für den Arbeitnehmer günstigere Regelung ist, müssen beim Vorliegen dieser Regel außer Betracht bleiben, da es zu einer mechanischen Anwendung der jüngeren Regelung kommt.

b) Die zeitlich frühere Regelung (lex-prior-Regel)

Als inverse Regel zur lex-posterior-Regel läßt sich die Regel „lex prior derogat legi posteriori" bilden. Ein Normenkonflikt wird also dahingehend gelöst, daß die zeitlich frühere Regelung die zeitlich spätere Regelung verdrängt und zur Anwendung kommt.
Diese Regel mag sicherlich erstaunen und als unlogisch oder gar unvernünftig empfunden werden. Wenn man vom klassischen Anwendungsbereich der Zeitregel (Gesetze, d.h. Normen gleichen Ranges, die vom gleichen Organ erlassen werden) ausgeht, erscheint es unvernünftig, die frühere Regelung anzuwenden. In den im Arbeitsrecht am häufigsten auftretenden Kollisionsfällen handelt es sich aber regelmäßig gerade nicht um Normen gleichen Ranges oder des gleichen Normgebers, so daß es durchaus sinnvoll sein kann, die zeitlich frühere

---

[136] Hierzu *H. Kelsen*, Theorie der Normen, S. 102 f; *A. Merkl*, Allgemeines Verwaltungsrecht, S. 211 schreibt: „ Der Satz lex posterior derogat priori gilt nur kraft positivrechtlicher Satzung und nicht als rechtslogisches Axiom, als das er eigentlich gemeint ist."

[137] Die Normierung einer Konfliktlösungsregel ist grundsätzlich erforderlich. Häufig wird dies jedoch von dem jeweiligen Gesetzgeber übersehen, so daß dann im Rahmen der Auslegung auf übliche bestehende Regelungen zurückgegriffen werden muß. Von diesen ist die lex-posterior-Regel nur eine.

Regelung zur Anwendung zu bringen. Ein Grund für eine solche Lösung könnte z.B. sein, daß man die einzelnen Regelungswerke als eigenständige geschlossene Regelungen erhalten will und nicht zugelassen werden soll, daß sie mit Regelungen anderer Vertragswerke durchsetzt und ergänzt, d.h. kombiniert werden.[138]
Würde die lex-prior-Regel auch im Verhältnis Tarifvertrag zu Tarifvertrag zur Anwendung gelangen, so wäre stets der Tarifvertrag anzuwenden, der der ältere ist. Auch in diesem Fall würde es sich wiederum um die mechanische Anwendung der älteren Regelung handeln, ohne daß geprüft würde, ob die sich hieraus ergebende Lösung die günstigere für den einzelnen Arbeitnehmer ist.

2. Das Hierarchieprinzip

Im Rahmen dieses Prinzips wird ein Normenkonflikt in der Weise gelöst, daß die in der Hierarchie höhere Norm die niedrigere Norm verdrängt. Das hieße auf das Verhältnis Tarifvertrag und Arbeitsvertrag bezogen[139], daß im Falle eines Normenkonfliktes grundsätzlich die tarifvertragliche Regelung anzuwenden wäre und die arbeitsvertragliche Norm für die Geltungsdauer des Tarifvertrages verdrängt würde. Weitere Fragen, wie z.B., ob damit auch tatsächlich die für den Arbeitnehmer günstigere Regelung zur Anwendung kommt, dürfen in diesem Zusammenhang nicht gestellt werden, da es allein darauf ankommt, welche Norm die in der Hierarchie höhere ist. Geht man wie viele Autoren von dem Grundsatz aus, daß die Rechtsordnung in Form einer Normenpyramide aufgebaut ist[140], dann ist das Hierarchieprinzip die Konfliktlösungsregel, die grundsätzlich auch ohne ausdrückliche gesetzliche Normierung stets anwendbar ist, denn ein solcher Stufenaufbau setzt voraus, daß die höhere Norm die niedrigere verdrängt, sofern nichts anderes geregelt ist. Daher dürfte das Hierarchieprinzip die am häufigsten verwandte Konfliktlösungsregel bei Normen verschiedenen Ranges sein.
Damit das Hierarchieprinzip als Konfliktlösungsregel zur Anwendung kommen kann, ist es jedoch nicht erforderlich, daß bereits eine Hierarchie unter den konkurrierenden Regelungen besteht, eine solche Hierarchie kann durch eine Norm, die das Hierarchieprinzip festlegt, auch erst geschaffen werden. Das ist z.B. dann der Fall, wenn eine Vorschrift anordnet, daß ein Tarifvertrag mit größerer territorialer Reichweite im Falle eines Konfliktes einem Tarifvertrag mit gerin-

---

[138] Die lex-prior-Regel scheint auch in einem Fall im spanischen Recht zur Anwendung zu kommen. So gibt es im spanischen Recht eine Regelung, nach der ein Tarifvertrag während seines Geltungszeitraumes nicht durch Bestimmungen anderer Vertragswerke geändert werden kann. Siehe hierzu auch *N. Aliprantis,* R.I.D.C. 1987, S. 7 (31).

[139] Wenn man, wie immer noch eine Vielzahl von Autoren, von einer bestehenden Hierarchie zwischen diesen beiden Verträgen ausgeht.

[140] Es handelt sich vorliegend lediglich um eine allgemeine Betrachtung des Hierarchieprinzips. Keine Aussage wird hingegen darüber getroffen, welche Auffassung die Verfasserin in Bezug auf die Existenz einer Hierarchie unter privatautonomen Regelungen vertritt.

gerer Reichweite vorgeht. Denn durch diese Vorschrift wird eine Hierarchie unter den Tarifverträgen erst geschaffen, die ansonsten, soweit gesetzlich nichts anderes geregelt ist, gerade nicht besteht.[141]

Das Hierarchieprinzip ist nicht zu verwechseln mit der Regel „der größten Anzahl der Mitarbeiter", die in der TVVO in § 2 Abs. 2[142] festgelegt war. § 2 Abs. 2 TVVO bestimmte, daß im Falle eines Konfliktes unter verschiedenen Tarifverträgen derjenige zur Anwendung kam, der die größte Anzahl Arbeitnehmer in einem Unternehmen unter sich vereinigen konnte. Bei der Regel, die hier getroffen wird, handelt es sich nicht um ein Prinzip, das eine Hierarchie unter den einzelnen Tarifverträgen etabliert, sondern um eine rein an der Anzahl orientierte Konfliktlösungsregel.[143]

3. Das Spezialitätsprinzip

Das Spezialitätsprinzip[144] als Konfliktlösungsregel ist ein Prinzip, wonach im Falle eines Konfliktes zwischen zwei Normen, die speziellere zur Anwendung gelangt.

Auch wenn die Regel „lex specialis derogat legi generali" sehr einfach handhabbar zu sein scheint, so gestaltet sich ihre Umsetzung in der Praxis vielfach schwierig. Geht man z.B. von dem oben zur Verdeutlichung eines Regelungskonfliktes gebildeten Beispielsfall verschiedener Urlaubsansprüche bei unterschiedlicher Betriebszugehörigkeitsdauer aus[145], so fällt es bei einem schlichten Vergleich der beiden in Konflikt befindlichen Normen schwer zu sagen, ob die Norm des Tarifvertrages, die einen fünfwöchigen Urlaub gewährt oder die Regelung des Arbeitsvertrages, nach der dem Arbeitnehmer ein sechswöchiger Urlaub zusteht, die speziellere ist. Da ein Vergleich der beiden in Konflikt befindlichen Normen allein nicht weiterführt, sind als Vergleichsfaktor die Vertragswerke heranzuziehen, denen die einzelnen Regelungen angehören. Erst wenn dieser Schritt getan ist, kann ein sinnvoller Vergleich durchgeführt wer-

---

141 Zur Frage einer Hierarchie unter den Tarifverträgen unten S. 106 ff. Vgl. diesbzgl. auch *N. Aliprantis,* R.I.D.C. 1987, S. 7 (26).

142 § 2 Abs. 2 TVVO lautete: „Fällt ein Arbeitsvertrag unter mehrere allgemeinverbindliche Tarifverträge, so ist im Streitfall, vorbehaltlich einer abweichenden Bestimmung des Reichsarbeitsministers, derjenige von ihnen maßgebend, der für die größte Zahl von Arbeitsverträgen in dem Betrieb oder Betriebsabteilung Bestimmungen enthält."

143 *N. Aliprantis,* R.I.D.C., S. 7 (26 f.).

144 Wenn hier vom Spezialitätsprinzip gesprochen wird, so ist in diesem Zusammenhang ausschließlich das Spezialitätsprinzip als Konfliktlösungsregel gemeint. Es ist nicht zu verwechseln mit anderen Anwendungsbereichen, wie z.B. dem sachenrechtlichen Spezialitätsprinzip, wonach jede einzelne Sache in einer einzelnen Rechtsbeziehung zu einem Rechtssubjekt steht.

145 Das Beispiel lautet wie folgt: Nach dem Tarifvertrag stehen einem Arbeitnehmer ab einer Betriebszugehörigkeit von 10 Jahren 6 Wochen Urlaub im Jahr zu. Der Arbeitsvertrag sieht jedoch vor, daß der Arbeitnehmer bereits ab einer Betriebszugehörigkeit von 5 Jahren 6 Wochen Urlaub zustehen.

den. So würde in dem hier gebildeten Fall, die Regelung des Arbeitsvertrages die entsprechende Regelung des Tarifvertrages verdrängen, da sie näher am Arbeitnehmer ist und deshalb spezieller ist.
Besonders schwierig kann sich ein solcher „Spezialitätsvergleich“ gestalten, wenn zwei oder mehrere Tarifverträge miteinander konkurrieren. Hier stellt sich nämlich bereits die Frage, was als Vergleichskriterium herangezogen werden soll und ob nur ein Kriterium oder mehrere Kriterien kumulativ erforderlich sind, um ein praktikabeles Ergebnis zu finden.[146] Das Spezialitätsprinzip mag daher bei zwei konkurrierenden Gesetzen zu klaren und logischen Ergebnissen führen. Im Rahmen der im Arbeitsrecht zu lösenden Normenkonflikte führt es jedoch mitunter zu unverständlichen Ergebnissen.

4. Das Günstigkeitsprinzip

Bei dem Günstigkeitsprinzip handelt es sich um eine Konfliktregel, nach der im Falle eines Normenkonfliktes grundsätzlich die für den Arbeitnehmer günstigere Regelung zur Anwendung kommt.[147]
Die konkurrierenden Regelungen werden im Hinblick darauf verglichen, ob sie günstiger oder ungünstiger für den Arbeitnehmer sind. Solange es sich um klare, zahlenmäßig bezifferbare und daher leicht lösbare Konfliktsituationen wie in dem gebildeten Beispielsfall handelt, stellt sich das Günstigkeitsprinzip als eine leicht handhabbare und für den Arbeitnehmer vorteilhafte Regelung dar. In dem Augenblick, in dem es jedoch darum geht komplexere Sachverhalte miteinander zu vergleichen, z.B. wenn unter zwei gleichzeitig anwendbaren Tarifverträgen der günstigere herauszufiltern ist, dann wird der Anwender dieses Prinzips vor eine komplizierte Aufgabe gestellt, da es sich bereits äußerst schwierig gestaltet, für eine solche Konstellation Vergleichsmaßstäbe zu entwickeln.
In dem oben zur Verdeutlichung eines Regelungskonfliktes geschilderten Fallbeispiel[148] ist bei einer Anwendung des Günstigkeitsprinzips als Konfliktregel die Vorschrift des Arbeitsvertrag anzuwenden, da sie eine Urlaubsdauer von 6 Wochen vorsieht, während dem Arbeitnehmer nach dem Tarifvertrag nur 5 Wochen zustehen.

Von allen hier dargestellten Konfliktlösungsregeln ist das Günstigkeitsprinzip dasjenige, das im französischen Arbeitsrecht am häufigsten normiert ist. In einem zweiten Abschnitt soll daher nunmehr untersucht werden, welche Konfliktfälle vom Günstigkeitsprinzip beherrscht werden, wie groß die Ausprägung des Günstigkeitsprinzips im französischen Arbeitsrecht ist und wie der Günstigkeitsvergleich durchgeführt wird.

---

[146] *N. Aliprantis,* R.I.D.C. 1987, S. 7 (35 f.).
[147] Die Herkunft des Günstigkeitsprinzips ist nicht mehr genau zu rekonstruieren. Es deuten jedoch einige Anzeichen daraufhin, daß es in der Weimarer Zeit in Deutschland entwickelt worden ist. Siehe hierzu unten im 2. Abschnitt, S. 43 f.
[148] Siehe Fn. 145.

2. ABSCHNITT: DIE AUSGESTALTUNG UND DER GELTUNGSBEREICH DES GÜNSTIGKEITSPRINZIPS IM FRANZÖSISCHEN ARBEITSRECHT

„Der Günstigkeitsgedanke ist im französischen Arbeitsrecht das bestimmende Rechtsprinzip für die Lösung von Konfliktkonstellationen.“[149] Obwohl das „principe de faveur“ oder das „principe de l'application de la norme la plus favorable“, wie das Günstigkeitsprinzip hier genannt wird, eine umfassende Bedeutung für alle Bereiche zu haben scheint, fällt die Auseinandersetzung der französischen rechtswissenschaftlichen Literatur mit diesem Thema vergleichsweise dürftig aus. Während es in der Bundesrepublik eine Fülle von Aufsätzen und Dissertationen zum Günstigkeitsprinzip gibt, scheint sich die Lehre in Frankreich für dieses Thema nur am Rande zu interessieren. Eine Dissertation hierzu wurde bisher - soweit ersichtlich - nicht veröffentlicht und auch die Lehrbücher behandeln das Thema, wenn überhaupt, nur sehr kurz und knapp. Die wenigen Aufsätze, die sich mit dem Günstigkeitsprinzip auseinandersetzen[150], versuchen, etwas Licht in viele noch ungeklärte Fragen zu bringen, was jedoch nicht über die Tatsache hinwegtäuschen kann, daß eine grundlegende inhaltliche Durchdringung des Günstigkeitsprinzips in Frankreich noch nicht erfolgt ist.[151] Die nahezu fehlende literarische Auseinandersetzung mit diesem Thema erschwert dem ausländischen Betrachter die Darstellung dieses „allgegenwärtigen“ und für das französische Arbeitsrecht äußerst bedeutsamen Prinzips und führt ihn zwangsläufig an die Wurzel, den Gesetzestext, zurück. Darüber hinaus ist eine vertiefende Rechtsprechungsanalyse erforderlich, um die praktische Relevanz und die Ausgestaltung der Günstigkeitsmaxime durch die französischen Gerichte zu erforschen.

Ziel der folgenden Untersuchung ist es, unter Zuhilfenahme von Rechtsprechung und Literatur darzustellen, wann und für welche der im ersten Abschnitt vorgestellten Konfliktkonstellationen das Günstigkeitsprinzip als Konfliktlösungsregel fungiert. Darüber hinaus ist von Bedeutung, ob sich weitere Funktionen des Günstigkeitsprinzips erkennen lassen. Besonderes Augenmerk wird darauf gelegt, inwieweit Konflikte zwischen Normen auf hierarchisch gleicher Ebene, insbesondere zwischen Tarifverträgen, durch das Günstigkeitsprinzip gelöst werden und wie die französische Rechtsprechung bei nicht gesetzlich normierten Fallkonstellationen verfährt. Einen weiteren Schwerpunkt bildet die Durch-

---

[149] *N. Aliprantis*, thèse, S. 52.

[150] Mit dem Günstigkeitsprinzip beschäftigen sich *A. Jeammaud*, Dr. soc. 1999, S. 115; *Y. Chalaron*, in: Études offertes à Gérard Lyon-Caen, S. 243 ff.; *A. Chevillard*, Dr. soc. 1993, S. 363 ff.; *H. Tissandier*, Dr. soc. 1997, S. 1045 ; *F. Bocquillon*, Dr. soc. 2001, S. 255.

[151] So auch *A. Jeammaud*, Dr. soc. 1999, S. 115.

führung des Günstigkeitsvergleichs im Rahmen der einzelnen Fallkonstellationen und die sich anschließende Frage nach Unterschieden im Hinblick auf die verschiedenen Konstellationen.

A. Einführung

„Le principe du plus favorable est l'âme du droit du travail". - Das Günstigkeitsprinzip ist die Seele des Arbeitsrechts -, so beschreibt *Yves Chalaron* dieses Prinzip.[152] Allein dieser Satz läßt etwas von der Bedeutung erahnen, die dem Günstigkeitsprinzip im französischen Arbeitsrecht heute zukommt. Doch das war nicht immer so, denn der Günstigkeitsgedanke und die Festschreibung des Günstigkeitsprinzips im Gesetzestext haben eine Entwicklung hinter sich, die über ein halbes Jahrhundert andauerte und die in der heutigen Ausgestaltung dieser Regel im Code du Travail ihren Höhepunkt gefunden hat.[153]

I. Die historische Entwicklung des Günstigkeitsprinzips

Dem ersten Tarifvertragsgesetz vom 25. März 1919[154] sowie der ersten Fassung des Code du Travail von 1910[155] war der Günstigkeitsgedanke noch vollkommen fremd. Basierend auf vertragsrechtlichen Prämissen stufte dieses Gesetz die Vereinbarungen eines Tarifvertrages als rechtsverbindlich ein. Eine Abweichung von tarifvertraglichen Bestimmungen oder gar von gesetzlichen Vorschriften war nicht möglich. Zum ersten Mal wurde der Günstigkeitsgedanke im Tarifvertragsgesetz vom 24. Juni 1936[156] normiert, dessen Art. 31 V[157] den Tarifparteien erlaubte, von gesetzlichen Vorschriften zu Gunsten der Arbeitnehmer abzuweichen.[158] Die Herkunft des Günstigkeitsgedankens wird sich heute wohl nicht mehr genau nachvollziehen lassen. Für die These *Aliprantis*'[159], daß das Günstigkeitsprinzip aus Deutschland übernommen worden ist, wo es in der Weimarer Zeit entwickelt worden ist, sprechen jedoch einige Argumente.

---

[152] *Y. Chalaron*, in: Études offertes à Gérard Lyon-Caen, S. 243 ff.

[153] Heute gibt es im Code du Travail vier Vorschriften, in denen die Anwendung des Günstigkeitsprinzips geregelt wird. Diese sind: Artt. L. 132- 4, L. 135-2, L. 132-13 und L. 132-23 CT.

[154] J.O. vom 26. März 1919.

[155] Zur geschichtlichen Entwicklung des Arbeitsrechts in Frankreich siehe *Lyon-Caen/Pélissier/Supiot*, Droit du travail, Rdnr. 7 ff.

[156] J.O. vom 25. Juni 1936.

[157] Der Text lautete: „Les conventions collectives ne doivent pas contenir des dispositions contraires aux lois et règlements en vigueur, mais peuvent stipuler des dispositions plus favorables."

[158] Siehe hierzu *M. Despax*, Négociations, conventions et accords collectifs, S. 44.

[159] *N. Aliprantis*, R.I.D.C. 1987 S. 7 (32).

Das Günstigkeitsprinzip wurde in Deutschland zum ersten Mal in § 1 I Satz 2 der TVVO vom 23. Dezember 1918[160] gesetzlich verankert[161]. Dem französischen Pendant von 1919 war ein solcher Gedanke damals noch gänzlich fremd. Erst 1936 und damit 18 Jahre später fand er Eingang in ein französisches arbeitsrechtliches Gesetz. Da die französischen Arbeitsrechtler damals und auch später gerne zu ihren in manchen Bereichen als fortschrittlich geltenden Nachbarn hinüberblickten, liegt es nahe zu vermuten, daß der Günstigkeitsgedanke von ihnen aus Deutschland übernommen wurde. Zumindest läßt sich in anderen französischen Kodifikationen außerhalb des Arbeitsrechts ein Günstigkeitsgedanke nicht festmachen. Im französischen internationalen Privatrecht fand die Rezeption des heute gängigen und im Römer Übereinkommen vom 19. Juni 1980[162] verankerten Günstigkeitsgedanken erst wesentlich später statt.[163]

Nach einer Zwischenphase während des Krieges von 1939-1945, die das Tarifvertragswesen und die Gewerkschaften durch kriegsbedingte reglementierende Vorschriften praktisch lahmlegte und die in Frankreich in der Charte de Travail[164] unter dem Vichy-Regime ihren Höhepunkt fand[165], wurde am 23. Dezember 1946[166] ein neues Gesetz verkündet, das jedoch die Erwartungen der Tarifparteien sehr enttäuschte und sich praktisch als undurchführbar erwies. Wohl noch zu sehr unter dem dirigistischen Eindruck des Vichy-Regimes und des Krieges stehend, hatte die neue Regierung ein Gesetz erlassen, das eine strenge Hierarchie unter den Tarifverträgen einführte und dem Staat weitgehende Kontroll- und Eingriffsfunktionen verlieh.[167] Für den Günstigkeitsgedanken war in einer solchen Konzeption kein Platz. Die Regierung reagierte auf den Mißmut, den dieses Gesetz hervorrief, recht zügig und erließ bereits am 11. Februar

---

[160] RGBl. 1918, S. 1456 ff. Die genaue Bezeichnung lautet: Verordnung über Tarifverträge, Arbeiter- und Angestelltenausschüsse und Schlichtung von Arbeitsstreitigkeiten.

[161] § 1 I TVVO lautete wie folgt: „Sind die Bedingungen für den Abschluß von Arbeitsverträgen zwischen Vereinigungen von Arbeitnehmern und einzelnen Arbeitgebern oder Vereinigungen von Arbeitgebern durch schriftlichen Vertrag geregelt (Tarifvertrag), so sind Arbeitsverträge zwischen den beteiligten Personen insoweit unwirksam, als sie von der tariflichen Regelung abweichen. Abweichende Vereinbarungen sind jedoch wirksam, soweit sie im Tarifvertrag grundsätzlich zugelassen sind, oder soweit sie eine Änderung der Arbeitsbedingungen zu Gunsten des Arbeitnehmers enthalten und im Tarifvertrag nicht ausdrücklich ausgeschlossen sind. An die Stelle unwirksamer Vereinbarungen treten die entsprechenden Bestimmungen des Tarifvertrages."

[162] In Kraft getreten am 01. April 1991.

[163] Siehe hierzu *P. Mankowski*, IPRax 1994, S. 88 (S. 89, Fn. 5) der die erste Entscheidung im Bereich des internationalen Arbeitsrecht, in der das Günstigkeitsprinzip als Kollisionsregel herangezogen wird, auf das Jahr 1972 datiert.

[164] Gesetz vom 4. Oktober 1941.

[165] *M. Despax*, Négociations, conventions et accords collectifs, S. 47 m.w.N.

[166] J.O. vom 24. Dezember 1946.

[167] *R. Jaussaud*, Dr. soc. 1949, S. 93 ff.; *M. Despax*, Négociations, conventions et accords colletifs, S. 49 ff. m.w.N.

1950[168] ein neues Gesetz, das auf dem Gesetz von 1936 aufbaute, in einigen Teilen jedoch weit darüber hinaus ging.[169] So ist z.B. die Möglichkeit einer Allgemeinverbindlicherklärung wesentlich erleichtert worden und den Tarifparteien wurden größere Verhandlungsspielräume eingeräumt.[170] Im Zuge der Rückkehr zu den „alten Werten" des Gesetzes von 1936 fand auch das Günstigkeitsprinzip wieder Eingang in den Gesetzestext.
Mit dem Gesetz vom 13. Juli 1971[171] wurde nach 20 Jahren der Stabilität zum ersten Mal ein großes Reformgesetz verabschiedet, das grundlegende Änderungen in das Tarifvertragsrecht einbrachte.[172] So erhielten z.B. Firmentarifverträge zum ersten Mal den gleichen rechtlichen Stellenwert wie andere Tarifverträge und die Liste der verpflichtend zu behandelnden Verhandlungsgegenstände wurde verlängert.[173] Auch das Günstigkeitsprinzip erhielt durch Art. 31 e Livre I Code du travail[174] neuer Fassung ein weiteres Standbein. Denn Art. 31 e wurde um den Satz „sauf dispositions plus favorables" erweitert, wodurch von nun an Vereinbarungen in Arbeitsverträgen weiter Bestand hatten, die günstiger waren als die entsprechenden Bestimmungen im Tarifvertrag. Hiermit trug man der Erfahrung der letzen Jahrzehnte Rechnung, daß bei einer vollständigen Übertragung der Klauseln eines Tarifvertrages auf einen Arbeitsvertrag, oftmals für den Arbeitnehmer günstigere Vereinbarungen durch ungünstigere ersetzt wurden, ohne daß die Möglichkeit bestand, den Arbeitnehmer hiervor zu schützen.
Die Ausgestaltung des Günstigkeitsprinzips im Code du travail, wie sie heute besteht, erhielt das französische Recht durch die Reformgesetze des Jahres 1982.[175] Mit der weiteren Aufwertung des Firmentarifvertrages und dem so entstehenden neuen Konfliktpotential unter den Tarifverträgen wurden mit den Artt. L. 132-13 und L. 132-23 CT Konfliktlösungsregeln auf der Basis des Günstigkeitsprinzips eingeführt, um so die auftretenden Konstellationen lösen zu können. Obwohl eine Vielzahl anderer Lösungsmöglichkeiten denkbar wäre, hielt die französische Regierung in Zeiten wirtschaftlicher Stagnation und hoher Arbeitslosigkeit trotz gegenläufiger Meinungen, die den Schutz der Arbeitnehmer von der jeweiligen wirtschaftlichen Lage abhängig machen wollten,[176] an

---

168 J.O. vom 12. Februar 1950.

169 Zu diesem Gesetz *P. Ranon de la Vergne*, thèse, Paris 1951; *P. Durand*, Dr. soc. 1950, S. 93 ff, 155 ff. und 186 ff; *J. Rivero*, J.C.P. 1950 I 875.

170 *M. Despax*, Négociations, conventions et accords collectifs, S. 57 f.

171 Loi n° 71-561 vom 13. Juli 1971, J.O. vom 14. Juli 1971.

172 Zu diesem Gesetz *H. Groutel*, J.C.P. 1972, I.2462; *M. Despax*, Dr. soc. 1971, S. 530 ff.

173 *M. Despax*, Négociations, conventions et accords collectifs, S. 64 f.

174 Art. 31e lautete: „Lorsque l'employeur est lié par les clauses de la convention collective de travail, ces clauses s'appliquent aux contrats des travail avec lui, sauf disposition plus favorable." Dies ist der heutige Art. L. 135-2 CT.

175 Gesetz n° 82-957 vom 13. November 1982 (loi Auroux), J.O. 14.11.1982, 3414.

176 Während der Debatte über die Reformgesetze des Jahres 1982 ging es insbesondere auch um Fragen der Flexibilisierung der Arbeitszeit. In diesem Zusammenhang entbrannte eine heftige Diskussion darüber, ob es den Tarifparteien erlaubt werden sollte in gewissen Fra-

einem Prinzip fest, dessen Ziel es ist, die jeweils beste Lösung für den Arbeitnehmer anzuwenden. Dadurch machte sie einmal mehr deutlich, wie wichtig dem französischen Arbeitsrecht der Günstigkeitsgedanke ist. Doch trotz dieser allumfassenden Gegenwart des Günstigkeitsprinzips und dessen großer Bedeutung im französischen Arbeitsrecht sind viele Fragen inhaltlicher, wie rechtstechnischer oder praktischer Natur immer noch offen und ungeklärt und gerade in letzter Zeit scheint wieder verstärkt eine Debatte hierüber zu entflammen. Ausgelöst wurde diese erneute Auseinandersetzung mit diesem Thema in der Literatur unter anderem durch die bereits angesprochene Entscheidung der Cour de Cassation zum Günstigkeitsvergleich zwischen einem Tarifvertrag der einen Lohnverzicht gegen eine Arbeitsplatzgarantie enthielt.[177]

II. Der Stand der Diskussion über Natur, Inhalt und Tragweite des Günstigkeitsprinzips

„Gewiß kennt das französische System ein Prinzip, nach dem im Konflikt von Normen die günstigste angewandt werden muß, aber Natur, Inhalt und Tragweite geben zu mancherlei Ungewißheit Anlaß."[178] Dieser Satz einer französischen Arbeitsrechtlerin, läßt eine gewisse Unsicherheit in Bezug auf den Umgang mit dem Günstigkeitsprinzip in Frankreich erahnen. Der Eindruck verstärkt sich, wenn in einem anderen Aufsatz zu lesen ist, „que son affirmation est récente, et que sa substance comme sa portée paraissent bien incertaines encore."[179] Solche Aussagen von Autoren eines Landes zu lesen, in dem das Günstigkeitsprinzip gesetzlich breit verankert ist und in dem dieses Prinzip im Arbeitsrecht als Kollisionsregel grundsätzlich anerkannt zu sein scheint, verwundert sehr. Da im weiteren Verlauf dieses Abschnittes eine tiefergehende Auseinandersetzung mit dem Günstigkeitsprinzip erforderlich wird, erscheint es sinnvoll, an dieser Stelle kurz den Verlauf und den Stand der Diskussion über Natur, Inhalt und Tragweite dieses Prinzips darzustellen. Auf diese Weise werden sich bereits in der Diskussion abzeichnende Problempunkte herausgearbeitet und vorgestellt.

Obwohl das Günstigkeitsprinzip schon recht früh in das französische Arbeitsrecht aufgenommen wurde, fand eine Diskussion hierüber, soweit ersichtlich,

---

gen auch zu Ungunsten der Arbeitnehmer vom Gesetz abweichen zu dürfen. Als Folge dieser Debatte wurde die erste Vorschrift in den Code du Travail eingeführt, die eine Abweichung im Rahmen der Festlegung der Arbeitszeit auch zu Ungunsten der Arbeitnehmer erlaubte. Einige Autoren sahen darin ein Abweichen von den Schutzprinzipien des Arbeitsrechts. Siehe zu diesen Fragen *G. Lyon-Caen*, Dr. soc. 1985, S. 801 (804ff.); einen guten Überblick gibt *G. Krieger*, Tarifvertragsrecht, S. 276 ff.

[177] Cass. soc. 17. Febr. 1997, Dr. soc. 1997, S. 432 ff.. *M. le Friant*, NZA 2000, S. 81 ff.

[178] *M. le Friant*, NZA 2000, S. 81.

[179] *A. Jeammaud*, Dr. soc. 1999, S. 115.

lange Zeit nicht statt. Die Rechtsprechung wandte das Prinzip regelmäßig an[180] und scheint bei dessen Ausgestaltung von der Lehre relativ „unbehelligt“ gelassen worden zu sein.

Nachdem die Assemblée Générale des Conseil d'État in ihrer richtungweisenden Stellungnahme[181] vom 22. März 1973[182] in Bezug auf Art. L. 31 lit. a al. 4 Livre 1 CT (dem heutigen Art. L. 132-4 CT[183]) festgestellt hatte, daß es sich bei der in diesem Paragraphen niedergelegten Regel um ein *„principe général du droit“*[184] handelt, schien die rechtliche Einordnung des Günstigkeitsprinzips zunächst geklärt zu sein.[185] Eine ausführliche Diskussion in der Literatur, die nach einer solchen Entscheidung zu erwarten gewesen wäre, erfolgte nicht. Die Lehre gab sich vielmehr mit der Einordnung des in Art. L. 31 lit.a al. 4 Livre 1 enthaltenen Günstigkeitsprinzips als „allgemeinem Rechtsprinzip“ zufrieden und wandte das Günstigkeitsprinzip als umfassendes Rechtsprinzip an. Recht schnell bemerkte man jedoch, daß trotz der Stellungnahme des Conseil d'État noch eine ganze Anzahl von weiteren Fragen zu lösen waren, denn die rechtliche Einordnung anderer Rechtsbeziehungen als der zwischen Tarifvertrag und Gesetz und auch die Frage nach der Art der Durchführung des Günstigkeitsvergleichs konnten keinesfalls als geklärt gelten. So schrieb *Louis Rozès* 1977: „Die bedeutende Entscheidung des Conseil d'État vom 22. März 1973 löst nicht alle Schwierigkeiten, die in diesem Zusammenhang auftreten“[186], und 1985 bemerkte *Gérard Lyon-Caen*, daß der Begriff der „disposition plus favorable“ unklar sei und trotz des Versuches des Conseil d'États diesen zu erhellen, die Interpretation dieser Regel sich immer noch schwierig gestalte.[187] *Lyon-Caen* scheint die französischen Arbeitsrechtler mit diesem Aufsatz aus einer Art „Dornröschenschlaf“ geweckt zu haben, denn in den folgenden Jahren findet in der Literatur eine intensivere Auseinandersetzung mit dem Thema „Günstigkeitsprinzip“ statt.

---

180 Siehe nur die Entscheidungen cass. soc. 29. Mai 1959, J.C.P. 1959 II, 11284; 2. März 1960, Bull. civ. IV 60, n° 248; 11. Jan. 1962, Dr. soc. 1962, S. 290 ff. mit Anmerkung *Savatier*.

181 Hierbei handelte es sich um eine Stellungnahme, die der Conseil d'État dem Arbeitsminister im Rahmen seiner Aufgaben als staatliches Konsultationsorgan und damit nicht als Gericht gegeben hat.

182 Dr. soc. 1973, 514; Dr. ouvr. 1973, 190; *Lyon-Caen/Pélissier*, Les grands arrêts de droit du travail, Nr. 50.

183 Art. L. 132-4 CT lautet: „La convention et l'accord collectif de travail peuvent comporter des dispositions plus favorables aux salariés que celles des lois et règlement en viguer. Ils ne peuvent déroger aux dispositions d'ordre public de ces lois et règlements.“

184 Zur Bedeutung eines principes général du droit siehe oben im 1. Abschnitt, S.8 f.

185 Ob es sich bei der indem heutigen Art. L. 132-4 CT niedergelegten Rechtsregel tatsächlich um das Günstigkeitsprinzip im Sinne einer Kollisionsregel handelt, wird im Verlauf der Arbeit noch zu klären sein.

186 *L. Rozès*, Dr. soc. 1977, S. 311 (313).

187 *G. Lyon-Caen*, Dr. soc. 1985, S. 801 (806).

Nikitas Aliprantis vertritt in einem rechtsvergleichenden Aufsatz 1987 die interessante These, daß das Günstigkeitsprinzip zwei Seiten habe: Es sei zum einen Kompetenz- und zum anderen Konfliktregel[188]. *Yves Chalaron* stellt fest, daß das Günstigkeitsprinzip eine dem Arbeitsrecht eigene Konfliktlösungsregel sei, die auf keinen Fall mit den Fragen beim Erlaß von Normen zu verwechseln sei.[189] Ihm ist es wichtig hervorzuheben, daß Art. L. 132-4 CT und Art. L. 135-2 CT nicht das gleiche Prinzip regeln und eine grundsätzlich andere Zielrichtung haben.[190] *Alain Chevillard* beschäftigt sich in einem Aufsatz ausschließlich mit dem Aspekt, wie der Günstigkeitsvergleich durchzuführen ist und stellt sich dabei in Einzelfragen gegen die Rechtsprechung.[191] So ist er der Meinung, daß Tarifverträge insgesamt zu vergleichen sind, während die Rechtsprechung bisher einzelne Klauseln oder Gruppen von Vorschriften vergleicht.[192]
1994 stellt *Philippe Langlois* zum ersten Mal die Frage, ob es das Günstigkeitsprinzip als allgemeines Rechtsprinzip überhaupt gebe und ob nicht in den letzten Jahren eine Bedeutung und ein Inhalt in den Gesetzestext, insbesondere in Art. L. 135-2 CT[193], hineininterpretiert worden seien, die dieser gar nicht enthielte.[194] So vertritt er unter anderem die Auffassung, daß in Artt. L. 132-13 und L. 132-23 CT das Hierarchie- und nicht das Günstigkeitsprinzip als Konfliktlösungsregel niedergelegt ist. Er kommt zu dem Ergebnis, daß neben dem Günstigkeitsprinzip das Hierarchieprinzip im Code du Travail als gleichwertige Konfliktlösungsregel anzusehen ist und daher dem Günstigkeitsprinzip nicht die umfassende Bedeutung zukommt, die ihm bisher zugeschrieben worden ist.[195]
Wie eine Antwort auf die Kritik *Langlois'*, die Lehre wende das Günstigkeitsprinzip umfassend an, obwohl dies bisher in keiner gerichtlichen Entscheidung bestätigt worden sei[196], erscheinen die beiden Urteile SNCF und EDF der Cour de Cassation vom 17. Juli 1996[197], in denen sie feststellt: „*Le conflit entre code du travail et statut du personnel d'une entreprise publique doit être résolu par application du principe fondamental en droit du travail selon lequel, en cas de conflit de normes, c'est la plus favorable aux salariés qui doit recevoir application.*" Damit hatte die Cour de Cassation das Günstigkeitsprinzip als „principe fondamental en droit du travail" und somit als allgemeine Konfliktlösungsregel

---

[188] So in R.I.D.C. 1987, S. 7 (33 f.).
[189] *Y. Chalaron*, in: Études offertes à Gérard Lyon-Caen, S. 243 ff.
[190] *Y. Chalaron*, in: Études offertes à Gérard Lyon-Caen, S. 243 ff.
[191] *A. Chevillard*, Dr. soc. 1993, S. 363 ff.
[192] *A. Chevillard*, Dr. soc. 1993, S. 363 (371 ff.).
[193] Zu Art. L. 135-2 CT siehe S. 72 ff.
[194] *Ph. Langlois*, in: Aliprantis/Kessler (Hrsg.), S. 23 (25).
[195] *Ph. Langlois*, in: Aliprantis/Kessler (Hrsg.), S. 23 (27ff.).
[196] *Ph. Langlois*, in: Aliprantis/Kessler (Hrsg.), S. 23 (27).
[197] Dr. soc. 1996, S. 1053; S. 1049 Conclusions des Generalanwalts *P. Lyon-Caen* und S. 1054 ff. Anmerkung von *J. Savatier*. Diese Urteile wurden kürzlich durch das Urteil der Cour de Cassation, cass. soc. vom 12. Dez. 2000, arrêt n° 4958 F-D, Travail et Protection sociale 2000, Nr. 94 bestätigt.

anerkannt. Trotz dieser Festschreibung durch die Rechtsprechung ebbt die Diskussion über die Tragweite und Ausgestaltung des Günstigkeitsprinzips nicht ab. Erst kürzlich hat *Antoine Jeammaud* wieder die Frage aufgeworfen, ob es ein solches allgemeines Rechtsprinzip im französischen Arbeitsrecht tatsächlich gibt und wie es einzuordnen ist[198]. *Fabrice Bocquillon* hat diesen Ansatz *Jeammauds* aufgenommen und vertritt angesichts der seiner Meinung nach immer größeren Einschränkungen des Günstigkeitsprinzips aufgrund einer stetig wachsenden Anzahl tarifdispositiver Gesetzesvorschriften und der Rechtsprechung der Cour de Cassation die Meinung, es gebe kein Günstigkeitsprinzip mehr, sondern nur noch eine allgemeine Günstigkeitsregel.[199] *Martine le Friant* hat sich schließlich im Zusammenhang mit dem „Burda-Beschluß" in einem deutschen Aufsatz mit Fragen des Günstigkeitsvergleichs auseinandergesetzt.[200] Eine weitere Diskussion dürfte sich an diese Aufsätze anschließen.

Der kurze Überblick über den Stand der Diskussion zum Günstigkeitsprinzip in Frankreich hat gezeigt, daß das Günstigkeitsprinzip keineswegs als klar definierte und strukturierte Regel angesehen werden kann. Neben den divergierenden Ansichten stimmen jedoch viele Autoren dahingehend überein, daß es ein Günstigkeitsprinzip gibt, das bedingt, daß im Fall eines Normenkonfliktes die für den Arbeitnehmer günstigere Norm anzuwenden ist und damit der von der Cour de Cassation in den Urteilen vom 17. Juli 1996 vorgenommenen Ausgestaltung entspricht. Diese These wird im weiteren Verlauf der Arbeit zu überprüfen sein. Hierfür sowie für eine systematische Darstellung des Günstigkeitsprinzips ist eine eingehendere Auseinandersetzung mit dem Gesetzestext erforderlich. Im weiteren Verlauf der Untersuchung werden daher beginnend mit Art. L. 132-4 CT, der das Rechtsverhältnis zwischen Tarifvertrag und Gesetz regelt, zunächst die einzelnen gesetzlichen Normierungen vorgestellt, um dann auf nicht normierte Anwendungsbereiche des Günstigkeitsprinzips, wie z.B. die accords atypiques, einzugehen.

---

198 *A. Jeammaud*, Dr. soc. 1999, S. 115 ff.

199 *F. Bocquillon*, Dr. soc. 2001, S. 255 (262).

200 *M. le Friant*, NZA 2000, S. 81 ff; ein ähnlicher Aufsatz ist auch in der französischen Fachliteratur erschienen, Dr. soc. 1999, S. 904 ff.

B. Die gesetzliche Ausgestaltung des Günstigkeitsprinzips

In vier Vorschriften[201] des Code du Travail läßt sich die Formulierung „dispositions plus favorables“ bzw. „clauses plus favorables“ finden, die im französischen Gesetzestext den Günstigkeitsgedanken zum Ausdruck bringt. Diese Normen sind Artt. L. 132-4, L. 135-2, L. 132-13 und L. 132-23 CT. Jede dieser Bestimmungen beschäftigt sich mit einem anderen Rechtsverhältnis. So enthält Art. L. 132-4 CT die Regelung für das Verhältnis Tarifvertrag und Gesetz und Art. L. 135-2 CT regelt das Verhältnis Tarifvertrag und Arbeitsvertrag. Die beiden Regelungen Artt. L. 132-13 und L. 132-23 CT beziehen sich auf Tarifverträge untereinander, wobei Art. L. 132-13 CT das Verhältnis verschiedener Branchentarifverträge und Berufsabkommen im Blick hat, während Art. L. 132-23 CT das Verhältnis eines Firmentarifvertrages zu einem Branchentarifvertrag oder einem Berufsabkommen regelt.
Darüber, welche dieser Vorschriften tatsächlich Konfliktlösungsregel ist und welche zwar auf den ersten Blick den Anschein erweckt, eine solche zu sein, aber letztlich doch etwas anderes regelt, wird in der französischen Lehre spätestens seit dem Aufsatz von *Y. Chalaron*[202] aus dem Jahr 1989 vehement diskutiert.[203] Ein weiterer Anhaltspunkt dafür, daß nicht jede Norm, in der die Worte „disposition plus favorable“ enthalten sind, als Konfliktlösungsregel fungiert, ist die Tatsache, daß die Cour de Cassation in ihren Urteilen aus dem Jahr 1996[204] das Günstigkeitsprinzip als Konfliktlösungsregel anwendet, dessen Ursprung aber anscheinend außerhalb des Gesetzestextes ansiedelt.[205] Das wäre nicht erforderlich, wenn das Günstigkeitsprinzip im Gesetzestext als allgemeingültige Konfliktlösungsregel für alle Situationen verankert wäre, wie einige Autoren meinen.[206] Es scheint daher Wachsamkeit in Bezug auf den tatsächlichen Regelungsinhalt der einzelnen Normen geboten zu sein, so daß eine tiefergehende Analyse erforderlich ist, um herauszufinden, ob die jeweilige Vorschrift als Konfliktlösungsregel fungiert oder ob nicht eine andere Funktion der Günstigkeitsmaxime gegeben ist.
Die einzelnen Regelungen sollen nunmehr nacheinander in den Blick genommen und unter dem Gesichtspunkt analysiert werden, ob in ihnen eine Kon-

---

[201] Hier handelt sich um Regelungen aus dem Tarifvertragsrecht. Darüber hinaus lassen sich in anderen Regelungsbereichen ebenfalls Vorschriften finden, die eine Verbesserung zu Gunsten der Arbeitnehmer ermöglichen. Siehe z.B. Art. L. 223-6 CT, der eine Verlängerung des gesetzlichen Urlaubs zuläßt.
[202] *Y. Chalaron*, in: Études offertes à Gérard Lyon-Caen, S. 243 ff.
[203] Siehe nur die Aufsätze von *Ph. Langlois*, in: Aliprantis/Kessler (Hrsg.), S. 23 ff. und *A. Jeammaud*, Dr. soc. 1999, S. 115 ff.
[204] Urteile EDF und SNCF vom 17. Juli 1996, Dr. soc. 1996, S. 1053.
[205] Vgl. *A. Jeammaud*, Dr. soc. 1999, S. 115 (119).
[206] So *A. Chevillard*, Dr. soc. 1993, S. 363; *P.-D. Ollier*, Le droit du travail, S. 42.

fliktlösungsregel der Art geregelt ist, daß im Falle eines Normenkonfliktes grundsätzlich die für den Arbeitnehmer günstigere Norm anzuwenden ist.

I. Art. L. 132-4 CT – Konfliktlösungsregel für das Verhältnis Tarifvertrag - Gesetz?

Art. L. 132-4 CT lautet:
„La convention et l'accord collectif de travail peuvent comporter des dispositions plus favorables aux salariés que celles des lois et règlements en vigueur. Ils ne peuvent déroger aux dispositions d'ordre public de ces lois et règlements.“[207]

Auf den ersten Blick läßt sich diesen beiden Sätzen nicht entnehmen, daß in dieser Vorschrift vom Gesetzgeber eine Konfliktlösungsregel der Gestalt niedergelegt worden ist, daß stets die für den Arbeitnehmer günstigere Regelung Anwendung findet. Über einen bestehenden Normenkonflikt und dessen Lösung wird in dieser Bestimmung zunächst keine Aussage getroffen. Es entsteht vielmehr der Eindruck, daß sich die Regelung ausschließlich mit der Frage beschäftigt, was die Tarifparteien im Verhältnis zum Gesetz regeln dürfen. Damit wird die Frage der Regelungsbefugnis aufgeworfen. In diesem Zusammenhang scheint einem „Günstigkeitsgedanken“, wonach eine Abänderung der gesetzlichen Vorschriften zu Gunsten der Arbeitnehmer in der Regel möglich ist, eine große Bedeutung zuzukommen. Da jedoch einige französische Autoren meinen, daß sich aus dieser Vorschrift ein Günstigkeitsprinzip der Art ergibt, daß immer die für den Arbeitnehmer günstigste Norm Anwendung finden muß[208], kann nur anhand einer genaueren Untersuchung des Gesetzestextes geklärt werden, welhe Regelung der französische Gesetzgeber vorliegend tatsächlich getroffen hat.

1. Art. L. 132-4 Satz 1 CT

„La convention et l'accord collectif de travail peuvent comporter des dispositions plus favorables aux salariés que celles des lois et règlements en vigueur."

Dieser Satz für sich genommen, beschränkt sich auf die Aussage, daß jedem im französischen Recht vorgesehenen Tarifinstrument (accord collectif und con-

[207] Da eine amtliche Übersetzung des Textes des Code du Travail– soweit ersichtlich – nicht vorhanden ist, wurden die Texte von der Verfasserin übersetzt. Art. L. 132-4 CT lautet wie folgt: *„Die Tarifverträge können [für die Arbeitnehmer] günstigere Regelungen beinhalten als in den Gesetzen oder Verordnungen vorgeschrieben. Sie dürfen nicht vom ordre public dieser Gesetze und Verordnungen abweichen.“*

[208] *A. Chevillard,* Dr. soc. 1993, S. 363; *P.-D. Ollier,* Le droit du travail, S. 42.

vention collective[209]) die Möglichkeit eröffnet ist, von gesetzlichen Regelungen in der Weise abzuweichen, daß sie für den Arbeitnehmer günstigere Abreden beinhalten können. Damit setzt diese Vorschrift voraus, daß es eine Hierarchie unter den Normen der Gestalt gibt, daß Gesetze und Verordnungen auf einer höheren Stufe stehen als Tarifverträge[210] und daß diese Regelungen für die Tarifparteien zwingenden Charakter haben, denn sonst würde es einer ausdrücklichen Erlaubnis zur Abweichung von diesen Normen nicht bedürfen.

Da aus einer Hierarchiestruktur in der Regel folgt[211], daß Regelungen auf niedrigerer Stufe, die von höherrangigen Normen abweichen, nichtig sind[212], trifft diese Bestimmung auch eine Aussage über die Rechtsgültigkeit der in den Tarifverträgen getroffenen günstigeren Regelungen[213]. Abweichende Vereinbarungen sind voll wirksam, soweit sie günstiger sind als die gesetzlichen Regelungen.[214] Diese Vorschrift setzt damit für Tarifvereinbarungen die ansonsten geltende Normenhierarchie mit der Folge außer Kraft, daß im Falle einer günstigeren Tarifvereinbarung die günstigere Regelung und nicht die hierarchisch höhere anzuwenden ist. Der absolute Geltungsanspruch der hierarchisch höheren Norm wird somit für die Fälle einer günstigeren Regelung durch die Tarifparteien zurückgenommen. Damit entfällt eine wesentliche Voraussetzung für das Vorliegen eines Normenkonfliktes[215], denn sobald eine Norm in bestimmten Fällen einer anderen selbst den Vortritt läßt, kann es nicht mehr zu einem Normenkonflikt kommen, da diese Norm ihn durch das Zurücknehmen ihres Geltungsanspruchs von vornherein vermeidet und auf diese Weise ausschließt. Eine Konfliktlösungsregel kann dieser Satz daher nicht beinhalten, da durch die in diesem Satz enthaltene Regelung, Konflikte gerade vermieden werden. Art. L. 132-4 CT ist daher eine **Konfliktvermeidungsnorm** und keine Konfliktlösungsnorm, wie viele französische Autoren meinen.

---

209 Ein Blick in Art. L. 132-1 CT macht deutlich, daß der französische Gesetzgeber eine Unterscheidung zwischen der convention collective und dem accord collectif trifft. Nach der Gesetzesdefinition handelt es sich bei einer convention collective um einen Kollektivvertrag mit einem mehrere Regelungsbereiche umfassenden Inhalt (z.B. einen Manteltarifvertrag), während ein accord collectif sich nur auf einen Teilbereich beschränkt (z.B. ein Lohntarifvertrag). Tatsächlich wird in der Rechtspraxis diese Unterscheidung kaum getroffen und auch die Rechtsprechung benutzt den Ausdruck „convention collective“ häufig als Oberbegriff für beide Tarifvertragsarten. Der französischen Praxis folgend wird daher eine Unterscheidung im Verlauf dieser Arbeit nur dort getroffen, wo sie erforderlich ist. Im übrigen wird der Terminus „convention collective“ als Oberbegriff verwandt und mit dem Begriff „Tarifvertrag“ übersetzt.

210 Zur Normenhierarchie siehe oben im 1. Abschnitt, S. 6 f.

211 Dies gilt immer dann, wenn im Gesetz nicht ausdrücklich etwas anderes geregelt ist.

212 *H. Kelsen*, Reine Rechtslehre, S. 196, 218.

213 *Jeammaud*, Dr. soc. 1999, S. 115, (119/Nr.8).

214 Zur Nichtigkeit zu Ungunsten vom Gesetz anweichender Vorschriften siehe z.B. Cass. soc. vom 8. Jan. 2002, Dr. soc. 2002, S. 472 mit Anmerkung *J. Savatier*.

215 Hierzu oben im 1. Abschnitt, S. 9 ff.

Eine weitere Funktion dieser Vorschrift liegt darin, den Umfang der Regelungsmacht der Tarifparteien festzulegen. Nicht geregelt wird in dieser Norm jedoch, welche Auswirkungen es hat, wenn eine Vereinbarung niedrigeren Ranges dennoch eine für die Arbeitnehmer ungünstigere Abrede enthält. Diese Fallkonstellation ist grundsätzlich von der vorangegangenen zu unterscheiden und bewegt sich außerhalb des direkten Regelungsgehaltes des Art. L. 132-4 Satz 1 CT, so daß eine Sonderlösung erforderlich ist.

a) Gestaltung der Regelungsmacht der Tarifparteien

Ausgangspunkt dieser Betrachtung ist die Prämisse, daß den Tarifpartnern als autonomen Vertragsparteien die Kompetenz zusteht, ihre Angelegenheiten frei zu regeln und Verträge frei auszuhandeln.[216] Diese formal bestehende allumfassende Regelungskompetenz kann jedoch inhaltlich, d.h. durch Gesetze und Verordnungen ausgestaltet und reglementiert werden. Ihr können somit Schranken gesetzt werden. Genau das hat der französische Gesetzgeber im Code du Travail, insbesondere in den Artt. L. 131-1 bis L. 137-1 CT, getan, indem er sehr genaue Vorschriften bzgl. der Art, des Inhalts und der Ausgestaltung von Tarifverträgen erlassen hat und die Tarifparteien dadurch in ihrer Handlungs- und Regelungsfreiheit inhaltlich eingeschränkt hat. Auf der anderen Seite bedeutet das auch, daß, solange keine gesetzlichen Einschränkungen vorliegen, von den Tarifparteien alles andere frei und eigenständig geregelt werden kann.

Geht man weiter von der Prämisse aus, daß bei Bestehen einer Normenhierarchie die hierarchisch niedriger angesiedelte Norm in der Regel nicht von der hierarchisch höheren Norm abweichen darf[217], so stellen die Vorschriften des Code du Travail, soweit sie nicht dispositiv sind, zunächst eine absolute Regelungsgrenze und damit eine Regelungssperre dar, die die Tarifparteien weder in die eine, noch in die andere Richtung überschreiten dürfen.

Ein solches Regelungsverbot besteht für die Tarifparteien jedoch dann nicht, wenn sie sich bei den von ihnen getroffenen Vereinbarungen im Rahmen des Art. L. 132-4 Satz 1 CT bewegen. Denn solange die in den Tarifverträgen enthaltenen Abreden zu Gunsten der Arbeitnehmer von den Gesetzen und Verordnungen abweichen, wird der absolute Geltungsanspruch der höherrangigen

---

[216] Zu diesen Fragen in Grundzügen *G. Krieger*, Tarifvertragsrecht, S. 76 ff.; *Hübner/Constantiensco*, Einführung in das französische Recht, S. 124. Zur Frage der individuellen Vertragsfreiheit allgemein *Ghestin/Goubeaux*, Droit Civil, Introduction Générale, Rn. 134 ff. An dieser Stelle soll keine Diskussion über die Frage geführt werden, wo die Regelungsmacht der Tarifparteien herzuleiten ist und ob sie durch die französische Verfassung garantiert wird. Dies sind Fragen, die weit über das Thema dieser Arbeit hinausführen würden. Aus diesem Grund wird hier mit Prämissen gearbeitet, die den in dieser Untersuchung vertretenen Standpunkt zu dieser Frage deutlich klarstellen.

[217] So *H. Kelsen*, Reine Rechtslehre, S. 196 und 218.

Norm zurückgenommen und die tarifvertraglichen Regelungen sind voll rechtsgültig, obwohl sie von der hierarchisch höheren Norm abweichen.

Art L. 132-4 Satz 1 CT legt somit den Rahmen dessen fest, was die Tarifparteien regeln dürfen, ohne die Nichtigkeit ihrer Vereinbarungen wegen Verstoßes gegen eine höherrangige Norm fürchten zu müssen. Die Vorschrift gestaltet daher die Regelungsmacht der Tarifparteien aus und beschäftigt sich in erster Linie mit der Phase der Regelsetzung und der Frage des rechtlichen Dürfens der Tarifparteien. Über die Frage, welche Norm im Fall eines Normenkonfliktes den Vorrang hat, sagt Art. L. 132-4 Satz 1 indes auch in diesem Zusammenhang nichts aus.

Die hier vertretene Ansicht entspricht auch der Einschätzung des Conseil constitutionnel. Dieser hatte sich in seiner Entscheidung n° 97-388 DC vom 20. März 1997[218] anläßlich der Überprüfung eines Gesetzes, das Rentensparpläne festlegte, mit der Frage auseinanderzusetzen, ob es sich bei dem principe „de faveur"[219] um ein Rechtsprinzip handelt, das durch ein Gesetz bereits vor Erlaß der Verfassung von 1946 anerkannt worden war und daher als „durch Gesetze der Republik anerkanntes Rechtsprinzip im Sinne des Vorwortes der Verfassung von 1946" hätte anerkannt werden können. Die Richter haben die Anerkennung eines solchen Prinzips abgelehnt und die Zurückweisung des Rechtsmittels damit begründet, daß die durch das Gesetzt vom 24. Juni 1936 eingeführte Regelung[220], die dem heutigen Art. L. 132-4 CT sehr ähnlich ist, nur die Eigenschaft habe, Tarifverträgen die Möglichkeit zu eröffnen, günstiger für die Arbeitnehmer zu sein als Gesetze und Verordnungen.[221] Der Conseil Constitutionnel hat damit deutlich zum Ausdruck gebracht, daß sich aus Art. L. 132-4 CT gerade kein allgemeines Günstigkeitsprinzip dahingehend ergibt, daß stets die für den Arbeitnehmer günstigere Regelung anzuwenden ist.

b) Die Regelung auftretender Normenkonflikte

Da Art. L. 132-4 CT die Regelungsmacht der einzelnen Tarifparteien betrifft, aber keine Konfliktlösungsregel ist, ist zu klären, was geschieht, wenn dennoch Regelungskonflikte auftreten. Das ist dann der Fall, wenn eine Norm eines Tarifvertrages trotz entgegenstehenden Verbotes des Art. L. 132-4 CT Vereinbarungen enthält, die ungünstiger sind als das Gesetz oder eine Verordnung oder wenn ein später erlassenes Gesetz Inhalte anders regelt, als ein bereits vorhandener Tarifvertrag.

---

[218] J.O. vom 26. März 1997, S. 4661 ff.

[219] Die Anführungszeichen sind so vom Conseil Constitutionnel gesetzt worden.

[220] Für den Text der Regelung siehe oben Fn. 157.

[221] Der Text der Entscheidung an dieser Stelle lautet im Originaltext wie folgt: Cette diposition *„avait trait uniquement à la faculté ouverte à des accords collectifs"* d'être plus favorable aux salaries que les lois et règlements.

aa) Folgen einer Überschreitung der Regelungsmacht

Die Regelungsmacht der Tarifparteien wird im Rahmen von Art. L. 132-4 Satz 1 CT immer dann überschritten, wenn in einem Tarifvertrag Regelungsgegenstände ungünstiger als im Gesetz oder in einer Verordnung normiert werden. Eine solche Überschreitung der Regelungsmacht wird teilweise nicht eindeutig festzustellen sein, denn es ist bereits fraglich, ob schon eine Überschreitung vorliegt, wenn nur für einen einzelnen Arbeitnehmer die Regelung ungünstiger ist oder ob ein Gruppenvergleich durchgeführt werden muß, bei dem es darauf ankommt, daß die Vorschrift für die Mehrheit der Arbeitnehmer insgesamt günstiger ist.[222] Wenn in diesem Zusammenhang ein Günstigkeitsvergleich durchzuführen ist, dann ausschließlich unter dem Gesichtspunkt, ob sich die Tarifparteien im Rahmen des ihnen Erlaubten bewegt haben oder ob sie diese Grenzen verlassen haben.

Resultiert aus einem solchen Vergleich, daß die Grenze der Regelungsmacht überschritten worden ist, weil die Tarifparteien eine ungünstigere Regelung getroffen haben, als sie in einem Gesetz oder einer Verordnung enthalten ist, ist die tarifvertragliche Vorschrift unwirksam.[223] Denn von den Tarifparteien ist etwas geregelt worden, das ihren Kompetenzbereich überschritten hat. Von ihnen konnte das, was vereinbart worden ist, mit Blick auf die Gesetzes- und Verordnungslage gerade nicht festlegt werden.

Zu einem Normenkonflikt kommt es bei einer solchen Konstellation somit nicht, so daß eine Konfliktlösungsregel nicht benötigt wird. Die Unwirksamkeit der getroffenen Vereinbarung führt darüber hinaus dazu, daß die gefundene Übereinkunft von Anfang an rechtlich nicht existent ist, so daß bei einer späteren Änderung des Gesetzes oder der Verordnung ein Wiederaufleben der Regelung nicht in Betracht kommt.

bb) Auftretende Fragen im Rahmen späterer gesetzlicher Regelungen

Weitere Probleme können dann auftreten, wenn ein neues Gesetz oder eine Verordnung in Kraft treten, die für die Arbeitnehmer ungünstigere Regelungen enthalten, als in einem Tarifvertrag bereits vereinbart. Als Beispiel sei hier der Fall genannt, daß ein Tarifvertrag vorsieht, daß allen Arbeitnehmern ein Urlaubsanspruch von 35 Tagen zusteht, während ein später erlassenes Gesetz den Urlaubsanspruch auf nur 30 Tage festsetzt. Auch in diesen Konstellationen bedarf es einer Klärung, ob ein Konflikt vorliegt und wie er zu lösen ist.

Die Lösung ist bei einer solchen Sachlage eindeutig. Da Art. L. 132-4 Satz 1 CT kein zeitliches Element enthält, gilt er immer auch dann, wenn ein Gesetz zu

---

[222] Hier handelt es sich um Fragen des Günstigkeitsvergleichs, die an dieser Stelle nicht erörtert werden sollen, da sie im 3. Abschnitt ab S. 134 ausführlich behandelt werden.

[223] Vgl. das Urteil der Cour de Cassation, soc. 2. März 1960, Bull. Civ. IV 1960, n° 24 und jüngst cass. soc. vom 3. Juli 2001, Dr. ouvr. 2002, S. 22.

einem Zeitpunkt erlassen wird, in dem ein Tarifvertrag schon besteht. Soweit der Tarifvertrag günstigere Regelungen für die Arbeitnehmer enthält, nimmt auch das neue Gesetz seinen Geltungsanspruch zurück, so daß in diesen Fällen kein Konflikt entsteht.

Eine Konfliktsituation kann daher nur dann entstehen, wenn ein Tarifvertrag zuvor eine günstigere Regelung als das Gesetz getroffen hatte, jetzt aber ein Gesetz erlassen wird, das gegenüber diesem Tarifvertrag weitere Verbesserungen enthält. Im obigen Beispiel tritt diese Situation dann ein, wenn ein Tarifvertrag einen Urlaubsanspruch von 35 Tagen vorsieht, aber dann ein Gesetz in Kraft tritt, das 38 Tage Urlaub im Jahr gewährt.

Tatsächlich wird sich diese Frage in Frankreich jedoch nur dann stellen, wenn das neue Gesetz ausdrücklich Rückwirkung anordnet[224], da Art. 2 Code Civil ein Rückwirkungsverbot für Gesetze enthält.[225] Tarifverträge sind deshalb grundsätzlich nach der alten Rechtslage zu behandeln, wenn nicht bei Erlaß des neuen Gesetzes eine Geltung für bereits bestehende Verträge angeordnet wird. Die Folgen dieser Regelung lassen sich in den Judikaten ausmachen. Die ältere französische Rechtsprechung behandelt bei einer Gesetzesänderung bereits bestehende Tarifverträge häufig weiter nach altem Recht.[226] Eine Ausnahme von diesem Grundsatz wird nur dann gemacht, wenn Tarifvertragsklauseln gegen neue Gesetze mit ordre public Charakter[227] verstoßen, da sich die Tarifparteien der Fortentwicklung des ordre public nicht entziehen dürfen.[228] Einen weiteren Ausnahmetatbestand bilden die Tarifklauseln, deren Aufrechterhaltung nicht sinnvoll erscheint, weil sie den alten Tarifvertrag aufgenommen wurden, um zwischenzeitlich entfallenem Gesetzesrecht zu genügen.[229] Wie die französische Rechtsprechung indes in diesen Ausnahmefällen verfährt, ob sie die Regelungsmacht entfallen läßt oder die tarifliche Regelung auf der Grundlage des Hierarchieprinzips hinter die gesetzliche Regelung zurücktritt, wird aus der zitierten Rechtsprechung nicht deutlich.

c) Zusammenfassung

Art. L. 132-4 Satz 1 CT ist keine Konfliktlösungsregel, mit dem Inhalt, daß bei einem Konflikt zwischen Tarifvertrag und Gesetz stets die günstigere Norm an-

---

[224] Das ist heute schon fast die Regel.

[225] L'article 2 lautet: „...*la loi ne dispose que pour l'avenir; elle n'a point d'effet rétroactif.*" Das Rückwirkungsverbot hat zur Folge, daß Tarifverträge, wenn die Geltung des Gesetzes für laufende Verträge nicht angeordnet wird, auch weiterhin nach der alten Rechtslage zu beurteilen sind.

[226] Vgl. cass. soc. 27. Juli 1965, Bull. IV, n° 606; soc. 3. Febr. 1971, Bull. V, n° 72.

[227] Zum ordre public siehe unten S. 58 ff.

[228] Vgl. cass. soc 18. Dez. 1975; J.C.P. 1976 II 18273.

[229] Cass. soc. 5. Jan. 1956, Dr. soc. 1956, S. 160; soc. 6. Mai 1960, Dr. soc. 1961, S. 111 mit Anm. *J. Savatier*.

zuwenden ist.[230] Bei Art. L. 132-4 Satz 1 CT handelt es sich vielmehr um eine Vorschrift, die die Regelungsmacht der Tarifparteien ausgestaltet, indem sie festlegt, daß die Tarifparteien rechtsgültig stets Vereinbarungen treffen dürfen, die von einer höherrangigen Norm abweichen, solange dieses Abreden günstiger für die Arbeitnehmer sind. Weil durch diese Regelungstechnik der Geltungsanspruch der höherrangigen Normen in den Fällen einer günstigeren Regelung durch die Tarifparteien zurückgenommen wird, wird ein Konflikt vermieden, so daß Art. L. 132-4 CT des weiteren die Funktion einer Konfliktvermeidungsnorm hat.

Denkbar ist ein Konflikt zwischen Tarifvertrag und Gesetz nur in den Fällen, in denen die Tarifparteien ihre Regelungsmacht überschreiten und eine Regelung zu Ungunsten der Arbeitnehmer treffen. Zu klären ist insoweit noch, ob in diesen Fällen ein Arbeitnehmer oder eine Gruppe von Arbeitnehmern als Bezugspunkt des Vergleichs zu wählen ist.[231] Dennoch entstehen in diesen Konstellationen keine Konflikte, da die getroffene Regelung aufgrund der Überschreitung der Regelungsmacht unwirksam ist.

Sofern nachträglich ein Gesetz in Kraft tritt, das günstigere Regelungen enthält, als ein bereits bestehender Tarifvertrag, so besteht im französischen Recht die Besonderheit, daß die Rechtsprechung, bis auf wenige Ausnahmen, weiterhin altes Recht auf bereits bestehende Tarifverträge anwendet. Auf diese Weise werden ansonsten unweigerlich auftretende Regelungskonflikte vermieden, insbesondere tritt das Problem einer erst nachträglichen entfallenden Regelungsmacht der Tarifvertragsparteien nicht auf.

2. Art. L. 132-4 Satz 2 CT

„Ils ne peuvent déroger aux dispositions d'ordre public de ces lois et règlements."[232]

Die Auslegung dieses Satzes bereitet einige Schwierigkeiten. Der „terminus technicus" des „ordre public" macht es erforderlich, zunächst die Bedeutung dieses Begriffes im französischen Arbeitsrecht zu klären, bevor der Wortlaut der Vorschrift näher untersucht werden kann.

---

[230] So auch *A. Jeammaud*, Dr. soc. 1999, S. 119; *Y. Chalaron*, in: Études offertes à Gérard Lyon-Caen, S. 246; a.A. *J.-P. Chauchard*, Anmerkung zum Urteil ass. plén. vom 18. März 1988, D. 1989, S. 221; *P. Lagarde*, Anmerkung zum Urteil Cass. soc. 6. Mai 1998, D. 1998, S. 611.

[231] Zum Günstigkeitsvergleich siehe unten S. 109 ff.

[232] Übersetzung: „Sie dürfen nicht von Vorschriften des ordre public dieser Gesetze und Verordnungen abweichen."

a) Der Begriff des „ordre public" im Zivilrecht

Bei dem Begriff des „ordre public" handelt es sich um einen der ältesten Rechtsbegriffe des französischen Zivilrechts, der bereits seit dem Jahr 1803 Eingang in dieses Rechtsgebiet gefunden hat.[233] Er ist in Art. 6 Code civil wie folgt geregelt:

„On ne peut déroger, par des conventions particulières, aux lois qui intéressent l'ordre public et les bonnes moeurs."[234]

Art. 6 Code civil wird durch Art. 1133 Code civil ergänzt, nach dem der Zweck oder das Ziel einer Vereinbarung dann unzulässig ist, *„quant elle est prohibée par la loi et quant elle est contraire aux bonnes moeurs ou à l'ordre public.* Eine Vereinbarung , die auf einen solchen Zweck gerichtet ist *„ne peut avoir aucun effet"*.
Durch diese Vorschriften wird eine absolute Regelungsgrenze für privatrechtliche Verträge gesetzt. Der „ordre public" bildet daher gewissermaßen „einen harten Kern", der nicht zur Disposition der Vertragsparteien steht.[235] Im französischen Zivilrecht ist es somit generell verboten, vertraglich von Vorschriften des „ordre public" abzuweichen. Der Grund dieser Regelung besteht darin, daß bestimmte Prinzipien geschützt werden sollen, die für unentbehrlich für ein gutes Funktionieren der Gesellschaft gehalten werden.[236] Welchen Umfang der „ordre public" hat, definiert das Gesetz indes nicht, sondern dies wurde von den Gerichten im Laufe der Jahre festgelegt. So verstößt beispielsweise ein Vertrag gegen den „ordre public", der in die Unverletzlichkeit des menschlichen Körpers eingreift[237]. Weicht ein Vertrag von Vorschriften ab, die dem „ordre public" zugerechnet werden, so hat dies die Nichtigkeit des Vertrages zur Folge.[238] Die Wirkung des „ordre public" im Zivilrecht ist damit absolut, Ausnahmen gibt es nach dem Gesetz nicht, auch wenn diese in der Lehre immer wieder diskutiert werden.[239]

Ein Vergleich zwischen Art. L. 132-4 Satz 2 CT und Art. 6 Code civil zeigt, daß die Formulierungen recht ähnlich sind. Der augenscheinlich größte Unterschied liegt darin, daß der Begriff der „guten Sitten" in der arbeitsrechtlichen Regelung nicht enthalten ist. Ein weiterer Unterschied ist, daß diese Vorschrift sich durch ihre Beziehung zu Satz 1 explizit auf Tarifverträge bezieht. Diese Differenzen sind jedoch nur marginal, so daß durch den Vergleich deutlich wird, daß der Code du travail den Begriff des „ordre public" aus dem Zivilrecht übernommen

---

[233] Décret du 14 ventôse an XI (5. März 1803); in Kraft getreten am 15. März 1803.
[234] „Man darf nicht durch privatrechtliche Vereinbarungen von Gesetzen abweichen, die den ordre public oder die guten Sitten betreffen."
[235] *G. Lyon-Caen,* Dr. soc. 1973, S. 89 (90).
[236] *Ph. Malaurie,* L'ordre public et le contrat, S. 14.
[237] TGI Paris, 3. Juni 1969, D. 1970, S. 136; Civ, 23. Februar 1972, J.C.P. 1972 II 17135.
[238] *Lyon-Caen,* Dr. soc. 1985, S. 801 (806).
[239] *J. Ghestin,* Traité de droit civil, tome II, S. 669 f; hierzu allgemein *M. Bonnechère,* Dr. ouvr. 1988, S. 171 (175 f.).

hat. Über die Frage, ob mit dem Begriff auch der Bedeutungsinhalt übernommen wurde und welche Wirkung er im Arbeitsrecht entfaltet, besteht jedoch keine Einigkeit.[240]

b) Der Begriff des „ordre public" im Arbeitsrecht

Die Anzahl der Autoren, die sich mit der Frage des „ordre public" im Arbeitsrecht auseinandergesetzt haben, ist groß und fast eben so zahlreich sind die Meinungen, die zu diesem Thema vertreten werden. Bei allen Unterschieden, die sich bei der Auslegung des Begriffes „ordre public" ergeben, ist der Ausgangspunkt für alle Autoren seit der Stellungnahme des Conseil d'État vom 22. März 1973[241] gleich. In dieser Entscheidung hat der Staatsgerichtshof in Bezug auf Art. 31 lit. a al. 4 Livre 1er CT auch zur Frage des „ordre public" im Arbeitsrecht Stellung genommen. Dort heißt es:

> „...; qu'il résulte des termes mêmes de cet article que, conformément d'ailleurs aux principes généraux du droit du travail, les dispositions législatives ou réglementaires prises dans le domaine de ce droit présentent un caractère d'ordre public en tant qu'elles garantissent aux travailleurs des avantages minimaux, lesquels ne peuvent, en aucun cas, être supprimés ou réduits, mais ne font pas obstacle à ce que ces garanties ou avantages soient accrus ou à ce que des garanties ou avantages non prévus par les dispositions législatives ou réglementaires soient institués par voie conventionnelle; qu'en revanche, une convention collective de travail ne saurait légalement déroger ni aux dispositions qui, par leurs termes mêmes présentent un caractère impératif, ni aux principes fondamentaux énoncés dans la Constitution ou aux règles du droit interne – ou, le cas échéant, international -, lorsque ces principes ou règles débordent le domaine du droit du travail ou intéressent des avantages ou garanties échappant, par leur nature, aux rapport conventionnels;..."

Der Conseil d'État unterscheidet hier zwei Arten des „ordre public". Im ersten Teil stellt er fest, daß die arbeitsrechtlichen Vorschriften einen Minimumstandard setzten, der ordre public sei und der in keinem Fall beseitigt oder reduziert werden dürfe. Das sei aber kein Hinderungsgrund dafür, diese Garantien oder Vorteile durch Verträge zu verbessern oder gar Vereinbarungen über solche Regelungsgegenstände zu treffen, die bisher gesetzlich nicht vorgesehen seien. Darüber hinaus könne ein Tarifvertrag aber weder von solchen Vorschriften abweichen, die aus sich heraus einen zwingenden Charakter hätten, noch von fun-

240 Zu diesen Fragen allgemein *M. Bonnechère*, Dr. ouvr. 1988, S. 171 ff.; *G. Couturier*, in: Études offertes à Jacques Flour, Paris 1979, S. 95 ff.; *G. Lyon-Caen*, Dr. soc. 1973, S. 89 ff.

241 Dr. soc. 1973, S. 514; Dr. ouvr. 1973, S. 190; *Lyon-Caen/Pélissier*, Les grands arrêts de droit du travail, Nr. 50.

damentalen Rechtsprinzipien der Verfassung, des inländischen oder gar des internationalen Rechts, wenn es sich hierbei um Prinzipien handeln würde, die über die Grenzen des Arbeitsrechts hinausgingen.
Ausgehend von dem hier entwickelten Ansatz des Conseil d'État wird in der Literatur zwischen dem ordre public absolu, général oder classique und dem ordre public social, rélatif oder spécial unterschieden. Neben diesen beiden Formen des ordre public, die sich aus der Stellungnahme des Conseil d'État herleiten lassen, ist in der Literatur darüber hinaus noch der Begriff des ordre public supplétif entwickelt worden.

aa) Der ordre public absolu

Die Frage, ob es eine starre Grenze des „Verhandelbaren" im Sinne des ordre public Begriffes im französischen Zivilrecht auch im Arbeitsrecht gibt, stand lange Zeit im Mittelpunkt der arbeitsrechtlichen Diskussion. Von einigen Autoren wurde die Existenz eines solchen ordre public absolu im Hinblick auf die Besonderheiten des Arbeitsrechts verneint.[242] Der Conseil d'État hat sich in seiner Entscheidung deutlich gegen diese Position der Lehre ausgesprochen, indem er feststellt, daß es drei Kategorien von Rechtsregeln gibt, die den Charakter eines ordre public absolu im Arbeitsrecht haben:

1. Rechtsregeln, die bereits nach ihrem Wortlaut absolut zwingend sind. Dies ist z.B. bei Artt. L. 140-4[243] und L. 143-1 CT der Fall, die festlegen, daß keine Abweichung von diesen Vorschriften möglich ist und daß eine anderweitige Regelung, die Rechtsfolge der Nichtigkeit dieser anderen Regelung nach sich zieht.
2. Fundamentale Rechtsgrundsätze der Verfassung oder einfach-gesetzliche Rechtssätze des innerstaatlichen Rechts, gegebenenfalls Rechtssätze des internationalen Rechts, die den Bereich des Arbeitsrechts überschreiten.
3. Rechtsgrundsätze, die Vorteile oder Garantien betreffen, die außerhalb tarifvertraglicher Dispositionsbefugnis liegen.

Die Grenzen zwischen diesen einzelnen Punkten sind oft fließend, so daß eine genaue Zuordnung in vielen Fällen nicht möglich ist. So gehören z.B. die Gerichtsorganisation und der Rechtsweg zu den Vorschriften, die dem ordre public

---

[242] So *G. Lyon-Caen*, Dr. soc. 1973, S. 89; allerdings ist anzumerken, daß dieser Aufsatz noch vor der Entscheidung des Conseil d'État erschienen ist und daher die später ergangene Entscheidung nicht berücksichtigt. In seinem Lehrbuch wird der Rechtsprechung des Conseil d'État Rechnung getragen (siehe Rdnr. 794 ff.)

[243] Art. L. 140-4 CT regelt z.B., daß jede Bestimmung in einem Arbeitsvertrag oder einem Tarifvertrag, die ein Geschlecht bei der Bezahlung für die gleiche Arbeit benachteiligt, nichtig ist. D.h., Männer und Frauen müssen für die gleiche Arbeit zwingend das gleiche verdienen.

absolu unterfallen.[244] In einem Tarifvertrag kann deshalb nicht festgelegt werden, daß Streitigkeiten vor einem anderem als dem gesetzlich zuständigen Gericht ausgetragen werden. Ob die Gerichtsorganisation nun aber den fundamentalen Rechtsgrundsätzen oder den Rechtsgrundsätzen, die außerhalb der tariflichen Regelungsbefugnis liegen, angehört, läßt sich aufgrund der sehr weiten Fassung der Punkte zwei und drei nicht vollständig klären. Weitere Rechtsgrundsätze, die zum ordre public absolu gezählt werden, sind das Indexklauselverbot, das den Tarifparteien untersagt, die Höhe der Tariflöhne automatisch an den Lebenshaltungsindex anzukoppeln[245]; die strafrechtlichen Vorschriften, da jede Tarifklausel, die einen Straftatbestand aufstellt, gegen den Grundsatz nulla poena sine lege verstößt.[246] Verboten ist darüber hinaus jede Tarifklausel, die ein Disziplinargericht oder eine Kommission zur Konfliktlösung einrichtet.[247] Nichtig ist auch jede Klausel, die gegen den Gleichheitssatz[248] und gegen Diskriminierungsverbote[249] (hinsichtlich der Staatsangehörigkeit) verstößt, die sich aus dem nationalen und supranationalen Recht ergeben.[250]

Da keine Gesetzesdefinition vorhanden ist, die klare Regeln für die Zugehörigkeit einer Norm zum ordre public aufstellt, gibt es neben den Grundsätzen, die der Conseil d'État in seiner Stellungnahme aufgestellt hat und den beiden Konkretisierungen, die er hinsichtlich der Verwaltungs- und Gerichtsorganisation und den Strafrechtsvorschriften vorgenommen hat,[251] keine genauen Anhaltspunkte dafür, ob eine Regelung dem ordre public zuzurechnen ist. Die Tarifver-

---

[244] Hierzu *N. Aliprantis,* thèse, S. 219-231; *L. Rozès,* Dr. soc. 1977, S. 311 (320); *A. Supiot,* Les juridictions du travail, Nr. 268-273.

[245] *Lyon-Caen/Pélissier/Supiot,* Droit du travail, Rdnr. 795; *N. Aliprantis,* thèse, S. 180-182; *M.-A. Rothschild-Souriac,* thèse, S. 800-812; ausführlich auch *G. Krieger,* Tarifvertragsrecht, S. 243 ff.

[246] *Lyon-Caen/Pélissier/Supiot,* Droit du travail, Rdnr, 795; *L. Rozès,* Dr. soc. 1977, S. 311 (325 f.); *N. Aliprantis,* thèse, S. 213-219.

[247] Soc. 9. Juli 1953, Bull. civ. IV, n° 547; soc. 25. Mai 1956, Bull. civ. IV, n° 492; soc. 24. Nov. 1962, Bull. civ. 1963, n° 742; soc. 18. Juni 1970, Bull. civ. V, n° 427; soc. 16. Dez. 1960, Dr. soc. 1961, S. 232; soc. 24 Okt. 1962, D. 1963, S. 219; Ass. plén. 6 Febr. 1976, Dr soc. 1976, S. 472 mit Anmerkung Savatier.

[248] *J. Boré,* Dr. soc. 1987, 137; *D. Lochak,* Dr. soc. 1987, S. 778; *N. Aliprantis,* thèse, S. 92-94. In Blick zu nehmen sind hier auch die Gleichheitsgrundsätze der EU, die sich aus Art. 119 EG-Vertrag/Art.141 EU-Vertrag ergeben.

[249] Insbesondere sind in diesem Zusammenhang die Diskriminierungsverbote der EU gemeint, wie z.B. die Freizügigkeit, die in Primär- (Art. 48 EG-Vertrag/Art. 39 EU-Vertrag) und Sekundärvorschriften VO 1612/68 vom 15.10.1968, ABl. L 39/2 über die Freizügigkeit der Arbeitnehmer innerhalb der Gemeinschaft geregelt ist. Tarifklauseln, die Bürger anderer Mitgliedstaaten in Bezug auf die Entlohnung oder den Zugang zu einem Arbeitsplatz diskriminieren, sind damit nichtig.

[250] Die Vorschriften, die dem ordre public absolu angehören, konnten hier nur sehr exemplarisch dargestellt werden, da das Thema dieser Arbeit nicht die „Grenzen der Tarifautonomie" lautet. Für eine umfassendere Darstellung siehe *N. Aliprantis,* thèse, S. 180 – 239 und aus der deutschsprachigen Literatur *G. Krieger,* Tarifvertragsrecht, S. 241 – 263.

[251] CE vom 22. März 1973, Dr. ouvr. 1973, S. 190.

tragsparteien bewegen sich während der Tarifverhandlungen daher oft auf einem nicht eindeutig einschätzbaren Terrain. Denn es hängt von der Bewertung der Gerichte ab, ob eine Vorschrift dem ordre public absolu zuzurechnen ist und aus diesem Grund von der Regelung nicht - auch nicht zu Gunsten der Arbeitnehmer - abgewichen werden darf. Für die Fälle, in denen eine gesetzliche Norm nicht bereits als dem ordre public absolu zugehörig zu erkennen ist, kommt den Richtern bei der Definition von Vorschriften des ordre public absolu eine entscheidende Rolle zu. Sie entscheiden, wann eine Norm zwingend ist und deshalb von den Tarifparteien nicht verändert werden kann. Daraus folgt, daß nie eine starre Grenze vorhanden ist, sondern daß sich der ordre public absolu im Laufe der Zeit je nach Einschätzung der Gerichte verändern kann.
Ein prägnantes Beispiel dafür stellt die Rechtsprechung zu den Belegschafts- und Gewerkschaftsvertretern dar. Die Rechtsprechung hatte in den sechziger Jahren alle Vorschriften im Zusammenhang mit den Gremien in einem Betrieb, seien es Wahlvorschriften oder solche über die Anzahl der Belegschaftsvertreter, als ordre public absolu deklariert.[252] Nachdem Gesetze aus den Jahren 1966 und 1968 gewisse Veränderungen zuließen, hat die Rechtsprechung ihre Meinung geändert und läßt nunmehr auch Abweichungen zu. Diese Vorschriften, die zunächst als absolut zwingend eingestuft wurden, gehören damit nicht mehr dem ordre public absolu an. So darf nunmehr die Anzahl der Belegschaftsvertreter erhöht werden[253], die Zusammensetzung der Wahlgruppen kann geändert werden[254] und das Wahl- und das Wählbarkeitsalter kann herabgesetzt werden[255]. Darüber hinaus können ebenfalls die für die Wählbarkeit erforderlichen Betriebszugehörigkeitszeiten verringert werden und in Betrieben unter 50 Arbeitnehmern dürfen Belegschaftsvertreter gewählt werden.[256]

Das Beispiel macht deutlich, daß der ordre public absolu ein sich ständig ändernder Rechtsbegriff ist. Da alle Rechtsnormen, die nicht dem ordre public absolu zugerechnet werden, nach der Stellungnahme des Conseil d'État zu Gunsten der Arbeitnehmer abänderbar sind, unterfallen diese automatisch dem ordre public social. Jede Norm, die aus dem ordre public absolu „herausfällt", hat damit unmittelbar die Wirkung, daß sich die Regelungsmacht der Tarifparteien vergrößert, da die zunächst absolute Schranke des ordre public absolu nicht mehr gilt und die Norm nunmehr dem ordre public social angehört. Jede zusätz-

---

[252] *Lyon-Caen/Pélissier/Supiot,* Droit du travail, Rdnr. 795; *M. Bonnechère,* Dr. ouvr. 1988, S. 171 (178); *M.-A. Rotschild-Souriac,* thèse, S. 812 – 883.
[253] Cass. soc. 4. Febr. 1970, Liais. Soc. n° 3707 vom 10. Dez. 1970.
[254] Cass. soc. 18. März 1982, Bull. civ. V, n° 186; soc. 16. Jan. 1985, Bull. civ. V, n° 24.
[255] Cass. soc. 18. Okt. 1970, Les grands arrêts du droit du travail, n° 49; soc. 12. Dez. 1973 und 17. Okt. 1973, Dr. ouvr. 1974, S. 90; soc. 14. März 1974 und 9. April 1974, D. 1974 I.R. 108.
[256] Cass. soc. 14. März 1974 und 9. April 1974, D. 1974 I.R. 108.

liche Norm im Bereich des ordre public social vergrößert den „Canon des Verhandelbaren“ für die Tarifparteien.

bb) Der ordre public social

Der Conseil d'État hat in seiner Stellungnahme vom 22. März 1973[257] auch zum ordre public social eine Aussage getroffen, indem er formuliert: „...*que, conformément d'ailleurs aux principes généraux du droit du travail, les dispositions législatives ou réglementaires prises dans le domaine de ce droit présentent un caractère d'ordre public en tant qu'elles garantissent aux travailleurs des avantages minimaux, lesquels ne peuvent, en aucun cas, être supprimés ou réduits, mais ne font pas obstacle à ce que ces garanties ou avantages soient accrus ou à ce que des garanties ou avantages non prévus par les dispositions législatives ou réglementaires soient institués par voie conventionnelle;...* “.

Aus dieser Aussage läßt sich entnehmen, daß das französische (staatliche) Arbeitsrecht vom Conseil d'État als eine Sonderform des ordre public gesehen wird. Die staatlichen Regelungen bilden in der Regel Minimumstandards, die nicht unterschritten werden dürfen. Gleichzeitig stellt das staatliche Recht aber keine Barrieren auf, die die Verbesserung oder Erweiterung dieser Vorteile und Garantien verhindern. Die Minimumstandards der staatlichen Vorschriften können daher nach der Rechtsprechung des Conseil d'État durch Vereinbarungen (tarifvertraglich und arbeitsvertraglich) zu Gunsten der Arbeitnehmer verbessert und ergänzt werden.

Der Begriff des ordre public social[258] besagt daher nichts anderes, als daß die Vertragsparteien (Tarif- und Arbeitsvertragsparteien) von allen gesetzlichen Vorschriften, die nicht ordre public absolu und damit zwingend[259] sind, abweichen dürfen, indem sie günstigere Regelungen für die Arbeitnehmer schaffen.[260] Die staatlichen arbeitsrechtlichen Vorschriften stellen somit einen Minimumstandard dar, der zu Gunsten der Arbeitnehmer verbessert werden kann. Damit sind alle Vorschriften, die dem ordre public social angehören für die Vertragsparteien einseitig zwingendes Recht. Neben die absolut zwingenden und außer

---

[257] Dr. soc. 1973, S. 514.

[258] Das Schrifttum zum ordre public social ist vielfältig. Hier ist nur eine Auswahl: *M. Bonnechère*, Dr. ouvr. 1988, S. 171 ff. und *dies.*, J.C.P. 1974 éd. C I, II, 11604; *Y. Chalaron*, J.-Cl. trav. fasc. 19-10 Nr. 48 ff, S. 16 ff.; *G. Couturier*, in: Études offertes à Jacques Flour, S. 95 ff.; *G. Lyon-Caen*, Dr. soc. 1973, S. 89 ff; Dr. soc. 1985, S. 801 ff.; *L. Rozès*, Dr. soc. 1977, S. 311 ff.; *N. Aliprantis*, thèse, S. 81-240; *M.-A. Rotschild-Souriac*, thèse, S. 883-921.

[259] In der französischen Literatur werden die Begriffe ordre public und lois impératives häufig synonym verwandt. Siehe hierzu *N. Aliprantis*, thèse, S. 47, Fn. 25. Diese Terminologie wird für den weiteren Verlauf der Arbeit übernommen, so daß immer wenn von einem zwingenden Gesetz gesprochen wird gleichzeitig auch der ordre public absolu gemeint ist und umgekehrt.

[260] Vgl. *Ch. Radé*, Dr. soc. 2002, S. 931 (934).

Disposition für die Vertragsparteien stehenden Vorschriften, von denen nicht einmal zu Gunsten der Arbeitnehmer abgewichen werden darf (ordre public absolu), wird somit ein zweiter Komplex von Normen gesetzt, die insoweit absolut zwingend sind, als daß sie nur zu Gunsten der Arbeitnehmer verbessert werden dürfen.

Zu beachten ist jedoch in diesem Zusammenhang, daß der Code du Travail ein komplexes und umfangreiches Regelungswerk ist, in dem es vielfach auch Normen gibt, die einen sog. kollektiven Inhalt haben, also z.B. Organisationsfragen im Hinblick auf die kollektive Interessenwahrnehmung, Fragen der Betriebsverfassung, des Koalitionswesens, des Arbeitskampfrechtes etc. betreffen. Solche Vorschriften entziehen sich zu einem großen Teil der Regelungsbefugnis der Arbeitsvertragsparteien, sie können jedoch im Einzelfall vom ordre public social der Tarifparteien umfaßt sein. Folglich sind nicht alle Normen, die für die Tarifparteien dem ordre public social zuzuordnen sind, auch für die Arbeitsvertragsparteien zu Gunsten der Arbeitnehmer abänderbar. Hier ist im Einzelfall eine genauere Prüfung durchzuführen.

Von der Zurechnung einer Regelung zum ordre public social hängt die Regelungsmacht der Tarifparteien ab. Die Frage nach dem rechtlichen Dürfen stellt sich im Rahmen des Aushandelns neuer Tarifverträge und erlangt dann Bedeutung, wenn die Tarifparteien etwas anderes regeln wollen, als das Gesetz ihnen vorgibt. Für das Verhältnis zwischen Tarifvertrag und Arbeitsvertrag und zwischen Tarifverträgen untereinander bietet der ordre public social indes keine Lösung.[261] Ferner läßt sich ein allgemeines Rechtsprinzip dahingehend, daß im Konfliktfall grundsätzlich die für den Arbeitnehmer günstigere Regelung anzuwenden ist (Günstigkeitsprinzip), aus dieser Vorschrift genauso wenig herleiten, wie der Grundsatz, daß stets eine Verbesserung zu Gunsten der Arbeitnehmer zulässig ist.[262]

Zusammenfassend läßt sich festhalten, daß der ordre public social eine Unterstufe des ordre public absolu bildet. Die Normen, die dem ordre public social zugerechnet werden, sind in soweit ordre public absolu, als daß die von ihnen garantierten Minimumstandards für alle zwingend sind.[263] Die Vertragsparteien haben jedoch die Regelungsmacht, für die Arbeitnehmer günstigere Vereinbarungen zu treffen. Bei Regelungen mit sog. kollektivem Inhalt ist zuvor jedoch zu untersuchen, ob und durch welche Parteien (Tarifparteien und/oder Arbeitsvertragsparteien) eine Anpassung zu Gunsten der Arbeitnehmer vorgenommen werden darf.

---

[261] So aber *G. Krieger*, Tarifvertragsrecht, S. 265.

[262] So auch *A. Jeammaud*, Dr. soc. 1999, S. 115 (119); *Y. Chalaron*, in: Études offertes à Gérard Lyon-Caen, S. 244 ff.; anders *P.-D. Ollier*, Le droit du travail, S. 46; *G. Krieger*, Tarifvertragsrecht, S. 265.

[263] Vgl. diesbezgl. auch *Y. Chalaron*, in: Études offertes à Gérard Lyon-Caen, S. 248.

Damit wird die starre Grenze des klassischen ordre public Begriffs des Zivilrechts insoweit durchbrochen, als nur solche Vereinbarungen zwischen den Vertragsparteien nichtig sind, die unter diesen Minimumstandard zurückfallen. Da im Code du Travail nur sehr wenige Vorschriften dem ordre public absolu zugerechnet werden, bildet der ordre public social im französischen Arbeitsrecht den Regelfall.

cc) Der ordre public supplétif

Der Begriff des ordre public supplétif[264] wurde in der französischen rechtswissenschaftlichen Literatur in den achtziger Jahren im Zusammenhang mit der Debatte über eine weitere Flexibilisierung des französischen Arbeitsrechts entwikkelt.[265] Es handelt sich hier um einen sehr jungen Begriff, dessen Bedeutung angesichts der Tendenz in der französischen Gesetzgebung, immer mehr Gestaltungsmöglichkeiten für die Tarifparteien zu eröffnen, ständig wächst.
Unter dem Begriff des ordre public supplétif werden alle die Normen zusammengefaßt, die für die Tarifparteien dispositiv sind, d.h., von denen sie auch zu Ungunsten der Arbeitnehmer abweichen dürfen, die aber gleichwohl für die Arbeitsvertragsparteien ordre public absolu oder ordre public social bleiben, so daß eine nachteilige Abweichung von diesen Vorschriften im Einzelarbeitsvertrag nicht erlaubt ist. Eine solche Gesetzeskonstruktion ist im Bereich der Löhne und insbesondere bei der Anpassung der Arbeitszeit anzutreffen.[266] Sie ist aus der Idee erwachsen, daß zum ordre public social nicht nur der soziale Fortschritt zählt (Abweichungen zu Gunsten der Arbeitnehmer), sondern daß auch an die Aufrechterhaltung der Arbeitsplätze und der Unternehmen zu denken ist (Abweichungen zu Gunsten des Unternehmens).[267] Die ersten dieser für die Tarifparteien in beide Richtungen abänderbaren Normen wurden durch die Ordonnance Nr. 82-41 vom 16. Januar 1982[268] in den Code du travail eingefügt, weitere folgten in den Jahren 1986[269] und 1987[270]. Ein Beispiel für eine tarifdis-

---

264 Neben der Bezeichnung als ordre public supplétif sind auch die Ausdrücke „accords dérogatoires" und „ordre public conditionnel" in der Literatur anzutreffen.

265 Zum Begriff des ordre public supplétif allgemein *F. Bocquillon*, La dérogation en droit du travail, thèse, Straßburg 1999 ; *G. Bélier*, Dr. soc. 1986, 49; *A. Supiot*, Dr. soc. 1989, 195; *M. Bonnechère*, Dr. soc. 1990, S. 40; *M.-A. Rotschild-Souriac*, thèse, S. 922 – 971; *M. Despax*, Négociations, conventions et accords collectifs, S. 144 und 294 – 299; *J. Barthélémy*, J.C.P. 1987, éd. E, I 16937; *J. Saramito*, Dr. ouvr. 1990, S. 253.

266 Im Hinblick auf die Anpassung der Arbeitszeit siehe *J.-E. Ray*, Dr. soc. 1988, S. 99; *G. Bélier*, Dr. soc. 1986, S. 49; *M. Petit*, Dr. ouvr. 1986, S. 45; *ders.*, Dr. ouvr. 1987, S. 371.

267 Vgl. *Lyon-Caen/Pélissier/Supiot*, Droit du travail, Rdnr. 797.

268 JO vom 17.01.1982, S. 295.

269 Gesetz Nr. 86-280 vom 28.02.1986, JO vom 01.03.1986 (Loi Delebarre); siehe zu diesem Gesetz auch *M. Petit*, Dr. ouvr. 1986, S. 45; *J. Barthélémy*, J.C.P. 1986, éd. E, I 15483.

270 Gesetz Nr. 87-423 vom 19.06.1987, JO vom 20.06.1987 (Loi Séguin) siehe zu diesem Gesetz auch *J.-E. Ray*, Dr. soc. 1988, S. 99; *M. Petit*, Dr. ouvr. 1987, S. 371; *J. Barthélémy*, Dr. soc. 1988, S. 554.

positive Norm ist Art. L. 212-2 al. 3 CT, wonach im Rahmen eines Firmentarifvertrages oder eines allgemeinverbindlichen Tarifvertrages, von Dekreten, die die Arbeitszeit festlegen, abgewichen werden kann. Für den Fall, daß ein Firmentarifvertrag Abweichungen vorsieht, kann dieser jedoch nur in Kraft treten, wenn auch alle im Unternehmen vertretenen Mehrheitsgewerkschaften mit den Änderungen einverstanden sind.[271] Wie dieses Beispiel deutlich zeigt, ist die Möglichkeit einer Abweichung in peius nicht für alle Tarifverträge und damit auch nicht für jede Tarifverhandlung vorgesehen. Die Vorschriften verlieren ihre Wirkung als ordre public social in der Regel vielmehr nur im Rahmen von Tarifverhandlungen zu allgemeinverbindlichen oder Firmentarifverträgen. Eine umfassende Abänderbarkeit in peius durch alle Tarifparteien gibt es im französischen Arbeitsrecht damit nicht.[272]

Zusammenfassend bleibt festzuhalten, daß insbesondere zur Regelung der Arbeitszeit und des Arbeitsentgeltes Normen geschaffen wurden, die für die Tarifparteien unter bestimmten Voraussetzungen beidseitig dispositiv sind. Diese Normen werden unter dem Begriff des ordre public supplétif zusammengefaßt. Die Dispositivität dieser Normen gilt nur für einen begrenzten Kreis von Tarifverträgen. So kann nur im Rahmen von allgemeinverbindlichen Tarifverträgen und in Firmentarifverträgen, die die Zustimmung aller Mehrheitsgewerkschaften in einem Unternehmen haben, von gesetzlichen Bestimmungen zu Ungunsten der Arbeitnehmer abgewichen werden.

dd) Zusammenfassung und Ergebnis

Die Frage nach dem ordre public im Arbeitsrecht ist gleichzusetzen mit der Frage, welche Regelungskompetenzen den Tarifparteien beim Abschluß von Tarifverträgen zukommen. Der ordre public in seinen unterschiedlichen Ausprägungen definiert den Bereich dessen, worüber die Tarifparteien verhandeln dürfen und wie sie ggf. von diesen Vorschriften abweichen können. Eine starre Grenze des „Verhandelbaren“, wie sie im allgemeinen französischen Zivilrecht anzutreffen ist (Art. 6 Code Civil, ordre public), gibt es für das Arbeitsrecht nur sehr selten. Es ist vielmehr von der Regel auszugehen, daß eine Norm dem ordre public social zuzurechnen ist und Abänderungen zu Gunsten der Arbeitnehmer durch die Tarifparteien zulässig sind. Die Normen des ordre public social bilden einen Minimumstandard, den nur der Gesetzgeber selbst nach unten abändern kann. Neben diesen Vorschriften gibt es einige wenige Vorschriften, die imperativ sind und von denen niemand in welche Richtung auch immer abweichen darf, die also dem ordre public absolu angehören. Die meisten dieser Regelun-

[271] So die Urteile Colmar, 10 Febr. 1988, Dr. soc. 1988, S. 315 (Nachtarbeit für Frauen); TGI Belley, 20. Juni 1988, Dr. ouvr. 1989, S. 141; Cour d'appel Chambéry, 11. August 1989, Dr. ouvr. 1989, S. 407; Cass. soc., 21. Jan. 1988, Bull. civ. V, n° 70; siehe auch *M. Despax*, Dr. soc. 1991, S. 292.

[272] Ausführlich *G. Krieger*, Tarifvertragsrecht, S. 282 ff.

gen betreffen keine originären arbeitsrechtlichen Normen, sondern beziehen sich auf staatsorganisatorische Dinge, wie z.B. die Gerichtsorganisation und auf allgemein anerkannte Grundwerte und –regeln, an die sich jeder Bürger zu halten hat.
Seit den achtziger Jahren gibt es neben diesen beiden klassischen Abstufungen des ordre public den ordre public supplétif, der insbesondere in den Bereichen der Arbeitszeitregelung und der Entgelte Möglichkeiten für die Tarifparteien eröffnet, von den Mindeststandards auch zu Ungunsten der Arbeitnehmer abzuweichen und so einen kleinen Bereich tarifdispositiven Rechts schafft und die Verhandlungskompetenzen in diesen Bereichen erweitert.
Festzuhalten ist hier, daß die Abstufungen des ordre public in allen Varianten allein auf die Tarifparteien anwendbar sind. Für die „normalen" Vertragsparteien wie Arbeitgeber und Arbeitnehmer sind die meisten Vorschriften, soweit es sich nicht um Regelungen kollektiven Inhalts oder Ordnungsvorschriften handelt, ordre public social, so daß in der Regel im Arbeitsvertrag verbessernde Vereinbarungen getroffen werden können.

Da Art. L. 132-4 CT die Frage, ob und wieweit privatautonome Parteien von den gesetzlichen Mindeststandards abweichen dürfen nicht regelt, kann aus dieser Norm und dem in ihr enthaltenen Gedanken eines ordre public social eine allgemeine Rechtsregel dahingehend, daß grundsätzlich eine Abweichung zu Gunsten der Arbeitnehmer möglich ist oder hierin gar eine allgemeine Kollisionsregel enthalten ist, nicht hergeleitet werden. Eine allgemeine Regel mit dem Inhalt des Günstigkeitsprinzips bedarf vielmehr einer weiteren Fundierung und Begründung.

c) Inhalt und Bedeutung von Art. L. 132-4 Satz 2 CT

„Ils ne peuvent déroger aux dispositions d'ordre public de ces lois et règlements."

Auch nachdem die Bedeutung des Begriffes „ordre public" in Art. L. 132-4 Satz 2 CT nunmehr geklärt wurde, erschließt sich der Inhalt dieses Satzes nicht unmittelbar. Es ist die Frage zu beantworten, welcher der oben dargestellten ordre public Begriffe von Art. L. 132-4 Satz 2 CT Anwendung findet. Ist dieser Satz im Sinne eines ordre public absolu, social oder gar supplétif zu interpretieren oder ändert sich dessen Bedeutung je nachdem, welche Regelungsmacht den Tarifparteien im Einzelfall eingeräumt wird?

Die Mehrzahl der Autoren in der Literatur interpretiert den Begriff des ordre public im Sinne eines ordre public absolu[273] einige wenige als ordre public so-

[273] *M. Despax*, Négociations, conventions et accords collectifs, S. 83 ff; *L. Rozès*, Dr. soc. 1977, S. 311 f.; *Brun/Galland*, Droit du travail, tome 2, n° 836/837, S. 108 ff, insbesondere S. 111.

cial.[274] Für eine Interpretation dieses Begriffes im Sinne des ordre public absolu spricht die Tatsache, daß die Vorschrift des Art. L. 132-4 CT der entsprechenden Vorschrift des Zivilrechts sehr ähnlich ist. Wenn also diese arbeitsrechtliche Vorschrift den starren zivilrechtlichen ordre public-Begriff zum Vorbild genommen hat, dann ist es sehr wahrscheinlich, daß auch dessen begrifflicher Inhalt mit diesem verbunden wurde. Darüber hinaus deutet auch die zeitliche Einfügung dieser Vorschrift in das Gesetz auf eine Interpretation im Sinne des ordre public absolu hin, denn im Jahre 1936 wurde dem ordre public-Begriff die Bedeutung beigemessen, die ihm nach Art. 6 Code Civil zukam, also eine absolute.

Allerdings darf in diesem Zusammenhang nicht übersehen werden, daß die Rechtsprechung für das Arbeitsrecht einen ordre public Begriff entwickelt hat, der gerade nicht mit dem zivilrechtlichen ordre public Begriff gleichzusetzen ist. Eine absolute Wirkung entfaltet er in den wenigsten Fällen, sondern in der Regel ist eine Abweichung zu Gunsten der Arbeitnehmer möglich. Aus dieser Interpretation seitens der Rechtsprechung läßt sich folgern, daß in Satz 2 der Begriff „ordre public“ mit dem Begriff ordre public social gleichzusetzen ist.

Eine Interpretation des Begriffes „ordre public“ scheidet an dieser Stelle sofort aus, nämlich die im Sinne eines ordre public supplétif. Da mit dem Begriff „ordre public“ inhaltlich immer eine Grenze verbunden ist, die die Vertragsparteien nicht überschreiten dürfen, kann eine Interpretation im Sinne eines ordre public supplétif keinen Sinn machen, da hier gerade von den Tarifparteien keine Grenze mehr zu beachten ist. Im Rahmen der noch verbleibenden Möglichkeiten einer Interpretation im Sinne eines ordre public absolu oder social scheint einigen Autoren weder eine ausschließliche Interpretation in der einen oder der anderen Richtung sinnvoll, da das aufgrund der inzwischen sehr komplex gewordenen Strukturen im französischen Tarifvertragsrecht nicht angemessen sei.[275]

Geht man von der ursprünglichen Funktion des ordre public aus, bestimmte Prinzipien, die für das Funktionieren der Gesellschaft für unerläßlich gehalten wurden, zu schützen[276] und den Vertragsparteien im Hinblick auf diese Prinzipien eine Veränderungsgrenze zu setzten, so erfüllen nach dieser Literaturmeinung sowohl der ordre public absolu, als auch der ordre public social diesen Zweck. Denn trotz der verschiedenen Möglichkeiten einer Abweichung von Vorschriften, die den Tarifparteien eröffnet werden, bleibt auch beim ordre public social immer ein Teil der Vorschrift absolut geschützt.[277] Das bedeutet, selbst im Rahmen des ordre public social geht es noch darum, für das Funktionieren der Gesellschaft unerläßliche Werte zu schützen, die sich in einem Erhalt der Minimumstandards ausdrücken.

---

[274] *G. Lyon-Caen,* Dr. soc. 1973, S. 89 ff.; *N. Aliprantis,* thèse, S. 176 f.
[275] *G. Lyon-Caen,* Dr. soc. 1973, S. 89 ff.; *N. Aliprantis,* thèse, S. 176 f.
[276] Vgl. oben S. 58.
[277] Sinngemäß *G. Lyon-Caen,* Dr. soc. 1973, S. 89 ff.; *N. Aliprantis,* thèse, S. 176 f.

Der Begriff des „ordre public“ in Art. L. 132-4 Satz 2 CT nimmt nach dieser Meinung unterschiedliche Formen an. Er ist variabel, je nach der zu verändernden Vorschrift und dem Vertragsgegenstand. Das hat zur Folge, daß der Begriff des „ordre public“ in Art. L. 132-4 CT zwar als ordre public absolu im Sinne einer starren, nicht abänderbaren Grenze zu verstehen ist, daß diese Grenze jedoch für jeden Fall, je nach Vertragsgegenstand neu zu definieren ist.[278]
Konkret folgt aus diesem Lösungsansatz, daß die Tarifparteien im Falle einer Vorschrift des ordre public absolu keine abweichenden Vereinbarungen treffen dürfen, es ihnen im Falle einer Norm des ordre public social aber erlaubt ist, unter Beachtung des hier gesetzten Minimumstandards Abweichungen zu Gunsten der Arbeitnehmer vorzunehmen. Es ist somit erforderlich, in Bezug auf die Tarifparteien stets genau zu definieren, welcher Form des ordre public eine Norm im Hinblick auf die jeweilige Vertragspartei unterfällt, da sich hiernach die Regelungsmacht richtet, die den jeweiligen Tarifparteien hinsichtlich der Tarifverhandlungen zukommt und somit auch der Punkt, ab dem der ordre public absolu seine Wirkung entfaltet.

Diese Interpretation überzeugt jedoch nicht, da Art. L. 132-4 CT den Tarifparteien die Möglichkeit eröffnet, günstigere tarifvertragliche Regelungen zu treffen. Sie dürfen jedoch dann nicht von den gesetzlichen Regelungen abweichen, wenn diese dem ordre public angehören. Der Begriff des ordre public kann daher nur im Sinn eines ordre public absolu und damit als absolute und starre Grenze in dem Sinn verstanden werden, daß einige Vorschriften auch von den Tarifparteien nicht verändert werden dürfen. Andernfalls macht diese Vorschrift keinen Sinn. Der Begriff des ordre public social beschreibt hingegen eine direkte Folge der in Art. L. 132-4 CT getroffenen Regelung. Aufgrund der Tatsache, daß es den Tarifparteien erlaubt ist, von gesetzlichen Normen zu Gunsten der Arbeitnehmer abzuweichen, wird eine Kategorie von gesetzlichen Vorschriften umschrieben, die den absolut einzuhaltenden Minimumstandard definieren.

3. Gesamtbetrachtung von Art. L. 132-4 CT

Nachdem die beiden Sätze der Vorschrift einzeln untersucht wurden, sind sie nunmehr in Beziehung zueinander zu setzen und die Norm ist auf ihren Aussagegehalt hin zu untersuchen.

In Art. L 132-4 Satz 1 CT wird der Geltungswille der hierarchisch höheren Norm für alle Fälle zurückgenommen, in denen in einem Tarifvertrag durch die Tarifparteien diese Vorschrift zu Gunsten der Arbeitnehmer abgeändert wird. Die Vorschrift legt damit den Rahmen dessen fest, was die Tarifparteien vereinbaren dürfen, ohne die Nichtigkeit der von ihnen getroffenen Regelung wegen Verstoßes gegen die höherrangige Norm fürchten zu müssen. Satz 1 besagt da-

[278] Vgl. *Y. Chalaron*, Études offertes à Gérard Lyon-Caen, S. 248.

mit, daß die Tarifparteien zunächst jede Vorschrift des französischen staatlichen Arbeitsrechts, gleichgültig ob dispositiv oder nicht, zu Gunsten der Arbeitnehmer tarifvertraglich verbessern dürfen. Ohne diese Vorschrift – und wenn ein allgemeines Günstigkeitsprinzip verneint wird - müßten sich die Tarifparteien in den Tarifverträgen darauf beschränken, den Gesetzestext zu wiederholen oder neue, vom Gesetz bisher noch nicht vorgesehene, Wege zu beschreiten. Denn außerhalb des Gesetzes steht den Tarifparteien eine uneingeschränkte Regelungskompetenz zu, so daß sehr häufig Tarifverträge Vorreiter für spätere Gesetze waren.[279]

Satz 2 schränkt diese zunächst umfassende Regelungsbefugnis zur Veränderung aller gesetzlichen Normen in melius wieder ein, indem er ihr gewisse Grenzen setzt.[280] Diese Grenzen werden im Begriff des „ordre public absolu" zusammengefaßt.[281] Gehört eine Vorschrift, die von den Tarifparteien verändert werden soll, dem ordre public absolu an, so bildet sie eine absolute Grenze, die auch nicht zu Gunsten der Arbeitnehmer verändert werden darf und die Satz 1 daher seine Wirkung nimmt. In diesen Fällen nimmt die hierarchisch höhere Norm ihren Geltungswillen gegenüber der Norm des niedrigeren Ranges gerade nicht zurück, so daß die tarifvertragliche Regelung wegen Überschreitung der Regelungsmacht unwirksam wäre, wenn ein Tarifvertrag dennoch eine von dieser Norm abweichende Vereinbarung treffen würde. Mitunter ist jedoch nicht eindeutig zu bestimmen, ob eine gesetzliche Norm dem ordre public angehört. Darüber hinaus werden für die Tarifparteien einseitig dispositive Norm von den Gerichten von Zeit zu Zeit zum ordre public absolu erklärt und umgekehrt, wie z.B im Fall der Belegschaftsvertreter[282], so daß die Konturen mitunter recht unscharf werden können.

Da in Satz 1 der Grundsatz normiert ist, daß die Tarifparteien zunächst von allen Vorschriften des Code du Travail ohne Einschränkung zu Gunsten der Arbeitnehmer abweichen dürfen, kann Satz 2 seine Wirkung als Grenze nur dann entfalten, wenn eindeutig klar ist, daß es sich um eine zwingende Norm handelt. Bestehen über die Natur einer Norm als zwingend oder nicht zwingend Zweifel, so ist davon auszugehen, daß die Tarifparteien von ihr zu Gunsten der Arbeitnehmer abweichen dürfen.[283]

---

279 *G. Lyon-Caen,* Dr. soc. 1973, S. 89 f.

280 Denkbar ist hier auch eine umgekehrte Betrachtung. Das bedeutet, Satz 2 stellt die Regel dar: Die Tarifvertragsparteien dürfen von Regelungen des ordre public nicht abweichen. Dies ist der Grundsatz, während in Satz 1 die Ausnahmeregelung formuliert ist : Die Tarifverträge dürfen günstigere Regelungen enthalten, als in den Gesetzen und Verordnungen geregelt. Gleichgültig jedoch welchen Satz man hier als Regel oder Ausnahme (Grenze) betrachtet, läuft es letztendlich auf die gleiche Interpretation hinaus. Art. L. 132-4 CT ist eine Schranke der Regelungsmacht, die die Tarifparteien nicht überschreiten dürfen.

281 Siehe hierzu oben unter 2.

282 Siehe hierzu die Beispiele oben auf S.62.

283 Vgl. *N. Aliprantis,* thèse, S. 179.

4. Ergebnis

Art. L. 132-4 CT ist eine Norm, die die Regelungsmacht der Tarifparteien inhaltlich ausgestaltet. Es handelt sich hier um eine Vorschrift, die bestimmt, daß der Geltungswille der hierarchisch höheren Norm in den Fällen zurückgenommen wird, in denen eine tarifvertragliche Regelung eine Abweichung zu Gunsten der Arbeitnehmer vorsieht. In Art. L. 132-4 CT wird daher im ersten Satz der Regelung der Grundsatz niedergelegt, daß die Tarifparteien von allen Vorschriften stets zu Gunsten der Arbeitnehmer abweichen dürfen.

Diese Ausgestaltung der Regelungsmacht gilt jedoch nicht generell, sondern sie erfährt in Art. L. 132-4 Satz 2 CT eine Einschränkung. Dort wird nämlich bestimmt, daß es Normen gibt, die dem ordre public absolu angehören und die niemand, außer dem Gesetz- oder Verordnungsgeber selbst, abändern darf, auch nicht zu Gunsten der Arbeitnehmer.

Der Begriff des ordre public im französischen Arbeitsrecht ist vielschichtig. Er erstreckt sich von einem absoluten Abweichungsverbot bis hin zur Abänderbarkeit in peius und ist auf jeden Fall bezogen neu festzulegen. In Bezug auf den ordre public Begriff für das kollektive Arbeitsrecht lassen sich zwei Regeln aufstellen:

1. Im Grundsatz sind Normen dem ordre public social zuzuordnen und damit von den Tarifparteien zu Gunsten der Arbeitnehmer abänderbar.
2. Ist eine Norm dem ordre public absolu zuzuordnen, so gilt das damit verbundene Abweichungsverbot für alle Tarifparteien.

Da Art. L. 132-4 CT seinen Geltungswillen in den meisten Fällen gegenüber günstigeren tarifvertraglichen Regelungen zurücknimmt, kann in diesen Fällen kein Regelungskonflikt auftreten, da den tarifvertraglichen Vereinbarungen der Vortritt gelassen wird. Sofern kein Konflikt besteht, wird erst recht keine Konfliktlösungsregel benötigt, so daß in Art. L. 132-4 CT das Günstigkeitsprinzip als Konfliktlösungsregel entgegen der Meinung vieler Autoren in der französischen Literatur[284] nicht vorkommt. Diese Vorschrift hat vielmehr die Funktion einer **Konfliktvermeidungsnorm** und die Günstigkeitsmaxime dient zur Bestimmung der Grenze dessen, was die Tarifparteien zu regeln befugt sind.

Da im Falle der Überschreitung der Regelungsmacht durch die Tarifparteien die getroffene Vereinbarung nichtig ist, können Konflikte im Zusammenhang mit Art. L. 132-4 CT nur dann entstehen, wenn bei Bestehen eines Tarifvertrages ein späteres Gesetz erlassen wird, daß gegenüber dem Tarifvertrag günstigere Regelungen für die Arbeitnehmer enthält. In der Praxis entstehen jedoch auch in diesen Fällen keine Konfliktsituationen, da nach dem Gesetz auf bereits bestehende Tarifverträge altes Recht anzuwenden ist, sofern nicht die Rückwirkung des neuen Gesetzes angeordnet worden ist.

---

[284] In der Literatur hat nur *N. Aliprantis,* R.I.D.C. 1987, S. 7 (13) dies erkannt.

In Art. L. 132-4 CT ist daher kein Günstigkeitsprinzip im Sinne einer Konfliktlösungsregel normiert worden, sondern diese Vorschrift wurde hier als Ausgestaltungsvorschrift der Regelungsmacht der Tarifparteien konzipiert. Die Günstigkeitsmaxime bildet das Regelungsinstrument zur Bestimmung der Grenzen. Über das Verhältnis gesetzlicher Regelungen zu arbeitsvertraglichen Abreden und ein hier gegebenenfalls wirkendes allgemeines Günstigkeitsprinzip sagt die Norm indes nichts aus.

II. Art. L. 135-2 CT – Das Günstigkeitsprinzip als Konfliktlösungsregel für das Verhältnis Tarifvertrag - Arbeitsvertrag?

Art. L. 135-2 CT lautet:

„Lorsqu'un employeur est lié par les clauses d'une convention ou d'un accord collectif de travail, ces clauses s'appliquent aux contrats conclus avec lui, sauf dispositions plus favorables."[285]

Beim Lesen dieses Artikels stellt sich dem Leser zunächst die Frage, warum diese Vorschrift zum Gegenstand dieser Untersuchung gemacht wird. Sie scheint sich ausschließlich damit zu beschäftigen, wie Tarifverträge im französischen Recht wirken. Dieser erste Eindruck trügt jedoch, denn die Worte „sauf dispositions plus favorables", die wie ein unbedeutender Annex wirken, verleihen dieser Norm bei genauerer Betrachtung eine weit größere Bedeutung.

1. Inhalt und Bedeutung des Art. L. 135-2 CT

Art. L. 135-2 CT hat zwei Funktionen. Zum einen regelt er die Anwendbarkeit des Tarifvertrages in Bezug auf den einzelnen Arbeitnehmer und zum anderen bestimmt er, was mit den Abreden eines Arbeitsvertrages geschieht, wenn ein neuer Tarifvertrag in Kraft tritt, der auf dieses Arbeitsverhältnis anwendbar ist. Letzteres könnte eine Konfliktlösungsregel sein.

a) Problemstellung

Aus der Regelung des Art. L. 135-2 CT läßt sich entnehmen, daß die Anwendbarkeit eines Tarifvertrages in einem Betrieb ausschließlich davon abhängt, ob der jeweilige Arbeitgeber an einen Tarifvertrag gebunden ist. Das kann einerseits der Fall sein, weil in seinem Betrieb ein Firmentarifvertrag abgeschlossen worden ist oder andererseits weil er einem Arbeitgeberverband angehört, der wiederum einen Tarifvertrag abgeschlossen hat, in dessen Anwendungsbereich

---

[285] Übersetzung: *„Wenn ein Arbeitgeber durch einen Tarifvertrag gebunden ist, dann sind dessen Regeln auf die Verträge anzuwenden, die mit dem Arbeitgeber geschlossen worden sind, bis auf günstigere Regelungen."*

auch der fragliche Betrieb fällt. Tarifverträge gelten „erga omnes“, unmittelbar und ohne daß es eines Umsetzungsaktes bedarf.[286]
Mit Inkrafttreten eines Tarifvertrages stehen daher zwei rechtsgültige Vertragswerke nebeneinander, die unter Umständen gleiche Regelungsgegenstände in unterschiedlicher Weise regeln. Da solche Konflikte beim Aufeinandertreffen zweier rechtsgültiger Regelungswerke unweigerlich auftreten, ist zu klären, ob und nach welchen Kriterien im französischen Arbeitsrecht diese Konflikte einer Lösung zugeführt werden.[287]
Als Lösungsmöglichkeiten für solche Konfliktsituationen bieten sich dem Gesetzgeber, wie oben bereits dargestellt,[288] eine ganze Reihe von Regelungsmöglichkeiten an. Ob und welche Regelung der französische Gesetzgeber in Art. L. 135-2 CT für die Fälle eines Konfliktes zwischen Tarifvertrag und Arbeitsvertrag gewählt hat, erschließt sich erst bei genauerer Betrachtung dieser Vorschrift.

b) Konfliktlösung

„Wenn ein Arbeitgeber durch einen Tarifvertrag gebunden ist, dann sind dessen Regeln auf die Verträge anzuwenden, die mit dem Arbeitgeber geschlossen worden sind, bis auf günstigere Regelungen.“ Geht man unvoreingenommen an diesen Gesetzestext heran, so scheint die Aussage des Textes in Bezug auf die im Konfliktfall anwendbare Norm wie folgt zu lauten: Die Regelungen eines Arbeitsvertrages werden grundsätzlich durch die ranghöhere Norm, den Tarifvertrag, ersetzt, es sei denn, sie sind günstiger (für den Arbeitnehmer).

Auf den ersten Blick scheint Art. L. 135-2 CT eine ähnliche Regelung wie Art. L. 132-4 CT zu enthalten, d.h. im Grundsatz wird das Hierarchieprinzip zur Konfliktlösung angewandt und in den Fällen einer günstigeren Regelung durch den Arbeitsvertrag nimmt die ranghöhere Norm ihren Geltungsanspruch zurück.

---

[286] Siehe oben im 1. Abschnitt, S. 27 ff.

[287] Nicht zu verwechseln sind die hier behandelten Konfliktfragen mit der Frage, welche Rechtswirkung ein Tarifvertrag in Bezug auf den einzelnen Arbeitsvertrag entfaltet, d.h., welche Verpflichtungen hieraus direkt für den einzelnen Arbeitgeber entstehen. Die aus einem Tarifvertrag direkt folgenden Rechtswirkungen werden im französischen Arbeitsrecht mit dem Begriff „effet impératif“ bezeichnet. Dieser Begriff soll verdeutlichen, daß sich ein Tarifvertrag im Hinblick auf den Arbeitsvertrag, wie ein Gesetz geriert. D.h., er kreiert mit seinem Inkrafttreten automatisch Rechte für die Arbeitnehmer und die Verpflichtung für die Arbeitgeber diese in den einzelnen Arbeitsverträgen umzusetzen. Ein Arbeitnehmer kann sich damit mit Inkrafttreten des Tarifvertrages auf die ihm aus diesem Tarifvertrag zustehenden Rechte berufen, wenn der Arbeitgeber die entsprechenden Vorschriften nicht unverzüglich umsetzt. Ein Arbeitnehmer kann nicht auf Rechte verzichten, die ihm aufgrund eines Tarifvertrages zustehen. Dies gilt auch dann wenn durch einen Lohnverzicht z.B. eine bevorstehende Kündigung abgewendet werden könnte. Siehe hierzu auch *Lyon-Caen/Pélissier/Supiot,* Droit du travail, Rdnr. 821; soc 4. Dez. 1990, Bull. civ. V, n° 608.

[288] Zu den einzelnen Prinzipien siehe oben im 1. Abschnitt, S. 36 ff.

Erst auf den zweiten Blick fällt jedoch auf, daß zwischen Art. L. 132-4 CT und Art. L. 135-2 CT einige gravierende Unterschiede bestehen.

Der erste große Unterschied ergibt sich aufgrund der verschiedenen Ausgangssituationen. Art. L. 132-4 CT befaßt sich mit der Phase der Rechtssetzung, während diese bei Art. L. 135-2 CT bereits abgeschlossen ist. Daher stehen sich dann, wenn Art. L. 135-2 CT seine Wirkung entfaltet, bereits zwei rechtsgültige Regelungen gegenüber, während das im Rahmen des Art. L. 132-4 CT gerade nicht der Fall ist. Damit ist bereits die Ausgangslage eine andere.
Die Tatsache, daß sich bei Art. L. 135-2 CT zwei rechtsgültige Normen gegenüberstehen, die gleiche Regelungsgegenstände auf unterschiedliche Weise regeln, bedingt die Situation eines Regelungskonfliktes. Ziel von Art. L. 132-4 CT ist es hingegen gerade, eine solche Konstellation zu vermeiden.
Ein weiterer großer Unterschied besteht darin, daß mit Art. L. 132-4 CT eine gesetzliche Norm bestimmt, daß das Gesetz in bestimmten Fällen zurücktreten soll. Es handelt sich in diesen Fällen daher um eine Regelung auf der gleichen Regelungsebene. Im Rahmen von Art. L. 135-2 CT legt hingegen eine gesetzliche Regelung fest, was geschieht, wenn die Vorschriften eines Tarifvertrages und eines Arbeitsvertrages in Konflikt zueinander treten.

Daher kann es sich vorliegend nicht um eine dem Art. L. 132-4 CT ähnliche Regelung handeln, denn dann müßte der Tarifvertrag selbst bestimmen, daß er im Falle einer günstigeren arbeitsvertraglichen Regelung hinter diese zurücktritt. Das ist hier nicht der Fall, da Art. 135-2 CT sich auf einer anderen Regelungsstufe befindet und von beiden in Konflikt befindlichen Vereinbarungen unabhängig ist. Bei Art. L. 135-2 CT handelt es sich daher nach der im 1. Abschnitt gegeben Definition[289] um eine Konfliktlösungsregel.

Als nächstes ist zu klären, welche der oben vorgestellten Konfliktlösungsregeln der französische Gesetzgeber vorliegend zur Auflösung des Konfliktes gewählt hat.[290] Bei genauerer Betrachtung der in Art. L. 135-2 CT getroffenen Regelung fällt auf, daß sich folgende Regel festhalten läßt: *Ist die Regelung des Tarifvertrages günstiger, so tritt sie an die Stelle der arbeitsvertraglichen Regelung, ist die Regelung des Arbeitsvertrages günstiger, so bleibt sie erhalten.* Kurz gefaßt ist somit stets die für den Arbeitnehmer günstigere Regelung anzuwenden, so daß der französische Gesetzgeber das Günstigkeitsprinzip als Konfliktlösungsregel gewählt und ausdrücklich gesetzlich normiert hat.[291]

---

289 Siehe hierzu oben S. 36.

290 Siehe dazu oben im 1. Abschnitt, S. 37 ff.

291 So auch *A. Jeammaud*, Dr. soc. 1999, S. 115 (119); *Y. Chalaron*, Études offertes à Gérard Lyon-Caen, S. 243; *Ph. Langlois*, in: Aliprantis/Kessler (Hrsg.), S. 23 (25); *A. Chevillard*, Dr. soc. 1993, S. 363 ; cass. soc. 17. Juli 2001, Dr. soc. 2001, S. 1017 mit Anmerkung *Ch. Radé* ; cass. soc. 13. Nov. 2001, RJS 2002, n° 12, S. 35 f.; cass. soc. 27. Juni 2002, RJS 2002, n° 1075, S. 818 f..

In Art. L. 135-2 CT wird somit durch den zunächst unbedeutend erscheinenden Annex „sauf dispositions plus favorables“ das Günstigkeitsprinzip als Konfliktlösungsregel für das Verhältnis Tarifvertrag und Arbeitsvertrag gesetzlich normiert. Das bedeutet, daß im Falle eines Konfliktes zwischen arbeitsvertraglichen und tarifvertraglichen Normen grundsätzlich die günstigere Norm zur Anwendung kommt. Art. L. 135-2 CT beinhaltet damit eine gesetzliche Normierung des Günstigkeitsprinzips als Konfliktlösungsregel und durchbricht somit das Hierarchieprinzip in diesen Fällen, da sich nicht die hierarchisch höhere, sondern die günstigere Regelung im Fall eines Konfliktes durchsetzt.

2. Abänderbarkeit in melius des Tarifvertrages durch die Arbeitsvertragsparteien

Der Tarifvertrag verhält sich gegenüber dem Arbeitsvertrag wie ein Gesetz, so daß alle abweichenden Vorschriften des Arbeitsvertrages den Regelungen des Tarifvertrages zu weichen haben, es sei denn, sie sind günstiger. Eine Vorschrift für das Verhältnis Tarifvertrag und Arbeitsvertrag, die - wie Art. L. 132-4 CT den Tarifparteien - den Arbeitsvertragsparteien ausdrücklich die Möglichkeit eröffnet[292] bei bereits bestehendem Tarifvertrag von den zwingenden Regelungen dieses Vertrages zu Gunsten der Arbeitnehmer abzuweichen, gibt es im Code du Travail nicht. Es stellt sich daher die Frage, ob eine solche Abweichung zu Gunsten des einzelnen Arbeitnehmers trotz Bestehens eines Tarifvertrags möglich bleibt oder ob Tarifverträge mit ihrem Inkrafttreten z.B. ordre public absolu werden.
In der Literatur ist dieses Thema – soweit ersichtlich - bisher nahezu nicht behandelt worden.[293] Die Lösung dieser Frage kann daher ausschließlich aus allgemeinen Grundsätzen des französischen Arbeitsrechts entwickelt werden.[294]

Theoretisch ist ein solches Verbot der Abänderbarkeit tarifvertraglicher Vorschriften zu Gunsten der Arbeitnehmer aus zwei Gründen denkbar. Zum einen könnten die Vorschriften des Tarifvertrages während dessen Geltungszeitraum dem ordre public absolu angehören, also für die Arbeitsvertragsparteien zwingend und daher nicht abänderbar sein. Zum anderen besteht die Möglichkeit, daß der Tarifvertrag selbst vorsieht, daß durch die Arbeitsvertragsparteien keine Abweichungen möglich sind. Ob diese Einschränkungen tatsächlich bestehen oder gesetzt werden können, soll nun im Folgenden geklärt werden.

---

[292] Das ist in der Bundesrepublik anders. Hier regelt § 4 III TVG die Möglichkeit einer Abänderung zu Gunsten der Arbeitsvertragsparteien.

[293] Soweit ersichtlich haben sich bisher nur zwei Autoren mit dieser Frage auseinandergesetzt. *N. Aliprantis*, thèse, S. 284 ff. und *Durand/Vitu*, Droit du Travail, tome III, n° 208, S. 588.

[294] Hierzu ausführlich *N. Aliprantis*, thèse, S. 284 ff.

a) Zulässigkeit von Abweichungsverboten in Tarifverträgen

Die Frage, die sich in diesem Zusammenhang stellt, ist diejenige, ob die Normen eines Tarifvertrages Aussagen über das rechtliche Dürfen der Arbeitsvertragsparteien treffen können, d.h., ob die Tarifparteien bestimmen können, daß der Tarifvertrag Höchststandards festsetzt, von denen eine Abweichung zu Gunsten der Arbeitnehmer nicht möglich ist. Das kann z.B. in der Weise geschehen, daß ein Tarifvertrag Maximallöhne festsetzt oder Höchsturlaubszeiten etc., von denen nicht zu Gunsten der einzelnen Arbeitnehmer abgewichen werden darf. Obwohl sich nur zwei französische Autoren bisher zu dieser Frage geäußert haben, sind deren Meinungen konträr.

Paul Durand vertritt die Auffassung, daß die Tarifparteien jeder Zeit eine solche Beschränkung setzen können.[295] Eine Begründung für seine Auffassung gibt er nicht, sondern er beschränkt sich auf die Aussage, que „ces principes sont certains".[296] *Nikitas Aliprantis* hingegen ist der Meinung, daß eine solche Beschränkung ausschließlich in einem Firmentarifvertrag möglich sei. Er begründet seine Auffassung mit Art. L. 132-3 CT in der Fassung des Gesetzes von 1971. In dieser Vorschrift sei vorgesehen, daß die Tarifparteien auf Firmenebene die Höhe der Effektivlöhne festsetzen könnten. Diese Vorschrift sei jedoch dann überflüssig, wenn bereits die Tarifparteien auf jedem Verhandlungsniveau die Maximalhöhe der Löhne festgesetzt hätten, denn dann gäbe es auf Firmenebene nichts mehr zu regeln.[297]

Keiner dieser beiden Meinungen ist zu folgen. Ein Verbot zur Änderung der tarifvertraglichen Vorschriften in melius findet sich im gesamten Gesetzestext des Code du Travail nicht. Auch die Vorschrift des ehemaligen Art. L. 132-3 CT auf die *Nikitas Aliprantis* seine Ansicht stützt, daß es zulässig ist, in Firmentarifverträgen Höchstnormen zu setzten, existiert heute nach der Tarifrechtsreform der 80iger Jahre nicht mehr. Da aber die Festsetzung von Höchstnormen gleichzeitig die Regelungsmacht und die Privatautonomie der anderen Vertragsparteien einschränkt, bedarf es einer ausdrücklichen gesetzlichen Regelung der Zulässigkeit solcher Vereinbarungen. Eine solche Norm gibt es heute im Code du Travail nicht mehr, so daß auf keiner Ebene der Tarifverhandlungen Maximalvereinbarungen getroffen werden dürfen.

b) Sind die Regelungen eines Tarifvertrages ordre public absolu?

Wenn durch privatautonome Vereinbarungen die Regelungsmacht der Arbeitsvertragsparteien nicht eingeschränkt werden kann, bleibt schließlich noch die Frage zu beantworten, ob die Vorschriften eines Tarifvertrages dem ordre public

---

[295] *Durand/Vitu*, Droit du travail, tome III, n° 208, S. 588.
[296] *Durand/Vitu*, Droit du travail, tome III, n° 208, S. 588.
[297] *N. Aliprantis*, thèse, S. 285 f.

absolu zuzurechnen sind und aus diesem Grund eine Veränderungssperre für die Parteien des Arbeitsvertrages besteht.
Auch auf diese Frage muß eine negative Antwort gegeben werden. Denn um eine solche Einordnung des Tarifvertrages vornehmen zu können, müßte sich aus dem Gesetz ein Anhaltspunkt dafür ergeben, daß der Gesetzgeber mit Inkrafttreten eines Tarifvertrages die Autonomie der Arbeitsvertragsparteien einschränken wollte. Ein solcher Wille läßt sich dem Code du Travail jedoch nicht entnehmen.
Diese These wird durch die Tatsache gestützt, daß im Code du Travail z.B. keine Vorschrift enthalten ist, die es den Tarifparteien auf Branchenebne erlauben würde, eine Klausel in einen Branchentarifvertrag aufzunehmen, die es den Parteien von Firmentarifverträgen und Berufsabkommen untersagt, abweichende Vereinbarungen zu Gunsten der Arbeitnehmer treffen. Wenn somit nicht einmal auf tarifvertraglicher Ebene derartige, die Verhandlungsrechte der anderen Tarifparteien beschneidende, Regelungen getroffen werden dürfen, so gilt das auch für das Verhältnis Tarifvertrag und Arbeitsvertrag.

Der Gesetzestext bestimmt sogar das Gegenteil. Aus Art. L. 135-2 CT läßt sich entnehmen, daß immer nur die ungünstigeren Vorschriften eines Arbeitsvertrages hinter den tarifvertraglichen zurücktreten sollen. Eine zeitliche Beschränkung enthält diese Norm indes nicht. Wenn grundsätzlich eine Abänderbarkeit in melius verboten wäre, dann dürfte es den Zusatz „sauf dispositions plus favorables" in Art. L. 135-2 CT nicht geben, denn dann würde sich der Tarifvertrag insgesamt an die Stelle eines Arbeitsvertrages setzen. Da gerade nicht alle Vorschriften eines Arbeitsvertrages, die etwas anderes regeln als ein Tarifvertrag, durch Vorschriften des Tarifvertrages ersetzt werden, können die Regelungen des Tarifvertrages nicht als ordre public absolu qualifiziert werden. Eine Abweichung zu Gunsten der Arbeitnehmer in den gesetzlich zulässigen Grenzen ist daher stets möglich ist.
Die Arbeitsvertragsparteien verlieren daher trotz eines bestehenden Tarifvertrages ihre Freiheit, Arbeitsverträge frei abzuschließen und zu ändern nicht.[298] Sie können daher von einem Tarifvertrag während dessen Geltungszeitraumes beliebig zu Gunsten des Arbeitnehmers abweichen.

Eine andere Frage ist diejenige, was im Verhältnis zum Tarifvertrag mit Vorschriften des Arbeitsvertrages geschieht, wenn in dem privatschriftlichen Vertrag ungünstigere Regelungen für den jeweiligen Arbeitnehmer getroffen werden, als tarifvertraglich vereinbart. Die Antwort auf diese Frage ergibt sich aus der unmittelbaren und zwingenden Wirkung des Tarifvertrages und Art. L. 135-

[298] Diese Aussage gilt im Rahmen der gesetzlich zulässigen Grenzen, da nicht von allen Vorschriften des Code du Travail in einem Arbeitsvertrag abgewichen werden darf. Es könnte daher die Konstellation auftreten, dass die Tarifparteien eine gesetzliche Vorschrift abgeändert haben, die aber durch die Arbeitsvertragsparteien gerade nicht abänderbar ist.

2 CT. Aus einer Kombination dieser Regelungen läßt sich schließen, daß eine Abänderung oder ein Abschluß eines Arbeitsvertrages mit für den Arbeitnehmer günstigeren Vereinbarungen stets möglich ist. Regelungen, die ungünstiger sind als der Tarifvertrag sind indessen unwirksam, da die Parteien aufgrund der unmittelbaren und zwingenden Wirkung des Tarifvertrages, nicht die Rechtsmacht besaßen eine ungünstigere Vereinbarung zu treffen.

3. Die Übertragbarkeit dieser Vorschrift auf andere Rechtsverhältnisse

Einige der französischen Autoren sind der Auffassung, daß sich die Regelung des Art. L. 135-2 CT auch auf andere Rechtsverhältnisse übertragen läßt. Sie verallgemeinern diese Vorschrift dahingehend, daß stets, wenn im französischen Arbeitsrecht Konflikte zwischen Normen verschiedenen oder auch gleichen Ranges auftreten, Art. L. 135-2 CT als Konfliktlösungsregel anzuwenden ist.[299] Ob diese Vorschrift, die explizit nur eine Regelung für das Verhältnis Tarifvertrag und Arbeitsvertrag trifft, so weit gefaßt werden kann, soll im Folgenden untersucht werden.

Der Text des Art. L. 135-2 CT bezieht sich ausschließlich auf das Verhältnis Tarifvertrag und Arbeitsvertrag und sagt nichts darüber aus, wie Konflikte unter anderen Regelungen zu lösen sind. Es ist daher überraschend, wenn einige Autoren[300] aus dieser Vorschrift ableiten wollen, daß diese Regelung auch in anderen Rechtsbeziehungen ohne ausdrückliche Normierung gilt und daß sich auf der Grundlage von Art. L. 135-2 CT eine Regel dahingehend ergibt, daß das Günstigkeitsprinzip im Arbeitsrecht stets als Konfliktregel anzuwenden ist. Sucht man nach einer Begründung für diese These, so findet sich bei keinem der Autoren eine nachvollziehbare Herleitung dieses Prinzips. Es scheint vielmehr aus dem Nichts hervorzutreten. Während *Despax* sich bei seiner Begründung ausschließlich auf Chalaron bezieht, ohne eine eigene Argumentation zu entwikkeln[301], spricht *Chalaron* in seinen Beiträgen von einem allgemeinen Günstigkeitsgedanken, der das arbeitsrechtliche Normengebäude prägt und in Folge dessen eine andere Konfliktlösungsregel als das Günstigkeitsprinzip nicht möglich sei.[302] Diesen allgemeinen Günstigkeitsgedanken leitet er aus der Tatsache ab, daß Art. L. 135-2 CT im Grunde die gleiche Regelung träfe, wie Art. L. 132-4

---

[299] So *Y. Chalaron*, J.-Cl. trav. fasc. 19-20, Nr. 35 ff. S. 16 ff.; *ders.*, in: Études offertes à Gérard Lyon-Caen, S. 243; *A. Chevillard*, Dr. soc. 1993, S. 393 f; *M. Despax*, Négociations, conventions et accords collectifs, S. 395.

[300] So oben Fn. 299.

[301] *M. Despax*. Négociations, conventions et accords collectifs, S. 395.

[302] So *Y. Chalaron*, Études offertes à Gérard Lyon-Caen, S. 243; *ders.*, Négociations et accords collectifs d'entreprise, S. 193.

Satz 1 CT[303]. Art. L. 132-4 CT sei im Grunde eine logische Folge des Art. L. 135-2 CT.[304]

Einer solchen grundsätzlichen Übertragung der Anwendbarkeit des Art. L. 135-2 CT und des in diesem enthaltenen Günstigkeitsprinzips können einige grundsätzliche Argumente entgegen gehalten werden. Zum einen regelt, wie oben dargestellt[305], Art. L. 135-2 CT gerade nicht das gleiche wie Art. L. 132-4 CT. Während Art. L. 135-2 CT unter anderem auch eine Konfliktlösungsregel ist, vermeidet Art. L. 132-4 CT auftretende Konflikte. Darüber hinaus ist in Art. L. 132-4 CT nicht das Günstigkeitsprinzip als Konfliktlösungsregel normiert, sondern die Günstigkeitsmaxime dient als Grenze der Regelungsmacht der Tarifparteien.[306] Eine Übereinstimmung der beiden Vorschriften besteht daher lediglich darin, daß beide einheitlich den Günstigkeitsgedanken als Regelungsinstrument verwenden. Die Ausprägung indes erfolgt in unterschiedlichen Prinzipien.

Ferner erscheint eine „blinde Übertragung" des in Art. L. 135-2 CT niedergelegten Günstigkeitsprinzips überflüssig, da zunächst für eine solche Übertragung eine Notwendigkeit vorhanden sein muß. Das ist nur dann der Fall, wenn für andere Konfliktkonstellationen keine explizit gesetzlich normierte Konfliktlösungsregel vorhanden ist. Die einzelnen Vorschriften des Gesetzestextes sind daher daraufhin zu untersuchen, ob für Konfliktfälle in anderen Konstellationen eine Konfliktlösungsregel gesetzlich normiert ist. Erst, wenn festgestellt wird, daß eine Regelung nicht getroffen worden ist und sich die in diesen Fällen vom Gesetzgeber gewollte Konfliktlösungsregel auch nicht durch eine Auslegung des Gesetzestextes ermitteln läßt, besteht ein Bedarf für eine analoge Anwendung des Art. L. 135-2 CT auf ein anderes Rechtsverhältnis. Mit diesen vorab zu klärenden Fragen beschäftigen sich die Autoren, die eine Anwendbarkeit des Art. L. 135-2 CT auch bei einer anderen Sachlage befürworten, jedoch nicht.

Des weiteren spricht auch der Gesetzestext selbst gegen eine Anwendung des Art. L. 135-2 CT auf Konfliktfälle im Rahmen des Art. L. 132-4 CT, denn Art. L. 135-2 CT setzt einen anwendbaren Tarifvertrag voraus, so daß diese Regelung immer nur dann angewandt werden kann, wenn ein solcher bereits besteht.[307] Art. L. 132-4 CT befaßt sich jedoch gerade mit der Phase der Rechtssetzung, so daß auch diese Voraussetzung nicht erfüllt ist.

Alles in allem sprechen eine ganze Reihe von Argumenten gegen eine Anwendung der Regel des Art. L. 135-2 CT auf andere Konfliktkonstellationen. Eine solche Übertragung ist nach der hier dargestellten Auffassung nicht möglich. Trotz des vorliegend vertretenen Ansatzes kann das Günstigkeitsprinzip in Konfliktfällen dennoch als Konfliktlösungsregel dienen. Die in der französischen

[303] So in J.-Cl. trav. fasc. 19-20, Nr. 30, S. 13.
[304] *Y. Chalaron*, Négociations et accords collectifs d'entreprise, S. 193.
[305] Siehe oben S. 72ff.
[306] Siehe oben S. 56 f.
[307] Vgl. *Ph. Langlois*, in: Aliprantis/Kessler (Hrsg.), S. 23 (26).

rechtswissenschaftlichen Literatur vertretene Meinung, daß es so etwas wie einen allgemeinen Grundsatz, nach dem das Günstigkeitsprinzip im französischen Arbeitsrecht grundsätzlich bei fehlender gesetzlicher Lösung als Konfliktlösungsregel anzuwenden ist, gibt, ist damit nicht widerlegt. Nachgewiesen wurde lediglich, daß die Herleitung eines solchen Grundsatzes nicht durch eine schlichte Übertragung einer Regel auf alle anderen Konfliktfälle erfolgen kann. Es bedarf vielmehr einer anderen Begründung, die eventuell sogar außerhalb der vorhandenen gesetzlichen Normierung dieses Prinzips zu suchen ist.[308]

4. Ergebnis

In Art. L. 135-2 CT ist das Günstigkeitsprinzip in seiner Funktion als Konfliktlösungsregel normiert. Stehen sich ein rechtsgültiger Arbeitsvertrag und ein später in Kraft getretener Tarifvertrag gegenüber, so wird der auftretende Konflikt in der Form gelöst, daß die günstigere Vereinbarung zur Anwendung gelangt. Die ungünstigere Vorschrift tritt hinter die jeweils andere zurück und lebt wieder auf, sobald die günstigere Regelung außer Kraft tritt.

Die Arbeitsvertragsparteien können bei bestehendem Tarifvertrag stets zu Gunsten der Arbeitnehmer abweichen, da der Tarifvertrag nicht ordre public absolu ist.

Eine direkte Anwendung von Art. L. 135-2 CT auf andere Rechtsverhältnisse, wie sie von einigen Autoren vorgenommen wird, verbietet sich, da jede Konstellation individuell zu betrachten ist und auf die Anwendbarkeit des Günstigkeitsprinzips als Konfliktlösungsregel überprüft werden muß.

III. Das Günstigkeitsprinzip als Konfliktlösungsregel zwischen Tarifverträgen

Der Code du Travail regelt die rechtlichen Beziehungen unter Tarifverträgen in zwei Vorschriften. Art. L. 132-13 CT befaßt sich mit dem Verhältnis zwischen Tarifverträgen im allgemeinen, während Art. L. 132-23 CT eine Regelung für die Besonderheiten bei Firmentarifverträgen trifft. Beide Vorschriften werden im folgenden nacheinander dargestellt und untersucht werden.

1. Art. L. 132-13 CT – Das Verhältnis zwischen Tarifverträgen im allgemeinen

Art. L. 132-13 CT lautet:

„Une convention de branche ou un accord professionnel ou interprofessionnel ne peut comporter des dispositions moins favorables

[308] Vgl. *A. Jeammaud*, Dr. soc. 1999, S. 115 (119). Dies scheint auch der Weg zu sein, den die Cour de Cassation in ihren Urteilen EDF und SNCF beschritten hat. Siehe hierzu näheres unten unter C.

aux salariés que celles qui leur sont applicables en vertu d'un accord couvrant un champ territorial ou professionnel plus large. S'il vien à être conclu une convention ou un accord de niveau supérieur à la convention ou à l'accord intervenu, les parties adaptent celles des clauses de leur convention ou accord antérieur qui seraient moins favorables aux salariés."[309]

a) Art. L. 132-13 Absatz 1 CT

„Ein Branchen- oder ein Berufstarifvertrag oder ein Tarifvertrag für mehrere Berufsgruppen darf keine Bestimmungen enthalten, die ungünstiger für die Arbeitnehmer sind als die Bestimmungen eines Tarifvertrages, der einen größeren territorialen oder beruflichen Anwendungsbereich hat."

Einige französische Autoren[310] sehen in dieser Vorschrift die Festschreibung des Hierarchieprinzips in Bezug auf das Verhältnis verschiedener Branchen- und/oder Berufsgruppentarifverträge untereinander, d.h., eine Hierarchiestruktur nach der geographischen oder beruflichen Reichweite eines Tarifvertrages. Die Anwendbarkeit des Günstigkeitsprinzips soll in diesen Fällen ausgeschlossen sein. Das setzt voraus, daß eine solche Hierarchiestruktur in dieser Vorschrift tatsächlich verankert wird.

aa) Inhalt und Bedeutung von Art. L. 132-13 Absatz 1 CT

Absatz 1 setzt zunächst ein klares Verbot. In einem Tarifvertrag mit einer geographisch oder beruflich geringeren Reichweite[311], dürfen keine ungünstigeren Regelungen für die Arbeitnehmer enthalten sein, als in einem Tarifvertrag mit weitergehender Reichweite. Wenn solche Vorschriften in einem Tarifvertrag nicht enthalten sein dürfen, dann bedeutet das jedoch nicht, daß über solche Bestimmungen auf niedrigerer Ebene generell nicht verhandelt werden darf. Sondern Regelungen, die von einem Tarifvertrag mit weitergehendem geographischen Wirkungsbereich zu Ungunsten der Arbeitnehmer abweichen, dürfen in

---

309 *„Ein Branchen- oder ein Berufstarifvertrag oder ein Tarifvertrag für mehrere Berufsgruppen darf keine Bestimmungen enthalten, die ungünstiger für die Arbeitnehmer sind als die Bestimmungen eines Tarifvertrages, der einen größeren territorialen oder beruflichen Anwendungsbereich hat.*
Wenn ein Tarifvertrag auf einem höheren Niveau abgeschlossen wird, als ein bereits bestehender Tarifvertrag, passen die Vertragsparteien des bestehenden [niedrigeren] Tarifvertrages die Vorschriften, die ungünstiger für die Arbeitnehmer sind, an."

310 *Ph. Langlois*, in: Aliprantis/Kessler (Hrsg.), S. 23 (30) m.w.N.

311 Wenn hier im Folgenden die Begriffe geographische und berufliche größere oder geringere Reichweite verwandt werden, so geschieht dies nicht um damit eine Hierarchiestruktur im Sinne einer höheren oder niedrigeren Verhandlungsebene darzustellen, sondern es geht ausschließlich um den räumlichen oder beruflichen Geltungsbereich eines Tarifvertrages, der enger oder weiter sein kann.

einen Tarifvertrag mit geringerem Radius nicht aufgenommen werden, wenn bereits ein Tarifvertrag mit größerer Ausdehnung in Kraft ist.[312] Damit wirkt sich diese Vorschrift zwar direkt auf die Tarifverhandlungen auf der räumlich nicht so umfassenden Ebene aus und schränkt auch die Regelungsmacht der Tarifparteien ein, da der geographisch weiterreichende Tarifvertrag Minimumstandards setzt, die laut Gesetzestext nur noch zu Gunsten der Arbeitnehmer verbessert werden können. Eine Hierarchiestruktur begründet diese Norm jedoch nicht, da keine Rangordnung angeordnet wird. Die Tarifverträge stehen weiterhin gleichberechtigt nebeneinander.

Bei Art. L. 132-13 Absatz 1 CT handelt es sich um eine Regelung, die das rechtliche Dürfen der Tarifvertragsparteien auf geographischer oder beruflicher Ebene ausgestaltet und die für bestimmte Fälle geringerer Reichweite inhaltliche Schranken der Regelungsmacht setzt. Diese Schranken gestalten sich sehr flexibel, da sie nur dann bestehen, wenn auf räumlich weiterer Ebene bereits über den selben Verhandlungsgegenstand eine Regelung in einem Tarifvertrag getroffen wurde.[313] Besteht eine solche Abrede nicht, können auch die Tarifparteien auf geographisch nicht so umfassender Ebene alles verhandeln.
Der Sinn dieser Vorschrift ist klar. Es soll sichergestellt werden, daß die räumlich oder beruflich weniger umfassenden Tarifverträge, die aber gleichzeitig den einzelnen Betrieben aufgrund ihrer spezielleren Regelungen näher stehen, sich nicht im Widerspruch zu einem z.B. nationalen Tarifvertrag befinden.[314] In der Praxis wird es regelmäßig so sein, daß bei gleichzeitigem Bestehen eines nationalen und eines regionalen Tarifvertrages der regionale im Betrieb bekannt sein wird und auch angewandt wird, während es vorkommen kann, daß über das Bestehen eines nationalen Tarifvertrages keine Kenntnis besteht, selbst wenn er auf das Unternehmen anwendbar ist. Durch die Vorschrift des Art. L. 132-13 Absatz 1 CT wird Transparenz hergestellt. Die Arbeitnehmer können sich in der Regel darauf verlassen, daß in einem regionalen Tarifvertrag keine für sie schlechteren Regelungen enthalten sein können, als in einem nationalen Tarifvertrag. Durch diese Vorschrift kommt somit etwas mehr Klarheit in den sonst in Frankreich bestehenden „Tarifdschungel“, so dass nicht alle Tarifverträge miteinander verglichen werden müssen, um herauszufinden, in welchem letztendlich die für die Arbeitnehmer eines Betriebes günstigsten Regelungen enthalten sind. Bei korrekter Anwendung der Norm kann man sich in der Regel darauf verlassen, daß ein Tarifvertrag auf geographisch nicht so weitreichender Ebene diese Vorschriften in sich sammelt.

Was allerdings geschieht, wenn bei Tarifverhandlungen auf einer Ebene, die beruflich oder geographisch nicht so weitreichend ist, gegen diese Vorschrift ver-

[312] Vgl. *M.-A. Rotschild-Souriac*, thèse, S. 1312 ff.
[313] Vgl. *Lyon-Caen/Pélissier/Supiot*, Droit du travail, Rdnr. 815.
[314] *Lyon-Caen/Pélissier/Supiot*, Droit du travail, Rdnr. 816.

stoßen wird und doch Bestimmungen in einem Tarifvertrag enthalten sind, die von Regelungen eines weiterreichenden Tarifvertrages in peius abweichen, ist eine Frage, die in Art. L. 132-13 Absatz 1 CT nicht explizit geregelt ist.

bb) Folgen einer Nichteinhaltung des Verbotes

Für den Fall, daß beim Abschluß eines geographisch oder beruflich engeren Tarifvertrages Abweichungen zu Ungunsten der Arbeitnehmer von einem umfassenderen Tarifvertrag getroffen werden, sind zwei Lösungsansätze denkbar. Entweder geht man davon aus, daß beide Tarifverträge in vollem Umfang gültig sind, dann würde ein Normenkonflikt entstehen, der zu lösen ist oder aber die Vorschrift des niedrigeren Tarifvertrages ist nichtig.

Hinsichtlich der Rechtsfolge war *Yves Chalaron* früher der Auffassung, daß eine Nichtbeachtung die Rechtsfolge der Nichtigkeit nach sich ziehen müsse[315]. Diese Meinung scheint er jedoch geändert zu haben und vertritt heute die Ansicht, daß die Rechtsfolge der Nichtigkeit weder zwingend noch notwendig ist.[316] Das scheint aus folgenden Gründen zunächst richtig zu sein.

Bei einem Blick in den Code du Travail wird deutlich, daß die Rechtsfolge der Nichtigkeit nur in zwei Fällen auftritt. Das ist zum einen bei einem Verstoß gegen den ordre public der Fall und zum anderen, wenn eine solche Rechtsfolge im Gesetz wie z.B. in Art. L. 140-4 CT ausdrücklich angeordnet wird. Da die Vorschrift des Art. L. 132-13 Absatz 1 CT die Rechtsfolge der Nichtigkeit nicht anordnet und die Bestimmungen eines Tarifvertrages auch nicht dem ordre public zuzurechnen sind - denn es handelt sich nicht um gesetzliche Vorschriften - liegt damit kein Fall der Nichtigkeit vor. Ein weiterer Grund, der gegen diese Rechtsfolge spricht, ist die Tatsache, daß Tarifverhandlungen auf verschiedenen Ebenen wegen der in Frankreich bestehenden Verhandlungspflichten auch parallel stattfinden können. Es würde daher für die Frage der Nichtigkeit einer tarifvertraglichen Vorschrift darauf ankommen, welcher Tarifvertrag zufällig zuerst unterschrieben und hinterlegt wird. Das kann kein Kriterium für die Nichtigkeit einer tarifvertraglichen Klausel sein.[317]

Andererseits ist auch zu bedenken, daß Art. L. 132-13 CT die Regelungsmacht der Tarifparteien eines Tarifvertrag auf einer beruflich oder geographisch nicht so weitreichenden Ebene in den Fällen absolut einschränkt, in denen bereits eine günstigere Vorschrift in einem Tarifvertrag auf weitergehender Ebene enthalten ist. Die Norm ist insofern eindeutig. Ein Tarifvertrag mit einem nicht so weitreichenden Wirkungskreis darf eine ungünstigere Vorschrift nicht enthalten. Zwingende Folge einer Überschreitung der Regelungsmacht bei Vorhandensein eines derartig strikten Verbotes kann daher nur sein, daß eine trotz bestehenden Tarif-

---

[315] J.-Cl. trav. (éd. 1979) fasc. 19-1, Nr. 74.
[316] J.-Cl. trav. fasc.19-15, Nr. 17, S. 9.
[317] Vgl. *M.-A. Rotschild-Souriac*, thèse, S. 1345.

vertrages in einem Tarifvertrag mit kleinerem Radius getroffene Abrede rechtlich unbeachtlich und damit unwirksam ist.
Die Rechtsfolge der Unwirksamkeit der Vorschrift tritt jedoch in den Fällen, in denen parallele Vertragsverhandlungen stattfinden und zufällig der Tarifvertrag mit einem geographisch größeren Radius als erster abgeschlossen wird, nicht ein. Es kann nicht sein, daß hier eine zufällige Gegebenheit über die Wirksamkeit oder Unwirksamkeit einer Abrede entscheidet. In diesen Konstellationen ist der andere Vertrag vielmehr später anzupassen.

Damit enthält Art. L. 132-13 Absatz 1 CT keine Konfliktlösungsregel, sondern eine **Schranke der Regelungsmacht**. Erfaßt werden alle Fälle, in denen bei bestehendem Tarifvertrag mit geographisch größerem Wirkungsbereich in einem Tarifvertrag auf niedrigerer Ebene dennoch ungünstigere Abreden getroffen werden, als diese bereits in dem anderen Tarifvertrag enthalten sind.

b) Art. L. 132-13 Absatz 2 CT

„Wenn ein Tarifvertrag auf einem höheren Niveau abgeschlossen wird, als ein bereits bestehender Tarifvertrag, passen die Vertragsparteien des bestehenden [niedrigeren] Tarifvertrages die Vorschriften, die ungünstiger für die Arbeitnehmer sind, an."

Dieser zweite Absatz hat eine andere Ausgangsposition als der erste. Er regelt den Fall, daß bereits ein Tarifvertrag auf geographisch oder beruflich engerer Ebene besteht und später ein Tarifvertrag mit geographisch weiterem Wirkungskreis abgeschlossen wird. Aufgrund dieser Vorschrift wird noch einmal deutlich, daß grundsätzlich zu jeder Zeit auf allen Ebenen Tarifverhandlungen möglich sind und es keine verpflichtende zeitlich Abfolge von Tarifverhandlungen auf geographisch verschiedenen Ebenen gibt.[318] Tritt die in dieser Vorschrift beschriebene Situation ein, so stehen zwei Regelungswerke nebeneinander, die beide voll wirksam sind. Wenn daher in den Tarifverträgen der gleiche Regelungsgegenstand auf unterschiedliche Weise geregelt wird, dann liegt ein Normenkonflikt vor.

Normadressat sind auch im Rahmen dieser Konstellation wieder die Vertragsparteien des weniger umfassenden Tarifvertrages, da sie verpflichtet sind, die Abreden ihres Regelungswerkes an Vorschriften des Tarifvertrages mit dem weitergehenden Radius anzupassen. Anzugleichen sind die Regelungen, in denen eine ungünstigere Vereinbarung enthalten ist, als in Vorschriften eines weitergehenden Tarifvertrages. Auch hier wird wiederum sichergestellt, daß stets die für den Arbeitnehmer günstigste Vorschrift zur Anwendung kommt. Auftretende Konflikte werden nach dem Günstigkeitsprinzip gelöst, so daß das Gün-

[318] *M.-A. Rotschild-Souriac*, thèse, S. 1312 ff.

stigkeitsprinzip in seiner Funktion als Konfliktlösungsregel zur Anwendung gelangt.
Allerdings geht die Vorschrift des Art. L. 132-13 Absatz 2 CT wesentlich weiter, als eine Konfliktlösung nach dem Günstigkeitsprinzip es tun würde. Denn Absatz 2 verpflichtet die Parteien, die Abreden anzupassen. Eine schlichte Konfliktlösungsregel überlagert jedoch die Vorschriften des ungünstigeren Tarifvertrages lediglich für den Geltungszeitraum der günstigeren Regelung mit der Folge, daß sie wieder aufleben, sobald der andere Tarifvertrag außer Kraft tritt. Vorliegend werden die Parteien jedoch angehalten, ihre Regelungen anzupassen. D.h., die Vorschriften ihres eigenen Tarifvertrages werden durch Anpassung geändert und können daher nach Außerkrafttreten des anderen Tarifvertrages nicht wieder aufleben. Damit handelt es sich bei dieser Norm um eine Handlungsanweisung an die Tarifparteien des nicht so umfassenden Tarifvertrages, ihre Vorschriften anzugleichen. Als Anpassungskriterium ist das Günstigkeitsprinzip zugrunde gelegt worden.

Damit wird bei näherer Betrachtung deutlich, daß das Günstigkeitsprinzip in diesem Absatz nicht als „schlichte" Konfliktlösungsregel fungiert, sondern als **Anpassungskriterium**, wodurch Konflikte letztendlich vermieden werden sollen.

c) Konfliktlösung bei Konflikten unter Tarifverträgen im Rahmen des Art. L. 132-13 CT

Da, wie oben gezeigt, der Günstigkeitsgedanke in Art. L. 132-13 CT zwar Verwendung findet, in dieser Vorschrift jedoch keine Konfliktlösungsregel im eigentlichen Sinne enthalten ist, ist zu klären, wie Konflikte zu lösen sind, wenn diese trotz der Vorkehrungen zur Konfliktvermeidung in beiden Abschnitten auftreten.

Konflikte kommen ausschließlich unter der Prämisse vor, daß ein geographisch engerer Tarifvertrag nach Inkrafttreten eines weiterreichenden Tarifvertrages noch nicht angepaßt worden ist. In allen anderen Fällen liegt eine Überschreitung der Regelungsmacht mit der Folge vor, daß die getroffene Vereinbarung unwirksam ist. Treten diese Konstellationen auf, so fehlt es an einer gesetzlich normierten Konfliktlösungsregel. Zur Lösung dieses Problems ist der Wille des Gesetzgebers heranzuziehen, so weit er aus dem Gesetz zu entnehmen ist.

Die Vorschrift des Art. L. 132-13 CT zeigt eindeutig, daß es dem Gesetzgeber wichtig war, in jedem Fall die für den Arbeitnehmer günstigste Vorschrift zur Anwendung zu bringen. Daher kann in solchen Fällen keine andere Möglichkeit der Konfliktlösung ernsthaft in Betracht gezogen werden, als das Günstigkeitsprinzip. Jede andere, auch eine Konfliktlösung nach dem Hierarchieprinzip,

steht nicht im Einklang mit dem Gesetz.[319] Der Auffassung, daß in diesem Zusammenhang das Günstigkeitsprinzip anzuwenden ist, folgt auch die Rechtsprechung. In einem 1999 zu entscheidenden Fall[320] ging es um die Dauer der Probezeit. Der geographisch weiter reichende Tarifvertrag sah eine Probezeit von 1 Monat vor, während der engere eine Frist von 3 Monaten beinhaltete. Die Cour hat entschieden, daß hier die Monatsfrist anzuwenden war und eine Kündigung, die innerhalb der Dreimonatsfrist erfolgte, daher nicht mehr rechtzeitig war, so daß der Arbeitgeber die volle Abfindung zu zahlen hatte.
Treten also trotz der Anpassungsvorschrift des Art. L. 132-13 CT Konflikte zwischen Tarifverträgen auf, so sind diese nach dem Günstigkeitsprinzip zu lösen. Da das Günstigkeitsprinzip in Art. L. 132-13 CT nicht explizit als Konfliktlösungsregel vorgesehen ist, handelt es sich um eine Lösung außerhalb des Gesetzestextes, die sich aus einer Interpretation des Willens des Gesetzgebers ergibt.

2. Art. L. 132-23 CT – Das Verhältnis zwischen Branchen- und Firmentarifverträgen

Art. L. 132-23 CT lautet:

La convention ou les accords d'entreprise ou d'établissement peuvent adapter les dispositions des conventions de branche ou des accords professionnels ou interprofessionnels applicables dans l'entreprise aux conditions particulières de celle-ci ou des établissements considérés. La convention ou les accords peuvent comporter des dispositions nouvelles et des clauses plus favorables aux salariés.
Dans le cas où des conventions de branche ou des accords professionnels ou interprofessionnels viennent à s'appliquer dans l'entreprise postérieurement à la conclusion de conventions ou accords négociés conformément à la présente section, les dispositions de ces conventions ou accords sont adaptées en conséquence.[321]

---

[319] So auch *J. Savatier*, Anmerkung zum Urteil, cass. soc. 8. Juni 1999, Dr. soc. 1999, S. 852 f.; a.A. *Ph. Langlois*, in: Aliprantis/Kessler (Hrsg.), S. 23 (31), der als Begründung unter anderem das Urteil cass. soc. 27. Nov. 1985, Bull. civ. V, n° 565 anführt. In diesem Urteil hatten die Richter aber nicht über einen Konflikt zwischen zwei Normen von Tarifverträgen verschiedener Ebene zu entscheiden, sondern es ging vielmehr um die Frage, welcher von beiden Tarifverträgen auf das Arbeitsverhältnis des Klägers anzuwenden war. Langlois räumt in Fußnote 37 dann auch ein, daß das zitierte Urteil nicht eindeutig sei.

[320] Cass. soc. 8. Juni 1999, Dr. soc. 1999, S. 852.

[321] *„Firmentarifverträge dürfen die Vorschriften der Branchen- und Berufsgruppentarifverträge, die in ihrem Betrieb anwendbar sind, an die speziellen Bedingungen des Unternehmens oder der Niederlassungen anpassen. Firmentarifverträge dürfen neue Bestimmungen enthalten oder Klauseln, die günstiger für die Arbeitnehmer sind.*

Einige französische Autoren sehen in dieser Vorschrift das stärkste textliche Argument für das Bestehen einer Hierarchie unter Tarifverträgen[322]. Sollte eine solche Hierarchie tatsächlich bestehen, dann wäre das Günstigkeitsprinzip unter Tarifverträgen nicht oder nur eingeschränkt anwendbar. Bevor daher die Funktion der vorliegenden Vorschrift untersucht werden kann, ist zu klären, ob eine Hierarchie unter Tarifverträgen besteht.

a) Existiert eine Hierarchiestruktur unter den Tarifverträgen?

Es gibt kaum eine Frage, die in der französischen Lehre so kontrovers und ausgiebig diskutiert wurde, wie die Frage, ob eine Hierarchie unter den Tarifverträgen vorhanden ist.[323] Im Zuge der Diskussion haben sich zwei Hauptargumente herausgebildet, das textliche und das historische.

aa) Das textliche Argument (Art. L. 132-23 CT)

Das stärkste Argument für die Existenz einer Hierarchie unter den Tarifverträgen läßt sich aus Art. L. 132-23 CT entnehmen. Aufgrund dieser Vorschrift vertreten einige Autoren die Meinung, daß es eine Hierarchie unter den Tarifverträgen der Form geben muß, daß der weitere Tarifvertrag (geographisch oder funktionell) den Tarifverträgen mit einer geringeren Reichweite vorgeht. Sonst gäbe es nach der Ansicht dieser Autoren keinen Grund dafür, daß der Gesetzestext eine Anpassung des Firmentarifvertrages an die Vorschriften eines Branchentarifvertrages vorsieht.[324] Nach dieser Meinung existiert eine solche Hierarchie generell auch unter nationalen, regionalen und lokalen Tarifverträgen.[325]

bb) Das historische Argument

Die Autoren, die dieser Ansicht widersprechen, führen insbesondere die geschichtliche Entwicklung des Gesetzestextes ins Feld.[326] Das Gesetz vom 23. Dezember 1946 sah vor, daß bevor ein Tarifvertrag auf regionaler, lokaler oder Unternehmensebene geschlossen werden durfte, zuerst ein nationaler Tarif-

---

Für den Fall, daß ein Branchen- oder Berufsgruppentarifvertrag in einem Unternehmen später Anwendung findet als ein zuvor geschlossener Firmentarifvertrag, sind die Bestimmungen des Firmentarifvertrages entsprechend anzupassen.“

[322] So *Ph. Langlois*, in: Aliprantis/Kessler (Hrsg.), S. 23 (28 ff.); *M. Despax*, Négociations, conventions et accords collectifs, S. 261; *J.P. Chauchard*, thèse, S. 127.

[323] Ein guter Überblick zu dieser Thematik ist zu finden bei *M.-A. Rotschild-Souriac*, thèse, S. 1334 ff.

[324] *M. Despax*, Négociations, conventions et accords collectifs, S. 261 ff.; *Ph. Langlois*, in: Aliprantis/Kessler (Hrsg.), S. 23 (27f); *P. Rodière*, thèse, Paris 1977, S. 152, (noch zum altem Art. L. 132-1); *J.-P. Chauchard*, thèse, S. 127.

[325] Nachweise siehe oben Fn. 324.

[326] So *N. Aliprantis*, thèse, S. 203; *J.-M. Ollivier*, in: B. Teyssié, Les sources du droit du travail, S. 206.

vertrag ausgehandelt werden mußte, an dessen Inhalt sich die späteren Tarifverträge zu halten hatten.[327] Dieses Gesetz hatte somit eine strikte Hierarchiestruktur unter den Tarifverträgen eingeführt. Bereits das Gesetz vom 11. Februar 1950 setzte dieser verpflichtenden chronologischen Verhandlungsreihenfolge ein Ende und hob somit auch die Hierarchiestruktur wieder auf.[328] Mit dem Gesetz vom 13. Juli 1971 erhielt der Firmentarifvertrag die gleiche rechtliche Stellung wie auf breiterem Niveau verhandelte Tarifverträge, so daß ab diesem Zeitpunkt sämtlichen Tarifverträgen der gleiche rechtliche Stellenwert zukam.[329] Eben diese Tatsache veranlaßte *Yves Chalaron* zu dem Schluß, daß die Beziehungen unter den Tarifverträgen durch ein Prinzip dominiert werden: Die auf verschiedenem Niveau abgeschlossenen Tarifverträge seien von gleichem rechtlichen Stellenwert, da den Tarifparteien auf allen Ebenen die gleiche Autonomie zum Abschluß von Tarifverträgen zukäme.[330]

cc) Stellungnahme

Um der Frage auf den Grund zu gehen, ob es im französischen Recht eine Hierarchie unter den verschiedenen Tarifverträgen gibt, erscheint es am sinnvollsten, zunächst den von den Vertretern dieser Theorie ins Feld geführten Gesetzestext des Art. L. 132-23 CT genauer zu betrachten. Die Schlüsselfunktion in diesem Text scheint der Begriff „adapter“ innezuhaben. Es ist daher zu klären, was unter einer „adaption“ des Firmentarifvertrages an den umfassenderen Tarifvertrag zu verstehen ist.

Auffallend ist in diesem Zusammenhang zunächst, daß der Gesetzestext das Verb *pouvoir* und nicht das Verb *devoir* verwendet. D.h., die Verhandlungsparteien des Firmentarifvertrages können, müssen aber nicht ihren Tarifvertrag an den anderen Tarifvertrag anpassen. Ihnen wird somit die Möglichkeit einer Anpassung gegeben, sie werden hierzu jedoch nicht verpflichtet und sind daher in ihrer Entscheidung frei. Weiterhin ist zu klären, wie eine Anpassung des Firmentarifvertrages zu erfolgen hat? Hier sind zwei Varianten denkbar:

1. Zum einen könnte „adaptation“ bedeuten, daß auf Firmenebene ausgehend von dem umfassenderen Tarifvertrag verhandelt wird und dessen Inhalt gewissermaßen als Grundlage anerkannt wird, von der auszugehen ist und die man nur noch in Teilbereichen verändern oder verbessern darf.

---

327 Siehe die Darstellung bei *M. Despax*, Négociations, conventions et accords collectifs, S. 51 und 261.

328 *J.-M. Ollivier*, in: B. Teyssié, Les sources du droit du travail, S. 206; *M. Despax*, Négociations, conventions et accords collectifs, S. 261.

329 Vgl. *N. Aliprantis*, thèse, S. 203.

330 So in: Études offertes à Gérard Lyon-Caen, S. 243 (250). Der Text im Original lautet: *"Ces relations sont dominées par un principe: les conventions conclues à différents niveaux sont, en leur teneur, juridiquement égales, en raison de l'autonomie contractuelle de tous les agents de la négociations."*

2. „Adaptation“ könnte aber auch meinen, daß die Tarifparteien auf Firmenebene vollkommen frei sind in der Verhandlungsführung und den zu verhandelnden Themen und den umfassenderen Tarifvertrag den Bedürfnissen ihres Unternehmens anpassen dürfen, solange dies nicht zu Ungunsten der Arbeitnehmer geschieht.

Betrachtet man den Gesetzestext, so scheint sehr viel für die zweite Variante zu sprechen.[331] Der Gesetzgeber wollte hier klarstellen, welche Kompetenzen die Verhandlungspartner auf Firmenebene in Bezug auf Themen und Bereiche haben, die bereits auf einer umfassenderen (höheren) Ebene verhandelt und beschlossen worden sind. Die Antwort des Gesetzgebers auf diese Frage ist eindeutig, die Firmentarifvertragsparteien dürfen auch alle Themenbereiche verhandeln, abändern und den Gegebenheiten im Betrieb anpassen, die bereits auf einer anderen Ebene behandelt worden sind.[332] Das wäre jedoch dann nicht möglich, wenn tatsächlich eine Hierarchiestruktur unter den einzelnen Tarifverträgen verschiedener Ebenen bestehen würde. Dann dürften nämlich die Firmentarifverträge inhaltlich nicht von den Vorschriften höherrangiger Tarifverträge abweichen und nur insoweit eigenständige Regelungen enthalten, als der hierarchisch höhere eine Abweichung zuläßt oder eine entsprechende Abmachung nicht enthält.
Des weiteren spricht gegen eine Hierarchie unter den Tarifverträgen, die Tatsache, daß der Code du Travail an keiner Stelle im Gesetzestext eine solche Hierarchie festlegt. Wie eine solche Hierarchiestruktur aufgebaut sein könnte, zeigt sehr deutlich das Gesetz von 1946, das eine absolute Verhandlungshierarchie mit Geltungsanspruch auf den unteren Ebenen installiert hatte. Eine solche Kompetenzbeschränkungen auf eine Verhandlungsebene gibt es heute im Code du Travail gerade nicht mehr. Seit im Gesetz von 1971 auch den Tarifparteien auf Firmenebene die gleichen Kompetenzen eingeräumt worden sind wie auf allen Ebenen, kann in allen Bereichen vielmehr alles verhandelt werden.[333]

Das französische Recht enthält damit keine Hierarchie unter den Tarifverträgen der verschiedenen Ebenen.[334] Jede Ebene hat volle Verhandlungsfreiheit, die eventuell punktuell durch das Gesetz eingeschränkt werden kann.[335] Die Lösung von Konflikten zwischen Branchen- und Firmentarifverträgen kann aber nur nach dem Hierarchieprinzip erfolgen, wenn dies im Gesetzestext ausdrücklich

---

[331] So auch *M.-A. Rotschild-Souriac*, thèse, S. 1341.
[332] Zu der Frage, ob eine schrankenlose Anpassung möglich ist, siehe unten im 2. Abschnitt.
[333] *Y. Chalaron*, in: Études offertes à Gérard Lyon-Caen, S. 250; *N. Aliprantis*, thèse, S. 203 mit weitergehender Argumentation.
[334] So auch *M.-A. Rotschild-Souriac*, thèse, S. 1341 ff.; *N. Aliprantis*, thèse, S. 203f.; *Y. Chalaron*, in: Études offertes à Gérard Lyon-Caen, S. 250; *J.-M. Ollivier*, in: B. Teyssié, Les sources du droit du travail, S. 206; *Lyon-Caen/Pélissier/Supiot*, Droit du travail, Rdnr. 76.
[335] Siehe hierzu S. 87 ff.

festgelegt ist. Welche Regelung der französische Gesetzgeber in Art. L. 132-23 CT getroffen hat, ist im folgenden zu untersuchen.

b) Art. L. 132-23 Absatz 1 CT

„Firmentarifverträge dürfen die Vorschriften der Branchen- und Berufsgruppentarifverträge, die in ihrem Betrieb anwendbar sind, an die speziellen Bedingungen des Unternehmens oder der Niederlassungen anpassen. Firmentarifverträge dürfen neue Bestimmungen enthalten oder Klauseln, die günstiger für die Arbeitnehmer sind."

Art. L. 132-23 Absatz 1 geht von der Konstellation aus, daß bei Inkrafttreten eines Firmentarifvertrages bereits ein Branchentarifvertrag oder ein Berufsgruppenabkommen besteht. Er stellt klar, welche Rolle den Firmentarifverträgen in Bezug auf einen bereits bestehenden Branchentarifvertrag zukommt. Die Parteien eines Firmentarifvertrages haben drei Möglichkeiten:

1. Sie können den Branchentarifvertrag an die Gegebenheiten ihres Unternehmens anpassen,
2. die bestehenden Abreden verbessern oder
3. neue Regelungen hinzufügen.[336]

Die Parteien eines Firmentarifvertrages sind somit nicht gezwungen, die Bestimmungen eines bereits bestehenden und im Unternehmen anwendbaren Branchentarifvertrages zu übernehmen, sondern sie können auch über bereits in einem Branchentarifvertrag enthaltene Themen eigenständig verhandeln und andere für das Unternehmen sinnvollere Lösungen finden, sowie einem Firmentarifvertrag Innovationen hinzufügen, die über den Branchentarifvertrag hinausgehen. Allerdings stellt sich die Frage, ob die Parteien des Firmentarifvertrages die Möglichkeit haben, grundsätzlich jede für das Unternehmen vorteilhaftere Lösung zu beschließen[337], d.h., unter Umständen auch von einem Branchentarifvertrag zu Ungunsten der Arbeitnehmer abzuweichen oder, ob sie im Rahmen dessen, was sie regeln dürfen, eingeschränkt werden. Eine Grenze der Regelungsmacht könnte in Absatz 1 Satz 2 enthalten sein.

Absatz 1 Satz 2 besagt, daß die Firmentarifverträge neue Bestimmungen enthalten dürfen oder Klauseln, die günstiger für die Arbeitnehmer sind. Er enthält daher im Gegensatz zu Art. 132-13 CT Absatz 1 kein ausdrückliches Rege-

---

[336] Vgl. *M.-A. Rotschild-Souriac*, thèse, S. 1328; *Y. Chalaron*, J.-Cl. trav. fasc. 19-15, Nr. 32, S. 12.

[337] Eine solche vorteilhaftere Lösung kann z.B. in einer Absenkung der tariflichen Löhne oder in einer Anordnung bestehen, daß von jedem Arbeitnehmer Überstunden in einem gewissen Umfang zu leisten sind.

lungsverbot ungünstigerer Abreden und unterscheidet sich dadurch erheblich von der bereits behandelten Vorschrift. Art. L. 132-23 Absatz 1 beschränkt sich auf eine Festlegung dessen, was die Parteien eines Firmentarifvertrages in Bezug auf einen bereits bestehenden Branchentarifvertrag verhandeln dürfen, ohne hier jedoch eindeutige Grenzen zu ziehen.[338]
Yves Chalaron hält dies für ein redaktionelles Versehen, da sich Artt. L. 132-13 und L. 132-23 CT in ihrem Regelungsinhalt sehr ähnlich seien und daher eine andere Interpretation keinen Sinn mache.[339] Daß diese Vermutung jedoch nicht stimmt, zeigt die Entstehungsgeschichte der Vorschrift.
Die kommunistische Gruppe hatte einen Vorschlag im Rahmen der Verhandlungen über den Gesetzestext in der Assemblée Nationale eingebracht, in dem sie anregte, die Vorschrift des Art. L. 132-23 CT dahingehend zu präzisieren, daß Firmentarifverträge nur für die Arbeitnehmer günstigere Vorschriften enthalten dürfen. Dieser Vorschlag wurde sowohl vom Ausschuß für kulturelle, familiäre und soziale Angelegenheiten als auch von der Assemblée Nationale verworfen.[340] Damit handelt es sich vorliegend nicht um ein redaktionelles Versehen, sondern um eine bewußte Entscheidung des Gesetzgebers, eine solche Grenze hier nicht zu setzen. Den Parteien eines Firmentarifvertrages steht daher die Möglichkeit offen, Abweichungen zu Ungunsten der Arbeitnehmer zu treffen.[341]

Dieses Ergebnis ist auf den ersten Blick irritierend, da sich hieraus die Konsequenz ergibt, daß in einem Firmentarifvertrag Lohnvereinbarungen auf Branchenebene zu Ungunsten der Arbeitnehmer verändert werden dürfen, ohne daß das von der Rechtsordnung sanktioniert wird. Dennoch bedeutetet das vorliegende Ergebnis nicht, daß in einem einzelnen Betrieb bei Existenz eines günstigeren Branchentarifvertrages geringere Löhne gezahlt werden dürfen. Die Situation, die eintritt, ist vielmehr die folgende:

Die Regelungsmacht der Tarifparteien auf Firmenebene wird durch die Existenz eines bereits bestehenden Branchentarifvertrages nicht eingeschränkt. Damit kann in einem Firmentarifvertrag grundsätzlich jede - auch eine ungünstigere - Vereinbarung getroffen werden, ohne daß sie aufgrund einer Überschreitung der Regelungsmacht nichtig sein kann. Besteht damit zur gleichen Zeit ein Branchentarifvertrag, der einen gleichen Regelungsgegenstand in anderer Weise regelt, so entsteht ein Normenkonflikt, der den allgemeinen Konfliktlösungsregeln zu lösen ist. Je nachdem welche Konfliktlösungsregel angewandt wird, wird die Vereinbarung des Firmen- oder des Branchentarifvertrages für den Geltungszeitraum der anderen Abrede verdrängt. Da die Vorschriften nur verdrängt, nicht

---

[338] Vgl. *M.-A. Rotschild-Souriac*, thèse, S. 1330, Fußnote 2.
[339] J.-Cl. trav. fasc.19-15, Nr. 32, S. 12 f.
[340] Siehe J.O.A.N. 11. Juni 1982, S. 3277.
[341] So auch *M.-A. Rotschild-Souriac*, thèse, S. 1330, Fußnote 2; a. A. *M. Despax*, Dr. soc. 1988, S. 8 (12).

aber wie im Falle einer Überschreitung der Regelungsmacht vernichtet werden, leben sie bei Außerkrafttreten der sie verdrängenden Regelungen wieder auf.

c) Art. L. 132-23 Absatz 2 CT

„Für den Fall, daß ein Branchen- oder Berufsgruppentarifvertrag in einem Unternehmen später Anwendung findet als ein zuvor geschlossener Firmentarifvertrag, sind die Bestimmungen des Firmentarifvertrages entsprechend anzupassen."

Art. L. 132-23 Absatz 2 liegt die Konstellation zugrunde, daß beim Abschluß des Firmentarifvertrages noch kein Branchentarifvertrag oder Berufsgruppenabkommen besteht. Tritt dieser Fall ein, so ist den Parteien des Firmentarifvertrages bei ihren Verhandlungen ohnehin keine Grenze gesetzt. Sie können alles frei bestimmen.[342] Wird dann aber ein Branchentarifvertrag abgeschlossen, so stellt sich die Frage, ob und welche Auswirkungen dies auf den bereits bestehenden Firmentarifvertrag hat. Art. L. 132-23 Absatz 2 CT bestimmt, daß die Bestimmungen des Firmentarifvertrages entsprechend anzupassen sind. Wie weit eine solche Anpassung jedoch zu gehen hat und wie sie auszugestalten ist, darüber besteht in der französischen Lehre keine Einigkeit.

Yves Chalaron und *Philippe Langlois* verstehen den Begriff „Anpassung" als eine Verpflichtung der Vertragsparteien des Firmentarifvertrages, vom Branchentarifvertrag abweichende Vorschriften in Einklang mit diesem zu bringen.[343] Darüber wie eine Anpassung zu erfolgen hat, vertreten beide Autoren unterschiedliche Ansichten. *Langlois*, der der Auffassung ist, daß in Art. L. 132-23 CT das Hierarchieprinzip verankert sei, verlangt folgerichtig eine Anpassung aller Vorschriften des Firmentarifvertrages, die nicht dem Branchentarifvertrag entsprechen[344], während *Chalaron* in Anlehnung an Art. L. 132-13 CT der Meinung ist, daß nur die ungünstigeren Vorschriften des Firmentarifvertrages an die Vorschriften des Branchentarifvertrages anzupassen sind.[345]
Darüber hinaus besteht unter den Autoren auch keine Einigkeit im Hinblick auf die Frage, wer diese Anpassung vornehmen kann. Während einige Autoren der Auffassung sind, daß bei Inkrafttreten eines späteren Branchentarifvertrages „Anpassungsverhandlungen" durchzuführen sind[346], meint *Michel Despax*, daß eine Anpassung auch einseitig durch den Arbeitgeber erfolgen kann.[347]

---

[342] *M. Despax*, Dr. soc. 1988, S. 8 (11 ff.).
[343] *Y. Chalaron*, J.-Cl. trav. fasc. 19-15, Nr. 32, S. 13; *Ph. Langlois*, in: Aliprantis/Kessler (Hrsg.), S. 23 (28 f.).
[344] In: Aliprantis/Kessler (Hrsg.), S. 23 (28 f.).
[345] J.-Cl. trav. fasc. 19-15, Nr. 32, S. 13.
[346] *Y. Chalaron*, J.-Cl. trav. fasc. 19-15, Nr. 32, S. 13.
[347] *M. Despax*, Dr. soc. 1988, S. 8 (12).

Die Frage, wie eine Anpassung vorzunehmen ist, kann nach der in dieser Arbeit vertretenen Meinung, daß weder ein Hierarchieprinzip unter Tarifverträgen besteht, noch in Art. L. 132-23 CT eine ausdrückliche Regelungsgrenze gesetzt wird, im Sinne keiner der beiden hier vorgestellten Meinungen beantwortet werden. Da eine Hierarchie unter Tarifverträgen nicht besteht und auch nicht durch Art. L. 132-23 CT zur Konfliktlösung festgelegt wird, besteht somit keine Verpflichtung alle Vorschriften des Firmentarifvertrages, die nicht in Einklang mit dem Branchentarifvertrag stehen, anzupassen.[348] Aber auch die Verpflichtung zur Anpassung aller ungünstigeren Vorschriften läßt sich aus Art. L. 132-23 Absatz 2 CT nicht unmittelbar ableiten, da Art. 132-23 CT im Gegensatz zu Art. 132-13 CT kein ausdrückliches Verbot ungünstigerer Klauseln im Firmentarifvertrag und die Verpflichtung zu deren Anpassung enthält.[349] Findet dennoch eine Angleichung an die Regelungen des Branchentarifvertrages statt, so beruht diese grundsätzlich auf Freiwilligkeit. Das könnte z.B. in der Weise geschehen, daß Ausführungsregelungen für eine Vorschrift des neuen Branchentarifvertrages festgelegt werden.[350] Denkbar wäre hier eine firmeninterne Selbstverpflichtung zur Nichtanwendung ungünstigerer Regelung für die Geltungsdauer des Branchentarifvertrages.

Im Hinblick auf die Frage, wer eine solche Anpassung vornehmen darf, wird sicherlich nach dem Grad der Anpassung zu unterscheiden sein. Bei komplexen Fragen kann dies nur durch eine Nachverhandlung unter Einbeziehung aller Tarifpartner des Firmentarifvertrages erfolgen, während bei weniger komplexen Fragen, auch eine Anpassung durch einseitige Entscheidung des Arbeitgebers möglich sein wird.[351] So können Löhne, die oftmals harten Verhandlungen der Tarifpartner entstammen, sicherlich nicht einseitig durch den Arbeitgeber geändert werden, während eine Probezeitregelung auch einseitig durch den Arbeitgeber angepaßt werden kann.

d) Konfliktlösung bei Konflikten zwischen Firmen- und Branchentarifvertrag

Da Art. L. 132-23 CT kein ausdrückliches Regelungsverbot hinsichtlich ungünstigerer Regelungen für die Arbeitnehmer in Firmentarifverträgen enthält, können in einem Firmentarifvertrag Regelungen einer Sachmaterie enthalten sein, die nicht mit den Regelungen eines Branchentarifvertrages oder eines Berufsgruppenabkommens übereinstimmen, so daß dann ein Konflikt unter den Tarifverträgen besteht. Art. L. 132-23 CT selbst enthält keine Bestimmung darüber, wie ein solcher Konflikt zu lösen ist. Mangels ausdrücklicher Festsetzung im Gesetzestext ist daher auf den Willen des Gesetzgebers zurückzugreifen, der

[348] So auch *Y. Chalaron*, J.-Cl. trav. fasc. 19-15, Nr. 32, S. 13; a.A. *Ph. Langlois*, in: Aliprantis/Kessler (Hrsg.), S. 23 (28 f.).
[349] Siehe *M.-A. Rotschild-Souriac*, thèse, S. 1330, Fußnote 2.
[350] Vgl. *M.-A. Rotschild-Souriac*, thèse, S. 1329.
[351] Vgl. *M. Despax*, Dr. soc. 1988, S. 8 (12); *M.-A. Rotschild-Souriac*, thèse, S. 1555.

sich anhand einer Auslegung des Gesetzestextes ermitteln läßt. Diese Ermittlung des Willens des Gesetzgebers gestaltet sich im Rahmen des Art. L. 132-23 CT schwieriger als bei Art. L. 132-13 CT, da in dieser Vorschrift gleichzeitig von der Günstigkeitsmaxime, aber auch von Anpassung des Firmentarifvertrages an die speziellen Bedingungen des Unternehmens die Rede ist. Daher muß auf die für Tarifverträge im Code du Travail bestehenden Vorschriften insgesamt zurückgegriffen werden.

Das Hierarchieprinzip läßt sich von vornherein als Konfliktlösungsmöglichkeit ausschließen, da es im Gesetzestext, wie bereits mehrfach festgestellt worden ist, keine Grundlage hat.[352] Da keine Hierarchie unter Tarifverträgen besteht und auch keine Konfliktlösung nach dem Hierarchieprinzip im Gesetzestext festgelegt worden ist, kann das Hierarchieprinzip in diesem Fall nicht zur Konfliktlösung herangezogen werden.[353] Auch für die lex-posterior-Regel ergibt sich weder im Gesetzestext ein Anhaltspunkt, noch kann sie als logische Regel angewandt werden[354], zumal es sich hier um unterschiedliche Normsetzer handelt. Die beiden verbleibenden Möglichkeiten – Günstigkeitsprinzip und Spezialitätsprinzip – hingegen, sind beide als Konfliktlösungsregel in diesen Fällen denkbar, weil in der Vorschrift nicht nur von Günstigkeit gesprochen wird, sondern gleichzeitig auch von der Anpassung der Vorschriften an die Gegebenheit des Betriebes, was auf die Anwendbarkeit des Spezialitätsprinzips hindeuten könnte.

Von diesen beiden Regelungen ist diejenige vorzuziehen, die der französische Gesetzgeber bereits im Zusammenhang einer Konfliktlösung in Verbindung mit einem Tarifvertrag normiert hat, nämlich das Günstigkeitsprinzip. Der Gesetzgeber hat in Art. L. 135-2 CT deutlich zum Ausdruck gebracht, daß bei einem Aufeinandertreffen von arbeitsvertraglichen und tarifvertraglichen Vorschriften, die Gleiches unterschiedlich regeln, der für den Arbeitnehmer günstigeren Vorschrift der Vorrang gewährt werden soll. Dieser Gedanke des Art. L. 135-2 CT kann auch für eine Konfliktlösung im Rahmen von Firmen- und Branchentarifvertrag herangezogen werden, da in letzter Konsequenz eine Konfliktlösung nach Art. L. 132-23 CT auf eine Konfliktlösung nach Art. L. 135-2 CT hinaus läuft.

Geht man davon aus, daß beide Tarifverträge aufgrund des in Art. L. 135-2 CT normierten „effet impératif" mit ihrem Inkrafttreten unmittelbar auf das jeweilige Arbeitsverhältnis einwirken und sich an die Stelle ungünstigerer Regelungen

---

[352] Zu den Voraussetzungen einer Anwendung des Hierarchieprinzips sie oben im 1. Abschnitt, S. 39 f.

[353] Anderer Auffassung *Ph. Langlois*, in: Aliprantis/Kessler (Hrsg.), S. 23 (27 ff.); *N. Aliprantis*, R.I.D.C. 1987, S. 7 (28).

[354] Zu den Fragen im Zusammenhang mit der lex-posterior-Regel siehe oben im 1. Abschnitt, S. 38.

in einem Arbeitsvertrag für deren Geltungsdauer setzen, so gilt das für beide Tarifverträge. D.h., abhängig davon, ob der Firmen- oder der Branchentarifvertrag zuerst in Kraft getreten ist, findet der später Geltung erlangende Tarifvertrag bereits die im Arbeitsvertrag angepaßte Regelung vor. Diese Vorschrift kann nur durch den später in Kraft getretenen Tarifvertrag überlagert werden, wenn in ihr eine für den Arbeitnehmer günstigere Regelung enthalten ist (Art. L. 135-2 CT). Das bedeutet, daß bei einem Konflikt zwischen einem Branchen- und einem Firmentarifvertrag ebenfalls das Günstigkeitsprinzip als Konfliktlösungsregel dient.[355] Das ist auch die Sicht der Rechtsprechung, die in ständiger Praxis Konflikte zwischen Firmen- und Branchentarifverträgen nach dem Günstigkeitsprinzip löst.[356]

3. Ergebnis

Artt. L. 132-13 und L. 132-23 CT sind **keine Konfliktlösungsregeln** für das Verhältnis der jeweiligen Tarifverträge untereinander, sondern sie regeln die Anpassung und die Koordination der Tarifverträge auf den verschiedenen Ebenen. Trotz dieser Koordinationsregelungen ist es dennoch möglich, daß Konflikte unter den einzelnen Tarifverträgen auftreten. Eine Aussage darüber, wie diese Konflikte zu lösen sind, ist im Gesetzestext nicht ausdrücklich enthalten. Die Lösung dieser Frage läßt sich durch eine teleologische Auslegung des Gesetzestextes, im Rahmen derer auf den Willen des Gesetzgebers Rückschlüsse gezogen werden, ermitteln. Eine solche Auslegung des Gesetzestextes ergibt, daß sowohl für Art. L. 132-13 CT als auch für Art. L. 132-23 CT das Günstigkeitsprinzip als Konfliktlösungsregel heranzuziehen ist. Treten Konflikte zwischen einzelnen Tarifverträgen auf, so ist die für den Arbeitnehmer günstigste Vorschrift anzuwenden. Damit ist das Günstigkeitsprinzip in Frankreich auch als Konfliktlösungsregel bei Konflikten auf hierarchisch gleicher Ebene anwendbar.

Gleichzeitig zeigt sich in Art. L. 132-13 CT, daß der Günstigkeitsmaxime in Frankreich neben ihrer Funktion als Konfliktlösungsregel und Schranke der Regelungsmacht darüber hinaus die Aufgabe eines Anpassungskriteriums für Vorschriften eines später in Kraft getretenen Tarifvertrages zukommt. Damit sind drei Funktionen der Günstigkeit gesetzlich normiert, von denen dem Günstigkeitsprinzip als Konfliktlösungsregel die größte Bedeutung zukommt. Diese Funktion selbst ist jedoch nur in einer einzigen Vorschrift, nämlich Art. L. 135-2 CT, ausdrücklich normiert. In allen weiteren Anwendungsfällen ist sie durch Auslegung des Gesetzestextes herzuleiten.

---

[355] Vgl. auch *M.-A. Rotschild-Souriac*, thèse, S. 1375 ff.; *M. Despax*, Dr. soc. 1988, S. 8 (12 ff.).

[356] Siehe nur die Urteile cass. soc. 17. März 1982, Bull. civ. V 1982, n° 175; soc. 10. März 1988, D. 1989, somm. mit Anmerkung *Goineau*; soc. 19. Febr. 1997, Dr. soc. 1997, S. 432 mit Anmerkung *Couturier*; soc. 7. Okt. 1997, RJS 1997, n° 1266.

C. Das Günstigkeitsprinzip als allgemeines Rechtsprinzip -Anwendungsbereiche außerhalb gesetzlicher Normierung -

Die Analyse der verschiedenen gesetzlichen Regelungen hat gezeigt, daß der Günstigkeitsgedanke zwar häufig im französischen Gesetzestext anzutreffen ist, daß aber entgegen einer weit verbreiteten Meinung unter den französischen Autoren nur eine der vorgestellten Regelungen, nämlich Art. L. 135-2 CT, tatsächlich eine Konfliktlösungsregel nach der Definition, die dieser Arbeit zugrunde gelegt worden ist, enthält[357]. Dennoch wird das Günstigkeitsprinzip für die weitaus meisten im 1. Abschnitt[358] vorgestellten Konstellationen ebenfalls als Konfliktlösungsregel angewandt. Da sich - wie oben festgestellt – eine Konfliktlösung durch das Günstigkeitsprinzip jedoch nicht direkt aus dem Wortlaut des Gesetzestextes ergibt, bedarf es zur Begründung dieser Praxis einer Auslegung des Gesetzestextes. Mangels ausdrücklicher gesetzlicher Festlegung eines Konfliktlösungsprinzips in diesen Sachlagen, ist der Wille des Gesetzgebers unter Zuhilfenahme der üblichen Auslegungsmethoden zu ermitteln. Erst durch eine solche Auslegung kann letztendlich der Schluß gezogen werden, daß der Gesetzgeber gewissermaßen stillschweigend das Günstigkeitsprinzip als Konfliktlösungsregel voraussetzt.

Neben den Rechtsverhältnissen, die gesetzlich geregelt sind[359], können, wie im 1. Abschnitt dargestellt worden ist, noch eine ganze Anzahl weiterer Konflikte zwischen den Rechtsquellen der beruflichen Normsetzer entstehen, die ebenfalls einer Lösung bedürfen. Solche Konfliktkonstellationen ergeben sich z.B. wenn in einem Betrieb eine betriebliche Übung oder ein Tarifvertrag besteht und nunmehr der Arbeitgeber mit dem Betriebsrat einen sog. accord atypique schließt. Probleme ergeben sich außerdem in den Fällen, in denen ein Tarifvertrag eine „clause des avantages acquis" enthält, da nachfolgende Tarifverträge häufig abweichende Regelungen treffen.
Zur Lösung solcher Konfliktfälle enthält der Code du Travail weder eine generelle Konfliktlösungsregel, noch wird in anderen Vorschriften eine Regelung zur Lösung von weiteren Konflikten im Einzelfall getroffen. So läßt sich z.B. weder eine Vorschrift finden, die etwas darüber aussagt, wie ein Konflikt zwischen einem Tarifvertrag und einer betrieblichen Übung zu lösen ist, noch was geschieht, wenn sich unterschiedliche Regelungen des gleichen Gegenstandes in einer betrieblichen Übung und einem accord atypique gegenüberstehen. Diese Liste der gesetzlich ausdrücklich nicht gelösten Konfliktfelder läßt sich noch verlängern.

---

357 Zur Definition einer Konfliktlösungsregel siehe oben im 1. Abschnitt, S. 36.
358 Siehe oben S. 12 ff.
359 Siehe oben unter B.

Aufgrund der Tatsache, daß das französische Recht eine Normenhierarchie kennt, kann unter Umständen gefolgert werden, daß für alle Konflikte, die unter Normen auf hierarchisch verschiedener Ebene entstehen, eine Lösung nach dem Hierarchieprinzip zu erfolgen hat, soweit sich keine andere Regelung aus dem Gesetz ergibt.[360] Alle Konflikte auf hierarchisch gleicher Ebene können auf diese Weise jedoch nicht gelöst werden, so daß für diese eine andere Konfliktlösungsregel zu finden ist. Angesichts der großen Bedeutung des Günstigkeitsgedankens im französischen Arbeitsrecht liegt daher die Überlegung nahe, auch für alle gesetzlich nicht ausdrücklich geregelten Konfliktfälle das Günstigkeitsprinzip als Konfliktlösungsregel heranzuziehen. Eine solche Lösung entspräche zum einen der in den gesetzlichen Regelungen enthaltenen Grundwertung des Gesetzgebers und zum anderen würde eine solche Regelung den Schutz der Arbeitnehmer fördern.

Tatsächlich wendet die französische Rechtsprechung das Günstigkeitsprinzip schon seit langem auch bei Konfliktfällen an, für die keine ausdrückliche Regelung vorgesehen ist[361], und so hat die Cour de Cassation entschieden[362], daß es im französischen Arbeitsrecht ein allgemeines Rechtsprinzip gibt, wonach im Falle eines Normenkonfliktes stets die für den Arbeitnehmer günstigere Norm zur Anwendung kommt.

I. Die Urteile SNCF und EDF der Cour de Cassation

1. Inhalt der Urteile

Die Cour de Cassation hatte 1996 über die Frage zu entscheiden, auf welcher Basis das Urlaubsentgelt der Mitarbeiter der SNCF[363] und der EDF[364] zu berechnen ist.[365] Während der Code du Travail in Artt. L. 200-1 und 233-11 CT bei der Berechnung des Entgeltes Zuschläge (Spät-, Nacht-, Feiertagszuschläge etc.) mitberücksichtigt, sahen die Personalstatuten der beiden öffentlichen Unternehmen ausschließlich den Grundlohn als Kalkulationsbasis vor. Damit standen sich staatliche Vorschriften[366] gegenüber, die sich im Konflikt befanden, dessen Lö-

---

[360] Wie oben im 1. Abschnitt dargestellt worden ist (siehe S. 39), kann bei einer bestehenden Normenhierarchie, soweit eine andere Regelung nicht entgegensteht oder diese sich nicht aus dem Gesetz ergibt, in der Regel davon ausgegangen werden, daß der Gesetzgeber von einer Regelung der Normenkonflikte nach dem Hierarchieprinzip ausgeht.

[361] Siehe hierzu unter II., S. 100 ff.

[362] Cass. soc. 17. Juli 1996, Dr. soc. 1996, S. 1053.

[363] Société nationale des chemins de fer français (die staatliche französische Eisenbahn).

[364] Électricité de France (Staatliches Stromversorgungsunternehmen/Monopolist).

[365] Cass. soc. 17. Juli 1996, Dr. soc. 1996, S. 1053. Diese beiden Urteile werden im folgenden gemeinsam dargestellt werden, da der Urteilstext nahezu identisch ist.

[366] Bei den statuts personnels der öffentlichen Unternehmen in Frankreich handelt es sich um Administrativakte, da sie von der Verwaltung erlassen werden. Zu den statuts personnels allgemein siehe *J. Chorin*, Le particularisme des relations du travail dans les entreprise à statut, thèse; *Ch. Garbar*, thèse.

sung aber nicht durch eine gesetzliche Vorschrift vorgegeben war. Die Entscheidung der Cour de Cassation war von großer Tragweite für beide Unternehmen, da es sich um einen Präzedenzfall mit großer wirtschaftlicher Bedeutung handelte. Denn von der zu treffenden Entscheidung waren letztendlich 300-400.000 Arbeitnehmer beider Unternehmen betroffen. Die finanzielle Seite war nicht zu unterschätzen, da es allein bei der SNCF um einen Betrag von ca. 200 Millionen Francs pro Jahr (1% der gesamten Jahreslohnsumme) ging, während bei der EDF bei einer Entscheidung zu Gunsten der Arbeitnehmer ca. 120 Millionen Francs pro Jahr (0,5% der Jahreslohnsumme) aufzubringen waren.[367]

Die Cour de Cassation war sich der besonderen Bedeutung des Falles bewußt und bemüht, eine gut begründete Entscheidung zu treffen. Gerade die grundsätzliche Bedeutung und die Reichweite des Falles scheinen den obersten französischen Gerichtshof bewogen zu haben, neue Wege zu beschreiten. Denn die Cour de Cassation setzt in diesem Judikat ein neues Rechtsprinzip für das französische Arbeitsrecht. Sie stellt fest, daß der Konflikt zwischen dem Code du Travail und dem Personalstatut eines öffentlichen Unternehmens durch die Anwendung eines „principe fondamental en droit du travail" zu lösen ist, dessen Inhalt es ist, im Falle eines Normenkonfliktes die für den Arbeitnehmer günstigere Norm zur Anwendung kommen zu lassen.[368] Mit dieser Entscheidung hat die Cour de Cassation eine Konfliktlösungsregel, die sie bereits in ständiger Rechtsprechung bei nicht gesetzlich geregelten Konfliktfällen angewandt hatte[369], zu einem „principe général du droit du travail"[370] erhoben und damit als Konfliktlösungsregel bei allen gesetzlich nicht geregelten Fällen gesetzt. Besonders bemerkenswert an diesem Urteil ist, daß das neue Prinzip in den Visa[371] der Entscheidung plaziert ist, denn diese müssen zwingend mit dem Gesetzes- oder Verordnungstext, einer Vorschrift eines Tarifvertrages oder einem „principe général" beginnen, auf die sich die Entscheidung im weiteren stützt.[372] Das bedeutet, daß die Chambre social der Cour de Cassation in dem vorliegenden Urteil dieses neue Prinzip des Arbeitsrechts ganz bewußt gesetzt hat.[373] Von einem

---

[367] Diese Zahlen entstammen den Conclusions des Generalanwalts des Generalanwalts *Pierre Lyon-Caen*, abgedruckt in Dr. soc. 1996, S. 1049 ff.

[368] Der Text im Original lautet: *„Le conflit entre code du travail et statut du personnel d'une entreprise publique doit être résolu par application du principe fondamental en droit du travail selon lequel, en cas de conflit de normes, c'est la plus favorable aux salariés qui doit recevoir application."*

[369] Siehe nur die Urteile cass. soc. 5. Juni 1973 ; soc. 8. Dez. 1982 ; soc. 26. Febr. 1997, ;

[370] Zum principe général du droit du travail allgemein siehe oben im 1. Abschnitt, S. 7 f.

[371] Bei den Visa handelt es sich um die Eröffnung einer Entscheidung der Cour de Cassation.

[372] Zum Aufbau einer Entscheidung der Cour de Cassation siehe *Ph. Waquet*, Dr. soc. 1998, S. 63 (69).

[373] Diese Vermutung wird durch den Bericht der Cour de Cassation des Jahres 1996 bestätigt, denn dort heißt es, „que la Cour de Cassation dans ses arrêts du 17 juillet pose ce principe". Vgl. diesbezgl. auch *A. Jeammaud*, Dr. soc. 1999, S. 115 (120).

Versehen oder einer „Eintagsfliege“ kann nicht die Rede sein, sondern diesem neuen „principe général du droit du travail“ ist bei Fragen der Konfliktlösung zwischen Normen des Arbeitsrechts in Zukunft Beachtung zu schenken.

2. Die Bedeutung der Einordnung des Günstigkeitsprinzip als allgemeines Prinzip des Arbeitsrechts

Die „principes généraux du droit du travail“ sind eine eigenständige Rechtsquelle, sie ergänzen die Rechtsordnung da, wo eine Lücke besteht.[374] Bisher wurden sie ausschließlich vom Conseil d'État in dessen Rechtsprechung verwandt, der ihnen den gleichen Stellenwert einräumt wie einem Gesetz. Die Cour de Cassation hatte in ihren Entscheidungen bisher häufig bestimmte Grundsätze angewandt, ohne diese jedoch als „principes généraux“ zu bezeichnen.[375] Mit der Einordnung des Günstigkeitsprinzips als genereller Konfliktlösungsregel im französischen Arbeitsrecht beschreitet sie daher neue Wege.
Folge dieser Rechtsprechung der Cour de Cassation ist, daß immer dann, wenn keine gesetzliche Konfliktlösungsregel normiert ist, ein Konflikt zwischen zwei Rechtsnormen in der Weise zu lösen ist, daß die für den Arbeitnehmer günstigere Regelung zur Anwendung gebracht wird. Damit erlangt das Günstigkeitsprinzip im französischen Arbeitsrecht die Bedeutung einer umfassenden Konfliktlösungsregel, die alle Konflikte, für die eine gesetzliche Lösung nicht vorhanden ist, zu Gunsten der Arbeitnehmer löst. Da aber auch fast alle gesetzlich geregelten Konfliktfälle nach dem Günstigkeitsprinzip gelöst werden[376], kann hier die These aufgestellt werden, daß Regelungskonflikte im französischen Arbeitsrecht grundsätzlich durch das Günstigkeitsprinzip gelöst werden.

Eine Ausnahme von diesem Grundsatz bilden die Fälle eines Konfliktes zwischen nachfolgenden Gesetzen und nachfolgenden Tarifverträgen. Regelt ein später erlassenes Gesetz oder ein später verhandelter Tarifvertrag etwas anderes als die entsprechende Vorgängerregelung, so wird die lex-posterior-Regel angewandt.[377]

Dem Günstigkeitsprinzip kommt somit durch die Bewertung als allgemeines Rechtsprinzip des französischen Arbeitsrechts eine umfassende Bedeutung als Konfliktlösungsregel zu. Tritt im französischen Arbeitsrecht ein Konflikt zwischen zwei privatautonomen Regelungen auf, so ist dieser nach dem Günstigkeitsprinzip zu lösen. Alle anderen möglichen Konfliktlösungsregeln, insbeson-

---

[374] Siehe hierzu oben im 1. Abschnitt, S. 7 f.; *Lyon-Caen/Pélissier/Supiot*, Droit du travail, Rdnr. 64.
[375] *Lyon-Caen/Pélissier/Supiot*, Droit du travail, Rdnr. 64.
[376] Siehe hierzu oben unter B.
[377] *Ghestin/Goubeaux*, Traité de Droit Civil, Introduction Générale, Nr. 353 ff.

dere das Hierarchieprinzip, sind im französischen Arbeitsrecht nur von geringer Bedeutung.[378]

II. Das Günstigkeitsprinzip als allgemeine Konfliktlösungsregel – Fallgruppen

Die bisherige Untersuchung hat gezeigt, daß das Günstigkeitsprinzip in Frankreich die Funktion einer allgemeinen Konfliktlösungsregel hat, die bei Konflikten zwischen den unterschiedlichsten Rechtsquellen herangezogen wird. Da häufig in der Praxis jedoch eine andere Handhabung erfolgt, als die Theorie bisweilen vorgibt, ist zu klären, ob die französische Rechtsprechung eine Konfliktlösung nach dem Günstigkeitsprinzip tatsächlich durchführt und zu welchen Ergebnissen sie im Einzelfall gelangt.[379]

1. Accords atypiques

Da die accords atypiques nicht als Kollektivverträge angesehen werden, sondern nur als einseitiges Engagement (engagement unilatéral) des Arbeitgebers in den Betrieben überhaupt Anwendung finden können[380], hatte sich die Cour de Cassation in den letzten Jahren mehrfach mit der Frage zu befassen, unter welchen Voraussetzungen ein solcher accord atypique trotz bestehenden Tarifvertrages in einem Unternehmen zur Anwendung gelangen kann. Die für diese Fälle von der Cour de Cassation entwickelte Rechtsprechung ist einheitlich, so daß an dieser Stelle nur eines der jüngeren Urteile zu dieser Frage vorgestellt werden soll.

a) Konflikt zwischen einem Tarifvertrag und einem accord atypique

In einem Urteil vom 19. November 1997[381] hatte sich die Cour de Cassation mit der Frage zu befassen, ob auf zwei Arbeitnehmerinnen, die für einen längeren Zeitraum krank geschrieben waren, zur Kalkulation ihrer Lohnfortzahlung die Bestimmungen eines accord atypique anwendbar waren, der zwischen der Firmenleitung und dem comité d'entreprise geschlossen worden war oder diejeni-

---

[378] *A. Jeammaud*, Dr. soc. 1999, S. 115 (120).

[379] Da es den Umfang dieser Arbeit übersteigt, alle bestehenden Konstellationen zu analysieren, werden exemplarisch einige Beispiele vorgestellt. Die Auswahl der Fallgruppen ist unter anderem im Hinblick auf Konstellationen durchgeführt worden, die zur Zeit auch im deutschen Recht Anlaß zur Diskussion bieten. Das Augenmerk wird unter anderem auf die sog. accords atypiques gelegt, die eine immer stärkere Verlagerung der Verhandlungen auf eine rein betriebliche Ebene zur Folge haben. Eine Problematik, die mit den „Bündnissen für Arbeit" auch in der Bundesrepublik wiederzufinden ist. Von weiterem Interesse sind in diesem Zusammenhang die Übungen, da es scheint, daß deren Konflikte durch die Cour de Cassation nicht einheitlich gelöst werden. Abgerundet wird diese Rechtsprechungsdarstellung schließlich durch einen Fall, in dem es um ein „einfaches" engagement unilatéral ging und der angesichts der Rechtsprechung zu den Übungen zu einem interessanten Ergebnis gelangt.

[380] Siehe hierzu oben im 1. Abschnitt, S. 31 ff.

[381] Dr. soc. 1998, S. 89; Travail et Protection sociale 1998, n° 45 mit Anmerkung *B. Teyssié*.

gen eines später abgeschlossenen Tarifvertrages. Der accord atypiques sah eine Pauschalentlohnung bei Krankheit in Höhe von 199, 33 Stunden vor, während der Tarifvertrag die Beibehaltung der Entlohnung vorschrieb, die die beiden Klägerinnen während ihrer Krankheit erhalten hätten.
Die Vorinstanz hatte entschieden, daß die beiden Klägerinnen nach dem im accord atypique vereinbarten Pauschalsatz von 199, 33 Stunden zu entlohnen seien. Die Cour de Cassation hat dieses Urteil mit der Begründung aufgehoben, die Vorinstanz habe es versäumt zu überprüfen, welche der beiden Regelungen die günstigere sei. Da der accord atypique nur als engagement unilatéral des Arbeitgebers zu werten sei, könne er grundsätzlich nur Anwendung finden, wenn er im Verhältnis zum später in Kraft getretenen Tarifvertrag günstiger sei.

Die Cour de Cassation hat mit diesem Urteil ihre ständige Rechtsprechung dahingehend bestätigt, daß ein accord atypique nur dann zur Anwendung gelangen kann, wenn dieser günstiger ist, als ein bereits bestehender oder später in Kraft getretener Tarifvertrag.[382] Gleichzeitig wird an diesem Urteil deutlich, daß auch in den Fällen eines Konfliktes eines accord atypique mit einem Tarifvertrag das Günstigkeitsprinzip als Konfliktlösungsregel angewandt wird. Da es sich hier um einen gesetzlich nicht geregelten Fall handelt, kann die Cour de Cassation in diesen Fällen nur zu einer Anwendung des Günstigkeitsprinzips als Konfliktlösungsregel gelangen, wenn sie das allgemeine Rechtsprinzip anwendet, wonach im Falle eines Konfliktes stets die günstigere Norm zur Anwendung gelangt.

b) Konflikt zwischen accord atypique und usage

Die Cour de Cassation hatte in einem Urteil vom 1. März 1989[383] die Frage zu lösen, ob durch einen accord atypique eine betriebliche Übung, nach der die Mitarbeiter eine Jahresprämie am Ende eines Jahres erhielten, außer Kraft gesetzt werden konnte. In dem Unternehmen IESE bestand eine betriebliche Übung, nach der die Mitarbeiter dieser Firma zum Ende eines Jahres eine Prämie erhielten. In Zeiten wirtschaftlicher Schwierigkeiten hatte der Inhaber mit dem Betriebsrat eine Vereinbarung dahingehend getroffen, daß diese Prämie für die Dauer der Konsolidierungsphase ausgesetzt würde. Die Konsolidierung schlug fehl, das Unternehmen wurde liquidiert und alle Arbeitnehmer aus wirtschaftlichen Gründen entlassen. Einer der Arbeitnehmer klagte daraufhin gegen den Insolvenzverwalter auf Zahlung der Jahresprämie. Die erste Instanz gab dem Kläger recht, indem sie sich auf den Standpunkt stellte, daß die Vereinbarung zwischen dem ehemaligen Arbeitgeber und dem Betriebsrat keine Geltung

---

[382] So schon die Entscheidungen Cass. soc. 14. Juni 1984, Dr. soc. 1985, S. 192 (dreizehntes Monatsgehalt); soc. 23. Okt. 1985, Dr. soc. 1986, S. 105; soc. 7. Jan. 1988, Dr. soc. 1988, S. 466; 23. Okt. 1991, D. 1991 , IR 265, Bull. civ. V 1991, n° 433; 10. Jan. 1995, Dr. soc. 1995, S. 196; 12. April 1995, Dr. soc. 1995, S. 684.

[383] Dr. soc. 1990, S. 431 mit Anmerkung *J. Deprez*, S. 426 ff.

habe. Dieses Urteil wurde von der Cour de Cassation bestätigt, so daß die Jahresprämie zu zahlen war.

Auch wenn die Richter der Cour de Cassation in diesem Urteil nicht deutlich zum Ausdruck bringen, wie sie zu diesem Ergebnis gekommen sind, so erschließt sich das Ergebnis der Entscheidung doch im Zusammenhang mit dem oben unter a) vorgestellten Urteil. Da ein accord atypique nicht als Kollektivvertrag wirksam ist, handelt es sich hier um ein engagement unilatéral des Arbeitgebers. Wie sich aus dem oben vorgestellten Urteil ergibt, kann ein engagement unilatéral aber immer nur dann zur Anwendung kommen, wenn es günstiger ist, als die in einem Betrieb bestehende oder sich aus Tarifverträgen ergebende Praxis. Hier soll jedoch durch den accord atypique eine günstigere Übung aufgehoben werden. Das ist nur nach ganz bestimmten Formalien möglich. Der Arbeitgeber hat den Personalvertretern und jedem einzelnen Arbeitnehmer mit einer angemessen Frist die Absicht der Kündigung der betrieblichen Übung zu einem bestimmten Termin anzukündigen. Mit Ablauf des angegebenen Datums gilt die Übung dann als durch einseitige Kündigung des Arbeitgebers beendet. Die Personalvertreter oder Arbeitnehmer haben keine weiteren Rechte, insbesondere können sie der Kündigung nicht widersprechen.[384] Diese Formalien sind hier nicht eingehalten worden, so daß die weiterhin bestehende günstigere Übung in diesem Fall anzuwenden ist.
Erstaunlich ist, wieviel Bedeutung die Cour de Cassation der Einhaltung der Formalien zur Beendigung einer betrieblichen Übung gerade auch im vorliegenden Fall beimißt.[385] Der Arbeitgeber hätte diese betriebliche Übung durch einseitige Kündigung beenden können. Hier hat er indes versucht, einen Konsens mit dem Betriebsrat zu erreichen. Das ist von der Cour de Cassation jedoch nicht honoriert worden. Diese Übereinkunft konnte vielmehr die betriebliche Übung nicht beenden, weil die für eine Kündigung der betrieblichen Übung notwendigen Formalien nicht eingehalten wurden.

2. Usages

Im französischen Recht gibt es sowohl Übungen auf Betriebsebene, als auch auf regionaler und beruflicher Ebene.[386] Obwohl sich die Übungen nur in ihrem räumlichen Geltungsbereich unterscheiden, werden sie von der Cour de Cassation unterschiedlich behandelt.

---

[384] *Lyon-Caen/Pélissier/Supiot*, Droit du Travail, Rn. 81.

[385] Zu diesem Gesichtspunkt siehe auch die Urteilsanmerkung von *J. Déprez*, Dr. soc. 1990, S. 426 (428 ff.).

[386] Siehe hierzu oben im 1. Abschnitt, S. 33 f.

a) Die Rechtsprechung zu den regionalen und beruflichen Übungen

Im Mittelpunkt der Betrachtung stehen zwei Urteile der Cour de Cassation, in denen sie sich mit der Frage auseinanderzusetzen hatte, ob in einem Tarifvertrag zu Ungunsten der Arbeitnehmer von einer regionalen oder beruflichen Übung abgewichen werden darf.

In einem Urteil vom 5. Juni 1973[387] hatte die Chambre social der Cour de Cassation über den folgenden Sachverhalt zu entscheiden. In Dünkirchen gab es eine regionale Übung, wonach allen Mitarbeitern des Baugewerbes (öffentliches und privates) Fahrtkosten und ein Verpflegungsgeld bei Arbeiten auf einer weiter entfernten Baustelle gezahlt wurden. Ein Tarifvertrag[388] traf eine Regelung der Fahrtkosten und des Verpflegungsgeldes, die ungünstiger war, als die regionale Übung. Das beklagte Unternehmen wandte den Tarifvertrag auf seine Mitarbeiter an, woraufhin ein Arbeitnehmer die Beklagte auf Zahlung der Fahrtkosten und des Verpflegungsgeldes nach der Übung verklagte.

Die Cour de Cassation hat entschieden, daß die Fahrtkosten und das Verpflegungsgeld auch weiterhin nach der Übung zu zahlen seien, da diese für die Arbeitnehmer günstiger sei, als die entsprechende Bestimmung des Tarifvertrages.

In einem Urteil vom 8. Dezember 1982[389] hatte sich die Cour de Cassation mit dem umgekehrten Fall auseinanderzusetzen. Die Vorschrift eines Tarifvertrages sah vor, daß allen im Betrieb angestellten Mitarbeitern, die am 31.12. eines Jahres beschäftigt waren und eine bestimmte Betriebszugehörigkeit innehatten, eine Jahresprämie zustand. Ein Arbeitgeber, der bestimmten Arbeitnehmern wegen zu langer Fehlzeiten nicht die volle Prämie auszahlen wollte, wandte ein, daß es eine berufliche Übung gäbe, wonach eine Prämie anteilig im Hinblick auf die Anwesenheitszeiten im Betrieb zu zahlen sei. Die Cour de Cassation hat diesen Fall dahingehend entschieden, daß es nicht möglich sei, die Existenz einer Übung einer tarifvertraglichen Regelung entgegenzuhalten, die günstiger für die Arbeitnehmer sei. Es müsse in jedem Fall die günstigere tarifvertragliche Regelung zur Anwendung kommen, so daß der Arbeitgeber, allen Arbeitnehmern, die die tarifvertraglichen Voraussetzungen erfüllten, die volle Jahresprämie zu zahlen hatte.

Diese beiden Urteile zeigen sehr deutlich, daß die Cour de Cassation bei einem Aufeinandertreffen von tarifvertraglichen Regelungen und einer regionalen oder professionellen Übung das Günstigkeitsprinzip als Konfliktlösungsregel anwendet. In diesen Fällen überwiegt stets die Regelung, die am günstigsten für die Arbeitnehmer ist. Augenscheinlich ist bei diesen beiden Urteilen ebenfalls, daß bereits vor den Urteilen SNCF und EDF aus dem Jahr 1996 das Günstigkeit-

---

[387] D. 1973, IR 144.

[388] Aus dem Urteil geht leider nicht hervor, ob sich hierbei um einen Branchen- oder einen Firmentarifvertrag gehandelt hat.

[389] D. 1983, IR 103.

sprinzip als Konfliktlösungsregel für Fallkonstellationen angewandt wurde, in denen keine gesetzliche Lösung vorhanden ist.
Eine Anwendung des Günstigkeitsprinzips findet darüber hinaus auch bei Konflikten zwischen beruflichen Übungen und Arbeitsverträgen statt. Erst kürzlich[390] hatte die Cour de Cassation einen Fall zu entscheiden, indem ein Arbeitsvertrag vorsah, daß die Steuer für eine Betriebswohnung vom Arbeitnehmer zu zahlen ist, während eine regionale Übung existierte, wonach diese Steuern der Arbeitgeber zu tragen hat. Die Cour de Cassation hat entschieden, daß die für den Arbeitnehmer günstigere Übung zur Anwendung kommt.

b) Die Rechtsprechung zur betrieblichen Übung

Im Mittelpunkt der Betrachtung der Rechtsprechung zu den betrieblichen Übungen stehen zwei Urteile der Cour de Cassation aus den Jahren 1971 und 1990. In dem ersten Rechtsstreit aus dem Jahr 1971[391] ging es um die Zahlung einer Jahresprämie. Ein Firmentarifvertrag von 1963 sah vor, daß der Arbeitgeber die Jahresprämie nur zu zahlen hat, wenn es die wirtschaftliche Situation des Unternehmens zuläßt. Vor Inkrafttreten dieses Firmentarifvertrages gab es eine betriebliche Übung, nach der zweimal im Jahr eine Prämie gezahlt wurde. In den letzten Jahren seit Inkrafttreten des Tarifvertrages wurde sie jedoch nicht mehr angewandt. Das Gericht der Vorinstanz hatte den Arbeitgeber verurteilt, die Prämie basierend auf der Übung zu zahlen, da die betriebliche Übung günstiger sei als der Firmentarifvertrag und daher fortgeführt werden müsse. Die Cour de Cassation hat das Urteil mit der Begründung aufgehoben, daß Tarifverträge betriebliche Übungen beenden könnten, ohne daß hierfür die üblichen Fristen eingehalten werden müßten, da ein Tarifvertrag sofort auf den Individualarbeitsvertrag einwirkt.

Das zweite Urteil aus dem Jahr 1990[392] beschäftigt sich mit zusätzlichen Urlaubstagen, den sog. „Brückentagen". In einem Unternehmen gab es eine betriebliche Übung, die den Arbeitnehmern 4 Brückentage zusätzlich zum Urlaub gewährte, während ein 1981 in Kraft getretener Branchentarifvertrag diese Brükkentage nicht vorsah. Die Cour de Cassation hat das Urteil der Vorinstanz bestätigt, die entschieden hatte, daß die Arbeitnehmer sich nicht auf die günstigere betriebliche Übung berufen könnten, da diese durch den Branchentarifvertrag außer Kraft gesetzt worden sei.

---

[390] Urteil vom 27. März 2001, Travail et Protection sociale 2001, n° 216, arrêt n° 1363 FS-P+F.
[391] Cass. soc. 20. Jan. 1971, Bull. civ. V, n° 37.
[392] Cass. soc. 19. Dez. 1990, RJS 1991, n° 224.

Diese beiden Entscheidungen[393] erstaunen angesichts der ständigen Rechtsprechung der Cour de Cassation zu den beruflichen und regionalen Übungen, die durch einen späteren ungünstigeren Tarifvertrag nicht außer Kraft gesetzt werden können und daher weiterhin anzuwenden sind, wenn sie günstiger als der Tarifvertrag sind.[394] In den vorliegenden Urteilen hingegen wird eine betriebliche Übung durch einen späteren Firmentarifvertrag ohne Einhaltung der Formalien außer Kraft gesetzt, auf die die Cour de Cassation sonst so großen Wert legt.[395] Es kommt mithin nicht mehr auf die Günstigkeit der Übung an. Auf den ersten Blick scheint hier daher der Grundsatz durchbrochen zu werden, daß im französischen Arbeitsrecht stets die für den Arbeitnehmer günstigere Lösung zur Anwendung gelangt.

Betrachtet man zunächst das erste Urteil, so stellt sich die Situation wie folgt dar. Eine betriebliche Übung ist durch einen Firmentarifvertrag außer Kraft gesetzt worden. Die Pflicht zur Zahlung einer Jahresprämie, die allein aufgrund des guten Willens des Arbeitgebers in Kraft gesetzt worden war, ist durch eine innerbetriebliche Vereinbarung zwischen den Arbeitnehmern und dem Arbeitgeber – den Firmentarifvertrag – in der Weise geändert worden, daß eine Zahlung nur noch bei entsprechender Geschäftslage zu erfolgen hat. Gegen ein solches Vorgehen bestehen keine Bedenken, denn der Arbeitgeber hätte die betriebliche Übung unter Einhaltung bestimmter Fristen einseitig auch ganz kündigen können.[396] Wenn aber die betriebliche Übung durch den Firmentarifvertrag wirksam außer Kraft gesetzt worden ist, dann kann sie auch nicht in Konflikt zum Tarifvertrag treten, da sie mit dessen Inkrafttreten nicht mehr besteht. Es handelt sich daher hier nur scheinbar um einen Konfliktfall. Eine Durchbrechung des Prinzips, daß stets die günstigste Norm anzuwenden ist, liegt daher nicht vor.[397]

Anders verhält sich das jedoch im Urteil von 1990. In diesem Urteil geht es um eine betriebliche Übung, die nach Meinung der Gerichte durch einen Branchentarifvertrag außer Kraft gesetzt worden ist. Diese Entscheidung stößt auf Bedenken und hat in der französischen Literatur einige Kritik hervorgerufen.[398] Während im obigen Fall, die Beendigung der betrieblichen Übung auf dem Willen der Parteien des Betriebes beruhte, kann von einem solchen übereinstimmenden Willen hier nicht ausgegangen werden. Denn die Parteien eines Branchentarif-

393 Erst kürzlich mit Urteil vom 10. Juli 2001, Travail et Protection sociale 2001, n° 330 wurden diese Entscheidungen wieder bestätigt.

394 Siehe oben unter a).

395 Diese Praxis ist ständige Rechtsprechung und wurde erst jüngst wieder mit Urteil Cass. soc. vom 8. Jan. 2002, RJS 2002, S. 43, n° 586 bestätigt.

396 Siehe dazu auch oben im 1. Abschnitt, S. 33 f.

397 Vgl. *A. Jeammaud*, Dr. soc. 1999, S. 115 (121).

398 Siehe z.B. die Anmerkung von *J. Déprez*, RJS 1992, S. 3 (11 ff.) oder *Y. Chalaron*, J.-Cl. trav. fasc. 19-20, Nr. 39, S. 17.

vertrages beschäftigen sich nicht mit der Frage, ob mit einer bestimmten Vorschrift eine betriebliche Übung in einem Unternehmen beendet werden soll. Es fehlt somit bereits an dem Willen, die betriebliche Übung aufzuheben.[399] Wenn aber der Wille des Arbeitgebers zur Beendigung der betrieblichen Übung nicht erforderlich sein soll, dann kann ihre Außerkraftsetzung nur so begründet werden, daß dem Tarifvertrag kraft seiner hierarchisch höheren Stellung im Normengebäude die Macht zukommt, eine abweichende Norm hierarchisch niedrigerer Stufe außer Kraft zu setzen. Das ist die klassische Konfliktlösungsform des Hierarchieprinzips und stellt damit eine Durchbrechung des sonst geltenden Günstigkeitsprinzips dar.[400]

Die Lehre stellt dieses Urteil daher zu Recht in Frage und fordert eine detailliertere Betrachtungsweise. So schlägt *Yves Chalaron* vor, bei einer betrieblichen Übung eine Unterscheidung hinsichtlich des Tarifvertrages zu treffen. Bei einem Firmentarifvertrag könne angenommen werden, daß die Parteien die betriebliche Übung hätten beenden wollen, während dies bei einem Branchentarifvertrag nicht der Fall sei. Das müsse zur Folge haben, daß bei Abschluß eines Firmentarifvertrages dieser anwendbar sei, während bei Abschluß eines Branchentarifvertrages beide Regelungen in Kraft bleiben würden und daher nach dem Günstigkeitsprinzip zu entscheiden sei, welche von beiden im Einzelfall anzuwenden sei.[401]
Der Vorschlag von *Chalaron* ist einleuchtend, denn vergleicht man diesen Fall mit den oben vorgestellten Fällen einer regionalen oder beruflichen Übung, so fallen hier einige Parallelen auf. Die regionalen und beruflichen Übungen haben einen betriebsübergreifenden Anwendungsbereich, so daß sie nur außer Kraft gesetzt werden können, wenn das in einem z.B. regionalen Tarifvertrag ausdrücklich gewollt ist. Im vorliegenden Fall handelt es sich zwar „nur" um eine betriebliche Übung und damit um einen kleineren Anwendungsbereich, doch muß eine Außerkraftsetzung ausdrücklich erfolgen. Das kann nicht in einem Branchentarifvertrag geschehen, der sich mit den Gegebenheiten in den einzelnen Betrieben gar nicht auseinandersetzt. In beiden Fällen sind daher mangels ausdrücklicher Außerkraftsetzung beide Regelungen nebeneinander anwendbar, so daß ein Konflikt nach ständiger Rechtsprechung nach dem Günstigkeitsprinzip zu lösen ist. In dem Urteil vom 19. Dezember 1990 setzt sich die Cour de Cassation daher in Gegensatz zu ihrer Rechtsprechung in anderen Fällen. Es wird interessant sein, zu sehen, ob hier in nächster Zeit eine Rechtsprechungsänderung erfolgt.

---

399 Vgl. *J. Déprez*, RJS 1992, S. 3 (12).
400 So auch *J. Déprez*, RJS 1992, S. 3 (12).
401 *Y. Chalaron*, J.-Cl. trav. fasc. 19-20, Nr. 39, S. 17; ähnlich *J. Barthélémy*, Dr. soc. 1988, S. 554 (560).

3. Engagement unilatéral

In einem Urteil[402] vom 12. April 1995[403] hatte die Cour de Cassation die Frage zu beantworten, ob ein engagement unilatéral[404] eines Arbeitgebers durch einen später in Kraft getretenen ungünstigeren Tarifvertrag aufgehoben werden kann. Ein Firmentarifvertrag aus dem Jahr 1975 sah vor, daß Arbeitnehmer, die mit 65 Jahren in den Ruhestand gehen und eine Betriebszugehörigkeit von 20 Jahren aufweisen, eine Zusatzrente erhalten. Darüber hinaus legte ein „règlement du pré-retraite" fest, daß Mitarbeiter, die in den Vorruhestand gehen, diese Rechte auf die Zusatzrente mit Eintritt ihres 65. Lebensjahres ebenfalls erhalten. Die Klägerin war mit 60 Jahren in den Vorruhestand gegangen. Bei Eintritt ihres 65 Lebensjahres im September 1986 forderte sie von ihrer ehemaligen Arbeitgeberin die Zahlung der Zusatzrente. Diese verweigerte die Leistung jedoch mit der Begründung, daß im Dezember 1985 ein neuer Firmentarifvertrag in Kraft getreten sei, nach dem eine Zusatzrente nur noch Mitarbeitern zustünde, die eine 30 jährige Betriebszugehörigkeit aufweisen könnten. Diese Voraussetzung würde die Klägerin nicht erfüllen. Die Vorinstanz hatte entschieden, daß in dem „règlement du pré-retraite" ein einseitiges Engagement des Arbeitgebers zu sehen sei und daß der neue Firmentarifvertrag die günstigere Regelung nicht abgeändert oder aufgehoben hätte. Die Cour de Cassation hat das Urteil bestätigt.

Auch in diesem Fall ist von der Cour de Cassation und von der Vorinstanz wieder die für die ehemalige Arbeitnehmerin günstigere Regelung angewandt worden. Allerdings erstaunt das Judikat angesichts der Rechtsprechung zu den betrieblichen Übungen. Eine betriebliche Übung kann durch einen neuen Firmentarifvertrag und sogar einen Branchentarifvertrag problemlos aufgehoben und ersetzt werden, während das bei einem einseitigen Engagement des Arbeitgebers nicht der Fall sein soll.[405] Die Erklärung für diese Entscheidung kann nur die sein, daß die Parteien des Firmentarifvertrages gar nicht über die Vorruhestandsregelung verhandelt haben, sondern bei ihrer Änderung allein die Zusatzrente im Blick hatten. Aus diesem Grund ist das einseitige Engagement des Arbeitgebers hier nicht aufgehoben worden und war, da es für die Arbeitnehmerin günstiger war, auch anzuwenden. Da es für einen solchen Konflikt jedoch keine gesetzli-

---

402 Unter diesem Punkt soll nur eine Entscheidung dargestellt werden, die dazu beiträgt, das Gesamtbild zu diesem Komplex etwas abzurunden. Es scheint sich hier um eine Einzelfallentscheidung zu handeln, die jedoch ein interessantes Licht auf die oben bereits vorgestellten Urteile wirft.

403 Dr. soc. 1995, S. 684 mit Anmerkung *E. Dockès.*

404 Das engagement unilatéral ist mit der deutschen Einzel- oder Gesamtzusage vergleichbar. Auch in Frankreich kommt es in beiden Arten vor. In jedem Fall handelt es sich jedoch um die Gewährung von Leistungen an die Arbeitnehmer auf alleiniges Betreiben. Ein Beispiel hierfür ist z.B. die Auszahlung einer Betriebszugehörigkeitsgratifikation, obwohl diese bisher weder vertraglich geregelt ist, noch eine derartige Übung in dem Betrieb besteht. Vgl. zum engagement unilatéral *E. Dockès,* Dr. soc. 1994, 227 ff.

405 Siehe zu diesen Fragen auch die Urteilsanmerkung von *E. Dockès,* Dr. soc. 1995, S. 684.

che Regelung gibt, war auch in diesem Fall das Günstigkeitsprinzip als allgemeines Rechtsprinzip des französischen Arbeitsrechts anzuwenden.

4. Zusammenfassung und Ergebnis

Alles in allem fällt bei den hier vorgestellten Urteilen auf, daß sich zwar eine klare Linie in der französischen Rechtsprechung erkennen läßt, daß aber auch immer wieder Entscheidungen getroffen werden, die der von der Rechtsprechung entwickelten Systematik widersprechen. Die eindeutig im französischen Arbeitsrecht festgelegte und sich auch in den Urteilen bestätigende Regel ist dennoch diejenige, daß im Falle eines Normenkonfliktes die günstigere Regelung anzuwenden ist. Das gilt auch in den Fällen, in denen die Konfliktlösung nicht gesetzlich geregelt ist. Allerdings durchbricht die Cour de Cassation in manchen Entscheidungen dieses System, wenn sie z.B. eine Aufhebung einer günstigeren betrieblichen Übung durch einen Branchentarifvertrag zuläßt.[406] Denn in diesen Fällen dient das Hierarchie- und nicht das Günstigkeitsprinzip als Konfliktlösungsregel.

Die verschiedenen hier vorgestellten Urteile haben gezeigt, daß das Günstigkeitsprinzip tatsächlich auch überwiegend in Konfliktsituationen angewandt wird, die nicht gesetzlich geregelt sind. Der Satz von *Yves Chalaron*, das Günstigkeitsprinzip sei die Seele des französischen Arbeitsrechts, hat sich somit bestätigt.

---

[406] Siehe hierzu oben S. 103 ff.

3. ABSCHNITT: DER GÜNSTIGKEITSVERGLEICH

Regelungskonflikte werden im französischen Arbeitsrecht fast ausschließlich durch das Günstigkeitsprinzip gelöst. Dieser Ertrag läßt sich aus den vorangegangenen Ausführungen ziehen. Damit ist jedoch noch nicht geklärt, welche von zwei Regelungen, die miteinander in Konflikt stehen für den oder die Arbeitnehmer günstiger ist und damit zur Anwendung gelangt. Um diese Frage zu beantworten, bedarf es Bewertungskriterien, die nicht zuletzt die Funktion haben, Regelungsgegenstände vergleichbar zu machen.
Aufzuklären ist in diesem Zusammenhang unter anderem, welcher Bezugspunkt zu wählen ist (Gesamtheit der Arbeitnehmer oder der einzelne Arbeitnehmer), wie verglichen wird (die einzelne Vorschrift, eine Gruppe von Vorschriften oder gar Tarifverträge insgesamt), welche Kriterien bei der Bewertung der Günstigkeit berücksichtigt werden und aus welchem Blickwinkel ein solcher Vergleich vorzunehmen ist (objektive oder subjektive Betrachtungsweise).
In der französischen Rechtsprechung sind im Laufe der Jahre eine ganze Anzahl von Vergleichskriterien entwickelt worden. Da sich aufgrund der französischen Urteilstechnik[407] in den einzelnen Urteilen jedoch keine Begründung für die Durchführung des Günstigkeitsvergleichs in der einen oder der anderen Weise finden läßt, gestaltet sich die Erarbeitung der Vergleichskriterien allein anhand einer Urteilsanalyse schwierig. Daher wird zunächst die Literatur vorgestellt, die auf der Basis der Urteile der Cour de Cassation bereits Vergleichsregeln entwikkelt hat.

A. Die in der Literatur entwickelten Vergleichsregeln

Im Vergleich zu der Bedeutung, die aufgrund der umfassenden Präsenz des Günstigkeitsprinzips im französischen Arbeitsrecht dem Günstigkeitsvergleich zukommt, haben sich nur wenige Autoren mit der Frage beschäftigt, wie der Vergleich im einzelnen durchzuführen ist. Da die Literaturdichte somit sehr gering ist und selbst unter den wenigen Verfassern im Hinblick auf einzelne Beur-

[407] Die Urteile der Cour de Cassation sind stets sehr kurz und apodiktisch gefaßt. [Zur Urteilstechnik siehe auch *Ph. Waquet*, Dr. soc. 1998, S. 63 ff.] Eine Begründung für eine bestimmte Entscheidung läßt sich aus ihnen nur sehr schwer herauslesen. [Siehe zu diesem Problem auch *M. le Friant*, NZA 2000, S. 81 (82), die über die Urteilsdichte des Urteils des BAGs erstaunt ist.] Auf den Grund der Begründung für eine bestimmte Entscheidung ließe sich nur schließen, wenn die Conclusions des juge rapporteur oder des avocat général zur Verfügung stünden. Diese sind jedoch nicht zur Veröffentlichung vorgesehen und werden nach Auskunft des Generalanwalts Pierre Lyon-Caen, mit dem die Verfasserin am 28.09.1999 ein persönliches Gespräch führen konnte, auch in der Regel nicht schriftlich festgehalten, so daß diese Dokumente, die eine Hilfestellung bieten könnten, für eine Urteilsanalyse nicht oder nur dann zur Verfügung stehen, wenn sie veröffentlicht worden sind.

teilungskriterien nicht immer Einigkeit besteht, werden bei der folgenden Darstellung auch Sondermeinungen einzelner Autoren berücksichtigt.

I. Analytischer oder globaler Vergleich?

Unter dieser Überschrift wird in der französischen Literatur die Frage diskutiert, wie analytisch oder wie global der Vergleich im Einzelfall durchzuführen ist.[408] Sind nur die einzelnen in Konflikt befindlichen Regelungen Norm für Norm miteinander zu vergleichen, dann spricht man von einer analytischen Betrachtungsweise. Werden ganze Normenkomplexe oder gar Tarifverträge miteinander verglichen, dann wird der durchgeführte Vergleich als global bezeichnet.[409] Wie das Beispiel, einzelne Normenkomplexe oder ganze Tarifverträge, bereits zeigt, gibt es eine weite Spannbreite dessen, was unter einen globalen Vergleich gefaßt werden kann.

In der französischen Literatur besteht Einigkeit darüber, daß die Frage, ob der Vergleich analytisch oder global durchzuführen ist, für jeden Fall neu zu beurteilen ist.[410] Eine Faustregel besteht dahingehend, daß im Rahmen des Art. L. 132-4 CT in der Regel ein analytischer Vergleich durchzuführen ist, da hier im Mittelpunkt des Interesses die Frage steht, ob eine bestimmte Vorschrift eines Tarifvertrages zu Gunsten der Arbeitnehmer vom Gesetz abweicht.[411] Geht es jedoch um eine Konfliktlösung zwischen zwei Tarifverträgen, so hängt die Frage nach der Vergleichsart davon ab, ob sich die einzelnen in Konflikt befindenden Vorschriften isoliert betrachten lassen oder ob es sich um einen Komplex von Regelungen handelt, die voneinander abhängen und daher nur als Ganzes verglichen werden können.[412] Hängen Vorschriften so zusammen, daß sie eine Einheit bilden, dann sind die Regelungen zu vergleichen, die sich auf den gleichen Gegenstand oder den gleichen Regelungsgrund beziehen[413], der Vergleich ist dann in diesem klar umgrenzten Rahmen global durchzuführen.[414] Ent-

---

[408] Siehe hierzu *M. Despax*, Négociations, conventions et accords collectifs, S. 95 ff.

[409] Vgl. den Überblick bei *M. Despax*, Négociations, conventions et accords collectifs, S. 95 ff.

[410] *N. Aliprantis*, thèse, S. 57 (Fn. 49); *A. Chevillard*, Dr. soc. 1993, S. 363 (364 u. 371).

[411] *M.-A. Rotschild-Souriac*, thèse, S. 889; *Y. Chalaron*, Études offertes à Gérard Lyon-Caen, S. 243 (249); *M. Despax*, Négociations, conventions et accords collectifs, S. 95 f.; *L. Rozès*, Dr, soc. 1977, S. 311 (314).

[412] Dies wäre z.B. dann der Fall, wenn ein Firmentarifvertrag in mehreren Vorschriften die Voraussetzungen einer Betriebsrente regeln würde und im Gesetz oder einem andren Tarifvertrag hierzu auch Regelungen bestünden. Dann stellt sich die Frage, ob diese Vorschriften insgesamt miteinander verglichen werden oder nur die jeweils korrespondierende Regelung.

[413] *A. Chevillard*, Dr. soc. 1993, S. 363 (371); *M.-A. Rotschild-Souriac*, thèse, S. 1614 ff.; *N. Aliprantis*, thèse, S. 57 (Fn. 49); *M. Despax*, Négociations, conventions et accords collectifs, S. 96. Dies gilt im übrigen auch bei einem Vergleich im Rahmen von Art. L. 132-4 CT, wenn Regelungen nur als ganzes gesehen werden können.

[414] Die Verwendung des Begriffes global in diesem engen Zusammenhang erscheint verwirrend, denn letztendlich werden auch hier zwei klar umrissene Normenkomplexe mitein-

hält z.B. ein Firmentarifvertrag mehrere den Urlaub betreffende Regelungen und befinden sich auch in einem mit diesem Firmentarifvertrag in Konflikt stehenden Branchentarifvertrag mehrere Vorschriften, die den Urlaubsanspruch eines Arbeitnehmers regeln, so sind diese Regelungskomplexe insgesamt und damit nach der französischen Terminologie „global" miteinander zu vergleichen.
Einigkeit besteht in der französischen Literatur jedoch dahingehend, daß ein globaler Vergleich in der Weise, daß ganze Tarifverträge miteinander verglichen werden, nicht möglich ist.[415]

II. Individueller- oder kollektiver Vergleich?

Unter dieser Überschrift wird die Frage diskutiert, welcher Bezugspunkt für einen Vergleich gewählt werden muß. Es bestehen zwei Möglichkeiten: Entweder ist der Vergleich aus der Sicht des einzelnen Arbeitnehmers oder aus der Sicht der Mehrzahl der betroffenen Arbeitnehmer durchzuführen. Die einzelnen Autoren vertreten hinsichtlich dieser Fragen verschiedene Konzeptionen.
So sind einige Verfasser der Auffassung, daß von dem Grundsatz auszugehen ist, daß ein kollektiver Vergleich durchzuführen ist. Immer dann jedoch, wenn eine der Vergleichskomponenten der Arbeitsvertrag ist, muß der Vergleich individuell durchgeführt werden.[416] *Chevillard* ist der Ansicht, daß bei der Frage des Bezugspunktes zu unterscheiden ist, ob es sich um Normen hierarchisch gleicher oder hierarchisch verschiedener Ebene handelt.[417] Bei Normen hierarchisch verschiedener Ebene gelte der Grundsatz, daß der Vergleich im Hinblick auf den Begünstigten durchzuführen sei. Wer Begünstigter ist, sei hinsichtlich des Vergleichsobjektes zu definieren. So sei z.B. bei in einem Arbeitsvertrag geregelten Fragen des Lohnes, Urlaubs oder der Kündigungsfrist ein individueller Vergleich durchzuführen, während bei Fragen von kollektiven Arbeitnehmerrech-

---

ander verglichen, die ungefähr den gleichen Regelungsinhalt haben. Daher ist auch dieser Vergleich analytisch, da konkrete Normenkomplexe miteinander verglichen werden und daraufhin untersucht werden, welcher von beiden günstiger ist und es nicht zu einem Gesamtvergleich, wie etwa bei einem Vergleich von Tarifverträgen insgesamt kommt.

415 So *M.-A. Rotschild-Souriac*, thèse, S. 1191; *A. Chevillard*, Dr. soc. 1993, S. 363 (371); *M. Despax*, Négociations, conventions et accords collectifs, S. 96. Diese von den Autoren vertretene Auffassung ist zum Teil durch die Tatsache begründet, daß die Cour de Cassation de facto nie einen globalen Günstigkeitsvergleich durchgeführt hat, indem sie zwei Tarifverträge insgesamt miteinander verglichen hat. Diese Rechtsprechungssituation hat sich jedoch seit dem Urteil vom 19. Februar 1997 geändert, denn in dieser Entscheidung wurde zum ersten Mal ein Günstigkeitsvergleich zwischen zwei Tarifverträgen insgesamt durchgeführt. Leider hat sich die französische rechtswissenschaftliche Literatur soweit ersichtlich bis auf einige Urteilsanmerkungen diesem neuen Thema noch nicht zugewandt, so daß zur Zeit nicht absehbar ist, ob die ablehnende Haltung gegenüber einer solchen globalen Betrachtungsweise aufrechterhalten bleibt, oder ob dieser neue Schritt der Rechtsprechung auch von der Lehre insgesamt positiv aufgenommen wird.

416 *Durand/Vitu*, Droit du travail, tome III, n° 208, S. 588; *M. Despax*, Négociations, conventions et accords collectifs, S. 110 f.

417 Dr. soc. 1993, S. 363 (368).

ten, wie beispielsweise dem Streik, der Vergleich kollektiv sein müsse.[418] Bei Konflikten unter Normen hierarchisch gleicher Ebene trifft *Chevillard* eine weitere Unterscheidung dahingehend, ob es sich um Nachfolgekonflikte oder Koexistenzkonflikte handelt.[419] Im Rahmen von Nachfolgekonflikten sei der Vergleich im Hinblick auf die Gesamtheit der Betroffenen Arbeitnehmer durchzuführen, da es sich hier um nachfolgende Tarifverträge handele, deren Günstigkeit nur hinsichtlich aller Arbeitnehmer beurteilt werden könne.[420] Liegt hingegen ein Koexistenzkonflikt vor, so müsse der Günstigkeitsvergleich je nach der Art des zu vergleichenden Vorteils durchgeführt werden. Bei einem individuellen Vorteil (Gehalt, Urlaub etc.) sei ein individueller und bei einem kollektiven Vorteil (Mitarbeitermitbestimmung etc.) ein kollektiver Vergleich durchzuführen.[421]

Einen weiteren und sich von den anderen Autoren in vielen Bereichen weitgehend unterscheidenden Ansatz hat *Nikitas Aliprantis* entwickelt. Er vertritt die Auffassung, daß die Frage, ob ein individueller oder ein kollektiver Günstigkeitsvergleich durchzuführen ist, von der Art des Vorteils und nicht von der Rechtsquelle abhängig ist.[422] Handelt es sich um einen individuellen Vorteil, d.h., um einen Vorteil den jeder Arbeitnehmer für sich selbst einfordern kann, dann ist der Vergleich individuell durchzuführen; handelt es sich um einen kollektiven Vorteil, d.h., um Rechte die die Arbeitnehmervertretungen oder die Gewerkschaften durchsetzen müssen, so ist der Vergleich kollektiv durchzuführen.[423]

Trotz der sehr vernünftig erscheinenden Ansätze von *Aliprantis* und *Chevillard* in Bezug auf die individuelle oder die kollektive Durchführung des Günstigkeitsvergleichs geht die überwiegende Meinung in Frankreich dennoch weiterhin davon aus, daß der Günstigkeitsvergleich stets kollektiv durchzuführen ist.[424]

---

[418] *A. Chevillard,* Dr. soc. 1993, S. 363 (368).

[419] *Chevillard* benutzt hier die Terminologie von *Vachet*, die dieser in Bezug auf die unterschiedlichen Konfliktmöglichkeiten von Tarifverträgen entwickelt hat. Siehe hierzu *G. Vachet,* thèse, S. 79 ff. *Gérard Vachet* unterscheidet zwischen drei Konfliktarten: Konflikte aufgrund von Überlagerung, Juxtaposition und Nachfolge. Die Konflikte aufgrund von Überlagerungen existieren sowohl auf territorialer als auch auf beruflicher Ebene. Sie kommen aufgrund von territorialen Überschneidungen (nationaler, regionaler, lokaler und Firmentarifvertragsebene) zu Stande. Konflikte aufgrund von Juxtaposition treten auf, wenn Branchentarifverträge mit einem gleichen territorialen Anwendungsbereich in einem Unternehmen aufgrund der Ausübung mehrerer Tätigkeitsbereiche gleichzeitig anwendbar sind und die Nachfolgekonflikte entstehen, wenn ein Tarifvertrag einen anderen in dem gleichen Geltungsbereich ersetzt.

[420] *A. Chevillard,* Dr. soc. 1993, S. 363 (370).

[421] *A. Chevillard,* Dr. soc. 1993, S. 363 (371).

[422] *N. Aliprantis,* thèse, S. 62.

[423] *N. Aliprantis,* thèse, S. 62.

[424] Für viele nur *M.-A. Rotschild-Souriac,* thèse, S. 1193 m.w.N.; *G. Vachet,* thèse, S. 222 ff. m.w.N.

Von den Autoren, die diese Ansicht vertreten und die sich zur Begründung auf die Rechtsprechung der Cour de Cassation stützten, wird jedoch übersehen, daß sämtlichen Urteilen, die eine klare Aussage zu den Vergleichsregeln treffen, ein Vergleich zwischen zwei Tarifverträgen und damit Kollektivvereinbarungen zugrunde liegt. Die hier vorgenommene Vergleichspraxis kann daher nicht unreflektiert auf andere Konfliktverhältnisse übertragen werden. Insbesondere ist eine solche Übertragbarkeit dann nicht gegeben, wenn eine Konfliktkonstellation zu betrachten ist, an der ein Individualvertrag beteiligt ist. Der differenzierteren Betrachtungsweise von *Aliprantis* ist daher der Vorzug zu geben.

III. Objektive oder subjektive Betrachtungsweise?

Hinter diesen Begriffen steht die Frage, ob der Vergleich aus dem Blickwinkel eines objektiven Beobachters oder subjektiv im Hinblick auf das Interesse des jeweils Betroffenen oder der betroffenen Personengruppe durchzuführen ist. Auch wenn in einzelnen konzeptionellen Fragen Unterschiede bestehen, sind die französischen Autoren sich bei der Antwort hierauf weitestgehend einig. Der Vergleich ist objektiv durchzuführen.[425] Allerdings weist *Aliprantis* zu Recht darauf hin, daß einige Autoren keine Unterscheidung zwischen einem kollektiven und einem objektiven Vergleich treffen und so Dinge verbinden, die grundsätzlich voneinander zu trennen sind.[426]

Obwohl sich im Grundsatz alle Autoren einig sind, daß der Günstigkeitsvergleich objektiv durchzuführen ist, wollen einige in bestimmten Ausnahmefällen eine subjektive Komponente in den Vergleich einbinden. So ist *Aliprantis* der Auffassung, daß in den Fällen, in denen ein objektiver Vergleich ergibt, daß beide in Konflikt befindlichen Normen gleich günstig sind, der Betroffene selbst wählen darf, welche der beiden Vorschriften zur Anwendung gelangen soll.[427] *Chevillard* hält einen subjektiven Vergleich bei mehreren Konstellationen für möglich. Zum einen will er den Betroffenen immer dann eine Wahl zwischen den beiden Vorteilen einräumen, wenn der Gesetzgeber ein Abweichen vom Gesetz erlaubt.[428] Zum anderen soll in den Fällen eine subjektive Entscheidung möglich sein, in denen es nicht möglich ist, festzustellen, welche von zwei Vorschriften die günstigere ist.[429] Darüber hinaus ist nach seiner Auffassung auch eine Wahl und damit eine subjektive Betrachtungsweise jedesmal dann denkbar, wenn eine Übereinstimmung der Regelungen hinsichtlich aller Arbeitnehmer in

[425] *N. Aliprantis,* thèse, S. 60 f.; *A. Chevillard,* Dr. soc. 1993, S. 363 (365), *M. Despax,* Négociations, conventions et accords collectifs, S. 93 ff; *L. Rozès,* Dr. soc. 1977, S. 311 (314).

[426] So trifft z.B. Despax eine solche Unterscheidung nicht. Siehe *M. Despax,* Négociations, conventions et accords collectifs, S. 93 ff.

[427] *N. Aliprantis,* thèse, S. 61.

[428] *A. Chevillard,* Dr. soc. 1993, S. 363 (365).

[429] *A. Chevillard,* Dr. soc. 1993, S. 363 (365).

einem Unternehmen nicht erforderlich ist.[430] Diese Ansicht wurde bisher jedoch - soweit ersichtlich - von keinem der anderen Autoren übernommen, so daß davon auszugehen ist, daß es sich insoweit um eine Mindermeinung handelt.

IV. Weitere Vergleichskriterien

Als weiteres Vergleichskriterium wird von einigen Autoren angeführt, daß der Vergleich ausschließlich nach juristischen Gesichtspunkten zu erfolgen hat.[431] Sie verstehen hierunter, daß Fragen der Wirtschaftlichkeit oder etwaiger wirtschaftlicher Folgen der zu vergleichenden Vorschriften nicht in den Vergleich miteinbezogen werden dürfen. Bei der Beurteilung, ob die eine oder die andere Norm günstiger ist, dürften allein juristische Gesichtspunkte eine Rolle spielen.[432] Führt daher eine Erhöhung des Tarifniveaus zu einer Mehrbelastung der Unternehmen, die langfristig zu einem Wegfall von Arbeitsplätzen führen könnte, so darf dieser Gesichtspunkt bei dem vorzunehmenden Vergleich keine Berücksichtigung finden. Hintergrund für die Aufstellung dieses Vergleichskriteriums ist die Tatsache, daß die meisten wirtschaftlichen Verbesserungen häufig finanzielle Mehrbelastungen für die Arbeitgeber nach sich ziehen. So wird bei jeder sozialen Reform in der Regel von den Arbeitgebern eingewandt, daß die finanziellen Mehraufwendungen zur Folge hätten, daß Arbeitsplätze gefährdet würden. Genau auf diese Fragen darf es aber im Rahmen eines Günstigkeitsvergleichs nicht ankommen, sondern es ist auf rein formal rechtlicher Basis zu entscheiden, ob eine Vorschrift günstiger oder ungünstiger für den oder die betroffenen Arbeitnehmer ist.[433]

---

430 *A. Chevillard,* Dr. soc. 1993, S. 363 (365).

431 So *M. Despax,* Négociations, conventions et accords collectifs, S. 93; *L. Rozès,* Dr. soc. 1977, S. 311 (314).

432 Siehe zu dieser Frage die Ausführungen bei *M. Despax,* Négociations, conventions et accords collectifs, S. 93; *Durand/Jaussaud,* Traité de droit du travail, tome I, n° 140, S. 180.

433 *M. Despax,* Négociations, conventions et accords collectifs, S. 93.

B. Der Günstigkeitsvergleich in der Rechtsprechung

Die Rechtsprechung zum Günstigkeitsprinzip und zum Günstigkeitsvergleich in Frankreich verfügt bereits über eine lange Tradition. Die ersten Urteile zum Günstigkeitsvergleich, die auch in der Literatur zitiert werden, stammen aus den fünfziger Jahren des letzten Jahrhunderts.[434] Bei der Betrachtung, der in der französischen Rechtsprechung zu dem Thema Günstigkeitsvergleich ergangenen Urteile fällt die Besonderheit auf[435], daß die meisten Urteile zu Fragen des Günstigkeitsvergleichs im Zusammenhang mit Fragen der avantages acquis bei nachfolgenden Tarifverträgen behandelt werden.[436] Da für alle anderen Konstellationen weniger Rechtsprechungsbeispiele zum Günstigkeitsvergleich zur Verfügung stehen, werden manchmal die für diese Fälle entwickelten Vergleichsregeln von der Literatur auf andere Situationen übertragen, auf die sie jedoch nicht hundertprozentig passen oder gar nicht anwendbar sind.[437] Daher ist anhand der Rechtsprechung zu überprüfen, ob die von der Rechtslehre entwickelten Vergleichsregeln tatsächlich auch in der Praxis angewandt werden. Darüber hinaus ist die Rechtsprechung auf Schlüssigkeit zu kontrollieren und es ist zu klären, ob sie in gleichen Vergleichssituationen zu gleichen Ergebnissen gelangt.

Die Hauptprobleme, die sich bei Fragen des Günstigkeitsvergleichs ergeben, beziehen sich in der Regel darauf, ob ein analytischer oder globaler, ein individueller- oder ein kollektiver Vergleich durchzuführen ist. Wie bei der Vorstellung der Literatur bereits deutlich geworden ist, kann die jeweils anzuwendende Vergleichsart von der Konfliktkonstellation abhängen, die zu lösen ist.[438]

---

434 Es gibt sicherlich noch ältere Urteile, da das Günstigkeitsprinzip bereits seit 1936 im Code du Travail verankert ist, doch scheint dieses Rechtsprechung entweder nicht publiziert worden zu sein oder im Laufe des Krieges verloren gegangen zu sein, da sie nicht erwähnt wird.

435 Um einen Überblick darüber zu erhalten, wie die Rechtsprechung den Günstigkeitsvergleich tatsächlich durchführt, wurden weit über hundert Urteile der Cour de Cassation aus den Jahren 1954 bis Juni 2002 gesammelt und ausgewertet. Da nicht alle Urteile an dieser Stelle vorgestellt werden können, wird die Darstellung auf Leitentscheidungen und aus anderen Gründen wichtige oder Ausnahmeurteile beschränkt. Alle vorgestellten Entscheidungen haben in der französischen rechtswissenschaftlichen Literatur eine gewisse Resonanz erfahren, so daß davon auszugehen ist, daß vorliegend ein „rundes" Bild der französischen Rechtsprechung wiedergeben wird.

436 Diese Beobachtung hat auch *A. Chevillard* gemacht, siehe Dr. soc. 1993, S. 363 (364). Den Grund hierfür hat –soweit ersichtlich- bis heute noch kein Autor erforscht.

437 Vgl. *A. Chevillard*, Dr. soc. 1993, S. 363 (364).

438 Siehe z.B. den Ansatz von Despax, der die Antwort auf die Frage, ob ein Einzel- oder ein Gruppenvergleich durchzuführen ist, davon abhängig macht, ob der Arbeitsvertrag an dem Konflikt beteiligt ist.
Da solche möglichen Konfliktkonstellationen vom französischen Gesetzgeber im Code du Travail zum Teil geregelt worden sind, wird die Rechtsprechung der Cour de Cassation im folgenden anhand dieser einzelnen Vorschriften dargestellt, um so Vergleichsunterschiede im Rahmen der verschiedenen Konfliktkonstellationen herauszufiltern.

I. Vergleich im Verhältnis Tarifvertrag – Gesetz (Art. L. 132-4 CT)

Nur wenige Urteile der Cour de Cassation, die zu Art. L. 132-4 CT ergangen sind, beschäftigen sich mit Fragen des Günstigkeitsvergleichs.[439] In den meisten Urteilen wird ohne nähere Begründung festgestellt, daß die Bestimmung des Gesetzes oder des Tarifvertrages günstiger ist. Darüber, welche Vergleichsmaßstäbe von den Richtern angelegt wurden, sagen die Urteile nichts aus. So ist es häufig nur möglich zwischen den Zeilen der einzelnen Urteile zu lesen und diese mit anderen Urteilen zu vergleichen, um herauszufinden, wie die Cour de Cassation im einzelnen den Günstigkeitsvergleich durchführt und welche Kriterien sie zugrunde legt.[440]

1. Urteil vom 2. März 1960

In dem Urteil vom 2. März 1960[441] liegt eine der wichtigsten Entscheidungen der Cour de Cassation vor, die sich mit Fragen des Günstigkeitsvergleichs zwischen Tarifvertrag und Gesetz beschäftigt. Sie ist ein Paradebeispiel für eine Konfliktsituation zwischen Gesetz und Tarifvertrag.

Die Cour de Cassation hatte über die Frage zu entscheiden, ob eine örtliche Urlaubsgeldvereinbarung günstiger war, als das Gesetz. Die Vorinstanz hatte die örtliche Urlaubsgeldvereinbarung für anwendbar gehalten, obwohl der Kläger - ein Arbeitnehmer - hierdurch schlechter gestellt wurde. Denn die tarifliche Urlaubsgeldvereinbarung erzielte für die meisten anderen Arbeitnehmer günstigere Ergebnisse als das Gesetz. Die Cour de Cassation hat das Urteil mit der Begründung aufgehoben, die Entscheidung der Vorinstanz verletze Art. 31 lit. a 1er Livre CT (heute Art. L. 132-4 CT). Eine Vereinbarung sei bereits in dem Augenblick ungünstiger als das Gesetz, in dem auch nur ein Arbeitnehmer schlechter gestellt würde. Sie sei damit unzulässig.

Dieses Urteil erstaunt angesichts der in der Literatur vorherrschenden Meinung, daß der Günstigkeitsvergleich in der Regel ein Kollektivvergleich ist, also auf den Vorteil der Gesamtheit der Arbeitnehmer abzielt. In diesem Fall hat sich die Cour de Cassation eindeutig für einen individuellen Günstigkeitsvergleich entschieden. Es kommt ausschließlich darauf an, ob die Vorschrift ungünstiger für den einzelnen Arbeitnehmer ist. Ferner läßt sich dem Urteil auch entnehmen, daß hier ein analytischer Vergleich vorgenommen worden ist, da ausschließlich

---

[439] So z.B. Cass. soc. 16. Jan. 1985, Bull. civ. V 1985, n° 24 und soc. 17. Juli 1996, Dr. soc. 1996, S. 1053.

[440] Hingewiesen werden soll hier noch einmal auf die Tatsache, daß es sich dem zu Art. L. 132-4 CT durchzuführenden Günstigkeitsvergleich nicht um einen Vergleich im Rahmen einer Konfliktlösung handelt, sondern daß es hier ausschließlich um die Frage geht, ob die Tarifparteien die vom Gesetzgeber gezogene Grenze überschritten haben. Daher kann hier der Vergleich unter Umständen anders ausfallen, als ein Günstigkeitsvergleich im Rahmen einer Konfliktlösung.

[441] Bull. Civ. IV 1960, n° 248 (Vanoberghe c./Société Peignage Lamon).

die beiden Vorschriften miteinander verglichen wurden, die das Urlaubsgeld regeln. Festzuhalten ist daher, daß die Cour de Cassation in diesem Fall einen individuellen, analytischen und objektiven[442] Vergleich durchgeführt hat.

Folge der vorliegend festgestellten Ungünstigkeit der tariflichen Regelung ist, daß die Tarifparteien ihre Regelungsmacht überschritten haben. Damit verstößt die Vereinbarung gegen den ordre public und ist somit unwirksam.
Die hier von der Cour de Cassation angewandte Verfahrensweise bestätigt die in dieser Untersuchung vertretene These, daß Art. L. 132-4 CT eine Schranke der Regelungsmacht der Tarifparteien ist. Denn in einem solchen Fall kommt es nur auf die Frage an, ob die Tarifparteien die ihnen gesetzte Grenze überschritten haben oder nicht. Eine Grenzüberschreitung liegt jedoch bereits dann vor, wenn auch nur ein einzelner Arbeitnehmer schlechter gestellt wird, als nach dem Gesetz. Die Durchführung eines individuellen Vergleiches ist daher hier folgerichtig.

2. Urteil vom 16. Januar 1985

In einem Urteil vom 16. Januar 1985[443] ging es um die Frage, welchen Status Mitarbeiter bei den Wahlen zu den Belegschaftsvertretern haben, die außerhalb des Unternehmens tätig sind. Der Streit betraf die Gruppe der Produktförderer, die die Produkte des Unternehmens in Märkten und Kaufhäusern vorstellen und deren Tätigkeit sich daher außerhalb der eigentlichen Betriebsstätte bewegt. Im Tarifvertrag war für diesen Teil der Belegschaft eine Bestimmung enthalten, die vorsah, daß diese Personen nur innerhalb dieser Gruppe wählen, während das Gesetz bestimmt, daß die Belegschaftsvertreter von allen Angestellten eines Betriebes insgesamt zu wählen sind. Die Vorinstanz hatte entschieden, daß das Gesetz anzuwenden sei, da es günstiger für die Gesamtheit der Arbeitnehmer sei. Die Cour de Cassation hat das Urteil mit der Begründung aufgehoben, daß die Regelung des Tarifvertrages günstiger für die Gruppe der Produktförderer sei.[444]

Auch dieses Urteil ist wiederum sehr interessant. Die Cour de Cassation verwirft den von der Vorinstanz durchgeführten Vergleich, in den diese die Gesamtheit aller Mitarbeiter einbezogen hatte und bezieht sich ausschließlich auf die direkt betroffene Gruppe. Da es sich in diesem Fall um mehrere Personen handelt, kann hier nicht von einem individuellen Vergleich gesprochen werden, aber wohl von einem Vergleich in Bezug auf die Betroffenen. Ob darüber hinaus ein analytischer oder ein globaler Vergleich durchgeführt wurde, kann anhand des

---

442 Der Vergleich war deshalb objektiv, weil der Kläger nicht selbst entscheiden durfte, sondern für ihn entschieden wurde, welche Regelung auf ihn anzuwenden ist.
443 Bull. civ. V 1985, n° 24.
444 Es heißt im Urteilstext: „Que la convention collective demeure plus favorable aux demonstrateurs."

Judikats nicht festgestellt werden, da aus diesem nicht hervorgeht, ob es sich um eine oder mehrere Vorschriften handelt, die miteinander verglichen werden.

Das Urteil ist in der französischen Literatur nicht unwidersprochen hingenommen worden. So bemerkt *Antoine Lyon-Caen* in seiner Urteilsanmerkung[445], daß die Entscheidung der Vorinstanz richtig gewesen sei. Es ginge nicht um Fragen einer einzelnen Gruppe, sondern um die Repräsentation der Belegschaft im Betrieb insgesamt und damit um Fragen, die im Interesse aller Arbeitnehmer stünden.

3. Weitere Fallgruppen

Eine ganze Reihe von Entscheidungen sind zu Fallkonstellationen ergangen, in denen ein Tarifvertrag eine Liste mit absoluten Kündigungsgründen enthielt. Hierbei handelte es sich in den meisten Fällen um eine Klausel, die den Arbeitgeber berechtigte, den Arbeitsvertrag fristlos zu kündigen, wenn einer der im Tarifvertrag aufgelisteten Gründe vorlag. Ferner kommen Konstellationen vor, in denen der Arbeitsvertrag als von Seiten des Arbeitnehmers gekündigt angesehen wird, wenn er nicht innerhalb einer bestimmten Frist, die häufig nicht länger als drei Tage beträgt, dem Arbeitgeber keine Arbeitsunfähigkeitsbescheinigung vorgelegt hat.[446] In einem weiteren Fall enthielt ein Tarifvertrag eine Klausel, die zur fristlosen Kündigung ermächtigte, wenn ein Arbeitnehmer zu einer Strafe ohne Bewährung verurteilt wurde.[447] Eine Geldstrafe von 300 FF war hierfür ausreichend.

In allen Konstellationen hat die Cour de Cassation entschieden, daß die tarifvertragliche Klausel nicht anzuwenden sei, weil sie ungünstiger als das Gesetz sei. Den Arbeitnehmern könnten nicht durch solche Klauseln ihre Rechte auf Abfindung und Einhaltung der Kündigungsfrist genommen werden. Für jeden dieser Fälle sei von den Richtern selbst zu prüfen ob ein schwerwiegender Kündigungsgrund vorliege, sie seien an die tarifvertragliche Vorschrift nicht gebunden. Die Urteile haben in der Lehre große Zustimmung gefunden.[448]

Allen diesen Urteilen ist gemein, daß die Cour de Cassation nichts darüber sagt, wie der Günstigkeitsvergleich im einzelnen durchzuführen ist. Auch wenn sich das Gericht ausschließlich mit dem einzelnen betroffenen Arbeitnehmer beschäftigt, kann jedoch an dieser Stelle keine Aussage darüber getroffen werden, ob vorliegend ein individueller oder ein kollektiver Günstigkeitsvergleich vor-

---

445 D. 1985, IR 439.

446 So Cass. soc. 18. Dez. 1975, D. 1976, J. 210 mit Anmerkung *J. Pélissier*; 8. März 1979, Bull. civ. V. 1979, n° 586; 3. April 1979, Bull. civ. V 1979, n° 304; 24. Okt. 1985, Bull. civ. 1985, n° 498.

447 Cass. soc. 28. Januar 1970, J.C.P. 1970 II, 16365 mit Anmerkung *Groutel*.

448 Siehe nur die Anmerkungen von *Groutel*, J.C.P. 1970 II, 16365 und *Pélissier*, D. 1976, J. 210.

genommen wird. Diese Fälle entziehen sich dem Parameter kollektiv - individuell. Zu entscheiden war die Frage, ob ein Tarifvertrag verbindlich einen wichtigen Kündigungsgrund definieren kann oder ob eine gerichtliche Kontrolle stets möglich sein muß.
Gemeinsam ist jedoch allen Urteilen, daß die Cour de Cassation analytisch vorgegangen ist. Sie hat stets die beiden betreffenden Vorschriften miteinander verglichen.

Aus der Anhäufung analytischer Urteile läßt sich jedoch nicht schließen, daß der Günstigkeitsvergleich im Verhältnis Tarifvertrag und Gesetz grundsätzlich analytisch durchzuführen ist. In ihren Urteilen aus dem Jahr 1996, SNCF und EDF[449], hat die Cour de Cassation eindeutig festgestellt, „*que cette appréciation doit être globale à raison du caractère indivisible de ce régime de congés payés institué en tenant compte des necessités du service public*" und einen globalen Günstigkeitsvergleich durchgeführt. Es läßt sich daher festhalten, daß im Verhältnis Tarifvertrag und Gesetz vom obersten französischen Gerichtshof sowohl ein analytischer, als auch ein globaler Günstigkeitsvergleich durchgeführt wird. Dies hängt ausschließlich von der Konstellation der Normen ab, die zu vergleichen sind.

4. Ergebnis

Für das Verhältnis Tarifvertrag und Gesetz lassen sich aufgrund der Rechtsprechungsanalyse folgende Vergleichsgrundsätze feststellen:

1. Der Günstigkeitsvergleich wird im Hinblick auf den oder die durch die Regelung Betroffenen durchgeführt. Es kommt ausschließlich darauf an, ob die tarifvertragliche Vorschrift im Hinblick auf sie ungünstiger ist als das Gesetz. Ein kollektiver Vergleich wurde bisher, soweit ersichtlich, von der Rechtsprechung in keinem dieser Fälle durchgeführt.[450]

2. Ob der Vergleich analytisch oder global durchgeführt wird, hängt von der Komplexität der miteinander zu vergleichenden Vorschriften ab. In jedem Fall sind die Regelungen in einen Vergleich einzubeziehen, die den gleichen Regelungsgegenstand und den gleichen Regelungsgrund betreffen.[451]

---

[449] Urteil vom 17. Juli 1996, Dr. soc. 1996, S. 1053.

[450] Siehe auch weitere Urteile zum Günstigkeitsvergleich bei Art. L. 132-4 CT, cass. soc. 26. April 1972, Bull. civ. V 1972, n° 282; soc. 14. Febr. 1980, Bull. civ. V 1980, n° 149; soc. 11. Febr. 1982, Bull. civ. V 1982, n° 95; soc. 27. Okt. 1982, Bull. civ. V 1982, n° 590; soc. 4. Dez. 1996, RJS 1997, n° 220, cass. Soc. 4. Jan. 2000, Bull. civ. V 2000, n° 1, S. 1.

[451] Siehe auch die Urteile cass. soc. 11. Febr. 1982, Bull. civ. V 1982, n° 95; 25. Jan. 1989, Bull. civ. V, n° 72; soc. 8. Nov. 1994, RJS 1994, n° 1393, Dr. soc. 1995, S. 68 f. mit Anmerkung *Cohen*.

Dieses Ergebnis entspricht der Auffassung von *Chevillard*, daß der Günstigkeitsvergleich bei hierarchisch verschiedenen Normen im Hinblick auf den oder die von einer Regelung betroffenen Arbeitnehmer durchzuführen ist.[452] Die Urteilsanalyse hat ergeben, daß die Cour de Cassation tatsächlich so verfährt. Hingegen stimmt die Meinung, daß stets ein kollektiver Günstigkeitsvergleich durchzuführen sei, mit der Rechtspraxis nicht überein.[453] Nicht im Einklang mit der Rechtspraxis steht auch die Meinung von *Aliprantis*, der der Auffassung ist, dass der Vergleich je nach der Art des Vorteils durchzuführen ist, denn dann hätte im Urteil vom 16. Januar 1985 ein kollektiver Günstigkeitsvergleich durchgeführt werden müssen, was gerade nicht geschehen ist. Hinsichtlich der Frage, ob der Vergleich analytisch oder global durchzuführen ist, hat sich die allgemeine Literaturmeinung bestätigt, daß dies für jeden Fall neu zu entscheiden sei und es einen nur analytisch oder nur global durchzuführenden Vergleich nicht gebe.[454]

II. Vergleich im Verhältnis Tarifvertrag – Arbeitsvertrag (Art. L. 135-2 CT)

Nur wenige Urteile sind zu Art. 135-2 CT ergangen und soweit ersichtlich beschäftigt sich keines dieser Urteile konkret mit den Fragen des Günstigkeitsvergleichs, sondern es geht in den meisten Fällen um Probleme bei der Anwendung von Art. L. 135-2 CT. Wie daher der Günstigkeitsvergleich bei einem Konflikt zwischen Tarif- und Arbeitsvertrag von der Cour de Cassation tatsächlich durchgeführt wird, kann nur zwischen den Zeilen aus den einzelnen Urteilen herausgelesen werden. Im folgenden sollen daher mehrere Urteile vorgestellt werden, um dann Schlußfolgerungen hinsichtlich der Vergleichsmethoden der Cour de Cassation zu ziehen.

1. Urteilsanalyse

a) Urteil vom 27. Juni 1979

Im Jahr 1979[455] hatte die Cour de Cassation über die Frage zu entscheiden, wie sich ein nachträglich abgeschlossener Tarifvertrag auf die Arbeitsverträge der Arbeitnehmer auswirkt. Drei Arbeiter hatten mit ihrem Arbeitgeber einen Monatslohn in Höhe des 200fachen Stundenlohnes ihrer Kategorie vereinbart, während ein später in Kraft getretener Tarifvertrag den Monatslohn nur auf den 191fachen Stundenlohn festsetzte. Als der Arbeitgeber die Arbeiter nur nach dem Tarifvertrag bezahlte, klagten sie den Restbetrag ein. Die Cour de Cassation hat in diesem Fall entschieden, daß die Bestimmung der Arbeitsverträge der

452 *A. Chevillard*, Dr. soc. 1993, S. 363 (368).
453 So *M.-A. Rotschild-Souriac*, thèse, S. 892; *G. Vachet*, thèse, S. 222 ff.
454 Vgl. *N. Aliprantis*, thèse, S. 57 (Fn. 49); *A. Chevillard*, Dr. soc. 1993, S. 363 (367 u. 367).
455 Cass. soc. 27. Juni 1979, Dr. ouvr. 1980, S. 181/182.

Kläger günstiger sei und daher trotz Inkrafttretens des neuen Tarifvertrages der Monatslohn weiter in Höhe des 200fachen Stundenlohnes zu zahlen sei.
Wie der Vergleich von der Cour de Cassation in diesem Fall durchgeführt worden sein muß, ist relativ klar. Sie hat die beiden Bestimmungen, einmal 191 und 200facher Stundenlohn miteinander verglichen und daher hier einen analytischen Vergleich durchgeführt. Des weiteren hat sie nichts darüber gesagt, daß die Interessen der gesamten Belegschaft zu berücksichtigen sind. Es ist daher davon auszugehen, daß ausschließlich die Interessen der einzelnen Arbeitnehmer zugrunde gelegt wurden, so daß hier darüber hinaus ein individueller Vergleich durchgeführt worden ist.

b) Urteil vom 15. Oktober 1981

In einem Urteil vom 15. Oktober 1981[456] ging es um einen Arzt, der von seinem Arbeitgeber mit Erreichen des 65. Lebensjahres automatisch in den Ruhestand versetzt worden war. Die Frage, die in diesem Zusammenhang zu beantworten war, war diejenige, ob der Arbeitgeber ihm eine Kündigungsentschädigung zu zahlen hatte, da der Arbeitsvertrag des Arztes vorsah, daß ihm eine Abfindung immer dann zusteht, wenn ihm gekündigt wird, ohne dass er einen schweren Fehler begangen hat.
Die Vorinstanz war der Auffassung, daß die Vorschrift des entsprechenden Tarifvertrages anzuwenden sei, der eine automatische Versetzung in den Ruhestand vorsah. Die Cour de Cassation hat in diesem Fall das Urteil an die untere Instanz mit der Begründung zurückverwiesen, die Vorinstanz hätte prüfen müssen, ob die Vorschriften des Arbeitsvertrages günstiger seien, als die Regelung des Tarifvertrages.

Das Interessante an diesem Urteil ist, wie weit der Vergleichsrahmen von der Cour de Cassation im Einzelfall gezogen wird. Hier sollen von der unteren Instanz Vorschriften des Tarifvertrages, die eine automatische Versetzung in den Ruhestand vorsehen mit einer Kündigungsregelung des Arbeitsvertrages verglichen werden. Der Vergleichsrahmen wird damit vorliegend sehr weit gezogen. Er ist global, da nicht nur die unmittelbar miteinander korrespondierenden Regelungen miteinander verglichen werden, sondern auch darüber hinausgehende. Bei dem vorzunehmenden Vergleich sind Regelungsgrund und Intention ebenfalls miteinzubeziehen.
Darüber hinaus steht bei diesem Vergleich wiederum nur der individuelle Vorteil des Arbeitnehmers im Vordergrund, so daß auch hier eine individuelle Sichtweise zugrunde gelegt wurde. Die Meinung der Literatur[457], daß stets ein kollektiver Vergleich durchzuführen ist, bestätigt sich damit wiederum nicht.

---

[456] Bull. civ. V 1981, n° 793.
[457] Siehe oben S. 111 ff.

c) Urteile vom 3. März 1988 und 23. April 1997

In zwei weiteren Urteilen[458] ging es um die Frage, ob ein Arbeitnehmer mit dem Arbeitgeber trotz bestehenden Tarifvertrages ein niedrigeres Gehalt vereinbaren kann. Im ersten Fall hatte ein Arbeitgeber seinen angestellten Friseur über 20 Jahre hinweg trotz bestehenden Tarifvertrages nur nach dem SMIC[459] bezahlt. Im zweiten Fall war eine Krankenschwester trotz bestehenden Tarifvertrages, der einen Gehaltskoeffizienten von 350 vorsah, zu einem Koeffizienten von 310 eingestellt worden. In beiden Fällen hat die Cour de Cassation entschieden, daß gleichwohl der Tarifvertrag anzuwenden sei, da auf Rechte eines Tarifvertrages nicht rechtswirksam verzichtet werden könne.

Deutlich wird an diesen beiden Urteilen, daß hier ein analytischer Vergleich durchgeführt worden ist, da die entsprechenden Gehaltsregelungen miteinander verglichen wurden. Darüber hinaus war der Vergleich wiederum individuell, da es ausschließlich um das Interesse der beiden Arbeitnehmer ging. Belange der Belegschaft insgesamt kamen nicht zum Tragen. Die Literaturmeinung hat sich daher abermals nicht bestätigt.

d) Urteil vom 19. November 1996

Einen weiteren sehr interessanten Aspekt bietet ein Urteil vom 19. November 1996[460]. In diesem Fall hatte sich die Cour de Cassation mit einem Arbeitgeber zu beschäftigen, der sich gegen eine Forderung seines ehemaligen Arbeitnehmers mit der Argumentation verteidigte, ein arbeitsvertraglicher Anspruch stünde dem Mitarbeiter nicht zu, da der Tarifvertrag günstiger sei.
Der Arbeitnehmer hatte nach der Kündigung durch den Arbeitgeber die Zahlung einer Wettbewerbsentschädigung aufgrund einer Wettbewerbsklausel verlangt, die im Arbeitsvertrag vereinbart worden war. Der Arbeitgeber wandte gegen diese Forderung ein, der entsprechende Tarifvertrag sehe vor, daß eine solches arbeitsvertragliches Wettbewerbsverbot nur gültig sei, wenn der Arbeitnehmer aus eigenem Antrieb die Firma verlasse, nicht aber bei Kündigung durch den Arbeitgeber. Die Regelung des Tarifvertrages sei daher günstiger für den Arbeitnehmer und die eingeklagte Abfindung nicht zu zahlen.
Die Cour de Cassation hat entschieden, daß die Abfindung doch zu zahlen war. Allein der Arbeitnehmer könne sich auf die Günstigkeit des Tarifvertrages berufen. Da er dies nicht getan habe, könnte nicht berücksichtigt werden, daß der Tarifvertrag unter Umständen günstiger sei als der Arbeitsvertrag.

---

[458] Cass. soc. 3. März 1988, Bull. civ. V 1988, n° 8; soc. 23. April 1997, Bull. civ. V, n° 144.
[459] SMIC = Salaire minimum interprofessionel de croissance; Mindestlohn der in allen Bereichen zu zahlen ist.
[460] RJS 1996, n° 1338.

Interessant ist die Entscheidung unter dem Aspekt, daß die Günstigkeit einer Regelung von der Cour de Cassation nicht von Amtswegen geprüft worden ist. Ein klagender oder beklagter Arbeitnehmer muß sich vielmehr ausdrücklich hierauf berufen. Auf diese Weise gelangt nunmehr doch eine subjektive Komponente in die Fragen des Günstigkeitsvergleichs hinein, da der Arbeitnehmer sich im Vorhinein überlegen kann, ob er sich auf die Günstigkeit einer Regelung berufen will oder nicht.

In dem vorliegenden Fall handelte es sich um eine so genannte zweischneidige Regelung - günstig für den Arbeitnehmer, wenn er keinen entsprechenden neuen Arbeitsplatz gefunden hat und ungünstig, wenn er seinen Beruf in dem durch Wettbewerbsverbot verbotenen Bezirk weiter ausüben will. Die Cour de Cassation hat in diesem Fall die Frage des Vergleiches im Grunde ausgelagert, indem sie dem Arbeitnehmer die Entscheidung ließ, ob er sich auf die Günstigkeit berufen wollte. Wäre die Regelung für den Arbeitnehmer ungünstig gewesen, weil er die mit dem Wettbewerbsverbot belegte Tätigkeit in dem verbotenen Bezirk weiter ausüben wollte, so hätte er sich sicherlich auf die Ungünstigkeit dieser Klausel berufen. Hier war die Wettbewerbsklausel aber sehr wahrscheinlich günstiger, so daß er es vorgezogen hat, daß Wettbewerbsverbot aufrechtzuerhalten und sich die Entschädigung zahlen zu lassen.

Vorliegend war daher ausnahmsweise eine subjektive Komponente Teil der Entscheidungsfindung. Der Betroffene konnte sich über diesen Umweg aussuchen, welche Alternative für ihn die günstigere war. Über die Vergleichspraxis der Cour de Cassation bei „zweischneidigen" Regelungen wird indes keine Aussage getroffen, da ein Vergleich nicht durchgeführt wurde.

Die gewählte Lösung ist ein eleganter Weg, die Problematik zweischneidiger Abreden, für die oft Vergleichsgruppen nicht eindeutig bestimmt werden können, auf eine andere Ebene zu verlagern. Sie birgt jedoch die Gefahr, daß ein vor Gericht anwaltlich schlecht vertretener Arbeitnehmer um seine Rechte gebracht werden kann.

2. Ergebnis

Die Urteilsanalysen haben gezeigt, daß der Günstigkeitsvergleich im Verhältnis Arbeitsvertrag und Tarifvertrag in jedem Fall individuell durchzuführen ist.[461] Für einen kollektiven Günstigkeitsvergleich ist kein Platz. Nur eine solche Regelung ist sinnvoll, da es letztendlich ausschließlich um die Interessen des jeweiligen Arbeitnehmers im Hinblick auf die jeweilige arbeitsvertragliche Regelung geht. Hinsichtlich der Frage, ob ein analytischer oder ein globaler Vergleich durchzuführen ist, läßt sich festhalten, daß es auf die Konstellation der zu vergleichenden Regelungen ankommt. Der Vergleich kann analytisch aber auch global durchgeführt werden.

[461] Siehe auch die Urteile cass. soc. 23. Febr. 1977, Bull. civ. V 1977, n° 132; soc. 20. Febr. 1986, Cull. civ. V 1986, n° 35.

Im Rahmen dieser Analyse haben sich sämtliche in der Literatur vertretenen Mindermeinungen hinsichtlich der Durchführung eines individuellen oder kollektiven Günstigkeitsvergleichs bestätigt. Nach Meinung dieser Autoren ist im Verhältnis Tarifvertrag und Arbeitsvertrag ein individueller Vergleich durchzuführen. So vertritt *Despax* die Auffassung, daß im Verhältnis Tarifvertrag und Arbeitsvertrag grundsätzlich ein individueller Vergleich durchzuführen ist[462], während *Chevillard* der Ansicht ist, daß bei Normen hierarchisch verschiedener Ebene im Hinblick auf den Betroffenen zu vergleichen ist[463]. Das sind in diesen Fällen die Arbeitnehmer. *Aliprantis* schließlich unterscheidet nach der Art des jeweiligen Vorteils.[464] Da es im Rahmen von Arbeitsverträgen immer um individuelle Rechte geht, ist der Vergleich damit auch nach dessen Meinung für das Verhältnis Arbeitsvertrag und Tarifvertrag grundsätzlich individuell durchzuführen.
Nicht bestätigt gefunden hat sich hingegen die Ansicht der herrschenden Meinung in der Literatur, die davon ausgeht, daß stets ein kollektiver Günstigkeitsvergleich durchzuführen ist.

III. Vergleich bei Konflikten unter Tarifverträgen

Aufgrund der sehr unübersichtlichen Tariflandschaft in Frankreich kommt es immer wieder zu Konflikten unter Tarifverträgen auf den verschiedenen Ebenen. Darüber hinaus trägt die „clause de maintien des avantages acquis", die in den letzten Jahren fast standardmäßig in jedem neuen Tarifvertrag enthalten ist, ihr Übriges bei, um die auftretenden Konflikte zu vermehren. Da die prozentual meisten Konfliktkonstellationen unter Tarifverträgen auftreten, ist es nicht verwunderlich, daß die weitaus größte Anzahl der Urteile der Cour de Cassation, die Fragen des Günstigkeitsvergleichs betreffen, zu Konflikten unter Tarifverträgen ergangen ist.[465] Anläßlich einer Entscheidung über eine Konfliktsituation unter Tarifverträgen hat die Cour de Cassation zum ersten Mal klare Vergleichsregeln aufgestellt[466]. Ferner ist die Dynamik und die Entwicklung in den Urteilen in diesem Bereich am größten, so daß am ehesten mit Rechtsprechungsänderungen und „fortschrittlichen" Urteilen zu rechnen ist. Bei der nun folgenden Betrachtung einiger Entscheidungen darf jedoch nicht außer Acht gelassen werden, daß die von der Rechtsprechung aufgestellten Vergleichsregeln zunächst nur auf Konfliktkonstellationen zwischen Tarifverträgen zutreffen und daher nicht

---

[462] *M. Despax*, Négociations, conventions et accords collectifs, S. 110 f.
[463] *A. Chevillard*, Dr. soc. 1993, s. 363 (368).
[464] *N. Aliprantis*, thèse, S. 62.
[465] Eine solche Situation ist den bundesdeutschen Richtern vollkommen fremd, da das BAG in seiner Rechtsprechung grundsätzlich nur die Anwendung eines einzigen Tarifvertrages im Betrieb zuläßt.
[466] Urteil vom 11. Jan. 1962, Dr. soc. 1962, S. 290 f. mit Anmerkung *Savatier*.

„blind" auf andere Fälle übertragen werden dürfen, wie das zum Teil in der französischen rechtswissenschaftlichen Literatur geschieht.

1. Vergleichskriterien bei den gesetzlich geregelten Fällen

Im Gegensatz zu den oben vorgestellten Urteilen gibt es im Rahmen der Konflikte unter Tarifverträgen einige Urteile, in denen die Cour de Cassation eindeutige Aussagen zu den Vergleichsregeln trifft.

a) Urteil vom 11. Januar 1962

Eines der wichtigsten Urteile und das erste überhaupt, in dem sich die Cour de Cassation mit Fragen des Günstigkeitsvergleichs auseinandergesetzt hat, ist ein Urteil vom 11. Januar 1962[467], dem folgender Sachverhalt zugrunde lag:
Ein nationaler Tarifvertrag aus dem Jahr 1936 sah eine Kündigungsfrist von 15 Tagen vor, während ein regionaler Tarifvertrag aus dem Jahr 1951 eine Kündigungsfrist von 8 Tagen festschrieb. Die Klägerin kündigte ihr Arbeitsverhältnis mit einer Frist von 8 Tagen, woraufhin die Beklagte das noch ausstehende Gehalt um 8 Tage kürzte, weil die Klägerin die einzuhaltende Kündigungsfrist von 15 Tagen nicht beachtet habe und somit vertragsbrüchig geworden sei. Die erste Instanz verurteilte die ehemalige Arbeitgeberin zur Zahlung des vollen noch ausstehenden Lohnbetrages mit der Begründung, der regionale Tarifvertrag sei günstiger für die Arbeitnehmerin und daher anzuwenden. Die Cour de Cassation hat dieses Urteil mit der Argumentation aufgehoben, daß der nationale Tarifvertrag aus dem Jahr 1936 günstiger sei Der Günstigkeitsvergleich müsse im Hinblick auf alle Interessierten (hier sind auch die Arbeitgeber eingeschlossen, denn das Urteil spricht von „salariés ou patrons"[468]) durchgeführt werden und nicht im Hinblick auf das Interesse eines einzelnen Arbeitnehmers.
Die Stellungnahme der Cour de Cassation ist eindeutig. Im Falle eines Konfliktes unter Tarifverträgen ist ein kollektiver Günstigkeitsvergleich durchzuführen, auf den einzelnen Arbeitnehmer kommt es bei einem Vergleich nicht an. Erstaunlich ist allerdings, daß hier auch die Arbeitgeber in den Vergleich miteinbezogen werden, da in den oben vorgestellten Urteilen ausschließlich ein Vergleich im Hinblick auf die Günstigkeit für die Arbeitnehmer durchgeführt wurde.

Dieses Urteil ist in der französischen Literatur nicht unwidersprochen geblieben. So bemerkt *Savatier* in seiner Urteilsanmerkung[469], daß er sowohl die Durchfüh-

---

[467] Dr. soc. 1962, S. 290 f.
[468] Der Text im Original lautet wie folgt: „... *le caractère plus favorable [...] doit être apprécie au égard à l'ensemble des intéressés et non au égard à l'un d'eux en particulier; que le délai-congé réciproque de quinze jours prévu par la convention collective normande du 16 octobre 1936 était plus favorable pour l'ensemble de la profession, salariés ou patrons, que le délai plus court de la convention collective nationale ultérieure-...* "
[469] Dr. soc. 1962, S. 290 f.

rung eines kollektiven Günstigkeitsvergleichs, als auch die Einbeziehung der Arbeitgeber in die Vergleichsgruppe für falsch halte. Der Günstigkeitsvergleich sei nach seiner Auffassung bei ambivalenten Normen wie der Kündigungsfrist von Fall zu Fall unterschiedlich zu behandeln. Kündige ein Arbeitnehmer, so sei die kürzere Frist günstiger, werde dem Arbeitnehmer gekündigt, so seit die lange Frist ausschlaggebend.[470]

b) Urteil vom 25. Januar 1984

In einem Urteil vom 25. Januar 1984[471] hatte sich die Cour de Cassation mit der Frage zu beschäftigen, welcher Tarifvertrag auf eine Arbeitnehmerin anzuwenden war, der wegen Krankheit gekündigt worden war. Nach einem Tarifvertrag von Marseille aus dem Jahr 1936 wäre die Kündigung als normale Kündigung eingestuft worden, mit der Folge, daß sie eine Kündigungsentschädigung erhalten hätte, während nach einem Firmentarifvertrag aus dem Jahr 1974 eine Kündigung wegen langer Krankheit möglich war, so daß die gekündigte Arbeitnehmerin eine entsprechende Entschädigung nicht bekommen hätte.

Die Vorinstanz hatte entschieden, daß die Vorschrift des Tarifvertrages von 1936 anzuwenden sei, da sie günstiger für die Arbeitnehmerin sei. Dieses Urteil ist von der Cour de Cassation mit der Begründung aufgehoben worden, daß der Vergleich global in Bezug auf alle die Krankheit betreffenden Vorschriften beider Tarifverträge und im Hinblick auf alle Interessierten und nicht nach den Interessen des Einzelnen durchzuführen sei.[472] Der Tarifvertrag von 1974 sei in Bezug auf diese Vorschriften für die Gesamtheit der Arbeitnehmer des Betriebes günstiger und daher anzuwenden.

Dieses Urteil bestätigt die Rechtsprechung von 1962. Ferner trifft die Entscheidung eine Aussage darüber, ob der Vergleich analytisch oder global durchzuführen ist. In diesem Urteil hat die Cour de Cassation einen globalen Vergleich in Bezug auf alle Vorschriften der beiden Tarifverträge, die die krankheitsbedingte Abwesenheit betreffen, getroffen.

c) Urteil vom 10. März 1988

In einem Urteil vom 10. März 1988[473] beschäftigte sich die Cour de Cassation mit einem Arbeitnehmer, der einen Arbeitsunfall hatte. Es stellte sich die Frage, ob sein Lohnausfallgeld nach dem regionalen Tarifvertrag für die Region Rhône-Alpes et Auvergne, der eine Lohnfortzahlung in Höhe von 90% des durchschnittlichen Bruttolohnes für den Zeitraum von 90 Tagen vorsah, oder

---

[470] Siehe Dr. soc. 1962, S. 290 (291). Ihm folgend *N. Aliprantis*, thèse, S. 63.

[471] Bull. civ. V 1984, n° 33.

[472] Der Text im Original lautet: „... *la comparaison entre les deux accords collectifs doit être apprécie globalement sur la question des absences pour maladie au égard à l'ensemble des intéressés et non à celui de l'un d'eux en particulier.* “

[473] Bull. civ. V 1988, n° 172; Anmerkung *J. Goineau*, D. 1989, somm., S. 201.

nach einer betrieblichen Zusatzvereinbarung zum Firmentarifvertrag, die von allen Arbeitnehmern gebilligt worden war, wonach ihm aus einer Zusatzversicherung 90% des Nettolohnes für die Dauer eines Jahres zustanden, zu zahlen war. Der Arbeitnehmer, der weniger als neunzig Tage krank geschrieben war, hatte ein Interesse daran, die Entschädigung nach dem Tarifvertrag zu erhalten, da sie höher war. Die Vorinstanz hatte entschieden, daß der Zusatz zum Firmentarifvertrag anzuwenden sei, da dieser für alle Arbeitnehmer günstiger sei. Die Cour de Cassation hat dieses Urteil aufgehoben und dem Kläger eine Zahlung nach dem regionalen Tarifvertrag mit der Begründung zugebilligt, daß diese günstiger für den Kläger sei.

Angesichts der gefestigten Rechtsprechung der Cour de Cassation zum Günstigkeitsvergleich bei Tarifverträgen erstaunt dieses Urteil sehr, da auf einmal bei einem Konflikt unter einem Tarifvertrag und einer tarifvertraglichen Zusatzvereinbarung ein individueller Günstigkeitsvergleich durchgeführt wird. Das Urteil ist in der französischen Lehre daher mit allgemeiner Verwunderung und Kritik aufgenommen worden. So schreibt z.B. *Goineau* in seiner Anmerkung, es sei seit Jahren allgemeine Rechtsprechung der Cour de Cassation, daß der Günstigkeitsvergleich kollektiv durchzuführen sei und gerade weil die gesamte Belegschaft diesem Zusatzvertrag zugestimmt habe, sei diese Entscheidung verwunderlich.[474] Er führt diese Kritik dann aber nicht weiter, sondern zieht den Schluß, daß bei einem Konflikt zwischen einem Tarifvertrag und einer Zusatzvereinbarung zu einem Firmentarifvertrag ein individueller Günstigkeitsvergleich durchzuführen sei.

Eine so weitreichende Schlußfolgerung aus einem einzigen abweichenden Urteil zu ziehen, geht jedoch zu weit. Es handelt sich hier um eine Einzelfallentscheidung, die von der Cour de Cassation, soweit ersichtlich, in den folgenden Jahren nicht wiederholt worden ist, so daß weiter vom Grundsatz des Kollektivvergleiches bei Tarifverträgen ausgegangen werden kann.

2. Vergleichskriterien bei nachfolgenden Tarifverträgen – avantages acquis

Der größte Anteil der Rechtsprechung der Cour de Cassation zum Günstigkeitsvergleich betrifft Fragen der avantages acquis bei nachfolgenden Tarifverträgen. Da in dieser Untersuchung nur ein kleiner Teilausschnitt dieser umfangreichen Rechtsprechung vorgestellt werden kann[475], werden im folgenden ausschließlich

---

[474] *J. Goineau*, D. 1989, somm., S. 201.

[475] Neben den Urteilen, die hier vorgestellt werden, beschäftigen sich exemplarisch noch folgende Urteile mit Fragen der avantages acquis: Cass. soc. 29. Mai 1959, J.C.P. 1959 II, 11284; soc. 12. Juni 1963, J.C.P. 1963 II, 13357; soc. 13. Nov. 1968, Bull. civ. V 1968, n° 502; soc. 20. Jan. 1971, Bull. civ. V 1971, n° 36; soc 3. Juli 1974, Bull. civ. V 1974, n° 409; soc. 1. Juni 1976, Bull. civ. V 1976, n° 338; 22. Mai 1979, Bull. civ. V 1979, n° 440; 24. Febr. 1983, Bull. civ. V 1983, n° 113; 27. Febr. 1986, Bull. civ. V 1986, n° 51; 10. Mai

Urteile dargestellt, in denen die Cour de Cassation eindeutige Aussagen zu Fragen des Günstigkeitsvergleichs getroffen hat oder die aus anderen Gründen, z.B. weil es sich um ein Ausnahmeurteil handelt, besonders interessant sind.

a) Urteil vom 12. Februar 1969

In einem Urteil vom 12. Februar 1969[476] ging es um die Frage, wie der Günstigkeitsvergleich im Rahmen einer clause de maintien des avantages acquis durchzuführen ist.
Der Kläger, Chefbuchhalter bei der Gesellschaft HLM[477], hatte von seiner Arbeitgeberin gefordert, seinen Lohn weiter nach dem Tarifvertrag für das Baugewerbe aus dem Jahr 1954 zu berechnen. Aufgrund eines Austritts aus dem Arbeitgeberverband, mit dem der „alte" Tarifvertrag abgeschlossen worden war, und dem Eintritt in einen anderen Arbeitgeberverband im Jahre 1963 gehörte die Arbeitgeberin dem Arbeitgeberverband, der den Tarifvertrag aus dem Jahr 1954 abgeschlossen hatte, nicht mehr an. In dem neuen für die Gesellschaft nunmehr geltenden Tarifvertrag war eine clause de maintien des avantages acquis enthalten, auf die sich der Kläger berief. Die Vorinstanz hatte die Beklagte verurteilt, an den Kläger 7065,92 FF nachzuzahlen, da der Kläger auch weiterhin nach dem alten Tarifvertrag zu entlohnen sei, da dieser für ihn günstiger sei. Die Cour de Cassation hat das Urteil der Vorinstanz mit dem Argument bestätigt, daß der Vergleich so durchzuführen sei, daß jede Gruppe von Vorteilen, die sich auf den selben Grund beziehen, miteinander zu vergleichen sei.[478]

Der oberste französische Gerichtshof hat in diesem Judikat zum ersten Mal deutlich zum Ausdruck gebracht, daß der Vergleich nicht ausschließlich analytisch, sondern bei Tarifverträgen ebenfalls global durchgeführt werden kann. D.h., eine Gruppe von Vorteilen des einen Tarifvertrages, die sich auf den selben Regelungsgrund oder -gegenstand beziehen, ist mit der entsprechenden Regelungsgruppe des anderen Tarifvertrages zu vergleichen. Sehr deutlich wird darüber hinaus anhand dieses Urteils, daß es dem Arbeitgeber unter Umständen keine Vorteile bringt, aus einem Arbeitgeberverband auszutreten und einem anderen beizutreten, der einen vermeintlich günstigeren Tarifvertrag abgeschlossen hat, wenn dieser Tarifvertrag gleichzeitig die Aufrechterhaltung der bisher erworbenen Vorteile vorsieht.

1989, D. 1991, somm. 153 mit Anmerkung *Goineau*, cass. soc. 13. März 2002, Dr. soc. 2001, S. 571 mit Anmerkung *Ch. Radé*.

476 Bull. civ. V 1969, n° 94; *Lyon-Caen/Pélissier*, Les grands arrêts du droit du travail, n° 53.

477 HLM ist eine Gesellschaft für sozialen Wohnungsbau.

478 Siehe Bull. civ. V 1969, S. 79. Diese Rechtsprechung wurde erst kürzlich wieder durch ein Urteil vom 23. Jan. 2001, arrêt n° 633 F-D, Travail et Protection sociale 2001, n° 178 bestätigt.

b) *Urteil* vom 18. März 1988

Die Cour de Cassation hatte sich in ihrem Urteil vom 18. März 1988[479] mit der Frage zu beschäftigen, ob Vorteile verschiedener Tarifverträge sich ergänzen und daher gleichzeitig zur Anwendung gelangen.

Eine Notariatsangestellte war 1977 von ihrem Arbeitgebergeber, einem Notar, der seine Kanzlei im Jahre 1977 umstrukturierte, entlassen worden. Ein regionaler Tarifvertrag aus dem Jahr 1960 sah vor, daß Notariatsangestellte für diesen Sonderfall eine Sonderentschädigung in Höhe von 6 Monatslöhnen erhalten. Im nationalen Tarifvertrag war darüber hinaus eine allgemeine Kündigungsabfindung bei Kündigung durch den Arbeitgeber geregelt. Die Notariatsangestellte war der Auffassung, diese beiden Abfindungen seien beide zu zahlen. Der ehemalige Arbeitgeber verweigerte jedoch die volle Zahlung beider Entschädigungen, woraufhin seine ehemalige Angestellte Klage erhob. Die beiden Vorinstanzen hatten der Klägerin Recht gegeben, woraufhin die Cour de Cassation diese Entscheidung mit Urteil vom 3. Juni 1982[480] mit der Begründung aufhob, daß die in den Tarifverträgen enthaltenen verschiedenen Vorteile nicht zusammengerechnet werden könnten, sondern daß ausschließlich der günstigste Tarifvertrag von allen zur Anwendung kommen könnte.

Die Cour d'appel von Versailles, an die die Sache zurückverwiesen worden war und die daher mit der erneuten Entscheidung in dieser Angelegenheit befaßt war, entschied genau wie zuvor auch die Cour d'appel von Paris, daß die Vorteile zusammenzurechnen seien. Daraufhin mußte sich die Cour de Cassation im Jahr 1988 nunmehr erneut mit der Revison des Notars befassen.

Der oberste französische Gerichtshof hat in der Form der Assemblée plénière getagt und in einem Grundsatzurteil erneut die Entscheidung der Vorinstanz aufgehoben. Sie führt in ihrem Urteil aus, daß im Falle einer Konkurrenz unter Tarifverträgen, die Vorteile, die den gleichen Regelungsinhalt betreffen oder denen der gleiche Regelungsgrund zugrunde liegt, nicht miteinander kombiniert werden dürfen, sondern daß ausschließlich der günstigste Tarifvertrag zur Anwendung kommen kann, es sei denn, eine Zusammenrechnung wird ausdrücklich in den Tarifverträgen vorgesehen.

Die Cour de Cassation hat in diesem Urteil die bisherige Rechtsprechung, wonach Vorteile, die in unterschiedlichen Tarifverträgen gewährt werden, nur dann zusammengerechnet werden dürfen, wenn das der ausdrückliche Wille der Tarifparteien ist, bestätigt.[481] Für den hier zu lösenden Fall folgte hieraus, daß entweder der regionale oder der nationale Tarifvertrag anzuwenden war und daß die im regionalen Tarifvertrag enthaltene Zusatzprämie, die kein entsprechendes

---

[479] D. 1989, S. 221 mit Anmerkung *J.P. Chauchard*, 221 ff; auch J.C.P. 1988, éd. E I 17444.

[480] Bull. civ. V. 1982, n° 357.

[481] Siehe auch die weiteren Urteile zum non cumul des avantages Cass. soc. 8. Juli 1980, D. 1981, IR 131 mit Anmerkung *Langlois*; soc. 3. Juni 1982, Bull. Civ. V 1982, n° 590; soc. 10. Mai 1983, Bull. civ. V 1983; n° 253; soc. 30. April 1987, Bull. civ. V 1987, n° 161.

Pendant im nationalen Tarifvertrag hatte aber in die Kategorie Entschädigung wegen Kündigung fiel, nicht mit den günstigeren Entschädigungsvorschriften des nationalen Tarifvertrages zusammengerechnet werden durfte. Damit setzt die Cour de Cassation der Kombinierbarkeit von Tarifverträgen eine eindeutige Grenze. Es ist gerade nicht möglich, nach einer Art „Rosinentaktik", sich aus jedem Tarifvertrag die günstigere Lösung herauszugreifen, sondern es sind stets Gruppen von Vorteilen miteinander zu vergleichen, von denen die insgesamt günstigste Lösung zur Anwendung gelangt. Dieses Prinzip des „non cumul des avantages" ist heute ständige Rechtsprechung.[482] Die von der Cour de Cassation aufgestellte Regel lautet, daß Gruppen von Vorteilen miteinander verglichen werden, von denen nur eine insgesamt und nicht jede günstigere Vorschrift aus dieser Gruppe zur Anwendung gelangt.

c) Urteil vom 22. Oktober 1996

Gegenstand der Entscheidung vom 22. Oktober 1996[483], war die Frage, nach welchen Kriterien die einzelnen „Vorteilsgruppen" in Tarifverträgen miteinander zu vergleichen sind.

Der Kläger, ein Angestellter der Firma Elf, war von der Krankenversicherung in die Invaliditätsklasse 2 eingestuft worden und aus diesem Grund kurze Zeit später von seiner Arbeitgeberin entlassen worden. Diese zahlte ihm eine Entschädigung für das Ausscheiden im Falle der Invalidität aufgrund einer für die Arbeitnehmer abgeschlossenen Zusatzversicherung. Der Kläger forderte von seiner ehemaligen Arbeitgeberin die zusätzliche Zahlung der tarifvertraglich vorgesehenen Kündigungsentschädigung sowie einer weiteren Entschädigung, die der Tarifvertrag im Falle einer Kündigung wegen Invalidität vorsah.

Die Vorinstanz hatte entschieden, daß der Kläger zwischen den einzelnen Entschädigungen hätte wählen können und sich für die für ihn günstigere entscheiden können. Er habe sich für die Versicherungsleistung entschieden, so daß ihm keine weitere Abfindung zustünde. Dieses Urteil ist von der Cour de Cassation mit der Begründung aufgehoben worden, die Bestimmung eines Vorteils habe in der Weise zu erfolgen, daß eine Gruppe von Vorteilen miteinander analytisch und objektiv verglichen werde. Ein solcher Vergleich habe nicht im Hinblick auf die Interessen des einzelnen Arbeitnehmers stattzufinden.[484] Darüber hinaus war die Cour de Cassation der Auffassung, daß eine Versicherungsleistung und eine tarifvertragliche Abfindung miteinander kombiniert werden könnten, so daß

---

[482] So die Urteile Cass. soc. 16. März 1989, D. 1989, somm. 163 mit Anmerkung *Rotschild-Souriac*; 31. Mai 1989, RJS 1989, n° 606.

[483] RJS 1997, n° 69.

[484] Der Text im Original lautet: „..., *il convient, pour déterminer la notion d'avantage, de procéder par rapport à un type d'avantages précis, pris en lui-même, dans sa globalité et non en fonction de la situation d'un salarié déterminé, par un méthode analytique et objective.*"

dem Kläger die Differenz zwischen der Versicherungsleistung und der Abfindung wegen Kündigung noch zu zahlen war.

Der oberste französische Gerichtshof hat in diesem Urteil seine langjährige Rechtsprechung noch einmal wieder ausdrücklich bestätigt. Vorteile aus Tarifverträgen dürfen nicht zusammengerechnet werden, wenn sie den gleichen Regelungsgegenstand betreffen, sondern in diesem Fall ist der günstigste unter ihnen allein anzuwenden. Welcher Vorteil der günstigere für den Arbeitnehmer ist, wird anhand eines objektiven, analytischen Vergleiches der beiden Vorschriften oder globalen Vergleichs von Gruppen von Vorschriften im Hinblick auf das Interesse der gesamten betroffenen Arbeitnehmerschaft entschieden.

3. Die Entwicklungen in der neueren Rechtsprechung

Im Jahr 1997 erging ein Urteil der Cour de Cassation, das, obwohl es eine absolute Neuerung im Bereich des Günstigkeitsvergleichs brachte, in der rechtswissenschaftlichen Literatur zunächst nur wenig Beachtung fand und darüber hinausgehend praktisch nicht zur Kenntnis genommen wurde. Erst durch einen Artikel in der Zeitung Le Monde[485] erhielt auch die breite Öffentlichkeit Kenntnis von dem Schritt, der in diesem Urteil von der Cour de Cassation gegangen worden war.

a) Urteil vom 19. Februar 1997

Gegenstand des Urteils vom 19. Februar 1997[486] war die Frage, ob Arbeitnehmer gegen eine Arbeitsplatzgarantie auf tarifvertraglich garantierten Lohn verzichten können.

Im Jahr 1980 war zwischen dem Unternehmen Compagnie générale de géophysique (CGG) und den Gewerkschaften CFDT und CGT ein Firmentarifvertrag geschlossen worden, der vorsah, daß den Arbeitnehmern in den Monaten Mai und November eine Prämie auf der Basis von 1/6 des Lohnes des vorangegangenen Halbjahres gezahlt wurde. 1986, in Zeiten wirtschaftlicher Probleme, schlossen diesmal nur die CGG und die CFDT eine neue Vereinbarung mit dem Inhalt, daß diese Prämie bis zum 31. Dezember 1988 auf die Hälfte gekürzt wird, daß im Gegenzug aber die Anzahl der Entlassungen aus wirtschaftlichem Grund erheblich reduziert wird. Zwei Arbeitnehmer, die mit dieser Regelung nicht einverstanden waren, gingen vor Gericht und forderten den noch ausstehenden Teil der Prämien für die Jahre 1987 und 1988 ein.

Beide Vorinstanzen haben dem Begehren der Arbeitnehmer stattgegeben. Die Cour de Cassation hob jedoch das Urteil mit der Begründung auf, daß nach der

---

485 „Le droit du travail évolue vers un droit à l'emploi", Le Monde 22.10.1997.

486 Dr. soc. 1997, S. 432 mit Anmerkung *G. Couturier*, S. 433.

damals gültigen Rechtslage[487] ein Tarifvertrag nur dann durch einen Teil der ursprünglichen Vertragsparteien abänderbar sei, wenn die getroffenen Regelungen günstiger für die Arbeitnehmer seien. Die Beurteilung der Günstigkeit müsse in der Weise erfolgen, daß das Interesse der gesamten Arbeitnehmerschaft zu berücksichtigen sei und nicht das Interesse einzelner Arbeitnehmer. Da als Gegenleistung für die Reduzierung der Prämie eine Erfolgsprämie vereinbart worden sei und überdies die Aufrechterhaltung der bedrohten Arbeitsplätze garantiert worden sei, sei die abweichende Vereinbarung günstiger für die Gesamtheit der Arbeitnehmer und daher anzuwenden.

Nicht neu an dieser Entscheidung ist, daß die Beurteilung der Günstigkeit unter Einbeziehung der Interessen der gesamten Belegschaft durchzuführen ist, also ein kollektiver Günstigkeitsvergleich der Bewertung zugrunde zu legen ist. Neu ist vielmehr, daß hier global die beiden Tarifverträge miteinander verglichen werden, ohne einzelne Gruppen von Vorteilen zu bilden. 1986 hatte *M.-A. Rotschild-Souriac* noch in ihrer Doktorarbeit geschrieben, daß ein solcher Vergleich grundsätzlich nicht möglich sei und die Cour de Cassation ihn auch noch nie durchgeführt hätte[488]. Ungefähr zehn Jahre später ist diese Hürde genommen.

Die Aufnahme des Urteils in der Literatur war zwiespältig. So bezeichnet *Couturier* das Urteil einerseits als événement (Ereignis)[489], andererseits ist er jedoch skeptisch hinsichtlich des bloßen Versprechens des Arbeitgebers keine Entlassungen vorzunehmen, ohne daß hierfür eine Garantie gegeben worden ist. Er sieht hierin eine Erweiterung des Vergleichsrahmens, der schwierig zu bemessen sei und dessen Entwicklung mit Ruhe zu beobachten sei.[490] Kritisch sieht auch *Martine le Friant*[491] diese Entscheidung. Sie ist der Auffassung, daß „das Mißtrauen des BAG gegenüber der Entscheidungsfreiheit und Annahmebereitschaft der Arbeitnehmer auch dem französischen Juristen zu denken geben sollte".[492] Auch *Fabrice Bocquillon* kritisiert dieses Judikat mit Blick auf den „Burda-Beschluß" des BAG. Er ist der Meinung, es sei sehr gewagt, Tarifverträge global zu vergleichen. Ferner sei es schwierig einen Vergleichsansatz zu finden, da Tarifverträge häufig verschiedene Materien regeln würden. Letztendlich entstünde durch einen solchen Vergleich ein Günstigkeitsprinzip der Minimallösungen[493].

---

[487] Art. L. 132-7 CT hatte noch die Fassung wie zu Zeiten der Entscheidung Basirico (siehe hierzu oben im 1. Abschnitt auf S. 18 f.), so daß ein Tarifvertrag nach der Rechtsprechung der Cour de Cassation nicht ohne weiteres nur durch eine Tarifpartei allein abgeändert werden konnte.

[488] *M.-A. Rotschild-Souriac*, thèse, S. 1191, ihr zustimmend auch die übrige Lietaratur.

[489] Dr. soc. 1997, S. 433.

[490] So *G. Couturier*, Dr. soc. 1997, S. 433.

[491] NZA 2000, S. 81 ff; Dr. soc. 1999, S. 904 ff.

[492] NZA 2000, S. 81 (82).

[493] *F. Boquillon*, Dr. soc. 2001, S. 255 (259).

Leider ist dem Urteil nicht zu entnehmen auf welcher argumentativen Basis die Richter hier zu dem Entschluß gekommen sind, einen globalen Vergleich durchzuführen. Eine Aufklärung dieses, für einen deutschen Juristen mißlichen, Begründungsmangels konnte auch nicht das im Rahmen dieser Untersuchung mit dem Generalanwalt in dieser Sache, *M. Pierre Lyon-Caen*, geführte Gespräch[494] herbeiführen, da sämtliche privaten Aufzeichnungen zu diesem Fall, da sie nicht in einer Fachzeitschrift veröffentlicht wurden, nicht mehr zur Verfügung standen.[495]
Selbst wenn die Begründung nicht mehr nachvollzogen werden kann, so dürfte es jedoch interessant sein, zu sehen, ob sich die Rechtsprechung der Cour de Cassation hinsichtlich eines globalen Vergleiches unter Tarifverträgen weiterentwickelt hat oder ob dieses Urteil nur auf diesen speziellen Fall einer Beschäftigungsgarantie anzuwenden ist und bleibt.

b) Die Entwicklung der Rechtsprechung nach dem Urteil vom 19. Februar 1997

Die Cour de Cassation hatte bisher den Fall einer Beschäftigungsgarantie dieser Art noch nicht wieder zu entscheiden[496], so daß nicht vorhergesagt werden kann, ob ein globaler Vergleich unter Tarifverträgen in gleicher oder abgeänderter Form noch ein weiteres Mal durchgeführt werden wird. Allerdings hatte die Cour de Cassation sich in zwei anderen Fällen mit der Argumentation auseinanderzusetzen, daß auf der Grundlage der Géophysique-Entscheidung Tarifverträge grundsätzlich global zu betrachten seien.

---

494 Am 28. September 1999 hatte ich die Möglichkeit, mit Herrn Pierre Lyon-Caen, der Generalanwalt in dieser Sache war, ein persönliches Gespräch in den Räumlichkeiten der Cour de Cassation zu führen. Ihm sei an dieser Stelle noch einmal mein besonderer Dank gesagt. Besonders interessant war für mich, im Laufe des Gespräches zu erfahren, daß er diese Entscheidung nicht für so wichtig, neu und wegweisend hielt, wie sie unter anderem in dem Beitrag von Roman Frik, NZA 1998, S. 525 f. beschrieben worden ist. Er meinte, daß die wirklich wichtige Rechtsprechungsänderung bereits in den Urteilen EDF und SNCF vom 17. Juli 1996 (siehe hierzu bereits oben S. 97) stattgefunden hätte. Im übrigen sei er sich nicht sicher, ob diese Entscheidung heute noch einmal so ergehen würde, denn er müsse Herrn Couturier bezüglich seiner Anmerkung, daß keine ausreichende Garantie für eine Einhaltung des Vertrages seitens des Arbeitgebers gegeben seien, Recht geben. Allerdings habe er keine Zweifel daran, daß ein solcher globaler Vergleich von den Richtern der Cour de Cassation bei entsprechenden Garantien noch einmal durchgeführt werden würde.

495 Auch den weiteren, an diesem Verfahren beteiligten Personen standen leider keine Aufzeichnungen mehr zur Verfügung.

496 Vgl. *M. le Friant*, NZA 2000, S. 81 (82). Sie schreibt dort, die Entscheidung Géophysique sei vorläufig noch isoliert. Auch *F. Bocquillon*, Dr. soc. 2001, S. 255 ff. führt keine neuen Entscheidungen auf.

aa) Urteil vom 8. Juni 1999

In einem Urteil vom 8. Juni 1999[497] ging es um die Frage, ob ein örtlicher oder ein nationaler Tarifvertrag auf das Arbeitsverhältnis der Parteien anwendbar war.

Der Beklagte war am 16. Mai 1996 von der Klägerin als Koch eingestellt worden und am 14. August wieder entlassen worden. Diese Entlassung wäre nach den Regelungen des lokalen Tarifvertrages noch innerhalb der dreimonatigen Probezeit erfolgt, während nach den Vorschriften des nationalen Tarifvertrages, der nur eine Probezeit von einem Monat vorsah, eine mißbräuchliche Kündigung vorgelegen hätte. Die Klägerin, die von der Vorinstanz zu Schadenersatz verurteilt worden war, weil von ihr der nationale Tarifvertrag als für den Beklagten günstiger angesehen worden war, argumentierte nun, daß nach dem Géophysique-Urteil ein globaler Vergleich beider Tarifverträge vorzunehmen sei und bei einem globalen Vergleich der lokale Tarifvertrag insgesamt günstiger sei.

Die Cour de Cassation hat die Entscheidung der Vorinstanz bestätigt. In diesem Fall war ein analytischer Vergleich durchzuführen, da es ausschließlich um die Vorschrift für die Probezeit ging und nicht um mehrere Regelungen, die in Beziehung zueinander standen. Von der Cour de Cassation wurde in dieser Entscheidung damit eindeutig zum Ausdruck gebracht, daß nicht in jedem Fall ein globaler Günstigkeitsvergleich Tarifvertrag – Tarifvertrag durchzuführen ist, sondern daß weiterhin von Fall zu Fall zu entscheiden ist, wie der Günstigkeitsvergleich konkret durchgeführt wird.

Jean Savatier hält diese Entscheidung für richtig, da es sich in diesem Fall nicht um zwei Tarifverträge gehandelt hätte, die direkt aufeinander bezogen seien und in denen beide Seiten offensichtlich Zugeständnisse gemacht hätten. Daher sei das Urteil vom 19. Februar 1997 weder auf diesen Fall anwendbar noch könne man sagen, daß die Cour de Cassation ihre neue Rechtsprechung bereits wieder aufgegeben habe.[498] Dieser Meinung ist zuzustimmen.

bb) Urteil vom 3. November 1999

In einem Urteil vom 3. November 1999[499] ging es um die Frage, ob ein Vergleich zwischen Tarifverträgen nach der Rechtsprechung der Cour de Cassation grundsätzlich in der Form durchzuführen ist, daß die Vorteilhaftigkeit einer Regelung für den Erhalt der Arbeitsplätze als Vergleichskriterium in den Vergleich miteinzubeziehen ist, obwohl eine Arbeitsplatzgarantie durch den Arbeitgeber nicht gegeben worden war.

---

[497] Dr. soc. 1999, S. 852 mit Anmerkung *J. Savatier*, S. 852 f.
[498] Anmerkung Dr. soc. 1999, S. 852 f.
[499] Bull. civ. V 1999, n° 429.

Im Jahr 1977 war in einem Unternehmen ein Firmentarifvertrag zwischen dem Inhaber und mehreren Gewerkschaften über die Zahlung einer Gratifikation an die Belegschaft abgeschlossen worden. 1991 kam ein neuer Firmentarifvertrag, diesmal jedoch nur mit einer dieser Gewerkschaften zu Stande, in dem eine neue Kalkulationsbasis für die im Jahr 1977 eingerichtete Prämie vereinbart wurde. Mehrere Arbeitnehmer klagten daraufhin die Zahlung einer Gratifikation auf der Basis des für sie günstigeren Berechnungsmodus aus dem Jahr 1977 ein.

Die Cour de Cassation mußte sich mit diesem Fall zum ersten Mal im Jahr 1997 beschäftigen.[500] Damals urteilte das Gericht im Sinne der Rechtsprechung des Falls Basirico[501], daß der Tarifvertrag aus dem Jahr 1991 den alten Tarifvertrag nicht habe ablösen können, da nicht alle Gewerkschaften des ursprünglichen Tarifvertrags aus dem Jahr 1977 den neuen Vertrag unterzeichnet hätten. Damit standen die beiden Tarifverträge in Konkurrenz zueinander, so daß der günstigere von beiden anzuwenden war.
Nachdem die Cour d'appel, an die die Sache zur Entscheidung zurückverwiesen worden war, auf der Basis der Rechtsprechung der Cour de Cassation auf die Kläger die Berechnungsregelungen des Vertrages aus dem Jahr 1977 anwandte, legte der Arbeitgeber gegen diese Entscheidung abermals Revision ein. Er argumentierte nunmehr, daß auf der Basis des Urteils vom 19. Februar 1997 die Bestimmung des günstigsten Tarifvertrages in der Form zu erfolgen habe, daß die Interessen aller Arbeitnehmer und insbesondere das Interesse am Erhalt des Arbeitsplatzes grundsätzlich in den Vergleich miteinzubeziehen sei.
Die Cour de Cassation hat die Revison des Arbeitgebers abermals zurückgewiesen und die Rechtsprechung der Vorinstanz bestätigt, die ihre Entscheidung mit den Argumenten begründet hatte, daß die Absenkung des Gratifikationsniveaus mit keiner anderweitigen Kompensation von Seiten des Arbeitgebers verbunden gewesen sei und dieser insbesondere keine Arbeitsplatzgarantie ausgesprochen habe.

In diesem Urteil eine Bestätigung der Rechtsprechung der Cour de Cassation hinsichtlich einer Einbeziehbarkeit von Arbeitsplatzgarantien in den Günstigkeitsvergleich sehen zu wollen, ist sicherlich zu weit gegriffen.[502] Herauslesen läßt sich indes aus diesem Judikat eine Tendenz in der Rechtsprechung der Cour de Cassation, auch zukünftig Arbeitsplatzgarantien einen Platz im Rahmen eines Günstigkeitsvergleichs einzuräumen. In welcher Form das jedoch geschehen wird, ob von den Richtern der Cour de Cassation in Zukunft mehr Garantien von

---

[500] Cass. soc. 2. April 1997, n° 94-42.314 D.
[501] Cass. soc. 9. März 1989, Dr. soc. 1989, S. 931 mit Anmerkung *M. Despax*; D. 1990, somm., S. 165 mit Anmerkung *A. Lyon-Caen*; Cass. soc. Ass. Plèn. 20. März 1992, Dr. soc. 1992, S. 370.
[502] So aber Semaine Sociale Lamy vom 22. November 1999, S. 10 f. und *R. Frik*, RdA 2000, S. 117.

den Arbeitgebern gefordert werden oder strengere Auflagen ergehen werden, sagt das vorliegende Urteil indes nichts.
Klar ist jedoch, daß die Nichteinhaltung einer Zusage seitens des Arbeitgebers, von Entlassungen aus betrieblichen Gründen für einen gewissen Zeitraum abzusehen, von der Cour de Cassation mit empfindlichen Geldbußen geahndet wird.[503] Darüber hinaus hat ein Arbeitgeber, der eine Arbeitsplatzgarantie nicht einhält, den hiervon betroffenen Arbeitnehmern den hieraus entstandenen Schaden zu ersetzen.[504]

4. Ergebnis

Aus den oben vorgestellten Urteilen lassen sich für den Günstigkeitsvergleich unter Tarifverträgen folgende Schlußfolgerungen ziehen:

1. Für den Vergleich ist das Interesse der „Gesamtheit der Interessierten“[505] zugrunde zu legen. Dementsprechend ist stets ein kollektiver Günstigkeitsvergleich durchzuführen.
2. Der im Rahmen von Tarifverträgen durchzuführende Vergleich ist in der Regel ein globaler.[506] Verglichen werden miteinander Gruppen von Vorschriften, die den gleichen Regelungsgegenstand betreffen. In Ausnahmefällen kann der Günstigkeitsvergleich auch analytisch sein, nämlich dann, wenn nur zwei konkrete Vorschriften miteinander in Konflikt stehen. Die Cour de Cassation hat im Laufe der Jahre den Vergleichsrahmen immer weiter gezogen, bis sie im Urteil vom 19. Februar 1997 schließlich Vorteile miteinander verglichen hat, die nicht den gleichen Regelungsgegenstand betrafen. Aus dieser Praxis läßt sich jedoch nicht schließen, daß Tarifverträge in Zukunft insgesamt miteinander zu vergleichen sind, sondern die Art des Vergleiches entscheidet sich auch weiterhin von Fall zu Fall.[507]

---

[503] So geschehen im nicht veröffentlichen Urteil vom 1. April 1997, cass. soc. n° 95-45.284 (Semaine sociale Lamy 22. Nov. 1999, S. 11).

[504] Cass. soc. 22. Jan. 1998, Dr. soc., S. 379. Die Cour de Cassation hat in diesem Fall ein Urteil der Vorinstanz aufgehoben, das die Kläger mit ihren Schadensersatzansprüchen abgewiesen hatte. Der Arbeitgeber und mehrere Gewerkschaften hatten zwei Firmentarifverträge geschlossen, in denen einer Verringerung des Lohnes unter der Bedingung zugestimmt wurde, daß die Arbeitsplätze in der Fabrik in den nächsten vier Jahren aufrecht erhalten werden. Die Fabrik wurde jedoch bereits nach zwei Jahren geschlossen und die Arbeitnehmer in einer andere Produktion an einem anderen Ort eingebunden. Die Cour de Cassation war der Meinung, die Tarifverträge seien von den Arbeitgebern gebrochen worden. Dies hatte zur Folge, daß der Lohnausfall und weiterer Schadenersatz zu zahlen war. Vgl. zu diesem Urteil auch *G. Couturier,* Dr. soc. 1998, S. 375 und *G. Gélineau-Larrivet,* Dr. soc. 1998, S. 380.

[505] Die Interessierten sind die Personen, auf deren Arbeitsverhältnis die eine oder die andere Klausel auswirkt.

[506] Siehe Urteil cass. soc. vom 18. Jan. 2000, Bull. Civ. V 2000, S. 21, n° 27.

[507] So das Urteil vom 8. Juni 1999, Dr, soc. 1999, S. 852 f.

3. Es gilt der Grundsatz des „non cumul des avantages", d.h., von mehreren Regelungen, die sich auf den gleichen Regelungsgegenstand oder Regelungsgrund beziehen, darf nur diejenige angewandt werden, die insgesamt günstiger für die Gesamtheit der Arbeitnehmer ist. Eine Kumulierung von Vorteilen, d.h., jeweils die Anwendung der günstigsten Vorschrift aus einem Regelungsblock ist nicht möglich.

Im Rahmen der hier durchgeführten Urteilsanalysen hat sich die Auffassung der Autoren bestätigt, die der Meinung sind, daß bei Tarifverträgen stets ein kollektiver Günstigkeitsvergleich durchzuführen ist.[508] Hingegen stützt die Rechtsprechung weder die These von *Chevillard*, der Vergleich sei bei Nachfolgekonflikten und Koexistenzkonflikten unterschiedlich durchzuführen[509], noch die These von *Aliprantis*, daß hinsichtlich des Vorteils zu unterscheiden sei[510], denn dann hätte in den hier vorgestellten Fällen stets ein individueller Günstigkeitsvergleich durchgeführt werden müssen. Hinsichtlich der Frage nach der Durchführung eines analytischen oder globalen Vergleiches hat sich wiederum die allgemeine Meinung der Literatur bestätigt, daß dies von Fall zu Fall zu entscheiden sei und daher keine generelle Aussage getroffen werden kann.

---

[508] So *Durand/Vitu*, Droit du travail, tome II, n° 208, S. 588; *M. Despax*, Négociations, conventions et accords collectifs, S. 110 f.; *M.-A. Rotschild-Souriac*, thèse, S. 1193; *G. Vachet*, thèse, S. 222 ff.

[509] So *A. Chevillard*, Dr. soc. 1993, S. 363 (370).

[510] So *N. Aliprantis*, thèse, S. 62.

C. Ergebnis

Die in der Literatur entwickelten Vergleichsregeln stimmen im Hinblick auf die Frage, ob ein individueller oder ein kollektiver Günstigkeitsvergleich durchzuführen ist, mit der in der Rechtsprechung tatsächlich durchgeführten Praxis in einigen Bereichen nicht überein. Bei der Überprüfung anhand der Rechtsprechung hat sich vielmehr die These von *Chevillard* bestätigt[511], daß in manchen Fällen Urteile, die auf der Grundlage anderer Vergleichskonstellationen ergangen sind, von den Autoren in der Literatur übertragen worden sind, ohne deren Kompatibilität zu überprüfen. Bei einer solchen Übertragung der Vergleichsregeln sind die einzelnen Autoren ersichtlich von den Grundsätzen, die von der Rechtsprechung für einen Günstigkeitsvergleich unter Tarifverträgen entwickelt wurden, ausgegangen und haben diese auf die übrigen Konfliktsituationen projiziert. Da letztendlich ausschlaggebend ist, wie der Günstigkeitsvergleich in der Praxis tatsächlich durchgeführt wird, wird das für Frankreich gefundene Ergebnis hier auf der Grundlage der in der Rechtsprechung vorgefundenen Ergebnisse zusammengefaßt.

Auch wenn die französische Literatur zu einem Großteil der Auffassung ist, daß der Günstigkeitsvergleich in der Regel ein Kollektivvergleich ist, führt die Rechtsprechung den Vergleich je nach Vergleichskonstellation unterschiedlich durch. So wird für das Verhältnis Tarifvertrag und Gesetz im Hinblick auf den jeweils von der Regelung Betroffenen verglichen. Das kann eine einzelne Person oder eine Gruppe von Personen sein. Im Verhältnis Tarifvertrag und Arbeitsvertrag wird der Günstigkeitsvergleich grundsätzlich individuell durchgeführt, d.h., im Hinblick auf den jeweiligen Arbeitnehmer, der sich auf die Günstigkeit einer Regelung beruft und im Verhältnis Tarifvertrag und Tarifvertrag erfolgt für alle denkbaren Konfliktsituationen ein kollektiver Günstigkeitsvergleich.

Einig sind sich Rechtsprechung und Literatur hinsichtlich der Frage, ob ein analytischer oder ein globaler Günstigkeitsvergleich durchzuführen ist. Das ist von Fall zu Fall zu entscheiden, so daß eine generelle Aussage nicht getroffen werden kann. Als Faustregel kann jedoch festgehalten werden, daß stets die Normen miteinander zu vergleichen sind, die sich auf den gleichen Regelungsgegenstand oder den gleichen Regelungsgrund beziehen. Als weitere Regel gilt, daß Vorteile nicht kumuliert werden dürfen. Das bedeutet, daß bei einem globalen Vergleich nicht die jeweils günstigere Regelung zur Anwendung kommt, sondern die günstigere Normengruppe insgesamt. Ein „Rosinenpicken" ist daher nicht möglich.

Auffallend ist, daß die Rechtsprechung den Vergleichsrahmen in den letzten Jahren immer weiter gezogen hat und dieser immer globaler wurde, bis im Jahr

---

[511] Siehe Dr. soc. 1993, S. 363 (364).

1997[512] sogar Vorteile miteinander verglichen worden sind, die nicht den gleichen Regelungsgegenstand zum Inhalt hatten. Diese Art eines globalen Vergleichs ist bisher ein Einzelfall geblieben[513], so daß auch weiterhin davon auszugehen ist, daß von Fall zu Fall zu entscheiden ist und daß in der Regel Normengruppen, die den gleichen Regelungsgegenstand betreffen als Vergleichsgruppen heranzuziehen sind.
Einigkeit in Rechtsprechung und Literatur besteht weiterhin im Hinblick auf die Frage, aus welchem Blickwinkel der Günstigkeitsvergleich durchzuführen ist. Hier ist eine objektive Betrachtungsweise zugrunde zu legen, d.h., der Vergleich ist aus dem Horizont eines objektiven Beobachters durchzuführen. Ferner kommt in den Urteilen zum Ausdruck, daß unter juristischen Gesichtspunkten zu vergleichen ist. Das bedeutet, daß wirtschaftliche Fragestellungen außer Acht zu lassen sind, so daß auch in diesem Punkt Einigkeit zwischen Rechtsprechung und Lehre besteht.
Eine Begründung für die jeweilige Art des durchgeführten Günstigkeitsvergleichs läßt sich in der französischen Rechtsprechung nicht finden. Das bedingt der Urteilsstil, in dem nur sehr kurz und knapp die das Urteil tragenden Gründe zusammengefaßt werden, so daß nur eine Analyse des Ergebnisses möglich ist, nicht aber des Weges, auf dem die französische Rechtsprechung zu ihren Ergebnissen gelangt. Auch in der Literatur stellen nur wenige Autoren die Frage, wie und warum der Günstigkeitsvergleich auf die eine oder die andere Weise durchzuführen ist, so daß auch hier eine Diskussion so gut wie nicht stattfindet.

---

[512] Entscheidung Géophysique, Urteil vom 19. Februar 1997, Dr. soc. 1997, S. 432.
[513] Siehe hierzu oben S. 133 ff.

Zusammenfassung und Gesamtergebnis des ersten Teils

Die Analyse des französischen Rechtssystems hat gezeigt, daß der Günstigkeitsgedanke das gesamte französische Arbeitsrecht durchzieht und äußerst facettenreich ist. Der Günstigkeitsmaxime werden insgesamt drei Funktionen zugeordnet. Zum einen dient sie als Grenze der Regelungsmacht (Art. L. 132-4 CT), zum anderen wird sie als Anpassungskriterium für Tarifverträge auf verschiedenen Verhandlungsebenen verwandt (Art. L. 132-23 CT) und schließlich ist sie auch Kollisionsregel (Art. 135-2 CT). Von diesen drei Funktionen ist diejenige der Konfliktlösungsregel die wichtigste. Nahezu alle Konflikte im französischen Arbeitsrecht werden nach dem Günstigkeitsprinzip gelöst. Das gilt auch für Konflikte zwischen Tarifverträgen, für die im deutschen Arbeitsrecht eine Konfliktregelung nach dem Günstigkeitsprinzip von der h. M. ausgeschlossen wird.

Geht man von der herrschenden Meinung in der französischen Literatur aus, so hat es zunächst den Anschein, als ob das Günstigkeitsprinzip in seiner Funktion als Konfliktlösungsregel für alle Bereiche umfassend gesetzlich geregelt ist. Bei einer näheren Analyse der Vorschriften wird jedoch deutlich, daß das Günstigkeitsprinzip als Konfliktlösungsregel bei Normenkonflikten nur in einer einzigen Vorschrift, nämlich Art. L. 135-2 CT für das Verhältnis Tarifvertrag und Arbeitsvertrag, gesetzlich normiert wird. Alle anderen gesetzlichen Regelungen, in denen der Günstigkeitsgedanke verankert ist (Artt. 132-4, 132-13 und 132-23 CT), erfüllen hingegen andere Funktionen. Daher gibt es für alle weiteren von Art. L. 135-2 CT nicht erfaßten Konfliktfälle keine gesetzliche Normierung einer Konfliktlösungsregel, so daß die hier anwendbare Regelung durch Auslegung zu ermitteln ist. Diese Auslegung führt in fast allen Fällen zu dem Ergebnis, daß ein auftretender Konflikt nach den Regeln des Günstigkeitsprinzips zu lösen ist.

Für alle Fallkonstellationen, die nicht gesetzlich geregelt sind, hat die Cour de Cassation in ihrer Rechtsprechung festgelegt, daß das Günstigkeitsprinzip ein principe général du droit du travail ist. Das heißt, daß es immer dann als Konfliktlösungsregel Anwendung findet, wenn eine Gesetzeslücke besteht. Das ist die Regel, so daß die Rechtsprechung zur Folge hat, daß das Günstigkeitsprinzip, obwohl es nur in einer einzigen Vorschrift gesetzlich normiert ist, in seiner Funktion als Konfliktlösungsregel das gesamte arbeitsrechtliche Normengebäude prägt. Konflikte[514] unter arbeitsrechtlichen Normen werden im französischen Arbeitsrecht nach dem Günstigkeitsprinzip gelöst. Dies gilt sowohl unter Normen hierarchisch verschiedener als auch unter Normen hierarchisch gleicher Ebene. Eine Unterscheidung wird nicht getroffen.

---

[514] Eine Ausnahme bildet hier nur Art. L. 132-4 CT, da hier als Ausnahme das Hierarchieprinzip zur Anwendung gelangt, obwohl auch im Zusammenhang mit dieser Vorschrift im Ergbenis auch immer die für den Arbeitnehmer günstigere Regelung angewandt wird.

Der Günstigkeitsvergleich wird von der französischen Rechtsprechung je nach Art des Rechtsverhältnisses durchgeführt, in dem der Konflikt auftritt. Im Verhältnis Tarifvertrag und Gesetz findet der Vergleich hinsichtlich der betroffenen Arbeitnehmer statt, im Verhältnis Tarifvertrag und Arbeitsvertrag wird ein individueller Vergleich durchgeführt und bei Kollektivvereinbarungen ist dieser Vergleich grundsätzlich kollektiv durchzuführen. Der Vergleichsgegenstand verändert sich je nach der Komplexität der zu vergleichenden Normen. Als Faustregel gilt hier, daß die Regelungen miteinander zu vergleichen sind, die den gleichen Regelungsgegenstand betreffen oder auf den gleichen Regelungsgrund zurückzuführen sind. Je nach Komplexität entsteht eine Spannbreite zwischen einem analytischen und einem globalen Vergleich. In Einzelfällen werden auch Vorteile miteinander verglichen, die sich nicht auf den gleichen Regelungsgegenstand beziehen. So ist die Cour de Cassation in einem Urteil vom 19. Februar 1997[515] zu der Auffassung gelangt, daß eine Beschäftigungsgarantie gegen Lohnverzicht günstiger ist, als der Tarifvertrag ohne entsprechende Garantie aber mit höheren Leistungen.

Als weitere Faustregel gilt, daß bei globalen Vergleichen grundsätzlich nur der insgesamt verglichene und für günstiger befundene Komplex im Ganzen auf das Arbeitsverhältnis anzuwenden ist. Eine „Rosinentheorie", bei der z.B. aus zwei Tarifverträgen die jeweils günstigere Norm zur Anwendung gelangt, ist somit nicht möglich. Darüber hinaus ist der Vergleich stets objektiv durchzuführen und sachfremde, nicht juristische Kriterien, wie z.B. die Wirtschaftlichkeit einer Vereinbarung, sind außer Acht zu lassen.

Die Anwendung des Günstigkeitsprinzips als allgemeine Konfliktregel bedingt im französischen Arbeitsrecht, daß die verschiedenen Rechtsquellen miteinander kombiniert werden. Das gilt auch für Tarifverträge. Sind in einem Betrieb mehrere Tarifverträge auf die Arbeitnehmer eines Betriebes anwendbar, so hat dies zur Folge, daß die Tarifverträge bei Konflikten miteinander in der Weise kombiniert werden, daß aus beiden Tarifverträgen die günstigeren Regelungskomplexe auf die Arbeitsverhältnisse angewandt werden. Eine exklusive Anwendung eines Tarifvertrages gibt es im französischen Arbeitsrecht damit nicht.

---

[515] Dr. soc. 1997, S. 432.

2. Teil: Das Günstigkeitsprinzip in Deutschland - Analyse der Rechtslage unter vergleichender Hinzuziehung der für Frankreich gefundenen Ergebnisse

Die Darstellung im ersten Teil dieser Untersuchung hat gezeigt, daß der Günstigkeitsmaxime im französischen Recht eine wesentlich größere Bandbreite an Funktionen zukommt, als in der Literatur allgemein angenommen wird. Auch in der Bundesrepublik geht die Mehrzahl der Autoren von einer einzigen Funktion der Günstigkeitsmaxime im deutschen Arbeitsrecht aus, nämlich der einer Kollisionsregel. Da eine Diskussion über weitere Funktionen in Deutschland fast nicht geführt wird, scheint es vielversprechend, die französisch-rechtlichen Ergebnisse fruchtbar zu machen und zu untersuchen, wie das Günstigkeitsprinzip gesetzlich ausgestaltetet ist und ob in der Bundesrepublik dieses Prinzip ebenfalls facettenreicher ist, als bisher angenommen wird. Sollte sich das für Frankreich gefundene Ergebnis in ähnlicher Weise für Deutschland bestätigen, so werden hieraus Konsequenzen im Hinblick auf die Wirkungsweise des Günstigkeitsprinzips zu ziehen sein, da eine Schranke der Regelungsmacht eine andere Wirkung und Rechtsfolge zeitigt, als eine Kollisionsregel.

Ein weiterer Gesichtspunkt, der im Zusammenhang mit den für Frankreich gefundenen Ergebnissen in Bezug auf Deutschland zu klären ist, ist der Günstigkeitsvergleich. Die Darstellung im ersten Teil zu diesem Thema hat gezeigt, daß die Problematik der Vergleichsgruppenbildung in Frankreich je nach Kollisionskonstellation flexibel gehandhabt wird und daß, wenn es notwendig und sinnvoll erscheint, ein globaler Vergleich durchgeführt wird. Insoweit ist es interessant zu untersuchen, ob dieser pragmatische Ansatz für die auftretenden Konstellationen des deutschen Rechts eine Hilfestellung bei der Lösung bieten kann oder ob das gesetzliche und dogmatische „Korsett“ in der Bundesrepublik so eng geschnürt ist, daß ausschließlich der Lösungsweg des Bundesarbeitsgerichts gangbar ist.

1. ABSCHNITT: GRUNDLAGEN

A. Rechtsquellen und Konfliktkonstellationen (Überblick)

Wie das französische Arbeitsrecht verfügt das deutsche Recht über eine Vielzahl von Gestaltungsfaktoren (Rechtsquellen), die auf das jeweilige Arbeitsverhältnis einwirken.[1] Aufgrund der Existenz solcher verschiedener „Bestimmungsgründe“[2] können bei einem Zusammentreffen Normenkonkurrenzen auftreten, die für den Fall eines daraus erwachsenden Konfliktes einer rechtlichen Lösung zuzuführen sind. Im Verhältnis Tarifvertrag zu anderen arbeitsrechtlichen Gestaltungsmöglichkeiten scheint der Gesetzgeber in § 4 III TVG das Günstigkeitsprinzip als Konfliktlösungsregel normiert zu haben.[3] Für die weiteren Konfliktsituationen, die neben den gesetzlich geregelten entstehen können[4], findet sich in den arbeitsrechtlichen Vorschriften auf den ersten Blick keine Lösung, so daß Raum für die Anwendung anderer Konfliktlösungsregeln eröffnet scheint.
Häufig kommt dem Hierarchieprinzip in solchen Fällen eine große Bedeutung zu. Der Einsatz dieses Prinzip setzt jedoch die Existenz einer hierarchischen Struktur der Regelungen des Arbeitsrechts voraus. Im Bereich der privatautonomen Reglungen des Arbeitsrechts ist es allerdings fraglich, ob eine Hierarchiestruktur gegeben ist. Denn die Normenpyramiden wurden für die Darstellung der Rangverhältnisse der Normen auf staatlicher Ebene verwendet und legen daher ein Abhängigkeitsverhältnis zu Grunde, das auf privatautonome Regelungen nicht ohne weiteres übertragbar ist. Ein solches Stufenverhältnis zwischen den einzelnen Rechtsquellen des Arbeitsrechts dürfte ferner nicht vorliegen, da in der Regel weder ein Arbeitsvertrag von einem Tarifvertrag abhängt und vice versa. Beide Regelungen sind vielmehr unabhängig voneinander denkbar.[5]

---

1 Vgl. *A. Söllner*, Grundriß des Arbeitsrechts, S. 46; *A. Nikisch*, Arbeitsrecht, Band I, 3. Aufl., § 25; *Hueck/Nipperdey*, Lehrbuch des Arbeitsrechts, Band I, 7. Aufl., § 25, S. 145 ff.; *Zöllner/Loritz*, Arbeitsrecht, S. 65 ff.; *Brox/Rüthers*, Arbeitsrecht, Rn. 45 ff.; *W. Dütz*, Arbeitsrecht, Rn. 43 ff.; *Gitter/Michalski*, Arbeitsrecht, S. 21 ff.; *Hanau/Adomeit*, Arbeitsrecht, Rn. 26 ff.

2 Dieser Ausdruck stammt von *K. Adomeit*, Rechtsquellenfragen im Arbeitsrecht, München 1969.

3 So die allgemeine Meinung in der Literatur. Siehe für viele nur *R. Wank*, in: Wiedemann, Tarifvertragsgesetz, § 4, Rn. 405 ff.; *P. Schulze*, Günstigkeitsprinzip, S. 24; *L. Papritz*, Günstigkeitsprinzip, S. 1; *Th. B. Schmidt*, Günstigkeitsprinzip, S. 20 f.; *R. Bergner*, Zulässigkeit, S. 1; *A. Yurtsev*, Günstigkeitsprinzip, S. 33.

4 Wie z.B. eine Konfliktsituation zwischen Arbeitsvertrag und Betriebsvereinbarung.

5 Wegen dieser Problematik besteht unter den einzelnen Autoren bereits keine Einigkeit über die Darstellung der Normenpyramide. Siehe nur die unterschiedlichen Darstellungen bei *A. Söllner*, Grundriß des Arbeitsrechts, S. 46 und *M. Wollenschläger*, Arbeitsrecht, S. 13 ff. Daher wird in dieser Untersuchung auf die Darstellung einer Normenpyramide in diesem Teil verzichtet.

Um die Problematik des Bestehens von Rangverhältnissen im Arbeitsrecht zu lösen, hat *Klaus Adomeit* für das deutsche Recht den Versuch unternommen, Rechtsquellen- und Rangfragen[6] im Arbeitsrecht umfassend zu klären[7]. *Adomeit* gelangt zu dem Ergebnis, daß die Rechtsquellen des deutschen Arbeitsrechts in drei Gruppen nach dem jeweiligen Urheber einzuteilen sind, nämlich in individualrechtliche, kollektivrechtliche und etatische.[8] Diese Einteilung ist heute im deutschen arbeitsrechtlichen Schrifttum weithin gebräuchlich.[9] Aus Gründen des Gleichlaufs mit der Darstellung des französischen Rechts wird sie in dieser Untersuchung jedoch nicht übernommen, sondern in Anlehnung an die für Frankreich vorgenommene Unterteilung[10] erfolgt auch in diesem Teil eine Aufteilung in staatliche und berufliche Rechtsquellen[11].

I. Staatliche Rechtsquellen

Zu den Rechtsquellen staatlichen Ursprungs, die für das deutsche Arbeitsrecht von Bedeutung sind, zählen das Grundgesetz, Gesetze und Rechtsverordnungen. Von einigen Autoren wird vereinzelt auch die Rechtsprechung als Rechtsquelle aufgeführt[12]. Die Einbeziehung der Rechtsprechung in die Normenhierarchie ist jedoch problematisch und nicht richtig, da Urteile keine selbständige Normenqualität besitzen.[13] Zu nennen sind an dieser Stelle auch Verordnungen und Richtlinien der Europäischen Union, deren Vorschriften sich vielfach nach erfolgter Umsetzung in einzelnen Gesetzestexten oder neu entstandenen Gesetzen wiederfinden und denen daher eine nicht zu unterschätzende Bedeutung zukommt.

Im Gegensatz zu Frankreich haben die Rechtsverordnungen in der Bundesrepublik nur eine untergeordnete Bedeutung, denn diese sind fast ausschließlich im Bereich des Arbeitsschutzes anzutreffen.[14]

---

6 Zu den Rangfragen siehe aus der älteren Literatur bereits grundlegend *H.C. Nipperdey*, in: Festschrift für Heinrich Lehmann, S. 257 ff.; *W. Siebert*, in: Festschrift für Hans Carl Nipperdey, S. 119 ff.

7 *K. Adomeit*, Rechtsquellenfragen im Arbeitsrecht.

8 *K. Adomeit*, Rechtsquellenfragen, S. 10.

9 Vgl. z.B. *Zöllner/Loritz*, Arbeitsrecht, S. 76.

10 Siehe hierzu im 1. Teil, S. 6.

11 Soweit im Text der Begriff Rechtsquelle verwandt wird, werden unter diesem Begriff alle Bestimmungsgründe zusammengefaßt, die auf das Arbeitsverhältnis einwirken. Es handelt sich insoweit um eine rein beschreibende Verwendung dieses Begriffes. Nicht gefolgt wird im folgenden daher der Einteilung Adomeits, der Gewohnheitsrecht und betriebliche Übung nicht als Rechtsquelle qualifiziert (Siehe Rechtsquellenfragen, S. 53-63).

12 *W. Herschel*, AuR 1972, S.129.

13 Siehe zu dieser Frage *K. Adomeit*, Rechtsquellenfragen, S. 37 ff.; *R. Käppler*, Tarifdispositives Richterrecht, S. 27; *R. Richardi*, in: MünchHdB zum Arbeitsrecht, Band 1/I, § 8, Rn. 33; *Hanau/Adomeit*, Arbeitsrecht, S. 45; BAG, Urteil vom 10.06.1980, AP Nr. 64 zu Art. 9 GG Arbeitskampf.

14 Vgl. *M. Wollenschläger*, Arbeitsrecht, S. 21, Fn. 104.

Einen wesentlich größeren Stellenwert hingegen nehmen die Grundrechte ein. Hier sind insbesondere der Gleichheitsgrundsatz sowie Art. 9 III GG zu nennen, die im Rahmen arbeitsrechtlicher Argumentation immer wieder angeführt werden. Dieser Bedeutungsunterschied in den beiden Rechtsordnungen läßt sich anhand der verschiedenen Rechtstraditionen erklären. In Frankreich wurde das einfache Gesetz seit der Revolution als Ausdruck der „volonté générale" angesehen, so daß der französische Jurist die Grundfreiheiten unmittelbar aus dem einfachen Gesetzesrecht ablas. Der Gesetzgeber wurde daher bei unseren französischen Nachbarn nicht als „Feind", sondern als ständiger Hüter des Gesetzes betrachtet.[15] Erst seit den siebziger Jahren geht man auch in Frankreich immer häufiger dazu über, einfaches Gesetzesrecht an der Verfassung zu messen und so die Grundrechte anzuwenden und aufzuwerten.[16]

Treten Kollisionen zwischen staatlichen Rechtsquellen unterschiedlichen Ranges auf, so sind diese grundsätzlich nach dem Hierarchieprinzip zu lösen. Das ergibt sich aus Art. 20 III GG, denn nach diesem ist die Gesetzgebung an die verfassungsmäßige Ordnung und sind die vollziehende Gewalt und die Rechtsprechung an Gesetz und Recht gebunden. Maßnahmen der jeweiligen Organe müssen sich daher stets an der nächst höheren Stufe orientieren und mit dieser im Einklang befinden.[17] Geschieht dies nicht, so sind sie rechtswidrig und damit nichtig oder vernichtbar.[18]
Für Kollisionen zwischen Rechtsquellen gleichen Ranges werden in der Regel die lex posterior-Regel oder das Spezialitätsprinzip angewandt.[19] Im Bereich der staatlichen Rechtsquellen untereinander hat daher das Günstigkeitsprinzip in Form einer Kollisionsregel keine Bedeutung.

II. Berufliche Rechtsquellen

Die Rechtsquellen beruflichen Ursprungs sind in der Bundesrepublik noch vielfältiger als in Frankreich. Überwiegen im französischen Arbeitsrecht die staatlichen Rechtsquellen noch leicht, so sind in Deutschland die beruflichen Rechtsquellen stärker vertreten. Allerdings sind die Grenzen innerhalb dieser Gruppe

---

15 Siehe hierzu auch *G. Krieger*, Tarifvertragsrecht, S. 5 ff.

16 Die Franzosen bezeichnen diese Entwicklung als „constitutionnalisation" (siehe *G. Krieger*, Tarifvertragsrecht, S. 6.).

17 Vgl. auch *K. Engisch*, Die Einheit der Rechtsordnung, S. 15.

18 Siehe hierzu *R. Herzog*, in: Maunz/Dürig/Herzog/Scholz (Hrsg.), Grundgesetz, Kommentar, Art. 20 VI, Nr. 12, S. 212; *H. von Schulze-Fielitz*, in: H. Dreier (Hrsg.), Grundgesetz, Kommentar, Art. 20, Rn. 77; *J. Ipsen*, Norm und Einzelakt, S. 69 ff. und 145 ff.; *U. Battis*, Der Verfassungsverstoß und seine Rechtsfolgen, in: HStR VII, § 165, Rn.1, 30; BverfGE 84, 9 (20 f.); 91, 1 (27, 34 ff.); 92, 26 (27).

19 *K. Larenz*, Methodenlehre, S. 266 ff.

zwischen den einzelnen Gestaltungsfaktoren oftmals fließend, so daß eine genaue Abgrenzung und Unterscheidung nicht immer ganz leicht fällt.[20]
Zu den wichtigsten beruflichen Rechtsquellen gehören der Tarifvertrag, die Betriebsvereinbarung, der Arbeitsvertrag, die betriebliche Übung und das Direktionsrecht des Arbeitgebers. Inwieweit auch die Gesamt- oder Einzelzusage und die arbeitsvertragliche Einheitsregelung in diese Aufzählung einzureihen sind, hängt davon ab, ob man diesen Regelungen eine eigenständige Bedeutung zukommen lassen will oder ob sie Bestandteile des Arbeitsvertrages sind.
Aufgrund der Tatsache, daß sowohl die Gesamt- als auch die Einzelzusage Teile der arbeitsvertraglichen Regelung sind, weil sie durch Angebot des Arbeitgebers und korrespondierender Annahme des Arbeitnehmers – in manchen Fällen konkludent – zu Stande kommen[21], fallen die Gesamt- bzw. Einzelzusage nicht unter die hier zu nennenden Rechtsquellen, da es sich nicht um eigenständige Regelungen handelt. Gleiches gilt für die arbeitsvertragliche Einheitsregelung, auch sie ist nicht als Rechtsquelle zu behandeln, da sie unmittelbar keine Wirkung entfaltet. Hier handelt es sich vielmehr um das von der Rechtsprechung entwikkelte Pendant zu den allgemeinen Geschäftsbedingungen, über dessen Berechtigung und Bedeutung unter den einzelnen Autoren lange Zeit Streit bestand.[22] Seit der Schuldrechtsreform ist durch den Gesetzgeber klargestellt, daß die Regelungen zu den „Allgemeinen Geschäftsbedingungen“ auch auf Arbeitsverträge anzuwenden sind.

Der wohl wichtigste Unterschied im Verhältnis zu den französischen Rechtsquellen besteht darin, daß den Betriebspartnern mit der Betriebsvereinbarung eine eigene innerbetriebliche Regelungskompetenz zukommt. Eine solche ist dem französischen Recht fremd, obgleich immer wieder Verträge zwischen dem comité d'entreprise und den Arbeitgebern geschlossen werden.[23] Aufgrund der Möglichkeit, Betriebsvereinbarungen zu schließen, wird damit im deutschen Recht eine weitere – dem französischen Arbeitsrecht unbekannte - kollektive Ebene eingefügt, die neue Komplikationen, Kompetenzkonflikte und Konfliktkonstellationen nach sich zieht. Es ist daher außerordentlich interessant, diese „neue“ Ebene und ihr Verhältnis zu den anderen arbeitsrechtlichen Gestaltungsmitteln genauer zu beleuchten und zu analysieren, wie diese Konflikte gelöst werden.

---

20 So sind z.B. Gesamtzusage und betriebliche Übung nicht immer genau voneinander abzugrenzen.

21 *Brox/Rüthers*, Arbeitsrecht, Rn. 49 c; *W. Dütz*, Arbeitsrecht, Rn. 56; *M. Lieb*, Arbeitsrecht, Rn. 53.

22 Siehe diesbzgl. *C.-W. Canaris*, RdA 1974, S. 18; *F.-J. Säcker*, Gruppenautonomie , S 201 ff.; *W. Zöllner*, AcP 176, S. 221 (244 f.); *ders.*, RdA 1989, S. 152 ff.

23 Das sind die sog. „accords atypiques“. Zu deren Rechtswirkung siehe im 1. Teil, S. 31 ff.

B. Grundsätzliche Unterschiede zum französischen Recht

Obwohl Deutschland und Frankreich einer ähnlichen Rechtstradition entstammen und sich das Arbeitsrecht in einigen Bereichen im letzten Jahrhundert parallel entwickelt hat, gibt es auf dem Gebiet des kollektiven Arbeitsrechts beider Länder einige grundsätzliche Unterschiede, denen bei einem Vergleich beider Systeme Rechnung getragen werden muß. Die Kenntnis der wichtigsten Unterschiede hilft, den Blick für die hierdurch in den Rechtsordnungen eventuell vorhandenen Unterschiede zu schärfen.

I. Tarifbindung

Der wohl wichtigste Unterschied zwischen Deutschland und Frankreich besteht darin, daß in Frankreich gemäß Art. L. 135-2 CT die Tarifbindung von der Verbandszugehörigkeit des Arbeitgebers abhängt und Tarifverträge bei einem verbandszugehörigen Arbeitgeber in dessen Unternehmen automatisch „erga omnes“ gelten[24], während Tarifverträge in Deutschland grundsätzlich nur zwischen den tarifgebundenen Parteien anwendbar sind. Zwar können durch Inbezugnahme im Arbeitsvertrag die Regelungen eines Tarifvertrages auch auf andere Arbeitsverhältnisse ausgedehnt werden, doch erzeugt eine solche Praxis nicht die gleiche Rechtswirkung wie bei einer originären Tarifbindung, da für diese Ansprüche § 4 TVG nicht gilt und damit abweichende Abreden, Verzicht und Verwirkung weiterhin möglich bleiben.[25]

Im weiteren Verlauf der Untersuchung wird für das deutsche Recht deshalb sehr genau zwischen Geltung des Tarifvertrages aufgrund originärer Tarifbindung, Allgemeinverbindlichkeitserklärung oder Inbezugnahme des Tarifvertrages im Arbeitsvertrag zu unterscheiden sein, da hieran unterschiedliche Rechtsfolgen anknüpfen können und das Günstigkeitsprinzip unter Umständen in einigen Fällen anzuwenden ist, in anderen aber wiederum nicht. Des weiteren ist es für die Tarifbindung im deutschen Recht von grundsätzlicher Bedeutung, ob ein Arbeitnehmer einer Gewerkschaft angehört und welcher, während dieser Gesichtspunkt für das französische Recht nahezu gleichgültig ist.[26]

II. Gewerkschaftspluralität

Ein weiterer wichtiger Unterschied zu Deutschland besteht darin, daß in Frankreich auch heute immer noch eine Gewerkschaftspluralität anzutreffen ist, wie es sie in Deutschland in der Weimarer Zeit gab.[27] Gewerkschaftliche Spitzenverbände wie den DGB gibt es in Frankreich nicht, mit der Folge, daß jede Gewerkschaft in der Regel einen eigenen Tarifvertrag abschließt, sofern sie in dem

---

[24] Siehe hierzu ausführlich im 1. Teil, S. 23 f.
[25] Vgl. *A. Söllner*, Grundriß des Arbeitsrechts, S. 143.
[26] Siehe hierzu im 1. Teil, S. 23 f.
[27] *M. Körner*, NZA 2001, S. 429 (430).

Betrieb oder der Region repräsentativ ist.[28] Darüber hinaus sind häufig gerade in großen Betrieben mehrere Gewerkschaften gleichzeitig aktiv und schließen unter Umständen, sofern kein gemeinsamer Tarifvertrag mit allen Gewerkschaften und dem Arbeitgeber zustande kommt, jeweils einen eigenen Tarifvertrag ab, so daß Tarifpluralität und -konkurrenz in französischen Unternehmen die Regel ist. In einem mittelständischen französischen Betrieb gelten daher meistens mindestens zwei Tarifverträge gleichzeitig, nämlich ein Branchentarifvertrag auf regionaler oder nationaler Ebene (oder beides) und ein Firmentarifvertrag.

Durch eine solche Tarifpluralität und -konkurrenz entstehen naturgemäß eine Reihe von Schwierigkeiten in der Handhabung der einzelnen Arbeitsverhältnisse. Auch wenn man in einer solchen Situation annehmen könnte, der französische Gesetzgeber oder die Rechtsprechung habe sich für den einfachsten Weg, nämlich die alleinige Geltung eines Tarifvertrags entschieden, so ist das gerade nicht der Fall.[29] Dieses Ergebnis des ersten Teils ist um so interessanter, weil das BAG schon in verhältnismäßig einfachen Fallkonstellationen das Postulat der Geltung nur eines Tarifvertrages zu Grunde legt[30]. Es ist daher sehr interessant, hier die verschiedenen Argumentationstränge gegenüber zu stellen, um die Richtigkeit der BAG Urteile zu überprüfen.

III. Betriebsverfassung

Eine Betriebsverfassung im deutschen Sinn, die sich durch eine Interessenvertretung der Arbeitnehmer durch den Betriebsrat auszeichnet, gibt es in Frankreich nicht. Denn bei unseren französischen Nachbarn vertritt nicht nur ein Organ, sondern vertreten gleich vier verschiedene Organe die Interessen der Belegschaft.[31] Dies sind die Belegschaftsvertreter (délégués du personnel,), der Unternehmensausschuß (comité d'entreprise), die Gewerkschaftssektion (section syndicale) zusammen mit den Gewerkschaftsdelegierten (délégués syndicaux) sowie der Gesundheits- und Sicherheitsausschuß (Comité d'hygiène, de securité et des conditions de travail).

Die Belegschaftsvertreter sind das älteste Organ und alle zwei Jahre von den Arbeitnehmern in Unternehmen mit mehr als 10 Arbeitnehmern zu wählen. Ihre Aufgabe besteht darin, generell die arbeitsrechtlichen Belange der Arbeitnehmer zu wahren, das heißt, die Einhaltung der arbeitsrechtlichen Vorschriften zu überwachen.

Die Hauptaufgabe der délégués syndicaux besteht in den jährlichen Tarifverhandlungen mit der Geschäftsleitung und dem Abschluß von Tarifverträgen.

---

28 Siehe hierzu im 1. Teil, S. 17 ff.

29 Siehe hierzu im 1. Teil, S. 17 ff.

30 Siehe z.B. die Urteile BAG vom 29.3.1957, AP Nr. 4 zu § 4 TVG Tarifkonkurrenz; BAG vom 5.9.1990, AP Nr. 19 zu § 4 TVG Tarifkonkurrenz; BAG vom 20.03.1991, AP Nr. 20 zu § 4 TVG Tarifkonkurrenz.

31 Zu den Einzelheiten *M. Körner*, NZA 2001, S. 429 ff.

Nicht selten kommt es dabei zu einem Wettlauf unter den verschiedenen Gewerkschaftsvertretern, da naturgemäß jede Gewerkschaft durch einen frühen Tarifabschluß bessere Konditionen auszuhandeln versucht.
Ein Gesundheits- und Sicherheitsausschuß ist in Betrieben mit mehr als 50 Arbeitnehmer einzurichten. Er hat Überwachungsaufgaben in Bereichen der Arbeitssicherheit und Gesundheit, der Arbeitsgestaltung und der Einführung neuer Technologien.

Das comité d'entreprise ist das Organ, das dem deutschen Betriebsrat am ähnlichsten ist. Es wird in Unternehmen mit mehr als 50 Arbeitnehmern alle zwei Jahre gewählt. Dem comité entreprise kommt nur eine beratende Funktion zu, die sich in vielen Bereichen auf Konsultations- und Informationsrechte beschränkt[32]. In den französischen Betrieben ist eine dem deutschen Recht vergleichbare Betriebsverfassung daher nicht anzutreffen. Die Interessen der Mitglieder der comités d'entreprise beschränken sich in vielen Fällen auf die ihnen originär zugewiesenen Aufgaben im Bereich der sozialen Angelegenheiten der Mitarbeiter und erschöpfen sich häufig in der Organisation von Betriebssportgruppen, Kantinen, Kindergärten, Freizeiteinrichtungen und Ferienanlagen.[33] Mitbestimmungsrechte wie im deutschen Betriebsverfassungsrecht bestehen nicht und auch das Instrument der Betriebsvereinbarung ist dem französischen Recht fremd, so daß im deutschen Recht eine weitere Kollisionsebene hinzukommt.
Obwohl dem Comité d'entreprise kein Verhandlungsmandat gegeben ist, kommt es in letzter Zeit in Frankreich immer häufiger vor, daß die Arbeitgeber mit ihrem Comité d'entreprise dennoch Vereinbarungen schließen. Die Rechtsnatur und die rechtliche Wirksamkeit dieser sogenannten „accords atypiques“ ist in Frankreich sehr umstritten.[34]

---

[32] So muß das comité d'entreprise gem. Art. L. 432-1 CT vor wichtigen Entscheidungen des Unternehmensinhabers gehört werden. Es hat aber nur beratende und nicht mitbestimmende Funktion. Weitere Konsultations- und Informationspflichten sind geregelt in Art. L. 432-2 CT (Einführung neuer Technologien), Art. L. 432-3 CT (Arbeitsplatz spezifische Problematiken wie Bezahlung etc.).

[33] Vgl. *M. Körner*, NZA 2001, S. 429 (432).

[34] Siehe zu den accords atypiques im 1.Teil, S.31 ff.

2. ABSCHNITT: GESETZLICHE AUSGESTALTUNG UND FUNKTIONEN DER GÜNSTIGKEIT IM DEUTSCHEN ARBEISTSRECHT

Die Analyse des französischen Rechts hat gezeigt, daß unter den vielen Vorschriften, die das Günstigkeitsprinzip als Kollisionsregel zu normieren scheinen, tatsächlich nur eine Vorschrift auch als eine solche ausgestaltet ist. In allen weiteren gesetzlichen Regelungen erfüllt die Günstigkeitsmaxime andere Funktionen, die in der französischen Literatur bisher nur wenig Beachtung gefunden haben.[35] Auch in der Bundesrepublik wird das Günstigkeitsprinzip allgemein als Kollisionsregel angesehen[36] und andere Funktionen der „Günstigkeit" werden in der Literatur nur am Rande diskutiert[37]. Art. L. 132-4 CT und § 4 III TVG scheinen jedoch eine ähnliche Regelungsstruktur zu haben. Es liegt daher nahe zu überprüfen, ob das in § 4 III TVG normierte Günstigkeitsprinzip tatsächlich die Funktion einer Kollisionsregel erfüllt oder ob diese Vorschrift nicht doch einen anderen Regelungsgehalt hat als gemeinhin angenommen wird.

A. Die gesetzliche Ausgestaltung der Günstigkeitsmaxime

Die Möglichkeit von zwingenden Vorschriften zu Gunsten der Arbeitnehmer abzuweichen, findet sich in der Bundesrepublik in verschiedenen Gesetzen und zwar in § 4 III TVG, § 28 II Sprecherausschußgesetz (SprAuG), § 13 I Bundesurlaubsgesetz (BurlG) und § 12 Entgeltfortzahlungsgesetz.[38] Obwohl Struktur und Aufbau dieser Vorschriften ähnlich sind, wird in der Literatur häufig nur die Regelung des § 4 III TVG mit dem Günstigkeitsprinzips in Verbindung gebracht.[39] Ob eine solche Einschränkung gerechtfertigt ist, bedarf aufgrund der für Frankreich gefundenen Ergebnisse einer tiefergehenden Analyse.

---

[35] Erkannt hatten diese Funktionsaufspaltung bereits *N. Aliprantis*, R.I.D.C. 1987, S. 7 (33 f) und *Y. Chalaron*, in: Études offertes à Gérard Lyon-Caen, S. 243 ff.

[36] Vgl. für viele nur *R. Wank*, in: Wiedemann, Tarifvertragsgesetz, § 4 Rn. 386; *Th. B. Schmidt*, Günstigkeitsprinzip, Berlin 1994, § 4, S. 79 ff.

[37] Vgl. z.B. die Ausführungen bei *O. Wlotzke*, Günstigkeitsprinzip, S. 17 f.; *D. Belling;* Günstigkeitsprinzip, S. 120 ff; *Staudinger/Richardi*, Vorbem. zu §§ 611 ff., Rn. 702, 13. Bearb.

[38] Diese Aufzählung beansprucht keine Vollständigkeit. Da die Regelungsstruktur in den meisten dieser Vorschriften die selbe ist, gelten die nachfolgenden Ausführungen auch für an dieser Stelle nicht genannte Vorschriften.

[39] Zum Sprecherausschußgesetz findet sich nur wenig Literatur und im Bereich des Bundesurlaubsgesetzes wird die dort in § 13 I enthaltene Regelung in der Regel nicht mit dem Günstigkeitsprinzip in Verbindung gebracht. Siehe hierzu nur *D. Neumann*, Urlaubsrecht, S. 44 f.

I. Die Funktion der Günstigkeitsmaxime in § 4 III TVG

Im deutschen arbeitsrechtlichen Schrifttum[40] wird heute unter dem Begriff „Günstigkeitsprinzip“ allgemein eine Kollisionsnorm verstanden, die beim Zusammentreffen mehrerer arbeitsrechtlicher Gestaltungsfaktoren verschiedenen Ranges im Zweifel der rangniedrigeren Norm gestattet zugunsten des Arbeitnehmers von der ranghöheren Norm abzuweichen.[41] Kollisionen zwischen Regelungen gleichen Ranges können nach einhelliger Auffassung der Autoren durch das Günstigkeitsprinzip nicht gelöst werden.[42] Diese Definition zugrunde legend besteht in der Literatur die allgemeine und unangefochtene Meinung, daß § 4 III TVG eine Konfliktlösungsregel beinhaltet, die ausschließlich im Verhältnis einer rangniedrigeren zu einer ranghöheren Norm Anwendung findet, nicht aber bei Kollisionen von Normen gleichen Ranges.[43]
Aus dieser von den deutschen Arbeitsrechtlern vertretenen Position ergibt sich - sollte diese Ansicht richtig sein - ein grundsätzlicher Unterschied zu den für Frankreich gefundenen Ergebnissen. Denn dort gilt das Günstigkeitsprinzip in der Funktion einer Kollisionsregel umfassend und gelangt grundsätzlich auch bei ranggleichen Normen zur Anwendung.[44] Eine solche im deutschen arbeitsrechtlichen Schrifttum vorgenommene ausschließliche Beschränkung auf rangverschiedene Normen muß entweder ihre Grundlage im Gesetzestext finden oder kann darauf hindeuten, daß - ähnlich wie in Frankreich - im deutschen Schrifttum zwischen den verschiedenen Funktionen des Günstigkeitsprinzips nicht hinreichend unterschieden wird.

Einen weiteren Anhaltspunkt für die Vermutung einer fehlenden Funktionsabgrenzung bietet die in der deutschen Literatur weit verbreitete Ansicht, das Günstigkeitsprinzip gestatte der rangniederen Norm zu Gunsten der Arbeitnehmer von der ranghöheren Norm abzuweichen.[45] Denn diese Aussage deutet darauf hin, daß es im Zusammenhang mit § 4 III TVG in erster Linie um Fragen des rechtlichen Dürfens der einzelnen Vertragsparteien geht und damit um die Phase

---

[40] Vgl. *R. Wank*, in: Wiedemann, Tarifvertragsgesetz, § 4, Rn. 405 ff; *Th. B. Schmidt*, Günstigkeitsprinzip, § 4, S. 79 ff; so schon *A. Nikisch*, Arbeitsrecht, Band II, S. 418.

[41] Anders noch in Teilansätzen *O. Wlotzke*, Günstigkeitsprinzip, S. 17 f., der das Günstigkeitsprinzip unter anderem dahingehend versteht, daß es den Arbeitnehmern Mindestarbeitsbedingungen garantiert, andererseits aber auch den Arbeitsvertragsparteien die Möglichkeit eröffnet, die Arbeitsverträge zu Gunsten der Arbeitnehmer frei zu gestalten. Siehe auch *B. Voigt*, Der kollektive Günstigkeitsvergleich, S. 80, der das Günstigkeitsprinzip mit der einseitigen Dispositivität einer Rechtsnorm gleichsetzt.

[42] Vgl. *R. Wank*, in: Wiedemann, TVG, § 3, Rn. 283; *Hueck/Nipperdey*, Arbeitsrecht, Band II/1 Kollektives Arbeitsrecht, § 33 III 3, S. 647; *Löwisch/Rieble*, TVG, § 4, Rn. 294; *dies.*, in: Festschrift für Günter Schaub, S.457 (464 f.); *K. Bieback*, DB 1989, S. 477 (479 f.).

[43] So schon *A. Nikisch*, Arbeitsrecht, Bd. II, S. 418; *W. Siebert*, in: Festschrift für Hans Carl Nipperdey, S. 119 (128).

[44] Siehe hierzu im 1. Teil, S. 95 f.

[45] Nachwiese siehe oben Fn. 40.

der Vertragsgestaltung oder Rechtsetzung, nicht aber um die Problematik, wie ein Konflikt zwischen zwei bereits bestehenden Regelungen, die beide auf das Arbeitsverhältnis einwirken, zu lösen ist. Letzteres ist aber gerade die Fragestellung einer Kollisionsnorm, so daß § 4 III TVG unter Umständen tatsächlich keine Kollisionsregel ist, sondern dieser Vorschrift eventuell eine andere Funktion zuzuordnen ist.
Darüber hinaus besteht die Möglichkeit, daß dieser Unterschied in einer von der französischen verschiedenen deutschen Rechtsetzungstechnik begründet liegt und daher die Anwendbarkeit des Günstigkeitsprinzips in Deutschland tatsächlich auf Normen verschiedenen Ranges beschränkt ist. Diesen Fragen gilt es auf den Grund zu gehen.

1. Ist § 4 III TVG eine Kollisionsregel?

Bei einer Kollisionsregel handelt es sich grundsätzlich um eine dritte Norm, die einen Konflikt unter zwei anderen Normen regelt, die gleichzeitig gültig sind und gleiches auf unterschiedliche Weise regeln.[46] Im französischen Recht läßt sich diese Form einer gesetzlichen, arbeitsrechtlichen Konfliktlösungsregelung, in der das Günstigkeitsprinzip als Kollisionsregel fungiert, nur in einer Vorschrift, nämlich Art. L. 135-2 CT, finden.[47] Aufgrund dieses Befundes liegt die Überlegung nahe, daß der Text des § 4 III TVG, wenn der Paragraph die Funktion einer Konfliktlösungsregel hat, einen ähnlichen oder vergleichbaren Regelungsinhalt wie Art. L. 135-2 CT aufweisen muß.

Vergleicht man die beiden Texte miteinander[48], so fällt auf, daß in beiden Gesetzestexten etwas unterschiedliches geregelt wird. Der deutsche Rechtssatz beschäftigt sich mit der Möglichkeit einer Abweichung von bestehenden Tarifverträgen zu Gunsten der Arbeitnehmer[49], während der französische die Anwendbarkeit des Tarifvertrages regelt und ungünstigere Regelungen von der zwingenden Anwendung ausnimmt.[50]
Zunächst kann man zu dem Schluß gelangen, daß es sich um ein zufälliges Resultat handelt oder aber daß das Ergebnis auf einer anderen Regelungstechnik in Deutschland und Frankreich beruht. Wirft man jedoch einen Blick in den Text

---

46 Vgl. *H. Kelsen*, Theorie der Normen, S. 101; siehe hierzu im 1. Teil, S. 36 f.
47 Siehe hierzu im 1. Teil, S. 72 ff.
48 § 4 III TVG: *„Abweichende Abmachungen sind nur zulässig, soweit sie durch den Tarifvertrag gestattet sind oder eine Änderung der Regelungen zu Gunsten des Arbeitnehmers enthalten.“*
Art. L. 135-2 CT: *„Wenn ein Arbeitgeber durch einen Tarifvertrag gebunden ist, dann sind dessen Regeln auf die Verträge anzuwenden, die mit dem Arbeitgeber geschlossen worden sind, bis auf günstigere Regelungen.“*
49 So die h.M., vgl. Fn. 40.
50 Zur Funktion von Art. L. 135-2 CT siehe ausführlich im 1. Teil, S. 72 ff.

von Art. L. 132-4 Satz 1 CT[51], so fällt eine gewisse Ähnlichkeit in Art und Struktur der Formulierungen zwischen dieser Vorschrift und § 4 III TVG auf. In beiden Vorschriften geht es um die Möglichkeit der Abweichung von zwingenden Normen zu Gunsten der Arbeitnehmer. Zwar regelt Art. L. 132-4 CT das Verhältnis zwischen Tarifvertrag und Gesetz, während sich § 4 III TVG auf Tarifverträge und Arbeitsverträge bezieht, doch ergeben sich hieraus keine grundsätzlich verschiedenen Rechtsfolgen, wenn die Regelungstechnik identisch ist. Denn in beiden Fällen wird den Vertragsparteien das Recht eröffnet, von zwingenden Normen abzuweichen.
Im Hinblick auf Art. L. 132-4 CT wurde im ersten Teil dieser Arbeit bereits dargestellt, daß es sich bei dieser Vorschrift gerade nicht um eine Kollisionsregel, sondern um eine Grenze der Regelungsmacht der Tarifparteien handelt.[52] Die Ähnlichkeit in der Struktur und Formulierung der beiden Texte legt daher nahe, § 4 III TVG genauer auf seine tatsächliche Funktion hin zu untersuchen.

a) Analyse des Gesetzestextes

Der in § 4 I TVG verankerte Grundsatz der unmittelbaren und zwingenden Wirkung der Normen eines Tarifvertrages[53] und die in § 4 III TVG niedergelegte Möglichkeit einer Abänderung tarifvertraglicher Abmachungen zu Gunsten der Arbeitnehmer, bilden nach allgemeiner Meinung eine Einheit.[54] Selbst wenn diese Grundsätze daher in getrennten Absätzen geregelt worden sind, so müssen sie doch zusammen gelesen werden, um zu einer richtigen Auslegung dieser beiden Normen zu gelangen. Die Richtigkeit dieser Auffassung läßt sich unter anderem mit § 1 I TVVO[55] begründen, der beide Regelungen noch zusammen in einer Vorschrift gefaßt hatte.

---

51 *„Die Tarifverträge können günstigere Regelungen beinhalten als in den Gesetzen und Verordnungen vorgeschrieben."*

52 Siehe hierzu im ersten Teil, S. 71 f.

53 Diese beiden Rechtswirkungen eines Tarifvertrages werden in der Literatur häufig mit dem Wort Unabdingbarkeit bezeichnet. So *Hueck/Nipperdey*, Arbeitsrecht, Band II, § 27 I, S. 533; *W. Siebert*, in: Festschrift für Hans Carl Nipperdey, S. 119 (122). Diese Terminologie wird hier nicht übernommen, da sie irreführend ist. Siehe diesbzgl. *A. Nikisch*, Arbeitsrecht, Band II, § 79 IV 1, S. 395. Siehe auch *Th. B. Schmidt*, Günstigkeitsprinzip, S. 21; *Ch. Krummel*, Geschichte, S. 2.

54 Vgl. *D. Belling*, Günstigkeitsprinzip, S. 23; *O. Wlotzke*, Günstigkeitsprinzip, S. 15 f.

55 § 1 I TVVO lautete: *„Sind die Bedingungen für den Abschluß von Arbeitsverträgen zwischen Vereinigungen von Arbeitnehmern und einzelnen Arbeitgebern oder Vereinigungen von Arbeitgebern durch schriftlichen Vertrag geregelt (Tarifvertrag), so sind Arbeitsverträge zwischen den beteiligten Personen insoweit unwirksam, als sie von der tariflichen Regelung abweichen. Abweichende Vereinbarungen sind jedoch wirksam, soweit sie eine Änderung der Arbeitsbedingungen zugunsten des Arbeitnehmers enthalten und im Tarifvertrag nicht ausdrücklich ausgeschlossen sind. An die Stelle unwirksamer Vereinbarungen treten die entsprechenden Bestimmungen des Tarifvertrages."*

Werden die beiden Vorschriften zusammen betrachtet, dann ergibt sich für das heutige Tarifvertragsgesetz folgendes Bild[56]:

aa) § 4 I Satz 1 TVG

Ohne an dieser Stelle auf die vielen Fragen und verschiedenen Theorien[57] eingehen zu wollen, die sich um die Probleme der Tarifwirkung und die Legitimation der Tarifparteien zur Normsetzung ranken, kann festgestellt werden, daß § 1 I TVG den Bestimmungen des Tarifvertrages die Wirkung von Rechtsnormen verleiht, sofern es sich um Regelungen handelt, die den Inhalt, den Abschluß und die Beendigung von Arbeitsverhältnissen ordnen.[58] Bereits durch die Verwendung des Begriffs „Rechtsnorm" wird, ohne daß es einer weiteren Erklärung bedarf, festgelegt, daß Tarifnormen mit ihrem Inkrafttreten unmittelbar und eventuell auch zwingend wirken, da es sich um Konsequenzen handelt, die eine Rechtsnorm zwangsläufig nach sich zieht. Obwohl diese Wirkung der Regelungen eines Tarifvertrages damit bereits deutlich beschrieben wird, erfolgt durch den Gesetzgeber in § 4 I S. 1 TVG noch einmal eine ausdrücklich Klarstellung, wenn es dort heißt: *„Die Rechtsnormen des Tarifvertrages, die...., gelten unmittelbar und zwingend zwischen den beiderseits Tarifgebundenen, die unter den Geltungsbereich des Tarifvertrages fallen."* Direkte Folge der Rechtsnormenwirkung der Tarifbestimmungen ist damit unter anderem, eine unmittelbare Geltung der Regelungen für alle tarifunterworfenen Parteien unabhängig von deren Willen oder gar der Kenntnis der Vorschriften.[59] Das sonst im Privatrecht geltende Prinzip der Relativität der Schuldverhältnisse wird damit durchbrochen.

Darüber hinaus ordnet § 4 I S. 1 TVG die zwingende Wirkung der Tarifvertragsvorschriften an. Aufgrund der bloßen Verwendung des Wortes „zwingend" im Gesetzestext ist jedoch noch keine Aussage über die tatsächliche rechtliche Qualität und Wirkungsweise der tarifvertraglichen Vorschriften möglich, denn es ist zu klären, ob der Gesetzgeber insofern eine absolut zwingende Wirkung gewollt hat oder eventuell nur eine einseitig zwingende. Für den Fall des Vor-

---

[56] Die folgende Darstellung geht allein von der rechtlichen Situation aus, wie diese sich aus den Vorschriften des TVG ergibt. Nicht diskutiert werden hier Fragen der Rechtssetzungsbefugnis der Tarifvertragsparteien und deren rechtlicher Qualität. Des weiteren wird auch den verschiedenen Legitimationstheroien (Differenzierungstheorie, Verbands-, Vertretertheorie) kein Platz eingeräumt. Siehe zu diesen Fragen die überblicksartige Darstellung bei *A. Söllner,* Grundriß des Arbeitsrechts, S. 121 ff. und *Ch. Krummel,* Geschichte, S. 17 ff.

[57] Zur Vertretungstheorie siehe *Ph. Lotmar,* Arbeitsvertrag, S. 775 ff; zur Verbandstheorie *H. Sinzheimer,* Arbeitsnormenvertrag, 72 ff.; zur Differenzierungstheorie, *Th. Ramm,* Die Parteien des Tarifvertrages, S 69 ff; des weiteren *W. Zöllner,* Tarifnormen, Wien 1966; oder *K. Adomeit,* RdA 1967, S. 297.

[58] Das besagt bereits der Text der Vorschrift.

[59] Vgl. *R. Wank,* in: Wiedemann, TVG, § 4, Rn. 300.

liegens einer einseitig zwingenden Regelung ist eine Veränderung der Vorschriften des Tarifvertrages zu Gunsten der Arbeitnehmer stets möglich. Die zwingende Wirkung in § 4 I TVG ist als absolute zu verstehen, mit der Folge, daß entgegenstehende Vereinbarungen unwirksam sind.[60] Denn wäre in § 4 I TVG eine nur einseitig zwingende Regelung normiert, so wäre § 4 III TVG, der gerade eine einseitig zwingende Wirkung des Tarifvertrages in bestimmten Konstellationen anordnet, überflüssig. Als weitere Konsequenz der als absolut verstandenen zwingenden Wirkung ergibt sich, daß die tarifvertraglichen Vorschriften, die den Inhalt, den Abschluß und die Beendigung von Arbeitsverhältnissen regeln, nicht mehr, wie das sonst bei privatrechtlichen gesetzlichen Normen üblich ist, parteidispositiv sind [61], sondern als verbindliches (zwingendes) Tarifrecht zunächst grundsätzlich für alle tarifgebundenen Vertragsparteien verpflichtend gelten und nicht abänderbar sind – auch nicht zu Gunsten der Arbeitnehmer.
Damit ist niemand außer den Tarifvertragsparteien selbst befugt, die tarifvertraglichen Regelungen zu verändern und abweichende Absprachen zu treffen. Wird dennoch von den Parteien des Arbeitsvertrages eine gegen tarifvertragliche Vorschriften verstoßende Vereinbarung getroffen, so ist diese nach der herrschenden Meinung nichtig.[62]

Darüber hinaus hat die zwingende Wirkung der Vorschriften des Tarifvertrages weiterhin zur Folge, daß alle bereits bestehenden entgegenstehenden Vorschriften in Arbeitsverträgen außer Kraft gesetzt werden. Über die Frage, ob abweichende Vereinbarungen für die Dauer des Tarifvertrages nur überlagert (Anwendungsvorrang) und daher nach Beendigung des Tarifvertrages wieder aufleben oder mit Inkrafttreten des Tarifvertrages gänzlich vernichtet werden (vernichtende Konkurrenz), besteht indes in der Literatur keine Einigkeit.[63] Diesbezüglich wird unter anderem die Meinung vertreten, es sei eine Frage der Auslegung der jeweiligen Vorschrift.[64] So vertritt *Wank* die Meinung, die Auslegung des Tarifvertrages werde im Zweifel zu dem Ergebnis führen, daß nur eine Verdrängung gewollt sei, während die Auslegung des Arbeitsvertrages ergeben werde, daß Nichtigkeit gewollt sei.[65]

Gleichgültig, wie diese Frage letztendlich beantwortet wird, folgt jedoch aus der zwingenden Wirkung der tarifvertraglichen Vorschriften unmittelbar, daß § 4 I

---

60 Vgl. *R. Wank*, in: Wiedemann, TVG, § 4, Rn. 369; *Zöllner/Loritz*, Arbeitsrecht, S. 394 f.
61 So sind z.B. die Vorschriften des BGB mit Ausnahme des Sachenrechts, soweit sich aus dem Gesetzestext nichts anderes ergibt, grundsätzlich für die Parteien der verschiedenen privatrechtlichen Verträge dispositives Recht und können beliebig verändert werden.
62 Die Literatur begründet die Rechtsfolge der Nichtigkeit vielfach mit einem Verstoß gegen höherrangiges Recht oder einer Verbotsnorm. Zu diesen Fragen siehe unten S. 176 f.
63 Siehe zu diesen Fragen unten S. 182 ff.
64 So *R. Wank*, in: Wiedemann, TVG, § 4, Rn. 370 ff.; *Kempen/Zachert*, TVG, § 4, Rn. 12.
65 In: Wiedemann, TVG, § 4, Rn. 371 f.

S. 1 TVG die Regelungsmacht der Arbeitsvertragsparteien und der Betriebspartner in Bezug auf die durch einen Tarifvertrag geregelte Materie einschränkt. Denn wenn die Regelungen eines Tarifvertrages von anderen Vertragsparteien nicht verändert werden dürfen, dann wird die rechtliche Handlungsfreiheit der übrigen Verhandlungspartner beschränkt, da sobald ein Tarifvertrag in Kraft getreten ist, die dort geregelten Bereiche „tabu“ sind.
Ein solcher „Absolutheitsanspruch“ hat zur Konsequenz, daß bei einem ohne weitere Einschränkung geltenden § 4 I S. 1 TVG alle anderen Vertragsparteien - sobald ein für sie gültiger Tarifvertrag abgeschlossen worden ist, dessen Geltungsbereich sie unterfallen - keinerlei Befugnisse mehr hätten, abweichende Regelungen über Inhalt, Abschluß oder Beendigung der Arbeitsverhältnisse zu treffen. Werden von Ihnen dennoch entgegenstehende Regelungen vereinbart, so wären diese nichtig, weil sie gegen zwingendes Recht verstießen.[66]

Diese Rechtsfolge eines exklusiv angewandten § 4 I S. 1 TVG ist eindeutig und könnte nur durch eine berichtigende Auslegung oder eine Auslegung dieser Vorschrift nach Sinn und Zweck noch abgemildert werden. Keineswegs ergibt sich aber aus § 4 I S. 1 TVG unmittelbar, daß die Vorschriften eines Tarifvertrages grundsätzlich nur einseitig zwingende Geltung beanspruchen und daher stets zu Gunsten der Arbeitnehmer abänderbar sind.[67] Eine solche Schlußfolgerung läßt sich erst in einer Zusammenschau mit § 4 III TVG ziehen.

bb) § 4 III TVG

§ 4 III TVG enthält eine Ausnahmeregelung[68] und zugleich auch eine Konkretisierung des in § 4 I S. 1 TVG geregelten Grundsatzes der zwingenden Wirkung tarifvertraglicher Vorschriften. Denn diese Norm besagt, daß einem Tarifvertrag entgegenstehende Regelungen dann nicht nichtig sind, wenn der Tarifvertrag selbst solche Vereinbarungen durch eine Öffnungsklausel zuläßt oder aber wenn die getroffenen Abmachungen günstiger für die Arbeitnehmer sind. Erst durch diese Vorschrift wird der in § 4 I S.1 TVG angeordneten zwingenden Wirkung von Tarifvertragsnormen ihre Schärfe in der Weise genommen, daß eine generelle einseitige Disposivität tarifvertraglicher Vorschriften zugunsten der Arbeitnehmer besteht. Aufgrund der hierdurch für andere Vertragsparteien bestehenden Möglichkeit tarifvertragliche Regelungen zu Gunsten der Arbeitnehmer abzuändern, konkretisiert § 4 III TVG gleichzeitig die Regelungsmacht dieser Vertragsparteien dahingehend, daß Vereinbarungen zu Gunsten der Arbeitneh-

---

66 Siehe unten S. 189.

67 So aber *D. Belling*, Günstigkeitsprinzip, S. 23; *O. Wlotzke*, Günstigkeitsprinzip, S. 16; *W. Kreis*, RdA 1961, S. 97 (98).

68 So auch *K. Biedenkopf*, Grenzen der Tarifautonomie, S. 147; *K. Kronenberg*, Unabdingbarkeit der Tarifnormen, S. 12 ff.; a.A. *D. Belling*, Günstigkeitsprinzip, S. 23; *O. Wlotzke*, Günstigkeitsprinzip, S. 16; *W. Kreis*, RdA 1961, S. 97 (98), die in beiden Vorschriften eine sachliche Einheit sehen, nicht aber eine Regel - Ausnahme-Regelung.

mer stets getroffen werden dürfen, ohne daß die Nichtigkeit solcher Abreden befürchtetet werden muß. Denn nicht alle einer tarifvertraglichen Vorschrift entgegenstehenden anderweitigen vertraglichen Vereinbarungen sind nichtig, sondern nur solche, die nicht günstiger für den oder die von der Regelung betroffenen Arbeitnehmer sind. Das bedeutet, die Regelungsbefugnis hat sich von einem absoluten Regelungsverbot hin zu einer Regelungsmöglichkeit zu Gunsten der Arbeitnehmer verschoben, so daß kein absolutes Abweichungsverbot für alle andere Vertragsparteien besteht. § 4 I TVG ist damit ohne § 4 III TVG denkbar, während sich die Funktion des § 4 III TVG nur aus einem Zusammenspiel mit § 4 I TVG erklären läßt.

cc) Zusammenfassung und Ergebnis

§ 4 I S. 1 TVG und § 4 III TVG stehen im Verhältnis einer Konkretisierung zueinander. Während § 4 I S. 1 TVG eine absolut zwingende Wirkung für die Vorschriften eines Tarifvertrages anordnet und damit den Parteien des Arbeitsvertrages die Möglichkeit nimmt, Regelungen in Bereichen zu treffen, die ein Tarifvertrag bereits zwingend geregelt hat, mildert § 4 III TVG diese Rechtsfolge ab, indem er den Geltungswillen von § 4 I S. 1 TVG für die Fälle einer günstigeren Regelung zurücknimmt und damit für die Arbeitnehmer günstigere vertragliche Vereinbarungen grundsätzlich zuläßt. Er konkretisiert die Bedeutung des Wortes zwingend in § 4 I S. 1 TVG dahingehend, daß nur vertragliche Änderungen des Tarifvertrags zu Ungunsten der Arbeitnehmer verboten sind. Gleichzeitig wird durch diese Vorschrift die Regelungsmacht der übrigen Vertragsparteien dahingehend ausgestaltet, daß vom Tarifvertrag abweichende Vereinbarungen solange getroffen werden dürfen, wie sie günstiger als die tarifvertraglichen Regelungen sind.

b) Die Funktion der Vorschriften

Betrachtet man die oben gefundenen Ergebnisse genauer, so wird deutlich, daß der Gesetzgeber in § 4 I S. 1 und § 4 III TVG gleich mehrere wichtige Regelungen in Bezug auf die Wirkung von Tarifverträgen getroffen hat und auf diese Weise deren Wirkungsweise im Verhältnis zu anderen Vereinbarungen konkretisiert.

aa) Rangstufe des Tarifvertrages

Zum einen wird in § 4 I TVG die Rangstufe des Tarifvertrages im Verhältnis zu anderen arbeitsrechtlichen Normen festgesetzt. Denn dadurch, daß der Tarifvertrag im Grundsatz zwingend ist und sich die Arbeitsvertragsparteien an dessen Regelungen zu halten haben, er seinen Ursprung selbst aber im Gesetz findet, wird seine Rangplatzierung direkt unter dem Gesetz begründet.

Keine Aussage hingegen trifft diese Vorschrift entgegen einer teilweise in der Literatur vertretenen Meinung[69] über das Verhältnis von Tarifvertrag und Betriebsvereinbarung, denn § 4 I TVG gilt grundsätzlich nur für das Rechtsverhältnis Tarifvertrag und Arbeitsvertrag und es wird keine Aussage über Rechtsbeziehungen anderer Gestaltungsfaktoren, insbesondere auch nicht zur Betriebsvereinbarung, getroffen.[70]

bb) Einseitige Dispositivität

Darüber hinaus hat der Gesetzgeber die Wirkungsmacht der tarifvertraglichen Regelungen im Verhältnis zu arbeitsvertraglichen Vereinbarungen festgelegt und damit einen zuvor lang andauernden Streit beigelegt.[71] Im Grundsatz gilt, daß Tarifverträge absolut zwingend sind. Diese Aussage bedingt gleichzeitig, daß tarifvertragliche Vorschriften im Falle eines Konfliktes diesen grundsätzlich für sich entscheiden. Das heißt, § 4 I S. 1 TVG bestimmt zunächst, daß bei einer Kollision mit einer Vorschrift niedrigeren Ranges das Hierarchie- und nicht das Günstigkeitsprinzip anzuwenden ist. Bringt man nun § 4 III TVG ins Spiel, so geschieht folgendes:
Der Tarifvertrag verliert seine allseits zwingende Wirkung und wird einseitig dispositiv für die Fallgestaltungen, in denen die tarifvertragliche Vorschrift ungünstiger ist als die abweichende Regelung im Arbeitsvertrag. In den Fällen, in denen der Tarifvertrag eine Öffnungsklausel enthält, kann der Tarifvertrag je nach Ausgestaltung dieser Klausel für die dort festgelegten Bereiche oder Regelungsbefugten insgesamt dispositiv werden.

Wie im 1. Teil der Untersuchung bereits ausführlich dargestellt worden ist[72], bedeutet Dispositivität, daß eine Vorschrift ihren Geltungswillen zurücknimmt und der anderen Regelung in diesen Fällen den Vortritt läßt. Ist eine Norm dispositiv, so kann kein Konflikt mit einer anderen Regelung entstehen, weil die dispositive Norm gerade keine absolute Geltung beansprucht und auf diese Weise einen Konflikt vermeidet. Wenn aber keine Konfliktsituation entstehen kann, dann ist es nicht möglich, daß die Norm, die die Dispositivität anordnet, eine Konfliktlösungsregel ist.[73] § 4 III TVG ist somit **keine** Kollisionsregel[74], sondern **Konfliktvermeidungsnorm**.[75]

---

69 *O Wlotzke*, Günstigkeitsprinzip, S. 119; *Hueck/Nipperdey*, Arbeitsrecht, Band II/1, S. 588; *G. Müller*, AuR 1992, S. 257 (261); *R. Dietz*, RdA 1949, S. 161 (164).

70 Vgl. auch *D. Belling*, Günstigkeitsprinzip, S. 157; *D. Joost*, ZfA 1993, S. 257 (268);. *Th. Schmidt*, Günstigkeitsprinzip, S. 97.

71 Zur Geschichte des Unabdingbarkeitsgrundsatzes im Tarifvertragsrecht siehe *Ch. Krummel*, Geschichte, S. 21 ff.

72 Siehe im 1. Teil, S. 9 f.

73 Siehe zu diesen Fragen auch im 1. Teil zu Art. L. 132-4 CT, S. 61 ff.

74 Anders die gesamte deutsche Rechtsprechung und Literatur. Siehe für viele nur *R. Wank*, in: Wiedemann, Tarifvertragsgesetz, § 4, Rn. 405 ff.; *P. Schulze*, Günstigkeitsprinzip S. 24;

cc) Grenze der Regelungsmacht

Als weitere Folge der in §§ 4 I und 4 III TVG getroffenen Regelungen ergibt sich, daß der Regelungsmacht der Arbeitsvertragsparteien Grenzen gesetzt werden. Gleichzeitig legt die Vorschrift auch eine Grenze der Regelungsmacht für die Tarifvertragsparteien fest, da sie grundsätzlich keine Höchstarbeitsbedingungen festsetzen können[76]. Denn günstigere Regelungen der anderen Vertragsparteien sind aufgrund von § 4 III TVG immer zulässig und können auch nicht tarifvertraglich ausgeschlossen werden.[77]

Für die tarifunterworfenen Arbeitsvertragsparteien gilt, daß diese in den Fällen, in denen ein Tarifvertrag besteht, die dort getroffenen Regelungen nur noch zu Gunsten der Arbeitnehmer abändern können oder aber Vereinbarungen in Bereichen treffen müssen, die vom Tarifvertrag nicht erfaßt oder nicht geregelt werden. Werden dennoch Abmachungen entgegen dem Tarifvertrag zu Ungunsten der Arbeitnehmer getroffen, so sind diese wegen Verstoßes gegen eine höherrangige Norm nichtig.[78]

Diese Rechtsfolge ergibt sich aus der Tatsache, daß durch § 4 III TVG der absolute Geltungsanspruch der Tarifvertragsnormen nur in den Fällen einer für die Arbeitnehmer günstigeren Regelung durch die anderen Vertragsparteien zurückgenommen wird. Ist eine Vereinbarung ungünstiger, so bleibt es bei der zwingenden Wirkung der Tarifvertragsnormen mit der Folge, daß jeder Verstoß gegen die ranghöhere Norm die Nichtigkeit der rangniedrigeren Norm zur Folge hat. Als weitere Konsequenz folgt aus einer solchen Lösung, daß diese Regelungen auch nach Außerkrafttreten des Tarifvertrages nicht wieder aufleben können, da sie nie rechtsgültig existent waren.

L. Papritz, Günstigkeitsprinzip, S. 1; *Th. B. Schmidt,* Günstigkeitsprinzip, S. 20 f.; *R. Bergner,* Zulässigkeit, S. 1; *A. Yurtsev, Günsti*gkeitsprinzip, S. 33.

75 Siehe bereits oben im 1. Teil, zu der ähnlichen Regelung des Art. L. 132-4 CT, S. 51 ff.

76 Vgl. *K. Biedenkopf,* Grenzen der Tarifautonomie, S. 75; *P. Schulze,* Günstigkeitsprinzip, S. 26 und 198 ff.; *U. Federlin,* Der kollektive Günstigkeitsvergleich, S. 35; *R. Wank,* in : Wiedemann, TVG, § 4, Rn. 386; *D. Belling,* Günstigkeitsprinzip, S. 96 ff.; *O Wlotzke,* Günstigkeitsprinzip, S. 24 ff.; *W. Däubler,* Tarifvertragrecht, Rn 195; *Kempen/Zachert,* TVG, § 4, Rn. 172; *Löwisch/Rieble,* TVG, § 4, Rn. 217 f.; *Hueck/Nipperdey,* Arbeitsrecht, Band II 1, S. 575; *D. Joost,* ZfA 1984, S. 173 (191 f.).

77 Ein solcher Ausschluß günstigerer Regelungen war unter der TVVO in § 1 S. 2 noch möglich. Heute wird jedoch in der Literatur überwiegend vertreten, daß eine Abänderbarkeit der tarifvertraglichen Vorschriften in Art. 9 III GG oder aufgrund anderer Verfassungsgrundsätze geschützt wird und nicht einmal der Gesetzgeber diese Regelung einschränken oder gar aus dem Gesetz entfernen darf. Vgl. hierzu BAG GS, Urteil vom 16.09.19686, AP Nr. 17 zu § 77 BetrVG; *R. Wank,* in: Wiedemann, TVG, § 4 Rn. 389; *R. Bergner,* Zulässigkeit, S. 56 ff; *Hueck/Nipperdey,* Arbeitsrecht, Band II 1, S. 232; *Th. Schmidt,* Günstigkeitsprinzip, S. 60 ff; *G. Schelp,* DB 1962, S. 1242; *D. Belling,* Günstigkeitsprinzip, S. 64 ff; *W. Däubler,* Tarifvertragsrecht, Rn. 197; *Kempen/Zachert,* TVG, § 4, Rn. 164. A.A. *F. Gamillscheg,* Kollektives Arbeitsrecht I, § 18 V 3a (3), S. 844; *A. Nikisch,* DB 1963, S. 1254 (1255); *A. Zeuner,* DB 1965, S. 630 (632).

78 Siehe zu dieser Frage *H. Kelsen,* Reine Rechtslehre, S. 196, 218.

c) Ergebnis

Entgegen der allgemeinen Meinung in Literatur und Rechtsprechung[79] ist § 4 III TVG **keine** Konfliktlösungsnorm. Das folgt aus der Tatsache, daß diese Vorschrift die sonst zwingenden Regelungen eines Tarifvertrages in den Fällen einer günstigeren Abmachung zu dispositiven Normen umgestaltet, das heißt, bestimmt, daß bei einer für die Arbeitnehmer günstigeren Regelung im Arbeitsvertrag der Tarifvertrag keinen absoluten Geltungsvorrang mehr beansprucht, sondern „freiwillig" hinter diese Vereinbarung zurücktritt. § 4 III TVG ist daher eine Konfliktvermeidungs- aber keine Konfliktlösungsregel.

Als direkte Folge dieser Funktion als Konfliktvermeidungsnorm gestaltet die Vorschrift die Regelungsmacht der Vertragsparteien aus. Denn sie legt den Rahmen dessen fest, was andere Vertragsparteien regeln dürfen, ohne die Nichtigkeit ihrer Vereinbarungen befürchten zu müssen. Solange die Abreden in den Verträgen anderer Parteien zu Gunsten der Arbeitnehmer vom Tarifvertrag abweichen, wird der absolute Geltungsanspruch der tarifvertraglichen Norm zurückgenommen. Die Vereinbarungen sind damit rechtsgültig, obwohl sie gegen die zwingende Wirkung des Tarifvertrages verstoßen. Gleichzeitig wird die Regelungsbefugnis der Tarifvertragsparteien dahingehend konkretisiert, daß von ihnen keine Höchstbestimmungen vereinbart werden können, da eine günstigere Regelung durch die Arbeitsvertragsparteien grundsätzlich zulässig bleibt.

Die hier eingesetzte Regelungstechnik erinnert sehr stark an die Vorschrift des Art. L. 132-4 CT, der eine ähnliche Struktur aufweist. Auch in Bezug auf die Vorschrift des französischen Rechts ist zuvor festgestellt worden, daß es sich nicht um eine Konfliktlösungsregel, sondern um eine Schranke der Regelungsmacht und um eine Konfliktvermeidungsnorm handelt.[80] Die oben beschriebene erste Eindruck hat daher nicht getäuscht, sondern zu einem vergleichbaren Ergebnis für die deutsche Vorschrift geführt. Dieses Resultat beruht auf der Tatsache, daß in § 4 Abs. 1 TVG eine gesetzesgleiche Wirkung der Tarifnormen angeordnet wird.

Dennoch ist der Regelungsinhalt von Art. L. 132-4 CT und §§ 4 I und III TVG nicht identisch, da sie andere Rechtsverhältnisse betreffen. Während Art. L. 132-4 CT eine Regelung für das Verhältnis Tarifvertrag - Gesetz trifft, beschäftigt sich § 4 III TVG mit der Frage, ob von Tarifverträgen durch die Parteien eines Arbeitsvertrags abgewichen werden darf.

Bei der deutschen Regelung handelt es sich um eine gesetzliche Vorschrift, die im französischen Recht nicht vorhanden ist. In diesem Zusammenhang auftretende Fragen können in französischen Rechtskreis daher nur durch Interpretation der entsprechenden Vorschriften gelöst werden.[81] Eine § 4 III TVG äquivalente

---

79 Siehe oben Fn. 74.

80 Siehe hierzu im 1. Teil, S. 52.

81 Siehe im 1. Teil, S. 75 ff.

Lösung gibt es daher im französischen Recht genau so wenig, wie sich im deutschen Recht ein exaktes Pendant zu Art. L. 132-4 CT finden läßt. Vergleichbar ist daher ausschließlich die Regelungstechnik, die auf der zwingenden Wirkung der Normen beruht.

2. Der Wirkungsbereich des § 4 III TVG

a) Problemfelder

Bis heute ist der Anwendungsbereich des § 4 III TVG noch nicht umfassend geklärt.[82] In der rechtswissenschaftlichen Literatur wird zum einen die Frage diskutiert, wie weit der Begriff „abweichende Abmachungen" zu fassen ist[83], zum anderen steht die Anwendbarkeit der Vorschrift auf bereits vortarifvertraglich bestehende günstigere anderweitige vertragliche Regelungen im Mittelpunkt des wissenschaftlichen Interesses.[84] Das Hauptaugenmerk der rechtswissenschaftlichen Diskussion richtet sich jedoch auf das Problem, auf welche Normen eines Tarifvertrages das in § 4 III TVG normierte Günstigkeitsprinzip anwendbar ist.[85]

Ursprünglich wurde das Günstigkeitsprinzip so verstanden, daß es nur das Verhältnis arbeitsvertraglicher Abmachungen zu tariflichen Inhaltsnormen umfaßt.[86] Heute wird jedoch vielfach die Meinung vertreten, die Anwendbarkeit dieses Prinzips gehe über die bloßen Inhaltsnormen hinaus.[87] Darüber, auf welche tarifvertraglichen Normen es anzuwenden ist - Formvorschriften, negative Inhaltsnormen, partielle oder generelle Abschlußverbote, betriebliche und betriebsverfassungsrechtliche Normen -, besteht indes keine Einigkeit.[88]

---

[82] Vgl. *R. Wank*, in: Wiedemann, TVG. § 4 Rn. 405 ff.

[83] Diese Diskussion bewegte sich insbesondere auf der Grundlage des schwierigen Verhältnisses von § 4 III TVG zu § 77 III BetrVG. Eine verbreitete Ansicht vertrat die These, § 77 III BetrVG sei lex specialis und richte so eine absolute Regelungssperre für die Betriebspartner auf [vgl. *E. Herrman*, ZfA 1989, S. 577 (589 f.)]. Zum Teil wurde von einigen Autoren vertreten, diese Sperre sei verfassungsrechtlich geboten (so *P. Hanau*, RdA 1993, S. 1 ff.).

[84] Für eine Anwendungen auch auf vortarifvertragliche günstigere Regelungen sprachen sich *Hueck/Nipperdey/Tophoven*, TVG, 3. Aufl., § 4 Anm. 80; *A. Nikisch*, Arbeitsrecht, 1. Aufl., S. 324; *Firnhaber*, Günstigkeitsprinzip im Tarifvertragsrecht, S. 48; *Klußmann*, Das Verhältnis zwischen Tarifvertrag und Betriebsvereinbarung, S. 69 aus. Anderer Meinung waren *G. Schmidt*, RdA1950, S. 336 ff. und *ders.*, RdA, 1952, S. 305 ff; LAG Berlin, RdA 1952, S. 305.

[85] Siehe hierzu *R. Wank*, in Wiedemann, TVG, § 4, Rn. 405 ff; *P. Schulze*, Günstigkeitsprinzip, S. 61 ff.; *Th. Schmidt*, Günstigkeitsprinzip, S. 79 ff.

[86] *Linnekohl/Rauschenberg/Reh*, BB 1990, S. 628 (630); *Kempen/Zachert*, TVG, § 4, Rn. 165.

[87] *W. Däubler*, Tarifvertragsrecht, Rn. 190 ff.; *Löwisch/Rieble*, § 4 TVG, Rn.171 ff.; *W. Schlüter*, in: Festschrift für Stree und Wessels, S. 1061 (1070 f.).

[88] *W. Däubler*, Tarifvertragsrecht, Rn. 190 ff. und *K. Tech*, Günstigkeitsprinzip, S. 75 ff. sind der Auffassung, Abschlußgebote dürften zu Gunsten der jeweiligen Arbeitnehmer überschritten werden. Im Hinblick auf Abschlußverbote wird vertreten, sie seien einer Beurteilung durch das Günstigkeitsprinzip entzogen. So *W. Däubler*, TVG, Rn. 190 und *Kem-*

Die beiden oben an erster Stelle behandelten Fragestellungen können heute als weithin geklärt gelten. Inzwischen besteht in der Literatur weitestgehend Einigkeit darüber, daß unter dem Begriff „abweichende Abmachungen" alle anderweitigen vertraglichen Regelungen zu fassen sind[89] und § 4 III TVG auch auf günstigere vortarifvertragliche Abmachungen anzuwenden ist.[90] Bereits das Reichsarbeitsgericht[91] hatte zu Zeiten der Geltung der TVVO und der Tarifordnung entschieden, daß vortarifliche günstigere Vereinbarungen bestehen bleiben. An dieser Auffassung wird heute in der Literatur[92] und Rechtsprechung[93] trotz zwischenzeitlich eingetretener Gesetzesänderungen weiter festgehalten, da die Meinung vertreten wird, der Gesetzgeber habe hier keine abweichende Entscheidung getroffen[94]. Als Begründung für diesen Standpunkt beschränkt man sich auf die Feststellung, der Sinn des Günstigkeitsprinzips würde verfehlt, wenn man den Wortlaut nicht auch auf vortarifliche Vertragsabreden ausdehnen würde.[95]
Angesichts des oben gefundenen Ergebnisses[96], daß § 4 III TVG keine Kollisionsregel, sondern eine Konfliktvermeidungsnorm ist, die gleichzeitig die Regelungsmacht der verschiedenen Vertragsparteien regelt, scheint in Bezug auf diese Fragestellung jedoch eine differenziertere Betrachtungsweise geboten zu sein.

Während die oben dargestellten Fallkonstellationen Fragen bei einer nachträglichen Abweichung von einem bereits rechtsgültig bestehenden Tarifvertrag behandeln, stellt sich bei den nunmehr zu betrachtenden Konstellationen mit In-

---

pen/Zachert, TVG, § 4, Rn. 166. Zu weiteren Fragen siehe *P. Schulze*, Günstigkeitsprinzip, S. 61 ff., *R. Wank*, in: Wiedemann, TVG, § 4 Rn. 405 ff.; *D. Freihube*, Probleme der Tarifbindung, S. 32 ff. Auf die in diesem Zusammenhang geführte Diskussion und die darüber hinaus diskutierten Fragen soll hier nicht weiter vertiefend eingegangen werden, da sie für den weiteren Gang der Untersuchung von untergeordneter Bedeutung sind.

89 *R. Wank*, in: Wiedemann, Tarifvertragsgesetz, § 4, Rn. 375 und 418f. Diskutiert wird in der Literatur zur Zeit allerdings wieder die Frage, inwieweit das Günstigkeitsprinzip auf Betriebsvereinbarungen anzuwenden ist, die entgegen § 77 III BetrVG zu Stande gekommen sind. Siehe diesbzgl. *W. Blomeyer*, NZA 1996, S. 337 (344 ff.) und *Ehmann/Schmidt*, NZA 1995, S. 193 (197).

90 *Zöllner/Loritz*, Arbeitsrecht, S. 401; *O: Wlotzke*, Günstigkeitsprinzip, S. 47; *Hueck/Nipperdey*, Arbeitsrecht, Band II 1, S. 584 f.; *A. Nikisch*, Arbeitsrecht, Band II, S. 426 f.; *P. Schulze*, Günstigkeitsprinzip, S. 178 f. Diese Auffassung geht jedoch zu weit, da wie oben dargestellt, in §§ 4 I und III nur das Verhältnis Tarifvertrag und Arbeitsvertrag geregelt wird und damit alle anderen Rechtsverhältnisse gar nicht von diesen Vorschriften umfaßt werden.

91 RAGE 6 110 (114), ARS 9, 610; 38, 81 (84); 39, 271 (277).

92 *R. Wank*, in: Wiedemann, TVG, § 4, Rn. 421; *Hueck/Nipperdey*, TVG. 2. Aufl., § 4 Anm. 80, a.A. *G. Schmidt*, RdA 1950, S. 336 und RdA 1952, S. 305 f.

93 BAG AP, Nr. 26 zu Art. 44 - Truppenvertrag - Bl. 131 und 132; BAG AP, Nr. 1 zu § 4 TVG Tarifverträge: Rundfunk; BAG GS, Beschluß vom 16.9.1986, AP Nr. 17 zu § 77 BetrVG 1972 = DB 1987, S. 383 (385 f.).

94 So *H.-J. Tyska*, Günstigkeitsprinzip, S. 47 m.w. N.

95 So *R. Wank*, in: Wiedemann, TVG, § 4, Rn. 421.

96 Siehe oben S. 161.

krafttreten des Tarifvertrags das Problem, daß sich zwei rechtsgültig zustandegekommene Regelungen gegenüber stehen, die gleiche Regelungsgegenstände unterschiedlich regeln. Wie oben im ersten Teil bereits dargestellt wurde[97], ist vorliegend eine Konfliktsituation gegeben und daher eine Sachlage, zu deren Lösung es einer Kollisionsregel bedarf. Wie bereits erörtert wurde, ist § 4 III TVG ist jedoch keine Kollisionsnorm.[98]

b) Anwendbarkeit des § 4 III TVG auf vortarifliche günstigere Abmachungen

Die Ausgangssituation in den Fällen einer Änderung tarifvertraglicher Vorschriften **nach** Abschluß eines Tarifvertrages zu Gunsten der Arbeitnehmer und bei bereits bestehenden günstigeren Abreden **vor** Inkrafttreten eines solchen ist grundsätzlich eine andere. Während bei bereits existierenden Tarifverträgen aufgrund von § 4 I TVG Fragen des rechtlichen Dürfens der Arbeitsvertragsparteien, die die Phase der Aushandlung eines neuen Vertrages betreffen, im Vordergrund stehen, ist dieses Stadium für den Fall des Aufeinandertreffens einer tarifvertraglichen Vorschrift mit einer früheren günstigeren Vereinbarung bereits abgeschlossen. Es stehen sich bei der nunmehr zu beurteilenden Fallkonstellation damit zwei rechtsgültige Regelung gegenüber, die beide Geltung beanspruchen.

§ 4 III TVG enthält jedoch ausschließlich für die Frage des rechtlichen Dürfens anderer Vertragsparteien eine Antwort. Denn er bestimmt, daß günstigere Abreden auch weiterhin getroffen werden dürfen. Im Hinblick auf das Problem, welcher von zwei gleichzeitig Geltung beanspruchenden Vorschriften der Vorzug zu geben ist, schweigt die Vorschrift indes.

Obwohl es um die Lösung zweier verschiedener Problemstellungen geht und § 4 III TVG nur für die erste Konstellation eine Lösung bereithält, wird der Anwendungsbereich dieser Vorschrift von der ganz überwiegenden Meinung in der Literatur[99] dennoch auch auf die zweite Situation übertragen. Eine solche gleichsam „blinde" Projizierung kann aufgrund der erforderlichen unterschiedlichen Regelungstechniken nicht richtig sein. § 4 III TVG ist nicht das „Allheilmittel", als das er von der Literatur verwandt wird. Denn da er nicht die Funktion einer Kollisionsregel hat, kann er auch nicht analog auf vortarifvertragliche günstigere Abmachungen anwendbar sein[100]. Es ist daher auf eine andere Konfliktlösungsregel zurückzugreifen.

[97] Siehe oben S. 36 f.
[98] Siehe oben S. 161.
[99] Siehe oben Fn. 90
[100] So aber die ganz überwiegende Meinung in der Literatur. Vgl. oben Fn. 90.

aa) Gibt es eine Konfliktlösungsregel im TVG?

Da § 4 III TVG - wie oben dargestellt worden ist - keine Konfliktlösungsregel ist[101], stellt sich die Frage, ob das TVG an einer anderen Stelle im Gesetzestext eine Kollisionsregel normiert hat, die eventuell auf die hier zu untersuchende Situation übertragen werden kann. Ist eine solche Norm im Tarifvertragsgesetz vorhanden, dann muß sie ungefähr folgenden Regelungsinhalt aufweisen:

„Trifft eine Bestimmung eines Tarifvertrages mit einer anderen Regelung zusammen, die den gleichen Regelungsinhalt auf unterschiedliche Weise regelt, dann ist entweder dem Tarifvertrag der Vorzug zu geben, oder derjenigen Vorschrift, die entweder älter/jünger, spezieller, hierarchisch höher oder günstiger ist."[102]

Da das TVG kurz gehalten und übersichtlich ist, kann die Überprüfung der einzelnen gesetzlichen Bestimmungen auf eine solche oder eine ähnliche Regelung hin schnell vorgenommen werden. Die Analyse ergibt, daß keiner der Paragraphen des TVG sich mit den Fragen von Regelungskollisionen beschäftigt. Eine explizite Kollisionsregel dieser Art ist im TVG daher nicht enthalten.[103]

Allerdings ergibt sich aus der in § 4 I TVG normierten zwingenden Wirkung von Tarifvertragsnormen, daß die Normen eines Tarifvertrages absolute Geltung beanspruchen und jede entgegenstehende arbeitsvertragliche Regelung für dessen Geltungszeitraum überlagern.[104] Insofern ist § 4 I TVG eine Kollisionsregel, denn er besagt, daß Konflikte zwischen Tarifvertrag und rangniederen Normen immer zu Gunsten des Tarifvertrages zu lösen sind.
Durchbrochen wird der Tarifvorrang jedoch durch § 4 III TVG, der spätere günstigere Vereinbarungen zuläßt. Da eine Kollisionsregel für vortarifvertragliche günstigere Vereinbarungen gesetzlich nicht geregelt ist, stellt sich somit die Frage, ob insoweit auf die zwingende Wirkung der Tarifvertragsnormen abzustellen ist oder ob in diesen Fällen nicht doch das Günstigkeitsprinzip in seiner Funktion als Konfliktlösungsregel zur Anwendung kommen muß?

---

101 Siehe zu dieser Frage oben S. 161.

102 Als Beispiel einer Kollisionsnorm kann hier § 4 IV des Entwurfes der Arbeitsgemeinschaft der Arbeitgeber in der britischen Zone vom Juni, 1948 abgedruckt bei *H. Oetker*, in: Wiedemann, TVG, Geschichte, Rn. 24, gegeben werden. Dort heißt es: *„Zwingende tarifliche Bestimmungen gehen solchen aus betrieblichen Vereinbarungen vor."*

103 Im Gegensatz zu einer Vielzahl von Entwürfen des TVG enthält der heutige Gesetzestext nicht einmal eine Kollisionsregel beim Zusammentreffen von mehreren gleichzeitig gültigen Tarifverträgen (Tarifkonkurrenz). Eine solche Regelung hatten noch § 11 des Vorentwurfs des Länderrats vom 14. März 1947, § 8 I u. II des Stuttgarter Entwurfs aus dem Juli 1948 und § 8 des Entwurfes der Verwaltung für Arbeit vom 11. Oktober 1948 vorgesehen. Die verschiedenen Entwürfe sind abgedruckt bei *H. Oetker*, in: Wiedemann, TVG, Geschichte, Rn. 22 ff.

104 Siehe hierzu oben S. 158.

bb) Anwendbarkeit des Günstigkeitsprinzips auf vortarifliche günstigere Abreden

Eine gesetzliche Normierung des Günstigkeitsprinzips in seiner Funktion als Kollisionsregel ähnlich dem französischen Art. L. 135-2 CT gibt es im TVG nicht.[105] Wenn daher beim Aufeinandertreffen einer tarifvertraglichen Regelung mit einer vortariflichen günstigeren Regelung das Günstigkeitsprinzip und nicht der in § 4 I TVG gesetzlich normierte Vorrang des Tarifvertrages als Konfliktlösungsregel zur Anwendung gelangen soll, handelt es sich um eine gesetzlich nicht ausdrücklich normierte Lösung, die aus Sinn und Zweck des Gesetzes und dem Willen des Gesetzgebers hergeleitet werden muß.

§ 4 III TVG sieht für nachtarifvertragliche Vereinbarungen ausdrücklich vor, daß diese zulässig sind, soweit in ihnen günstigere Abmachungen für die Arbeitnehmer enthalten sind. Insoweit wird das Prinzip des Tarifvorrangs zu Gunsten der Arbeitnehmer durchbrochen. Diese Norm manifestiert somit den Grundsatz, daß es sich bei tarifvertraglichen Vorschriften in der Regel um Mindeststandards handelt, die stets zu Gunsten der Arbeitnehmer abänderbar sind.[106] Sinn und Zweck dieser Vorschrift ist es daher, Vereinbarungen zu Gunsten der Arbeitnehmer grundsätzlich zuzulassen. Aus der Regelung des § 4 III TVG läßt sich daher der Schluß ziehen, daß, wenn nachtarifvertragliche günstigere Abmachungen zulässig und wirksam sind, nach dem Sinn und Zweck dieses Gesetzes auch vortarifvertragliche günstigere Vereinbarungen wirksam bleiben müssen. Der Gesetzgeber wollte sicherstellen, daß Vereinbarungen, die für die Arbeitnehmer günstiger sind, stets getroffen werden können.

Ein solches Ergebnis ist nur in der Weise zu erzielen, daß das Günstigkeitsprinzip auf die Fälle vortarifvertraglicher günstigerer Vereinbarungen in seiner Funktion als Kollisionsregel angewandt wird.

Einer solchen Schlußfolgerung kann allerdings das Argument entgegengebracht werden, der Gesetzgeber habe den Tarifverträgen auch eine Ordnungsfunktion zugedacht und in § 4 I TVG manifestiert, die sich darin äußert, daß mit Inkrafttreten eines Tarifvertrages sämtliche tarifvertraglichen Vorschriften entgegenstehende Regelungen außer Kraft gesetzt werden.[107] Diesem Gedanken sind jedoch mehrere Einwände entgegenzuhalten:

---

[105] Siehe hierzu oben S. 162 ff.

[106] Hierbei handelt es sich um eine logische Regel, die sich aus dem Sinn arbeitsrechtlicher Vorschriften und aus dem jeweiligen Gesetzestext selbst ergibt, so daß dieser Grundsatz in der Regel nicht gesetzlich verankert werden muß, da er sich von selbst ergibt. So auch *Zöllner/Loritz,* Arbeitsrecht, S. 66 f.

[107] Diese Auffassung wird in der älteren Literatur vielfach vertreten. So *O. Wlotzke,* Günstigkeitsprinzip, S. 45, der allerdings günstigere Einzelvereinbarungen hiervon ausnimmt. Siehe auch *Hueck/Nipperdey,* Arbeitsrecht, Band II/1, § 30 V II 3, S. 591; *H. C. Nipperdey,* in: Festschrift für Heinreich Lehmann, S. 257; *W. Siebert,* in: Festschrift für Hans Carl Nipperdey, S. 119 (126).

Zum einen stammt der Gedanke der Ordnungsfunktion aus einer Zeit, in der von staatswegen alle Arbeitnehmer „gleichgeschaltet" werden sollten.[108] In dieser Situation mag das Ordnungsprinzip sachlich gerechtfertigt gewesen sein[109], es entspricht jedoch nicht mehr den heutigen Verfassungszielen. Denn die Verfassung wird in Art. 9 III und 2 I GG von dem Leitbild geprägt, daß gerechte Ergebnisse ausgehandelt werden sollen.[110] Darüber hinaus kennt das geltende Recht auch keine einseitig durch den Arbeitgeber gesetzten verbindlichen Ordnungen mehr, und die Lohnverhandlungen der Tarifparteien werden von marktwirtschaftlichen Gesichtspunkten und nicht von einem Leitbild des gerechten Lohnes[111] geprägt.[112]
Selbst wenn dem Tarifvertrag auch heute noch eine gewisse Ordnungsfunktion zukommt, so ist dieser dennoch nicht in der Lage, alle Arbeitsverhältnisse in einem Betrieb gleich zu gestalten. Das wird zum einen durch eine nur zwischen den Tarifparteien geltende Tarifbindung bedingt[113], zum anderen aber auch dadurch, daß die Tarifparteien grundsätzlich nur Mindeststandards setzten können und daher jede tarifvertragliche Regelung nach oben hin abänderbar ist.

Darüber hinaus kommt es bei einer Anwendung der Ordnungsfunktion zu ungerechten Ergebnissen zwischen tarifgebundenen und nicht tarifgebundenen Arbeitnehmern eines Betriebes. Während die Arbeitsverhältnisse der tarifunterworfenen Arbeitnehmer aufgrund der normativen Wirkung des Tarifvertrages automatisch den schlechteren Arbeitsbedingungen angepaßt werden, ist das bei nicht tarifunterworfenen Arbeitnehmern nicht der Fall.
Zwar werden mit nicht tarifgebundenen Arbeitnehmern in der Praxis vielfach Arbeitsverträge unter Inbezugnahme des Tarifvertrages abgeschlossen, doch handelt es sich hier um rein schuldrechtliche Vereinbarungen, die zum einen

---

[108] Das Ordnungsprinzip wurde unter dem AOG von 1934 entwickelt. Die Arbeitsbedingungen sollten in einer staatlichen Ordnung nach sachlichen Gesichtspunkten wirtschaftlicher Vernunft und sozialer Gerechtigkeit geregelt werden. Siehe insoweit *H. C. Nipperdey*, in: Festschrift für Heinrich Lehmann, S. 257 (262). Unter dem AOG wurden an die Stelle frei ausgehandelter Tarifverträge staatliche Regelungen gesetzt, die für sich in Anspruch nahmen, sozial gerecht zu sein. Vgl. *R. Bergner*, Zulässigkeit, S. 103.
Zum AOG siehe *Mansfeld/Pohl/Steinmann/Krause*, Die Ordnung der nationalen Arbeit, Kommentar.

[109] Vgl. *O. Wlotzke*, Günstigkeitsprinzip, S. 46; *H.G. Isele*, JZ 1964, S. 113; *H. Gramm*, AuR 1961, S. 353 (354).

[110] Vgl. *H. G. Isele*, JZ 1964, S. 113.

[111] Die Löhne konnten unter der AOG von staatlichen Stellen festgesetzt und kontrolliert werden.

[112] *R. Bergner*, Zulässigkeit, S. 104.

[113] Vgl. *O. Wlotzke*, Günstigkeitsprinzip, S. 48; *R. Käppler*, NZA 1991, S. 745 (751); *W. Däubler*, AuR 1984, S. 1 (14); *H. Gramm*, AuR 1961, S. 353 (356); *H. G. Isele*, JZ 1964, S. 113 (117).
Anders ist dies in Frankreich. Denn dadurch daß Tarifverträge grundsätzlich für alle Arbeitnehmer eines Betriebes eines tarifgebundenen Arbeitgebers gelten, gibt es keine Tarifaußenseiter, wie nach dem deutschen Modell der Fall ist.

nicht die gleiche rechtliche Wirkung entfalten und zum anderen jeder Zeit abgeändert werden können.[114] Wird daher in diesen Fällen ein späterer ungünstigerer Tarifvertrag geschlossen, setzen sich die ungünstigeren Regelungen aufgrund des Fehlens der normativen Wirkung der Tarifvereinbarung nicht automatisch an die Stelle der günstigeren vertraglichen Abrede. Das ist bereits schon deshalb nicht möglich, weil eine Abänderung der vertraglichen Vereinbarungen in den Fällen von Einbeziehungsklauseln immer nur durch eine Änderungskündigung möglich ist, die umgangen würde, wenn man die normative Wirkung auch auf Arbeitsverträge mit Einbeziehungsklauseln anwenden würde.[115]

In letzter Konsequenz hat eine starre Anwendung des Ordnungsgedankens zur Folge, daß die Arbeitsbedingungen von tarifunterworfenen Arbeitnehmern jeder Zeit durch Tarifvertrag zu deren Ungunsten verändert werden können. Bei nicht tarifgebundenen Arbeitnehmern hingegen müsste eine Änderungskündigung ausgesprochen werden oder einer Änderungsabrede vertraglich vereinbart werden. Beides ist erheblich schwerer durchzusetzen, so daß in der Praxis die Änderungskündigung regelmäßig nur als ultima ratio angewandt wird. Gewerkschaftsmitgliedern können daher durch ihre Verbandszugehörigkeit erhebliche Nachteile bis hin zur Schlechterstellung im Verhältnis zu nicht tarifgebundenen Arbeitnehmern entstehen.

cc) Ergebnis

Der Ordnungsgedanke des Tarifrechts und die zwingende Wirkung von Tarifverträgen kommen im Falle einer vortarifvertraglichen günstigeren Vereinbarung nicht zum Tragen. In diesen Fällen ist vielmehr das sich aus einer Schlußfolgerung im Rahmen des § 4 III TVG ergebende Günstigkeitsprinzip in seiner Funktion als Kollisionsregel anzuwenden. Eine direkte Anwendung von § 4 III TVG scheidet hingegen aus, da diese Vorschrift keine Kollisionsregel ist. Bei einem Aufeinandertreffen einer vortarifvertraglichen Vereinbarung und der Vorschrift eines Tarifvertrages ist daher die günstigere Regelung von beiden anzuwenden.

c) Die Anwendbarkeit des Günstigkeitsprinzips im Verhältnis von Betriebsvereinbarung und Tarifvertrag

Die überwiegende Meinung in Literatur und Rechtsprechung faßt unter den Begriff der „abweichenden Abmachungen“ in § 4 III TVG auch die Betriebsvereinbarung.[116] Das Günstigkeitsprinzip wird damit im Grundsatz auch im Ver-

---

[114] *R. Käppler*, NZA 1991, S. 745 (751). Auch eine Abänderung des Arbeitsvertrages zu Ungunsten des Arbeitnehmer ist jeder Zeit möglich, da § 4 IV TVG insofern seine Schutzwirkung nicht entfaltet.

[115] Vgl. *O. Wlotzke*, Günstigkeitsprinzip, S. 48.

[116] *O. Wlotzke*, Günstigkeitsprinzip, S. 119; *Zöllner/Loritz*, Arbeitsrecht, S. 69; *A. Nikisch*, Arbeitsrecht, Bd. II, S. 419; *A. Söllner*, Grundriß des Arbeitsrechts, S. 141; *M. Lö-*

hältnis von Tarifvertrag und Betriebsvereinbarung für anwendbar gehalten. Dennoch scheidet die praktische Anwendung des Günstigkeitsprinzips nach der herrschenden Lehre aufgrund von § 77 III BetrVG in den weitaus meisten Fällen aus, da nach dieser Vorschrift Betriebsvereinbarungen über Arbeitsentgelte oder sonstige Arbeitsbedingungen nur abgeschlossen werden dürfen, soweit diese Materie nicht durch einen Tarifvertrag geregelt ist oder üblicherweise geregelt wird.

Bevor die Frage beantwortet werden kann, ob das Günstigkeitsprinzip im Verhältnis von Tarifvertrag zur Betriebsvereinbarung zur Anwendung gelangt, ist somit zunächst zu klären, ob §§ 77 III BetrVG tatsächlich eine das Günstigkeitsprinzip verhindernde Regelungsgrenze setzt. Das ist dann der Fall, wenn diese Vorschrift die Funktion einer Grenze der Regelungsmacht hat, die durch das Günstigkeitsprinzip nicht durchbrochen werden kann. Daher ist zu klären, welche Funktion § 77 III BetrVG zukommt[117].

aa) Funktion und Geltungsbereich des § 77 III BetrVG

§ 77 III BetrVG bestimmt, daß Arbeitsentgelte und sonstige Arbeitsbedingungen, die durch Tarifvertrag geregelt sind oder üblicherweise geregelt werden, nicht Gegenstand einer Betriebsvereinbarung sein können.[118] Die überwiegende Meinung in der Literatur sieht in dieser Vorschrift eine Regelungssperre, die die funktionelle Zuständigkeit der Betriebsparteien beschränkt.[119] Normzweck ist nach Rechtsprechung und herrschender Meinung die Sicherung der Tarifautonomie vor einer Aushöhlung und Bedeutungsminderung durch Betriebsvereinbarungen.[120] Die Zuständigkeiten auf tariflicher und betrieblicher Ebene werden

---

wisch, Arbeitsrecht, Rn. 567; *W. Däubler*, Tarifvertragsrecht, Rn. 199; *U. Firnhaber*, Günstigkeitsprinzip, S. 29; *F.-J. Säcker*, AR-Blattei [D] „Tarifvertrag I C" unter VIII 1; *R. Richardi*, AR-Blattei [D] „Tarifvertrag VI A" unter III 2; *R. Wank*, in: Wiedemann, TVG, § 4, Rn. 621; BAG AP Nr. 27 zu § 59 BetrVG 1952; BAG AP Nr. 5 zu § 4 TVG Effektivklausel.
A.A. *D. Joost*, ZfA 1993, S. 257 (268); *D. Belling*, Günstigkeitsprinzip, S. 157 ff.

117 Im Folgenden wird auf die sich in diesem Zusammenhang ergebenden Problembereiche nur ansatzweise eingegangen werden, da eine vertiefte Diskussion keinen Ertrag für die in dieser Untersuchung behandelten Fragestellungen verspricht.

118 Zu der Frage, wann ein Gegenstand durch Tarifvertrag geregelt oder tarifüblich ist, siehe die einschlägigen Kommentare. Für viele sei hier nur *GK-BetrVG/Kreutz*, § 77, Rn. 85 ff. genannt.

119 *GK-BetrVG/Kreutz*, § 77, Rn. 75; *Fitting/Kaiser/Heither/Engels/Schmidt*, Betriebsverfassungsgesetz, § 77, Rn. 67 ff.; *Hess/Schlochauer/Worzolla/Glock*, Kommentar zum Betriebsverfassungsrecht, § 77, Rn. 154; *W. Däubler*, Tarifvertragsrecht, Rn. 234; *M. Heinze*, NZA 1995, S. 5 (6); *O. R. Kissel*, NZA 1995, S.1 (4); *H. Konzen*, NZA 1995, S. 913 (915); *R. Richardi*, Betriebsverfassungsgesetz mit Wahlordnung, Rn. 244; *V. Rieble*, RdA 1996, S. 151 (153); *R. Waltermann*, Rechtsetzung durch Betriebsvereinbarung, S. 260 ff.; *R. Wank*, in: Wiedemann, TVG, § 4, Rn. 555.

120 So BAG, Urteil vom 9.4. 1991, AP Nr. 1 zu § 77 BetrVG 1972 Tarifvorbehalt; Urteil vom 20.8.1991, AP Nr. 2 zu § 77 BetrVG 1972 Tarifvorbehalt; Urteil vom 1.12.1992, AP Nr. 3

klar voneinander abgegrenzt, so daß Interessenkonflikte zwischen Gewerkschaften und Betriebsräten vermieden werden.[121] Dem Normzweck entsprechend entfaltet nach dieser Ansicht die Vorschrift eine absolute Sperrwirkung, die auch die Geltung des Günstigkeitsprinzips ausschließt[122]. Das hat nach dieser Ansicht zur Folge, daß eine Betriebsvereinbarung mit abweichendem Inhalt wegen Verstoßes gegen § 134 BGB nichtig ist[123] und eine bereits bestehende Betriebsvereinbarung nichtig wird.[124]

Gegenüber der herrschenden Meinung wird in der Literatur neuerdings der Standpunkt vertreten, § 77 III TVG schließe das Günstigkeitsprinzip nicht aus, sondern es sei auch im Verhältnis von Tarifvertrag und Betriebsvereinbarung grundsätzlich anwendbar.[125] Als Begründung wird angeführt, daß es sich bei dem Günstigkeitsprinzip um einen verfassungsrechtlich verankerten Grundsatz handele, der auch das gesamte kollektive Arbeitsrecht strukturiere.[126] Weiter wird das Argument vorgebracht, § 77 III BetrVG sei nicht lex specialis zu § 4 III TVG, sondern ein eigenständiges Gestaltungsmittel, auf das der Tarifvertrag nicht im Stande sei, normativ einzuwirken.[127] Der Normenhierarchiekonflikt werde durch § 4 I TVG nicht gelöst, sondern im Zusammenspiel mit § 77 IV BetrVG erst begründet.[128] Da somit das Tarifrecht keine Hierarchie begründe, könne auch § 77 III BetrVG nicht als lex specialis zu § 4 III TVG angesehen werden, da beide Normen sich in ihren Anwendungsbereichen nicht überschnitten.[129] Deshalb sei das Günstigkeitsprinzip auch im Verhältnis von Tarifvertrag und Betriebsvereinbarung grundsätzlich anwendbar. Die einzige Schranke bilde die Aushöhlung der Kollektivmacht durch das Günstigkeitsprinzip.[130]

Zuzustimmen ist der Mindermeinung in ihrer Argumentation, Betriebsvereinbarungen seien keine anderweitigen Abmachungen im Sinne des § 4 III TVG und § 77 III BetrVG sei deshalb nicht lex specialis im Verhältnis zu dieser Vor-

---

zu § 77 BetrVG 1972, Tarifvorbehalt; Urteil vom 24.1.1996, AP Nr. 8 zu § 77 BetrVG 1972 Tarifvorbehalt; Urteil vom 5.3.1997, AP Nr. 10 zu § 77 BetrVG 1972 Tarifvorbehalt.

121 Vgl. *R. Wank*, in: Wiedemann, TVG, § 4, Rn. 556.

122 Nachweise siehe oben Fn. 119.

123 Vgl. *GK-BetrVG/Kreutz*, § 77, Rn. 75, 122; *Fitting/Kaiser/Heither/Engels/Schmidt*, BetrVG, § 77, Rn. 97; *Hess/Schlochauer/Worzolla/Glock*, BetrVG, § 77, Rn. 169; *W. Däubler*, Tarifvertragsrecht, Rn. 234; *R. Richardi*, BetrVG, § 77, Rn. 310.

124 So *GK-BetrVG/Kreutz*, § 77, Rn. 132; *Fitting/Kaiser/Heither/Engels/Schmidt*, BetrVG, § 77, Rn. 98 f.; *Hess/Schlochauer/Worzolla/Glock*, BetrVG, § 77, Rn. 154; *G. v. Hoyningen-Huene/U. Meier-Krenz*, NZA 1987, S. 793 (795).

125 So *Th. Schmidt*, Günstigkeitsprinzip, S. 96 ff.; *W. Blomeyer*, NZA 1996, S. 337 (344 ff.); *Ehmann/Schmidt*, NZA 1995, S. 193 (197); *H. Ehmann*, ZRP 1996, S. 314 (316 f.); *Ehmann/Lambrich*, NZA 1996, S. 346 (348 ff.).

126 So *Ehmann/Schmidt*, NZA 1995, S. 193 (198).

127 So *Th. Schmidt*, Günstigkeitsprinzip, S. 109 f.

128 *D. Reuter*, RdA 1991, S. 193 (201); *Th. Schmidt*, Günstigkeitsprinzip, S. 110.

129 *Th. Schmidt*, Günstigkeitsprinzip, S. 112.

130 *Th. Schmidt*, Günstigkeitsprinzip, S. 113 ff.

schrift. Daß dieses Argument richtig ist, ergibt sich bereits aus der Tatsache, daß Tarifverträge nur zwischen den beiderseits Tarifgebundenen gelten und somit die §§ 4 I und III TVG ausschließlich auf diese zu beziehen sind. Tarifverträge können keine zwingende Wirkung für Betriebsvereinbarungen entfalten, so daß § 4 III TVG als Ausnahmeregelung zu § 4 I TVG nicht auf Betriebsvereinbarungen anzuwenden ist.[131] Die Parteien von Tarifverträgen und Betriebsvereinbarungen sind somit zunächst für alle Bereiche gleichermaßen uneingeschränkt regelungszuständig, soweit gesetzlich nichts anderes festgelegt ist.
Eine solche gesetzliche Beschränkung der Regelungszuständigkeit wird in § 77 III BetrVG für die Betriebspartner in den Fällen vorgenommen, in denen Arbeitsentgelte und sonstige Arbeitsbedingungen bereits tarifvertraglich geregelt worden sind oder üblicherweise geregelt werden. § 77 III BetrVG ist damit Schranke der Regelungsmacht, die zur Folge hat, daß sämtliche Betriebsvereinbarungen, die unter Verstoß gegen diese Vorschrift entstehen wegen fehlender Regelungszuständigkeit nichtig sind.[132]

Wenn nun aber nach der Mindermeinung auch im Rahmen des § 77 III BetrVG das Günstigkeitsprinzip zur Anwendung kommen soll, dann geschieht nichts anderes, als daß die zunächst absolute Verbotsregelung durch dieses Prinzip wieder zurückgenommen wird und auch weiterhin Betriebsvereinbarungen über alle tarifvertraglich geregelten Bestimmungen möglich sind, solange günstigere Regelungen für die Arbeitnehmer getroffen werden. Die Regelungszuständigkeit der Betriebsparteien entfällt erst in dem Augenblick, in dem eine ungünstigere Betriebsvereinbarung über einen bereits durch Tarifvertrag geregelten Gegenstand geschlossen wird.
Diese Argumentation stößt jedoch auf erhebliche Bedenken. § 77 III BetrVG und das Günstigkeitsprinzip, haben den gleichen Regelungsgehalt; beide sind Schranken der Regelungsmacht. Wenn nun aber vom Gesetzgeber ganz bewußt eine Vorschrift zur Abgrenzung der Regelungszuständigkeiten von Tarif- und Betriebsparteien in den Gesetzestext aufgenommen wurde, die sich gerade nicht an der Günstigkeit orientiert, so kann die dort vorgenommene Abgrenzung nicht dadurch wieder „ausgehebelt" werden, daß dem Günstigkeitsprinzip durch die Hintertür eines ohnehin fragwürdigen Verfassungsgrundsatzes doch wieder zur Geltung verholfen wird. Die Entscheidung des Gesetzgebers hier nicht die Günstigkeit als Schranke der Regelungsmacht zu wählen, ist - mag man sie auch für noch so verfehlt halten - zu akzeptieren.[133]

---

[131] Vgl. *Ehmann/Lambrich,* NZA 1996, S. 346 (347).

[132] So auch die herrschende Meinung *GK-BetrVG/Kreutz,* § 77, Rn. 75, 122; *Fitting/ Kaiser/Heither/Engels/Schmidt,* BetrVG, § 77, Rn. 97; *Hess/Schlochauer/Worzolla/Glock,* BetrVG, § 77, Rn. 169; *W. Däubler,* Tarifvertragsrecht, Rn. 234.

[133] Gerade in der heutigen Zeit stellt sich immer häufiger die Frage, ob eine Konzentration auf die Gewerkschaften noch den Anforderungen der Zeit entspricht. Verbandstarifverträge sind häufig sehr unflexibel und werden den Bedürfnissen der einzelnen Betriebe wenig ge-

Die Aussage des § 77 III BetrVG ist eindeutig. Sobald Arbeitsentgelte und sonstige Arbeitsbedingungen in einem Tarifvertrag geregelt sind oder üblicherweise dort geregelt werden, haben die Betriebsparteien keine Regelungszuständigkeit mehr. Soll es von diesem Grundsatz eine Ausnahme für günstigere Betriebsvereinbarungen geben, dann hätte der Gesetzgeber eine solche in den Gesetzestext mit aufnehmen müssen. Das ist jedoch gerade nicht geschehen, so daß das Günstigkeitsprinzip in diesen Fallkonstellationen ausgeschlossen ist.

Gleiches gilt für § 87 I BetrVG. Auch hier ist das Günstigkeitsprinzip nicht anzuwenden, soweit eine Regelungszuständigkeit der Betriebsparteien in sozialen Angelegenheiten aufgrund eines existierenden Tarifvertrages ausgeschlossen ist. Allerdings ist die weitergehende Regelungssperre des § 77 III BetrVG nicht auf diese Vorschrift übertragbar, da § 87 I BetrVG in soweit lex specialis ist.[134]

Zusammenfassend bleibt somit festzuhalten, daß § 77 III BetrVG eine Schranke der Regelungsmacht bildet. Da sich der Gesetzgeber hier bewußt gegen eine Anwendbarkeit des Günstigkeitsprinzips in dieser Funktion entschieden hat, ist es in diesen Fallkonstellationen nicht anwendbar. Das bedingt, daß entgegen § 77 III BetrVG abgeschlossene Betriebsvereinbarungen oder einzelne Regelungen aus diesen mangels Regelungszuständigkeit der Betriebsparteien nichtig sind.

---

recht. Gerade in Zeiten sich schnell ändernder Wirtschaftsbedingungen ist es daher unumgänglich die Flexibilität der Betriebe zu stärken. Hierzu gehört auch eine Erweiterung der Kompetenzen der Betriebsparteien. Auch im Verhältnis von Gewerkschaften zu den Betriebsräten gilt der Grundsatz „Konkurrenz belebt das Geschäft", so daß es begrüßenswert wäre, wenn § 77 III BetrVG so schnell wie möglich aufgehoben werden würde. Siehe auch *H. Hablitzel*, NZA 2001, S. 467, der § 77 III BetrVG für verfassungswidrig hält. Die Frage der Berechtigung von § 77 III BetrVG wurde darüber hinaus unter anderem im Zusammenhang mit der Reform des Betriebsverfassungsgesetzes immer wieder diskutiert. Leider hat der Gesetzgeber jedoch weder die Rechtssprechung zu § 87 I BetrVG in den Gesetzestext eingearbeitet, noch die Frage des Tarifvorrangs des § 77 III BetrVG aufgelöst.

[134] Dies ist umstritten. Die heute wohl immer noch herrschende Meinung in der Literatur vertritt die Auffassung, daß § 77 III BetrVG auch auf § 87 I BetrVG anzuwenden ist. So *Fitting/Kaiser/Heither/Engels/Schmidt*, BetrVG, § 77, Rn. 111; *GK-BetrVG/Wiese*, § 87, Rn. 47; *M. Heinze*, NZA 1995, S. 5 (6); *Hess/Schlochauer/Worzolla/Glock*, BetrVG, § 87, Rn. 62; *D. Joost*, ZfA 1993, S. 257 (267); *R. Waltermann*, RdA 1996, S. 129 (138); *R. Wank*, in: Wiedemann, TVG, § 4 Rn. 616. Wie hier BAG Urteil vom 24.2.1987, AP Nr. 21 zu § 77 BetrVG 1972; BAG, Urteil vom 24.11.1987, AP Nr. 6 zu § 87 BetrVG 1972 Auszahlung; BAG, Urteil vom 30.01.1990, AP Nr. 44 zu § 118 BetrVG 1972; BAG (GS), Urteil vom 3.12.1991, AP Nr. 51 zu § 87 BetrVG 1972 Lohngestaltung; *Ehmann/Schmidt*, NZA 1995, S. 193 (197); *v. Hoyningen-Huene/Meier-Krenz*, NZA 1987, S. 793 (799); *Th. Schmidt*, Günstigkeitsprinzip, S. 103; *F.-J. Säcker*, BB 1979, S. 1201 (1202); *F. Fabricius*, Schrifttumsbesprechung, RdA 1973, S. 125 (126); *F. Farthmann*, RdA 1974, S. 65 (72).

bb) Anwendbarkeit des Günstigkeitsprinzips auf vortarifliche Betriebsvereinbarungen

Die herrschende Meinung vertritt die Auffassung, daß nicht nur Betriebsvereinbarungen nichtig sind, die abgeschlossen werden, obwohl bereits eine einschlägige tarifliche oder tarifübliche Regelung besteht, sondern auch diejenigen vortariflichen Betriebsvereinbarungen, die schon bestehen, wenn ein Tarifvertrag in Kraft tritt, der den gleichen Gegenstand regelt.[135] Warum in diesen Fällen die Rechtsfolge der Nichtigkeit herangezogen wird, wird in der Regel nicht begründet. Dieser Ansicht kann nicht gefolgt werden.

Wie auch im Rahmen des § 4 III TVG[136] ist hier ebenfalls zu differenzieren. Während den Betriebsparteien bei einer nachtariflichen Betriebsvereinbarung, die gegen § 77 III BetrVG verstößt, bereits die Regelungszuständigkeit fehlt, war diese bei Erlaß einer Betriebsvereinbarung vor Inkrafttreten des Tarifvertrages oder bevor Tariflichkeit eintrat uneingeschränkt vorhanden. Da die Regelungszuständigkeit den Parteien nicht rückwirkend entzogen werden kann[137], stehen sich mit Inkrafttreten des späteren Tarifvertrages zwei rechtsgültige Vereinbarungen gegenüber, so daß ein Regelungskonflikt vorhanden ist. Eine Kollisionsregel hält das Gesetz für diese Fälle nicht bereit, so daß die Lösung aus allgemeinen Grundsätzen zu entwickeln ist.

Eine Möglichkeit der Konfliktlösung bietet das Hierarchieprinzip. Obwohl von vielen Autoren die Betriebsvereinbarung im Rang unter dem Tarifvertrag angesiedelt wird[138], ist das Hierarchieprinzip nicht geeignet, diesen Konflikt zu lösen. Denn ein solches Rangverhältnis läßt sich den Gesetzen selbst nicht entnehmen. Auch wenn in § 77 III BetrVG dem Tarifvertrag in gewissen Fällen der Vorrang eingeräumt wird, so bedeutet das nicht, daß der Tarifvertrag tatsächlich im Rang höher anzusetzen ist, als die Betriebsvereinbarung. Denn letztlich ist deren rechtliche Wirkung auf die Arbeitsverhältnisse gleich gestaltet. Beide entfalten mit ihrem Inkrafttreten eine unmittelbare und zwingende Wirkung (§ 4 III TVG und § 77 IV BetrVG.) § 77 III BetrVG hat in diesem Zusammenhang die Funktion, Konflikte von vornherein zu vermeiden, ist jedoch in keinem Fall eine Kollisionsregel.

---

[135] So *Fitting/Kaiser/Heither/Engels/Schmidt*, BetrVG § 77, Rn. 99; *GK-BetrVG/Kreutz*, § 77, Rn. 231; *Hess/Schlochauer/Worzolla/Glock*, BetrVG, § 77, Rn. 154; *v. Hoyningen-Huene/Meier-Krenz*, NZA 1987, S. 793 (795); *R. Wank*, in: Wiedemann, TVG, § 4, Rn. 578; *F.-J. Säcker*, ZfA-Sonderheft 1972, S. 41 (69). A.A. *G. Schaub*, Arbeitsrechtshandbuch, § 231 II 5 d, der der Meinung ist, daß es einer ausdrücklichen Aufhebung einer entgegenstehenden Betriebsvereinbarung durch den Tarifvertrag bedarf.

[136] Siehe oben S. 162 ff.

[137] So auch *GK-BetrVG/Kreutz*, § 77, Rn. 123.

[138] MünchArbR Band 1/I-Richardi, § 8, Rn. 30.

Auch das Spezialitätsprinzip ist als Konfliktlösungsregel nicht geeignet, denn es hätte den grundsätzlichen Vorrang der Betriebsvereinbarung zur Folge, die in diesen Konstellationen stets die speziellere Regelung ist und auch die lex-posterior-Regel kann nicht zur Anwendung gelangen, da es sich nicht um zwei Regelungen des gleichen Normsetzers handelt, die abgelöst werden können. Als einziges Konfliktlösungsprinzip verbleibt somit das Günstigkeitsprinzip. Daß diese Kollisionsregel auf entsprechende Fallkonstellationen anzuwenden ist, ergibt sich aus folgender Überlegung:

Weder das TVG noch das BetrVG enthält eine Vorschrift wonach die Regelungen einer Betriebsvereinbarung hinter solchen eines Tarifvertrages oder umgekehrt die Abreden eines Tarifvertrages hinter denen einer Betriebsvereinbarung zurücktreten. Damit stehen Tarifvertrag und Betriebsvereinbarung in Bezug auf ihre Rechtswirkungen auf einen Arbeitsvertrag grundsätzlich gleichberechtigt nebeneinander. In beiden Gesetzen findet sich eine Vorschrift, wonach die Normen des Tarifvertrages oder der Betriebsvereinbarung unmittelbar und zwingend auf das jeweilige Arbeitsverhältnis einwirken. Ist daher eine Betriebsvereinbarung vor einem Tarifvertrag in Kraft gesetzt worden, so besteht folgende Situation:
Die günstigeren Regelungen der Betriebsvereinbarung setzen sich an die Stelle der arbeitsvertraglichen Vereinbarungen und verdrängen diese. Wenn also nunmehr später der Tarifvertrag in Kraft tritt, dann trifft er auf das Arbeitsverhältnis in der Form, die es durch die verdrängenden Vorschriften der Betriebsvereinbarung eingenommen hat. Sind die Abreden der Betriebsvereinbarung günstiger als diejenigen des Tarifvertrages, so treten die Regelungen des Tarifvertrags zurück. Enthält hingegen der Tarifvertrag günstigere Vereinbarungen, so werden diejenigen der Betriebsvereinbarung überlagert. Damit gelangt in diesen Situationen das Günstigkeitsprinzip in seiner Funktion als Kollisionsregel zur Anwendung, denn es ist für die Bewertung grundsätzlich der Inhalt des Arbeitsverhältnisses zugrunde zu legen, das es durch die Betriebsvereinbarung erhalten hat.

Eine frühere Betriebsvereinbarung wird daher nicht grundsätzlich durch einen späteren Tarifvertrag gleichen Regelungsinhalts überlagert, sondern in diesen Fällen ist das Günstigkeitsprinzip anzuwenden, so daß eine günstigere Regelungen einer Betriebsvereinbarung auch weiterhin Geltung entfalten und der spätere Tarifvertrag hinter diese zurücktreten muß. In keinem Fall hat das Inkrafttreten eines Tarifvertrages jedoch die Aufhebung oder gar Nichtigkeit der Betriebsvereinbarung zur Folge.[139] Deren ungünstigeren Regelungen werden vielmehr nur überlagert mit der Folge, daß sie bei Außerkrafttreten des Tarifvertrags wieder auflebt, sofern sie nicht gekündigt wurde oder ausgelaufen ist.

---

[139] So aber die herrschende Meinung. Siehe oben Fn. 135.

Eine Betriebsvereinbarung wird daher erst Recht nicht überlagert, sobald bloße Tariflichkeit einer Regelung eingetreten ist, da es in einer solchen Situation noch zu keiner Konkurrenzsituation kommt. Erst wenn tatsächlich ein Tarifvertrag gleichen Regelungsinhalts abgeschlossen wird, ist zu überprüfen, welche Vereinbarung günstiger ist.

d) Ergebnis

Bei der Frage der nachträglichen Abänderbarkeit von Tarifvertragsvorschriften zu Gunsten der Arbeitnehmer und dem Problem der weiteren Anwendbarkeit von vortariflichen günstigeren Regelungen handelt es sich um zwei verschiedene Problemfelder, die einer unterschiedlichen Lösung bedürfen. Während § 4 III TVG für den ersten Fall die Lösung bereithält, findet sich im TVG keine Kollisionsregel, die den zweiten Konfliktfall regelt. Eine Anwendung des § 4 I TVG führt zu ungerechten Ergebnissen unter tarifgebundenen und nicht tarifunterworfenen Arbeitnehmern, so daß in diesen Fällen nicht das Hierarchieprinzip in Form des Tarifvorranges zum Tragen kommen kann. Aus einer Weiterentwicklung und Fortführung des Günstigkeitsgedankens in § 4 III TVG ergibt sich die Schlußfolgerung, daß, wenn nachtarifvertragliche günstigere Vereinbarungen zulässig sind, auch vortarifvertragliche günstigere Regelungen bestehen bleiben müssen. Dieses Ergebnis wird durch die Anwendbarkeit des Günstigkeitsprinzip in seiner Funktion als Kollisionsregel erzielt. Auf die Fälle vortariflicher günstigerer Abmachungen ist daher eine nicht gesetzlich normierte Konfliktlösungsregel - das Günstigkeitsprinzip in seiner Funktion als Kollisionsnorm - anzuwenden.

Auch bei einem Aufeinandertreffen von Tarifvertrag und Betriebsvereinbarung ist zu unterscheiden, ob die Betriebsvereinbarung vor oder nach Inkrafttreten des Tarifvertrages abgeschlossen worden ist. § 77 III BetrVG nimmt den Betriebsparteien nur bei Bestehen eines Tarifvertrages oder Tarifüblichkeit die Regelungszuständigkeit. Vor Inkrafttreten des Tarifvertrages bzw. vor „Üblichwerden" bestehende Betriebsvereinbarungen läßt diese Vorschrift jedoch unberührt, so daß sich dann zwei rechtsgültige Regelungen gegenüberstehen. Der auftretende Konflikt ist ebenfalls durch das Günstigkeitsprinzip in seiner Funktion als Kollisionsregel zu lösen. Zu der Lösung, daß eine Betriebsvereinbarung unwirksam wird, kann man nur gelangen, wenn das Gesetz eine Norm enthält, die für den Tarifvertrag im Verhältnis zur Betriebsvereinbarung eine zwingende und unmittelbare Wirkung vorschreibt. Eine solche Vorschrift gibt es weder im TVG noch im BetrVG.

3. Konsequenzen der Ergebnisse für die Wirkung der Tarifnormen

Auch im deutschen Recht ist zwischen den verschiedenen Funktionen des Günstigkeitsprinzips klar abzugrenzen. Je nachdem, ob es sich um Fragen der Regelungsmacht oder um das Günstigkeitsprinzip in seiner Funktion als Kollisionsregel handelt, leiten sich hieraus für das „Schicksal" der aufeinandertreffenden abweichenden Regelungen unterschiedliche Rechtsfolgen ab.

a) Schranke der Regelungsmacht

In seiner Funktion als Schranke der Regelungsmacht ist das Günstigkeitsprinzip immer dann von besonderer Bedeutung, wenn bei Bestehen eines rechtsgültigen Tarifvertrages anderweitige von diesem abweichende (Betriebsvereinbarungen wenn § 77 III BetrVG greift) oder für den Arbeitnehmer ungünstigere Abmachungen (Arbeitsvertrag) getroffen werden.[140] Im Mittelpunkt des Interesses stehen bei diesen Konstellationen regelmäßig Fragen des rechtlichen Dürfens der Parteien, die die entsprechenden Regelungen vereinbart haben. Zentrale Fragestellung unter solchen Gegebenheiten ist daher stets, ob sich die zu prüfende Vereinbarung noch in dem durch Gesetz und/oder Tarifvertrag gesetzten Rahmen bewegt oder diesen bereits verlassen hat. In Fällen einer Grenzüberschreitung liegt es daher nahe, die rechtlichen Sanktionen anzuwenden, die in der Rechtsordnung auch sonst für Überschreitungen des rechtlichen Dürfens vorgesehen sind. Das sind die Nichtigkeit und die Unwirksamkeit eines Rechtsgeschäfts.

aa) Sanktionen des Zivilrechts bei Überschreitung der Regelungsmacht

(1) Nichtigkeit

Nichtig ist ein Rechtsgeschäft immer dann, wenn es die gewollte Wirkung von Anfang an überhaupt nicht herbeiführen kann.[141] Die beabsichtigten Rechtsfolgen treten weder zwischen den Parteien noch im Verhältnis zu einem Dritten ein.[142] Jeder kann sich auf die Nichtigkeit berufen und in einem Prozeß ist sie von Amtswegen zu beachten. Ein anfänglich nichtiges Rechtsgeschäft kann in der Regel auch nachträglich nicht wirksam werden.[143] Allerdings besteht die Möglichkeit, daß nach Wegfall des Nichtigkeitsgrundes das nichtige Rechtsgeschäft durch die Vertragsparteien bestätigt und diesem damit ab diesem Zeitpunkt Rechtswirksamkeit verschafft (§ 141 I BGB) wird.[144]

Das BGB kennt eine ganze Anzahl von Nichtigkeitsgründen. Sie beziehen sich entweder auf das rechtsgeschäftliche Handeln[145], auf die Zuständigkeit des Han-

[140] Siehe hierzu auch oben S. 158 ff.

[141] Vgl. *Staudinger/Dilcher*, Einl. zu §§ 104 - 185, Rn. 67; *K. Larenz*, BGB AT, S. 454; *W. Flume*, BGB AT -, S. 548; *Palandt/Heinrichs*, BGB, Überbl v § 104, Rn. 27.

[142] *K. Larenz*, BGB AT, S. 455.

[143] Von diesem Grundsatz macht das BGB einige Ausnahmen. So kann z.B. ein zunächst wegen Formmangels nichtiges Grundstücksgeschäft nachträglich geheilt werden (§ 313 Satz 2 BGB) oder ein nicht notariell beurkundet Schenkungsversprechen wird geheilt, wenn die Leistung bewirkt worden ist (§ 518 II BGB).

[144] Vgl. *W. Flume*, BGB AT, S. 551 ff. und *K. Larenz*, BGB AT, S. 456 f.

[145] Als Nichtigkeitsgrund kommen unter diesem Punkt z.B. die Geschäftsunfähigkeit (§ 105 BGB), das Scheingeschäft (§ 117 BGB), die Scherzerklärung (§ 118 BGB) in Betracht.

delnden für die ausgeführte Handlung[146], den rechtsgeschäftlichen Akt selbst[147] oder den Inhalt des Rechtsgeschäfts.[148]

Die gesetzlichen Vorschriften sind nicht als ausschließlich und abschließend anzusehen.[149] Das ergibt sich bereits aus der Tatsache, daß Nichtigkeit nichts anderes besagt, als daß eine rechtsgeschäftliche Regelung die von den Parteien gewollte Wirkung nicht entfalten kann. Ein solcher Fall kann auch dann eintreten, wenn die Parteien, den Inhalt, den sie regeln wollten nicht regeln durften. Sei es, weil ihnen die Kompetenz hierzu fehlte oder weil sie ihre spezifische Regelungszuständigkeit in dieser Frage überschritten haben. So wäre z.B. der Abschluß eines Tarifvertrages zwischen dem Arbeitgeber und einer Gruppe Arbeitnehmern auch ohne ausdrückliche gesetzliche Sanktion nichtig, da die „Arbeitnehmergruppe“ nicht zu den Tarifparteien nach § 2 TVG zählt und daher eine Vereinbarung zwischen Arbeitgeber und dieser nicht die Wirkungen eines Tarifvertrags entfalten kann.

(2) Unwirksamkeit

Die Terminologie des BGB ist nicht immer eindeutig. So werden die Begriffe nichtig und unwirksam im Gesetzestext verwandt, ohne eine klare Abgrenzung zwischen diesen beiden zu treffen.[150] Der Terminus der Unwirksamkeit scheint jedoch ein Oberbegriff für alle die Rechtsgeschäfte zu bilden, denen die Rechtsordnung die rechtliche Geltung versagt.[151]

Den stärksten Grad der Unwirksamkeit eines Rechtsgeschäfts stellt die Nichtigkeit dar.[152] Daneben kennt das BGB noch die relative und die schwebende Unwirksamkeit.[153] Relativ unwirksam ist eine Verfügung immer dann, wenn sie im Verhältnis zu einer bestimmten Person unwirksam, allen anderen gegenüber aber voll wirksam ist. Eine solche Konstellation ist z.B. in §§ 135 und 136 BGB geregelt, die gesetzliche und behördliche Veräußerungsverbote betreffen. Die relative Unwirksamkeit ist von Amts wegen zu beachten, es bedarf daher keiner

---

146 Unter diesen Punkt ist das Handeln eines Vertreters ohne Vertretungsmacht zu fassen, sowie die Verfügung eines Nichtberechtigten.

147 Hierunter sind z.B. Formfragen zu fassen.

148 Der Inhalt eines Rechtsgeschäfts ist z.B. dann betroffen, wenn die Vereinbarung gegen ein gesetzliches Verbot oder die guten Sitten verstößt (§§ 134 und 138 BGB). Zu diesen Fragen siehe im Einzelnen *W. Flume*, BGB AT, S. 549.

149 *MünchKom/Mayer-Maly*, BGB, § 134, Rn. 5.

150 Siehe die Beispiele bei *W. Flume*, BGB AT, S. 548 und *Staudinger/Dilcher*, BGB, Einl. zu §§ 104 - 185, Rn. 71.

151 *K. Larenz*, BGB AT, S. 454.

152 So *K. Larenz*, BGB AT, S. 454.

153 Siehe auch *Staudinger/Dilcher*, BGB, Einl. zu §§ 104 - 185, Rn. 71 ff,; *K. Larenz*, BGB AT, S. 471 ff.; *W. Flume*, BGB AT, S. 548; *Palandt/Heinrichs*, BGB, Überbl v § 104, Rn. 30 f.

Willenserklärung wie z.B. der Anfechtung, damit ihre Rechtswirkung eintritt.[154] Schwebende Unwirksamkeit bedeutet, daß ein Rechtsgeschäft zunächst unwirksam ist, aber noch wirksam werden kann, wenn die hierzu erforderliche Genehmigung erteilt wird. Beispiele für Fälle schwebender Unwirksamkeit sind Verfügungsgeschäfte von Minderjährigen (§ 108 I BGB) oder vormundschaftliche oder behördliche Genehmigungserfordernisse. Wird die Genehmigung erteilt, so ist das Rechtsgeschäft von Anfang an wirksam; wird sie nicht erteilt, dann tritt endgültige Unwirksamkeit ein.

bb) Lösungsansätze in der arbeitsrechtlichen Literatur

In der arbeitsrechtlichen Literatur werden die in dieser Untersuchung unter dem Stichwort „Überschreitung der Regelungsmacht" behandelten Fragestellungen regelmäßig im Zusammenhang mit der Darstellung der Wirkung von Tarifnormen erörtert.[155] Auffällig ist, daß von den Autoren keine Unterscheidung dahingehend getroffen wird, ob es sich um Vereinbarungen handelt, die vor oder nach Inkrafttreten des Tarifvertrages entstanden sind[156] und daß häufig die Darstellung der unmittelbaren und der zwingenden Wirkung der Tarifvertragsnormen nicht klar voneinander abgegrenzt und miteinander vermengt wird.[157]
Im wesentlichen stehen sich in der rechtswissenschaftlichen Literatur zwei Meinungen zur Frage der Rechtsfolgen der zwingenden Wirkungen von Tarifnormen gegenüber. Innerhalb der Meinungsgruppen treten - soweit die jeweilige Ansicht überhaupt begründet wird - Unterschiede in der Herleitung der einzelnen Rechtsfolgen auf.[158]

(1) Nichtigkeit

Überwiegend wird in der rechtswissenschaftlichen Literatur der Standpunkt vertreten, die zwingende Wirkung des Tarifvertrages habe zur Folge, daß Regelungen die nicht gemäß § 4 III TVG oder aufgrund einer Öffnungsklausel zuläs-

---

[154] *Staudinger/Dilcher*, BGB, Einl. zu §§ 104 - 185, Rn. 72; *Palandt/Heinrichs*, BGB, Überbl v § 104, Rn. 30.

[155] Siehe z.B. *R. Wank*, in: Wiedemann, TVG, § 4, Rn. 369; *A. Söllner*, Grundriß des Arbeitsrechts, S. 140; *Brox/Rüthers*, Arbeitsrecht, Rn. 270; *G. Schaub*, Arbeitsrechts - Handbuch, § 204, Rn. 15.

[156] So *Brox/Rüthers*, Arbeitsrecht, Rn. 268 ff.; *G. Hueck*, in: Festschrift für E. Molitor zum 75. Geburtstag, S. 203 (214).

[157] Häufig werden die Folgen der zwingenden Wirkung - Verdrängung der entgegenstehenden Regelungen - bereits im Zusammenhang mit der unmittelbaren Wirkung der Tarifnormen erörtert. Siehe z.B. *G. Schaub*, Arbeitsrechts - Handbuch, § 204, Rn. 5; *Gitter/Michalski*, Arbeitsrecht, S. 231 ff.; *A. Söllner*, Arbeitsrecht, S. 140.

[158] Zum Meinungsspektrum siehe auch die Überblicksdarstellung bei *B. Höpfner*, Die normativen Wirkungen kollektivvertraglicher Inhaltsnormen, S. 35 ff.

sig sind, nichtig sind und damit bei Inkrafttreten eines späteren Tarifvertrags vernichtet werden.[159]
Diese Rechtsfolge wird von einem Teil der diese Meinung vertretenden Autoren auf § 134 BGB gestützt. Nach ihrer Ansicht handelt es sich bei den Normen des Tarifvertrages um Verbotsgesetze im Sinne des § 134 BGB, so daß einzelvertragliche Abreden, die einer zwingenden Tarifnorm widersprechen, wegen eines Verstoßes gegen § 134 BGB nichtig sind.[160]

Ein anderer Teil der Literaturmeinung begründet die Nichtigkeit entgegenstehender vertraglicher Abmachungen allein mit der zwingenden Wirkung der Rechtsnormen des Tarifvertrages, ohne sich auf andere Vorschriften zu berufen.[161]

(2) Unwirksamkeit

Viele Autoren im Schrifttum vertreten darüber hinaus die Auffassung, Folge der zwingenden Wirkung der Tarifvertragsnormen sei die Unwirksamkeit entgegenstehender ungünstigerer Regelungen.[162] Einige von ihnen leiten diese Folge aus § 134 BGB her[163] andere begründen ihre Ansicht ausschließlich mit der zwingenden Wirkung der Tarifvertragsnormen.[164] Auch unter den Vertretern dieses Standpunktes befinden sich Autoren, die auf die Nichtgeltung von § 139 BGB in diesen Konstellationen hinweisen.[165]

cc) Stellungnahme

Zunächst einmal ist festzuhalten, daß sich die Begründungsstrukturen in der Literatur zwischen den Autoren, die eine Nichtigkeit von Abreden annehmen, die

---

[159] So *Brox/Rüthers*, Arbeitsrecht, Rn. 270; *G. Schaub*, Arbeitsrechts - Handbuch, § 204, Rn. 15; *Großmann/Schneider*, Arbeitsrecht, Rn. 453; *W. Gross*, Arbeitsrecht 2 - Kollektives Arbeitsrecht, Rn. 346; *Staudinger/Richardi*, Vorb. §§ 611 ff., Rn. 1012; *Enneccurus/Nipperdey*, Allgemeiner Teil des Bürgerlichen Rechts, 1. Halbband, 15. Aufl., S. 303; *A. Fröhlich*, NZA 1992, S. 1105 (1110); *K. Sieg*, AcP 151, S. 246 (255).

[160] So *A. Fröhlich*, NZA 1992, S. 1105 (1110); *Brox/Rüthers*, Arbeitsrecht, Rn. 270; *G. Schaub*, Arbeitsrechts - Handbuch, § 204, Rn. 15; *Großmann/Schneider*, Arbeitsrecht, Rn. 453; *W. Gross*, Arbeitsrecht 2, Rn. 346.

[161] So *Staudinger/Richardi*, Vorbm. §§ 611 ff., Rn. 1012; *Ennecurus/Nipperdey*, BGB AT, 1. Halbb., S. 303.

[162] So *R. Wank*, in: Wiedemann, TVG, § 4, Rn. 369; *A. Söllner*, Grundriß des Arbeitsrechts, S. 140; *W. Dütz*, Arbeitsrecht, Rn. 500; *Gitter/Michalski*, Arbeitsrecht; S. 232.; *A. Nikisch*, Arbeitsrecht, Band II, S. 395; *Hueck/Nipperdey*, Lehrbuch des Arbeitsrechts, Band 2, 1. Halbb., S. 553; *G. Hueck*, in: Festschrift für E. Molitor, S. 203 (213).

[163] *Gitter/Michalski*, Arbeitsrecht, S. 232; *W. Dütz*, Arbeitsrecht, Rn. 500.

[164] *A. Nikisch*, Arbeitsrecht, Band II, S. 395; *A. Söllner*, Grundriß des Arbeitsrechts, S. 140; *R. Wank*, in: Wiedemann, TVG, § 4, Rn. 369; *Hueck/Nipperdey*, Lehrbuch des Arbeitsrechts, Band 2, 1. Halbb., S. 553; *G. Hueck*, in: Festschrift für E. Molitor, S. 203 (115 ff.).

[165] *A. Nikisch*, Arbeitsrecht, Band II, S. 395; *Hueck/Nipperdey*, Lehrbuch des Arbeitsrechts, Band 2, 1. Halbb., S. 553.

tarifvertraglichen Regelungen entgegenstehen, und denen, die von einer Unwirksamkeit solcher Abmachungen ausgehen, kaum inhaltlich voneinander unterscheiden. Unter den Vertretern beider Ansichten finden sich Verfasser, die diese Rechtsfolge auf § 134 BGB stützen wollen oder diese direkt aus der zwingenden Wirkung der Tarifvertragsnormen ableiten. Es stellt sich daher die Frage, ob es sich tatsächlich um entgegenstehende Auffassungen handelt oder ob vielleicht nur zwei verschiedene Begriffe verwandt werden, letztendlich aber in der Sache doch das gleiche gemeint wird. Für diese Vermutung spricht die Tatsache, daß auch das BGB in der Verwendung seiner Terminologie ungenau ist und zum Teil die Begriffe „nichtig" und „unwirksam" identisch verwendet.[166] Eine endgültige Klärung der Problematik an dieser Stelle wird nicht möglich sein, da von fast allen Autoren, die von ihnen vertretene Meinung so gut wie nicht begründet wird und es daher nicht möglich ist, durch eine Prüfung der Gedankengänge den Hintergrund der jeweiligen Aussage zu erschließen.
Es ist jedoch ungeachtet der Begriffsproblematik bedenklich, wenn von den einzelnen Verfassern in ihrer rechtlichen Würdigung keine Unterscheidung zwischen Vereinbarungen getroffen wird, die bereits vor Inkrafttreten des Tarifvertrags bestanden haben oder erst nach dessen Inkrafttreten in tarifwidriger Weise abgeschlossen wurden. Hier handelt es sich, wie oben gezeigt wurde, um zwei grundsätzlich verschiedene Fallgestaltungen, für die eine unterschiedliche rechtliche Lösung zu finden ist.[167] An dieser Stelle der Untersuchung ist aber zunächst nur die Frage zu beantworten, welche rechtliche Sanktion Eintritt, wenn Parteien nachtariflich eine dem Tarifvertrag entgegenstehende ungünstigere Vereinbarung treffen und daher ihre Regelungsmacht überschreiten.

In der arbeitsrechtlichen Literatur scheint unabhängig von den verwandten Begriffen weitestgehend Einigkeit dahingehend zu bestehen, daß eine Abmachung, die gegen § 4 III TVG verstößt, keine Rechtswirksamkeit entfalten kann. Diese Rechtsfolge soll sich zum einen aus § 134 BGB[168] zum anderen aus der zwingenden Wirkung der Tarifnormen[169] selbst ergeben. Die Nichtigkeitssanktion des § 134 BGB bezieht sich auf Verbotsgesetze. Es stellt sich daher zunächst die Frage, ob die Vorschriften eines Tarifvertrages gesetzliche Verbote im Sinne des § 134 BGB sein können.

Art. 2 EGBGB enthält eine Definition des Wortes Gesetz, wie es im BGB verwandt wird. Diese bestimmt, daß ein Gesetz im Sinne des Bürgerlichen Gesetzbuchs jede Rechtsnorm ist. Nach übereinstimmender Ansicht in Literatur und

---

[166] Siehe hierzu *W. Flume*, BGB AT, S. 548 und *Staudinger/Dilcher*, BGB, Einl. zu §§ 104 - 185, Rn. 71.
[167] Siehe oben S. 151 ff.
[168] Für Literaturhinweise siehe oben Fn. 159.
[169] Zu den Literaturhinweisen siehe oben Fn. 162.

Rechtsprechung sind Tarifnormen als Gesetze im Sinn des BGB und damit auch im Sinn des § 134 BGB einzustufen.[170]
Aus dieser Einordnung läßt sich jedoch nicht der Schluß ziehen, daß die zwingenden Tarifvorschriften gleichzeitig auch als Verbotsnormen zu qualifizieren sind.[171] Sinnvollerweise kann nur dann von einem Verbotsgesetz gesprochen werden, wenn die Rechtsordnung den besonderen Inhalt dieses Rechtsgeschäfts mißbilligt.[172] Nicht zu den gesetzlichen Verboten gehören daher nach überwiegender Meinung die privatrechtlichen zwingenden Gesetzesnormen, da sie lediglich die rechtsgeschäftliche Gestaltungsmacht der Parteien einschränken, nicht aber den Inhalt des Rechtsgeschäfts an sich ablehnen.[173] Was für zwingende gesetzliche Regelungen gilt, das muß erst recht für Tarifnormen gelten, so daß im Grundsatz kein Fall des § 134 BGB vorliegt.[174]
Da die Nichtigkeit nachtarifvertraglicher Regelungen, die nicht § 4 III TVG entsprechen, nicht mit § 134 BGB begründet werden kann, stellt sich nunmehr die Frage, ob sich eine solche Rechtsfolge aus dem Grundsatz der zwingenden Wirkung der Tarifnormen (§ 4 I TVG), herleiten läßt.

Nichtig ist ein Rechtsgeschäft immer dann, wenn es die gewollte Wirkung von Anfang an überhaupt nicht herbeiführen kann.[175] Treffen die Parteien eines anderen Vertrages nach Inkrafttreten eines Tarifvertrages eine abweichende oder eine ungünstigere Vereinbarung, so überschreiten sie die Grenze dessen, was sie rechtlich regeln dürfen, denn die §§ 4 I und III TVG, sowie §§ 77 III und 87 I BetrVG bilden insofern eine Schranke der Regelungsmacht.[176] Wenn ihnen aber in diesem speziellen Fall die rechtsgeschäftliche Gestaltungsmacht fehlt, dann kann die Vereinbarung, die sie getroffen haben im Rechtsverkehr von vornherein keine Wirkung entfalten. Denn sie durften das, was von ihnen geregelt worden ist, gerade nicht regeln. Die getroffene Abmachung entfaltet daher mangels

---

[170] So BAG, Urteil vom 18.05.1977, AP Nr. 4 zu § 4 BAT; BAG, Urteil vom 25.11.1970, AP Nr. 10 zu § 4 TVG; *Palandt/Heinrichs*, BGB, § 134, Rn. 2; *Ennecurus/Nipperdey*, BGB AT, 2. Halbb., S. 1153; *A. Fröhlich*, NZA 1992, S. 1105 (1110); *B. Höpfner*, Die normativen Wirkungen kollektivvertraglicher Inhaltsnormen, S. 111.

[171] So noch *Staudinger/Coing*, 11. Aufl. Berlin 1957, der die Auffassung vertrat, daß jede zwin-gende Norm ein Verbotsgesetz im Sinne des § 134 BGB sei, da sie keinen Raum für abweichende Rechtsgeschäfte ließe.

[172] *K. Larenz*, BGB AT, S. 429.

[173] *K. Larenz*, BGB AT, S. 429; *W. Flume*, BGB AT, Band 2, S. 342f.; *Staudinger/Dilcher*, § 134, Rn. 2; *MünchKom/Mayer-Maly*, § 134, Rn. 5 und 38; *Ennecurus/Nipperdey*, BGB AT, 2. Halbb., S. 1153.

[174] So auch *M. Coester*, Vorrangprinzip des Tarifvertrages; *B. Höpfner*, Die normative Wirkung kollektivvertraglicher Inhaltsnormen, S. 119.

[175] Vgl. Staudinger - Dilcher, 12. Aufl.; Berlin 1980, Einl. zu §§ 104 - 185, Rn. 67; *K. Larenz*, BGB AT, S. 454; *W. Flume*, BGB AT, S. 548; *Palandt/Heinrichs*, BGB, Überbl v § 104, Rn. 27.

[176] Siehe oben S. 158 ff.

rechtlichen Dürfens der abschließenden Parteien von Anfang an keine Rechtswirkung und ist daher nichtig.
Grund der Nichtigkeit ist in diesen Fällen die fehlende Regelungsmacht, die sich aus der zwingenden Wirkung der Tarifvertragsnormen ergibt. Daher ist der Auffassung zuzustimmen, die eine Nichtigkeit nachtarifvertraglicher ungünstigerer Vereinbarungen aus der zwingenden Wirkung eines Tarifvertrages direkt ableitet. Eines Umwegs über weitere gesetzliche Vorschriften bedarf es in diesen Fällen nicht.

dd) Zusammenfassung und Ergebnis

Treffen andere als die Tarifparteien nach Abschluß eines Tarifvertrages eine Abmachung, die für die Arbeitnehmer ungünstiger ist, als die tarifvertragliche Regelung, so überschreiten sie ihre Regelungsmacht in dieser spezifischen Frage. Da sie aufgrund der bestehenden Schranke nicht regeln konnten, was von ihnen tatsächlich geregelt worden ist, kann diese Vereinbarung mangels Regelungsbefugnis keine Rechtswirksamkeit erlangen und ist daher von Anfang an nichtig. Aufgrund der Tatsache, daß sich Fragen der Regelungszuständigkeit direkt aus der zwingenden Wirkung von Tarifnormen ergeben, ist der Literaturmeinung zuzustimmen, die die Nichtigkeit dieser Vereinbarungen aus deren zwingender Wirkung ableitet. Die Nichtigkeit dieser Abmachungen ist schon deshalb nicht mit § 134 BGB begründbar, weil Tarifnormen keine Verbotsgesetze im Sinne des § 134 BGB sind.

b) Kollisionsregel

In seiner Funktion als Kollisionsregel tritt des Günstigkeitsprinzip immer dann in Erscheinung, wenn bei Abschluß eines Tarifvertrages bereits eine andere vertragliche Regelung besteht, die den gleichen Regelungsinhalt besitzt.[177] Es stellt sich dann die Frage, welche von beiden Vereinbarungen anwendbar ist, d.h., den Vorrang vor der anderen hat. Da solche Kollisionen auch im deutschen Arbeitsrecht durch das Günstigkeitsprinzip zu lösen sind, ist grundsätzlich die Vereinbarung anzuwenden, die für den Arbeitnehmer günstiger ist.[178] Es stellt sich nunmehr noch die Frage, ob die Wirkung des Günstigkeitsprinzips eine lediglich verdränge (Anwendungsvorrang) oder eine vernichtende (vernichtende Konkurrenz) ist.

aa) Vernichtende Wirkung

Legt man an dieser Stelle die oben um 1. Teil vorgestellten Kollisionsregeln zu Grunde, so ist die lex posterior-Regel eine Regelung, der eine vernichtende Wirkung zukommt. Das ergibt sich aus der Tatsache, daß der selbe Normsetzer

---

[177] Siehe hierzu oben S. 162 ff.
[178] Siehe oben S. 164 ff.

eine neue Norm erläßt und damit die alte Vorschrift stillschweigend oder ausdrücklich aufhebt. Grundannahme der lex posterior-Regel ist, daß jede Norm unter dem Vorbehalt ihrer späteren Änderung durch ihren Urheber steht.[179] Eine Norm kann sich daher selbst keine ewige Wirkung verleihen.[180] Das gilt für Gesetze ebenso wie für Betriebsvereinbarungen[181] und Tarifverträge[182], wenn nicht ausnahmsweise eine partielle Weitergeltung vereinbart wird. Die lex posterior-Regel dient dazu, eine Anpassung an wechselnde wirtschaftliche, technische und soziale Verhältnisse zu ermöglichen.[183] Der Umfang ihrer Ablösung wird dabei stets durch die nachfolgende ranggleiche Norm bestimmt, denn nur in deren Regelungsbereich kann eine Abänderung bestehenden Rechts erfolgen, da sonst eine Lücke entsteht.

Eine weitere Kollisionsregel, die eine vernichtende Wirkung hat, ist das Hierarchieprinzip. Denn aus dem Stufenbau der Rechtsordnung folgt, daß eine niederrangige Norm nicht gültig ist, wenn sie nicht im Einklang mit der höherrangigen Norm steht. Rechtsfolge einer Anwendung des Hierarchieprinzips ist daher die Nichtigkeit einer abweichenden niederrangigen Vorschrift und damit gleichzeitig auch die Vernichtung derselben aufgrund dieses Prinzips.
Auffällig ist, daß die beiden oben behandelten Kollisionsregeln in der Regel bei Normenkollisionen zur Anwendung gelangen. Trifft jedoch eine arbeitsvertragliche Vereinbarung auf eine tarifvertragliche Norm, so ändern sich bereits diese Grundvoraussetzungen, denn es liegt bereits keine Normenkollision vor, sondern ein Konflikt zwischen „Norm und Einzelakt". Eine solche Konstellation bedarf einer anderen Behandlung, als ein Konflikt unter Normen, denn hier gilt es die Grundsätze der Privatautonomie zu beachten.

bb) Überlagernde Wirkung

Eine lediglich überlagernde Wirkung bei einer Kollision zwischen Tarifvertrag/Betriebsvereinbarung und Arbeitsvertrag ergibt sich bereits aus der Rechtsnatur dieser Kollektivverträge im Hinblick auf den Arbeitsvertrag. Denn die Regelungen eines Tarifvertrags oder einer Betriebsvereinbarung wirken nach inzwischen h.M.[184] lediglich „von außen" auf die vertraglichen Vereinbarungen ein und werden nicht zu deren Inhalt. Damit ist nur eine überlagernde Wirkung der Vorschriften eines Tarifvertrages oder einer Betriebsvereinbarung, nicht

---

179 So *W. Däubler*, AuR 1984, S. 4.
180 *G. Müller*, Ablösung betrieblicher Einheitsregelungen durch Tarifvertrag, S. 49.
181 BAG, Urteil vom 04.12.1970, AP Nr. 149 zu § 242 Ruhegehalt; Urteil vom 24.03.1988, AP Nr. 12 zu § 112 BertrVG 1972.
182 BAG, Urteil vom 9.12.1957, AP Nr. 5 zu § 9 TVG; exemplarisch für viele *R. Wank*, in: Wiedemann, TVG, § 4 Rn. 261 ff.
183 Vgl. *H.G. Isele*, JZ 1964, S. 113 (118).
184 Vgl. *R. Wank*, in: Wiedemann, TVG, § 4 Rn. 304.

aber eine vernichtende möglich. Denn im Fall einer vernichtenden Konkurrenz ersetzt die vernichtende Norm gerade die vernichtete.
Diese Rechtswirkung ist zwangsläufig die gleiche wie bei den Konfliktlösungsregeln, die bei derartigen Kollisionen zur Anwendung gelangen. Denn es kann nicht sein, daß einer Kollisionsregel eine stärkere Rechtswirkung zukommt als der Norm selbst.

Wie oben bereits dargestellt wurde[185], ist das Günstigkeitsprinzip in diesen Konstellationen als Konfliktlösungsregel heranzuziehen. Ihm kommt damit lediglich eine überlagernde und keine vernichtende Wirkung zu.

Einem Tarifvertrag oder einer Betriebsvereinbarung entgegenstehende vertragliche Regelungen werden daher lediglich überlagert, mit der Folge, daß ein Wiederaufleben der Abreden nach Außerkrafttreten des Tarifvertrags oder der Betriebsvereinbarung möglich ist. Für das Verhältnis Betriebsvereinbarung und Arbeitsvertrag wird diese Lösung ebenfalls vom BAG vertreten, das in einem Urteil vom 21.9.1989[186] herausstellte, daß Regelungen einer Betriebsvereinbarung ältere ungünstige arbeitsvertragliche Regelungen nicht nichtig machen, sondern diese nach Ablauf der Betriebsvereinbarung wieder aufleben.[187] Der vom BAG vertretenen Ansicht stimmte ein Großteil der Literatur zu.[188]

4. Konsequenzen der Ergebnisse für das Wiederaufleben von Regelungen

Die in dieser Untersuchung gefundenen Ergebnisse wirken sich unmittelbar auf die Frage aus, ob Vereinbarungen, die tarifvertraglichen Regelungen entgegenstehen, nur verdrängt werden und daher bei Außerkrafttreten des Tarifvertrages[189] wieder aufleben oder insgesamt vernichtet werden und deshalb nicht wieder aufleben können.[190] Über diese Fragestellung wird in der arbeitsrechtlichen Rechtsprechung und Literatur eine lebhafte Diskussion geführt.[191] Eine solche Auseinandersetzung ergibt sich als direkte Folge einer unzureichenden Differenzierung der Funktionen des Günstigkeitsprinzips in der Arbeitsrechtswissen-

---

[185] Siehe S. 166 ff.
[186] BAG, Urteil vom 21.9.1989, AP Nr. 43 zu § 77 BetrVG 1972 = DB 1989, S. 692 ff.
[187] Siehe BAG, Urteil vom 21.9.1989, AP Nr. 43 zu § 77 BetrVG = DB 1989, S. 692 (693).
[188] EzA § 77 BetrVG 1972, Nr. 33 mit zustimmender Anmerkung *Otto*; AP Nr. 43 zu § 77 BetrVG 1972 mit zustimmender Anmerkung *M. Löwisch*; SAE 1990, S. 329 mit zustimmender Anmerkung *J. Schmitt*; AR-Blattei, Betriebsvereinbarung, Entscheidung 50 mit zustimmender Anmerkung *M. Kort*; *Fitting/Kaiser/Heither/Engels/Schmidt*, BetrVG, § 77, Rn. 197; *R. Richardi*, NZA 1990, S. 331; **a. A.** *GK-BetrVG/Kreutz*, § 77, Rn. 232.
[189] Gleiches gilt für die Betriebsvereinbarung. Siehe hierzu unten S. 195 ff.
[190] Nicht Stellung genommen wird in dieser Untersuchung zu der Frage, ob wiederauflebende Vereinbarungen Regelungen eines nachwirkenden Tarifvertrages ersetzen können und sich an deren Stelle setzten. Hier handelt es sich um eine andere dogmatische Frage, die den Rahmen dieser Untersuchung übersteigen würde.
[191] Siehe z.B. *R. Wank*, in: Wiedemann, TVG, § 4, Rn. 370; *Kempen/Zachert*, TVG, § 4, Rn. 12; *W. Däubler*, Tarifvertragsrecht, Rn. 183; *A. Fröhlich*, NZA 1992, S. 1105 (1111).

schaft. Denn auf der Basis der hier gefundenen Ergebnisse ist sie entbehrlich, da die Rechtsfolge direkt aus der Funktion des Günstigkeitsprinzips in der jeweiligen Anwendungssituation resultiert.

Erläutert werden sollen die unterschiedlichen Rechtsfolgen an einem Beispielsfall:

Die IG-Metall schließt am 30.12.1999 mit der V-AG einen Firmentarifvertrag ab, der am 01.01.2000 in Kraft tritt. Der Urlaubsanspruch für alle Arbeitnehmer im Alter von 25-30 Jahren wird in diesem Tarifvertrag auf 26 Werktage festgesetzt.

a) Am 05.01.2000 wird im Werk E das 26 jährige IG-Metall Mitglied A als Lakkierer angestellt und erhält arbeitvertraglich festgelegt einen Urlaubsanspruch von 25 Werktagen pro Jahr.

b) Im Werk H arbeitet das 28 jährige IG-Metall Mitglied B, der am 01.12.1999 eingestellt wurde. Arbeitsvertraglich ist mit ihm der gesetzliche Urlaub vereinbart worden.

Da die V-AG aus finanziellen Gründen, die ebenfalls tarifvertraglich vereinbarte 35 Stunden-Woche nicht in allen Werken einführt, kündigt die IG-Metall den Tarifvertrag außerordentlich zum 30.06.2000. Ein neuer Tarifvertrag kann erst zum 01.01.2001 ausgehandelt werden. Um die 35 Stunden Woche durchzusetzen macht die IG-Metall Zugeständnisse hinsichtlich des Urlaubes. Der Urlaubsanspruch der Arbeitnehmer wird erheblich abgesenkt. Die Gruppe der 25-30 jährigen hat nunmehr nur noch einen tariflichen Urlaubsanspruch von 20 Werktagen.

a) Schranke der Regelungsmacht

Tritt des Günstigkeitsprinzip in seiner Funktion als Schranke der Regelungsmacht bei nachtarifvertraglichen, ungünstigeren Vereinbarungen in Erscheinung, so hat es zur Folge, daß solche Abmachungen nichtig sind, da den Parteien von vornherein die rechtliche Gestaltungsmacht gefehlt hat.[192] Wenn aber eine Regelung nichtig ist, dann kann diese nicht wieder aufleben, sobald der Tarifvertrag außer Kraft tritt, da sie rechtlich nie existent gewesen ist.
Ist daher das Günstigkeitsprinzip in seiner Funktion als Schranke der Regelungsmacht betroffen, dies ist immer dann der Fall, wenn der Anwendungsbereich des § 4 III TVG zum Tragen kommt, dann ist ein Wiederaufleben tarifwidrig getroffener Vereinbarungen aufgrund deren Nichtigkeit nicht möglich.

Auf den Beispielfall bezogen trifft diese Aussage für die Fallvariante a) zu. Der A ist IG-Metall Mitglied, so daß der am 01.01.2000 in Kraft getretene Tarifver-

---

[192] Siehe diesbzgl. oben S. 161 ff.

trag auf seinen Arbeitsvertrag unmittelbar anwendbar ist. Wegen der normativen Wirkung des Tarifvertrages durfte gem. § 4 III TVG zwar eine günstigere nicht aber eine ungünstigere Regelung in seinem Arbeitsvertrag vereinbart werden. Damit ist die arbeitsvertragliche Vereinbarung von 25 Tagen Urlaub im Jahr wegen Überschreitung der Regelungskompetenzen der Vertragsparteien nichtig. Sie wird zunächst durch die unmittelbar wirkende tarifvertragliche Regelung von 26 Tagen ersetzt.

Ab dem 1.07.2000 wirken dann die Rechtsnormen des Tarifvertrages gem. § 4 Abs. 5 TVG nach, so daß auch in der Folgezeit der Urlaubsanspruch mit 26 Tagen zu beziffern ist. Eine Regelungslücke tritt damit trotz nichtiger einzelvertraglicher Vereinbarung nicht auf.

Mit Inkrafttreten des neuen Tarifvertrages am 01.01.2001 wird der Urlaubsanspruch tarifvertraglich unter die gesetzlichen Fristen auf 20 Werktage abgesenkt. Gemäß § 13 I BUrlG ist das grundsätzlich möglich.

Aufgrund der gesetzlich angeordneten Nachwirkung von Tarifverträgen kommt es somit selbst in den Fällen, in denen eine arbeitsvertragliche Regelung nichtig ist, nicht zu einer Lücke im Arbeitsverhältnis, da die tarifvertragliche Regelung solange anzuwenden ist, bis entweder ein neuer Tarifvertrag abgeschlossen wird oder aber die nachwirkende Regelung durch eine andere Vereinbarung abgelöst wird. Die Nichtigkeit der arbeitsvertraglichen Regelung zeitigt daher keine unlösbaren oder schwerwiegenden Folgen. Die Gefahr eines sog. „Hüllenarbeitsverhältnisses" besteht damit wegen der Regelung in § 4 Abs. 5 TVG nicht.

b) Kollisionsregel

Eine andere Situation besteht jedoch, wenn das Günstigkeitsprinzip in seiner Funktion als Kollisionsregel auftritt. Denn eine Kollisionsregel überlagert entgegenstehende Regelungen, vernichtet diese aber nicht.[193] Da in diesen Fällen die Regelung rechtlich existent ist und bleibt und für den Zeitraum der Geltung des Tarifvertrages lediglich überlagert wird, kann sie nach Außerkrafttreten der tarifvertraglichen Regelung oder nach einer Verschlechterung der tarifvertraglichen Vereinbarung wieder aufleben und ihre bisherige rechtliche Wirkung entfalten.

In den Fällen einer bereits vor Inkrafttreten des Tarifvertrags bestehenden Vereinbarung, in denen das Günstigkeitsprinzip in seiner Funktion als Kollisionsregel anzuwenden ist[194] und die daher für einen gewissen Zeitraum lediglich überlagert wird, leben diese Abmachungen nach Außerkrafttreten der günstigeren Regelung wieder auf.

---

[193] Vgl. oben S. 182.

[194] Siehe zu dieser Frage S. 164 ff.

Wendet man das oben Gesagte auf den Beispielsfall an, so treffen diese Aussagen auf die Fallvariante b) zu.
Mit Inkrafttreten des Tarifvertrages am 01.01.2000 wird die ungünstigere arbeitsvertragliche Regelung überlagert und durch die tarifvertragliche für den Geltungszeitraum des Tarifvertrages ersetzt. Fraglich ist jedoch, was geschieht, wenn der Tarifvertrag am 01.07.2000 außer Kraft tritt. Die Beantwortung dieser Frage läßt zwei Möglichkeiten offen. Sie hängt davon ab, welche Wirkung den nachwirkenden Tarifnormen beigemessen wird.

Gemäß § 4 Abs. 5 TVG gelten nach Ablauf des Tarifvertrages seine Rechtsnormen weiter, bis sie durch eine andere Abmachung ersetzt werden. Eine andere Abmachung im Sinne dieser Vorschrift kann eine Einzelvereinbarung, eine Betriebsvereinbarung oder ein neuer Tarifvertrag sein.[195] Die Nachwirkung kann somit durch die Regelung eines Arbeitsvertrages aufgehoben werden.

Vertritt man wie in dieser Untersuchung den Standpunkt, daß die tariflichen Normen ungünstigere einzelvertragliche Abreden nur überlagern[196], schließt sich nunmehr die weitere Frage an, wann die überlagerte arbeitsvertragliche Vereinbarung wieder auflebt. Denkbar ist zum einen, den Zeitpunkt des Eintretens der Nachwirkung des tarifvertraglichen Vorschriften anzusetzen, weil dann die zwingende Wirkung des Tarifvertrages entfällt[197] oder aber erst den Augenblick, in dem die Nachwirkung durch das Inkrafttreten des neuen Tarifvertrages beendet wird.
In Literatur und Rechtsprechung wird übereinstimmend angenommen, daß die überlagerte einzelvertragliche Abrede erst dann wieder auflebt, wenn auch die Nachwirkung des Tarifvertrages beendet worden ist.[198] Hierdurch werden zwar für den Arbeitnehmer unter Umständen die günstigsten Ergebnisse erzielt, denn für den vorliegenden Fall folgt hieraus, daß dem B bis zum 31.12.2000 wegen der bestehenden Nachwirkung ein Urlaubsanspruch von 26 Tagen und ab dem 01.01.2001 erst der schlechtere arbeitsvertragliche Anspruch von 24 Tagen zusteht. Doch ist eine solche Handhabung dogmatisch nicht konsequent.

Die Überlagerung der einzelvertraglichen Abrede erfolgt ausschließlich auf Grund der zwingenden Wirkung der tariflichen Vorschriften. In dem Augenblick, in dem § 4 Abs. 5 TVG zum Tragen kommt, entfaltet der zwingende Ta-

---

195 So die allgemeine Meinung, vgl. *Zöllner/Loritz*, Arbeitsrecht, § 36, S. 406.
196 Siehe S. 182 ff.
197 Vgl. BAG, Urteil vom 14.2.1973, AP Nr. 6 zu § 4 TVG Nachwirkung; Urteil vom 29.1.1975, AP Nr. 8 zu § 4 TVG Nachwirkung; Urteil vom 7.12.1977, AP Nr. 9 zu § 4 TVG Nachwirkung; *Löwisch/Rieble*, TVG, § 4, Rn. 220 ff; *W. Däubler*, Tarifvertragsrecht, Rn. 1449 f.; *J.-H. Bauer*, Festschrift für Günter Schaub, S. 25; *H.-W. Friedrich*, in: Festschrift für Günter Schaub, S. 193 (197 f.); *A. Fröhlich*, NZA 1992, S. 1105 (1110 f.); *M. Lieb*, Arbeitsrecht, Rn. 479, 503.
198 Vgl. *Kempen/Zachert*, TVG, § 4, Rn. 12, *W. Däubler*, Tarifvertragsrecht, Rn. 183; BAG, Urteil vom 22.01.1991, AP Nr. 86 zu § 99 BetrVG 1972 = DB 1991, S. 2088 (2089).

rifvertrag jedoch keine originäre Rechtswirkung mehr, so daß der arbeitsvertraglichen Vereinbarung keine Regelung mehr entgegensteht, die diese überlagert. Arbeitsvertrag und nachwirkender Tarifvertrag stehen damit gleichberechtigt nebeneinander.
Sinn und Zweck der in § 4 Abs. 5 TVG normierten Nachwirkung ist es, zu vermeiden, daß mit Beendigung des Tarifvertrages „Hüllenarbeitsverhältnisse" zurückbleiben, die in Einzelbereichen lückenhaft sind.[199] Diese Gefahr besteht jedoch dann nicht, wenn der Arbeitsvertrag eine Vereinbarung enthält, die für den Geltungszeitraum des Tarifvertrages nur überlagert wurde, denn die einzelvertraglichen Abreden leben in dem Augenblick wieder auf, in dem der Tarifvertrag beendet wird und der Nachwirkungszeitraum beginnt. Durch das Wiederaufleben der Vorschriften wird das Eintreten der Nachwirkung verhindert, da die einzelvertraglichen Vereinbarungen als eine andere Abmachung im Sinne des § 4 Abs. 5 TVG zu qualifizieren sind.[200]

Damit hat B mit Beendigung des Tarifvertrages ab dem 01.07.2000 nur noch einen Urlaubsanspruch in Höhe von 24 Werktagen. Diesen behält er mit Inkrafttreten des neuen Tarifvertrags am 01.01.2001, da die arbeitsvertragliche Vereinbarung günstiger als die tarifliche ist.

c) Zusammenfassung

Im Hinblick auf Fragen des Wiederauflebens von zunächst tarifwidrigen Vereinbarungen ist eine klare Abgrenzung dahingehend zu treffen, ob es sich um Regelungen handelt, die bereits vor Inkrafttreten des Tarifvertrags bestanden oder erst nach dessen Inkrafttreten verhandelt worden sind. Für den ersten Fall gilt, daß ein Wiederaufleben möglich ist, während im zweiten Fall wegen der Nichtigkeit der Vereinbarung bei Beendigung des Tarifvertrags die ursprüngliche arbeitsvertragliche Abmachung unberücksichtigt bleiben muß. In diesen Fällen gilt gemäß § 4 Abs. 5 TVG die tarifliche Regelung solange weiter, bis sie durch eine andere Vereinbarung ersetzt wird.
Die überlagerten einzelvertraglichen Abreden leben im Zeitpunkt des Eintretens der Nachwirkung wieder auf, so daß mit Beendigung des Tarifvertrages der Arbeitsvertrag wieder anzuwenden ist.
Die weit verbreitete Meinung in der Literatur[201], daß nicht zwischen vor- und nachtariflichen tarifwidrigen Regelungen zu unterscheiden sei, führt zu undifferenzierten Ergebnissen und stellt die Arbeitnehmer häufig schlechter.

---

[199] *R. Wank*, in: Wiedemann, TVG, § 4, Rn. 327; BAG Urteil vom 18.03.1992, AP Nr. 13 § 4 TVG.

[200] Ein ähnlicher Ansatz läßt sich in der Rechtsprechung des BAG im Urteil vom 21.9.1989, AP Nr. 43 zu § 77 BetrVG 1972 erkennen. Der 1. Senat hatte die Frage des Wiederauflebens der arbeitsvertraglichen Reglung jedoch nicht zu entscheiden.

[201] So *Brox/Rüthers*, Arbeitsrecht, Rn. 270; *G. Hueck*, in: Festschrift für E. Molitor zum 75. Geburtstag, S. 203 (214).

5. Ergebnis

Entgegen der übereinstimmenden Meinung in Literatur und Rechtsprechung hat § 4 III TVG nicht die Funktion einer Kollisionsregel, sondern ist wie sein französisches Pendant - Art. L. 132-4 CT - eine Konfliktvermeidungsnorm und Schranke der Regelungsmacht. Eine ausdrücklich geregelte Konfliktlösungsregel enthält das TVG nicht, so daß auftretende Kollisionen im Sinne des § 4 I TVG über den Vorrang des Tarifvertrags zu lösen wären. Daß eine solche Konfliktlösung nicht dem Willen des Gesetzgebers entspricht, ergibt sich aus § 4 III TVG, denn aus dieser Vorschrift läßt sich entnehmen, daß für den Arbeitnehmer günstigere Regelungen grundsätzlich zulässig sein sollen. Im Wege einer Schlußfolgerung kann aus diesem Paragraphen daher abgeleitet werden, daß bei auftretenden Kollisionen – das ist immer dann der Fall, wenn eine vortarifvertragliche Bestimmung auf eine den gleichen Regelungsinhalt betreffende tarifvertragliche Vereinbarung trifft – das nicht gesetzlich geregelte Günstigkeitsprinzip in seiner Funktion als Kollisionsregel anzuwenden ist.

Aus der Differenzierung dieser beiden Funktionen ergeben sich unmittelbare Folgen für Fragen der Wirkung von Tarifnormen und des Wiederauflebens tarifwidriger Regelungen. Ist das Günstigkeitsprinzip in seiner Funktion als Schranke der Regelungsmacht – das gilt in den Fällen des § 4 III TVG - betroffen, so sind tarifwidrig ergangene Bestimmung nichtig, da den Parteien die rechtliche Gestaltungsmacht für eine solche Vereinbarung fehlte. Diese Abmachungen können wegen der Nichtigkeit später auch nicht Wiederaufleben, so daß der nachwirkende Tarifvertrag weiterhin anzuwenden ist.
Gelangt das Günstigkeitsprinzip in seiner Funktion als Kollisionsregel zur Anwendung – dies ist immer dann der Fall, wenn eine vortarifliche und eine tarifvertragliche Regelung gleichen Inhalts aufeinandertreffen - dann wird die ungünstigere Regelung nur überlagert, so daß ein Wiederaufleben nach deren Außerkrafttreten möglich ist.
Wegen der unterschiedlichen sich anknüpfenden Rechtsfolgen ist zwischen den einzelnen Funktionen der Günstigkeit genau zu unterscheiden. Tendenzen in der Literatur, tarifwidrige Regelungen gleich zu behandeln, führen zu undifferenzierten und häufig schlechteren Ergebnissen für die Arbeitnehmer.

II. § 28 II Sprecherausschußgesetz

§ 28 II Sprecherausschußgesetz (SprAuG) stellt den Vertragsparteien frei, ob sie der zwischen ihnen getroffen Vereinbarung eine unmittelbar zwingende Rechtswirkung beimessen wollen oder ob sie sich darauf beschränken, eine einfache Richtlinie über die Verhandlungsgegenstände zu erlassen. Sogar eine Kombination der einzelnen Rechtswirkungen ist denkbar.[202] Diese Vorschrift

---

[202] Vgl. *M. Löwisch*, Kommentar zum Sprecherausschußgesetz, § 28, Rn. 2; *J.-H. Bauer*, Sprecherausschußgesetz, S. 83 f.; *W. Hromadka*, Sprecherausschußgesetz, § 28, Rn. 1 ff.

stellt insofern eine gesetzliche Besonderheit dar, denn es ist das einzige Gesetz, das den Verhandlungspartnern den Freiraum läßt, über die Einordnung der von ihnen getroffenen Regelung als zwingende Norm zu entscheiden.[203] Wird eine zwingende Wirkung vereinbart, so sind abweichende Regelungen zugunsten der leitenden Angestellten zulässig. Die Anwendbarkeit des Günstigkeitsprinzips wird damit in § 28 II SprAuG normiert.

Da dieses Gesetz ausschließlich die Ebene betrieblicher Vereinbarungen betrifft und dort auch nur den verhältnismäßig kleinen Kreis der leitenden Angestellten, werden von dieser Vorschrift nur abweichende Abmachungen in Arbeitsverträgen mit dieser Angestelltengruppe erfaßt.[204] Der Anwendungsbereich dieser Vorschrift ist damit personell wesentlich enger gezogen als § 4 III TVG und ausschließlich auf eine Ebene, nämlich Arbeitsvertrag und Vereinbarung, beschränkt. Dennoch ist es aus Vergleichsgründen interessant, die Funktion der Günstigkeit in dieser Vorschrift zu analysieren.

1. Die Funktion der Günstigkeit in § 28 II SprAuG

Vergleicht man die Vorschrift des § 28 II SprAuG mit § 4 III TVG so wird deutlich, daß sich der Gesetzgeber der gleichen Regelungstechnik bedient hat. Kern der hier getroffenen Aussage ist ebenfalls, daß abweichende Abmachungen zu Gunsten der Arbeitnehmer zulässig sind. Regelungsinhalt dieser Vorschrift ist daher wie in § 4 III TVG die Frage, welche Vereinbarungen von den Vertragsparteien nach Abschluß einer zwingenden Regelung noch getroffen werden dürfen.[205] Auch in dem vorliegenden Fall wird die durch die Vereinbarung der zwingenden Wirkung gesetzte absolute Schranke dahingehend konkretisiert, daß günstigere Abmachungen trotz der zwingenden und unmittelbaren Wirkung rechtsgültig vereinbart werden können und nicht wegen eines Überschreitens der rechtlichen Regelungsbefugnis nichtig sind.

§ 28 II SprAuG ist daher wie § 4 III TVG eine Schranke der Regelungsmacht. Aussagen darüber, welche von zwei gleichzeitig geltenden Regelungen gleichen Inhalts der Vorrang zu geben ist, enthält diese Vorschrift genauso wenig wie § 4 III TVG, so daß sie keine Kollisionsregel ist.

2. Folgen

a) Anwendbare Kollisionsregel

Auch das SprAuG enthält wie das TVG keine gesetzlich normierte Kollisionsregel. Da jedoch das Günstigkeitsprinzip in § 28 II SprAuG in seiner Funktion als

---

[203] Gewöhnlich trifft ein Gesetz über die zwingende Wirkung von Normen und nicht die Vertragsparteien. Diese können in der Regel nur das Zurücktreten der eigenen Regelung gegenüber konkurrierenden Vereinbarungen anordnen.

[204] Vgl. *M. Löwisch*, Sprecherausschußgesetz, § 28, Rn. 16; *W. Hromadka*, Sprecherausschußgesetz, § 28, Rn. 1 und 20.

[205] Vgl. hierzu S. 161.

Schranke der Regelungsmacht festgeschrieben ist, lassen sich insoweit die gleichen Schlußfolgerungen ziehen wie im Rahmen des § 4 III TVG.[206] Treffen eine frühere arbeitsvertragliche Vereinbarung und eine spätere Regelung im Rahmen des SprAuG aufeinander, so ist in diesen Fällen ebenfalls das Günstigkeitsprinzip in seiner gesetzlich nicht normierten Funktion als Konfliktlösungsregel anzuwenden. Die günstigere Regelung überlagert daher in diesen Konstellationen die ungünstigere. Von einem Vorrang der zwingenden Vorschrift ist nicht auszugehen.[207]

b) Wirkung der Regelung und Wiederaufleben

Im Hinblick auf die bereits im Zusammenhang mit § 4 III TVG behandelten Fragen ergibt sich keine Abweichung. Im Rahmen des SprAuG ist ebenfalls zwischen den einzelnen Funktionen des Günstigkeitsprinzips zu trennen, da diese andere Rechtsfolgen nach sich ziehen. Ist das Günstigkeitsprinzip in den Fällen der Vereinbarung einer ungünstigeren arbeitsvertraglichen Regelung bei Bestehen einer entgegenstehenden günstigeren Bestimmung im Rahmen des SprAuG in seiner Eigenschaft als Schranke der Regelungsmacht anwendbar, so ist die ungünstigere spätere arbeitsvertragliche Vereinbarung nichtig, mit der Folge, daß ein Wiederaufleben nicht mehr möglich ist. Tritt das Günstigkeitsprinzip allerdings in seiner Funktion als Kollisionsregel bei zwei gleichzeitig rechtswirksam bestehenden Abmachungen auf, so wird die ungünstigere von beiden lediglich überlagert, so daß diese bei Außerkrafttreten der anderen Bestimmung wiederaufleben kann.

III. § 12 EntgeltfortzahlungsG und § 13 I BUrlG

In § 12 EntgeltfortzahlungsG[208] und § 13 I BurlG[209] finden sich zwei weitere gesetzliche Vorschriften, die den Anschein erwecken, ein Abweichen zu Gunsten der Arbeitnehmer von zwingenden Bestimmungen des jeweiligen Gesetzes zuzulassen. Da hier jedoch eine zu den oben vorgestellten Gesetzestexten andere Regelungstechnik angewandt wird, indem eine Negativabgrenzung erfolgt, ist diese Vermutung genauer zu hinterfragen und zu überprüfen.

---

206 Siehe hierzu S. 162.

207 Vgl. oben S. 168.

208 Zu § 12 EntgeltfortzahlungsG allgemein siehe *Marienhagen/Künzl*, Entgeltfortzahlungsgesetz, Loseblatt; *E. Helml*, Entgeltfortzahlungsgesetz; *J. Schmitt*, Entgeltfortzahlungsgesetz; *Kaiser/Dunkel/Hold/Kleinsorge*, Entgeltfortzahlungsgesetz.

209 Zu § 13 I BUrlG allgemein siehe *Stahlhacke/Bachmann/Bleistein/Berscheid*, Gemeinschaftskommentar zum Bundesurlaubsgesetz, S. 368 ff.; *D. Neumann*, Urlaubsrecht, S. 44 f.; *Dersch/Neumann*, Bundesurlaubsgesetz, Kommentar, S. 321 ff.; *Leinemann/Linck*, Urlaubsrecht, S. 279 ff.

1. Regelungsinhalt

...: *„Abgesehen von [ ] kann von den Vorschriften dieses Gesetzes nicht zuungunsten des Arbeitnehmers abgewichen werden."* Der Regelungsinhalt dieses Satzes bezieht sich auf zwei verschiedene Regelungsgegenstände. Zum einen wird eine Aussage über den grundsätzlichen Rechtsgeltungswillen des Gesetzes getroffen und zum anderen über die Frage entschieden, ob Abweichungen zulässig sein sollen.

a) Der Rechtsgeltungswille

Die Aussage des oben zitierten Satzes ist eindeutig. Es handelt sich bei den in diesen Gesetzen getroffen Regelungen um zwingende Vorschriften[210], soweit nicht die Ausnahmeregelungen eingreifen.[211] Daher darf keine Vertragspartei von den gesetzlichen Bestimmungen zu Gunsten oder zu Ungunsten der Arbeitnehmer abweichen. Tritt ein Kollisionsfall zwischen zwei unterschiedlichen Vorschriften gleichen Inhalts auf, so ist dieser Konflikt zu Gunsten des Gesetzes zu lösen. Die entgegenstehende Vorschrift wird vernichtet und durch die gesetzliche ersetzt.[212]

Dieser absolute Rechtsgeltungswille wird aber nur in den Fällen beansprucht, in denen eine Vereinbarung zuungunsten der Arbeitnehmer getroffen worden ist. Daraus läßt sich folgern, daß eine Bestimmung zugunsten der Arbeitnehmer wirksam sein soll. Das Gesetz nimmt daher, solange vom Gesetz abweichende Abreden günstiger für die Arbeitnehmer sind, seinen Geltungswillen zurück und räumt der anderen Regelung den Vorrang ein. Auf diese Weise wird ein Regelungskonflikt vermieden.[213]

Damit ist trotz anderer Regelungstechnik der Regelungsinhalt der gleiche wie in § 4 III TVG[214] und § 28 II SprAuG, denn es handelt sich auch hier um Konfliktvermeidungsnormen.

b) Die Zulässigkeit anderer Abmachungen

Unmittelbar verknüpft mit der Funktion der Konfliktvermeidungsnorm ist die Frage nach der Zulässigkeit anderweitiger Abmachungen durch andere Regelungssetzer. Denn immer dann, wenn die gesetzliche Vorschrift hinter Parteivereinbarungen zurücktritt, weil der Inhalt dieser Regelungen günstiger für die

---

210 Die Festlegung der zwingenden Wirkung eines Gesetzes hat im Grunde nur klarstellende Wirkung, denn in der Regel ergibt sich aus dem Gesetz selbst, ob der Gesetzgeber eine dispositive oder eine zwingende Regelung schaffen wollte.

211 Diese Ausnahmeregelungen finden sich insbesondere in § 13 I BUrlG für die Tarifparteien, da dort eine ganze Anzahl von Vorschriften tarifdispositiv gestaltet worden sind und nur wenige Vorschriften für diese auch zwingenden Charakter haben.

212 Vgl. *GK-BUrlG*, § 13, Rn. 11; *D. Neumann*, Urlaubsrecht § 13, S. 45.

213 Es handelt sich hier um den gleichen Regelungsinhalt wie in Art. L. 132-4 CT.

214 Siehe hierzu oben S. 161.

Arbeitnehmer ist, wird auch eine Aussage über das rechtliche Dürfen der anderen Vertragsparteien getroffen. Abreden, die vom Gesetz abweichen, sind solange rechtswirksam, solange sie günstiger für die Arbeitnehmer sind. Das rechtliche Dürfen der Vertragsparteien wird somit in diesen Normen konkretisiert.
Neben der Funktion einer Konfliktvermeidungsnorm sind diese Vorschriften daher ebenfalls Schranken der Regelungsmacht, die das rechtlich zulässige Handeln anderer Verhandlungspartner auf günstigere Vereinbarungen beschränken.[215]
Die sich hieraus ergebenden Folgen sind identisch mit denen, die schon oben im Rahmen von § 4 III TVG und § 28 II SprAuG vorgestellt wurden. Um Wiederholungen zu vermeiden, wird daher an dieser Stelle auf die obigen Darstellungen verwiesen.[216] Festzuhalten ist lediglich noch einmal, daß auch in den vorliegend geregelten Fällen eine klare Unterscheidung dahingehend zu treffen ist, ob das Günstigkeitsprinzip in seiner Funktion als Schranke der Regelungsmacht oder als Kollisionsregel zur Anwendung gelangt, da sich insoweit unterschiedliche Rechtsfolgen ergeben.

2. Anwendungsbereich

Der Anwendungsbereich von § 12 EntgeltfortzahlungsG und § 13 I BUrlG ist wesentlich weiter gezogen als in den zuvor vorgestellten Regelungen, da es sich hier um gesetzliche Vorschriften handelt, die die rechtliche Gestaltungsmacht aller anderer Regelungspartner als des Gesetzgebers einschränken. Die gesetzlichen Bestimmungen gelten daher sowohl im Verhältnis Tarifvertrag zum Gesetz als auch im Verhältnis von beruflichen Regelungen (betriebsverfassungsrechtlichen, arbeitsvertraglichen) zum Gesetz. Das Günstigkeitsprinzip erfährt daher in diesen Vorschriften einen sehr weitreichenden Anwendungsbereich.
Entgegen einer vielfach in der Literatur vertretenen Meinung[217] hat es daher auch zwischen Einzelvereinbarungen und Gesetz seinen Platz und ist nicht auf kollektive Regelungen beschränkt. In der arbeitsrechtlichen Literatur wird dem Günstigkeitsprinzip häufig ein zu enger Wirkungskreis zugewiesen. Dies mag damit zusammenhängen, daß zwischen den einzelnen Funktionen dieses Prinzips nicht unterschieden wird. Das Günstigkeitsprinzip ist jedoch ein Rechtsprinzip, dessen Wirkungsbereich sich auch im deutschen Recht auf alle Ebenen erstreckt. Wie die Untersuchung gezeigt hat, hat das Günstigkeitsprinzip sowohl seinen Platz als Kollisionsregel als auch als Konfliktvermeidungsnorm.

---

[215] Eine Ausnahme bildet insoweit allerdings § 13 I BUrlG für die Tarifparteien, da deren Schranken wesentlich weiter gezogen sind.
[216] Siehe zu diesen Fragen oben S. 189.
[217] *R. Wank*, in: Wiedemann, TVG, § 3Rn. 283; *Hueck/Nipperdey*, Arbeitsrecht, Band II/1 Kollektives Arbeitsrecht, § 33 III 3, S. 647; *Löwisch/Rieble*, TVG, § 4, Rn. 294; *dies.*, in: Festschrift für Günter Schaub, S.457 (464 f.); *K. Bieback*, DB 1989, S. 477 (479 f.).

IV. Ergebnis

Das Günstigkeitsprinzip ist auch im deutschen Recht auf allen Regelungsebenen anzutreffen. Es gilt zwischen Tarifvertrag, Betriebsvereinbarung, Arbeitsvertrag und Gesetz genauso wie zwischen Tarifvertrag , Betriebsvereinbarung und Arbeitsvertrag.[218] Wie in Frankreich wird auch in Deutschland keine Differenzierung und klare Abgrenzung zwischen den einzelnen Funktionen des Günstigkeitsprinzips vorgenommen. Hierdurch kommt es zu Mißverständnissen unter den einzelnen Autoren und häufig zu undifferenzierten und mitunter falschen Ergebnissen.

Das deutsche Recht kennt im Gegensatz zum französischen Recht nur zwei Funktionen der Günstigkeitsmaxime; sie fungiert als Schranke der Regelungsmacht und als Kollisionsregel. Gesetzlich normiert ist das Günstigkeitsprinzip ausschließlich in seiner Funktion als Schranke der Regelungsmacht. Tritt es als Kollisionsregel in den Fällen eines Aufeinandertreffens einer früheren günstigeren Regelung mit einer späteren in Erscheinung, so handelt es sich um eine gesetzlich nicht normierte Konfliktlösungsnorm, die auf einer Schlußfolgerung aus der Tatsache beruht, daß der Gesetzgeber günstigere Lösungen grundsätzlich zulassen wollte.

Zwischen den beiden Funktionen des Günstigkeitsprinzip ist genau zu unterscheiden, da sie andere Rechtsfolgen nach sich ziehen. Überschreitet eine Vertragspartei die gesetzte Grenze der Regelungsmacht, so ist die getroffene Vereinbarung nichtig, mit der Folge, daß ein späteres Wiederaufleben nicht möglich ist. Gelangt das Günstigkeitsprinzip hingegen in seiner Funktion als Kollisionsregel zur Anwendung, so wird die entgegenstehende Regelung lediglich überlagert, so daß ein Wiederaufleben möglich bleibt.

---

[218] An späterer Stelle wird ferner verdeutlicht werden, daß das Günstigkeitsprinzip auch unter Regelungen auf gleicher Ebene seinen Platz hat.

B. Anwendungsbereiche außerhalb gesetzlicher Normierung

Im französischen Arbeitsrecht wird das Günstigkeitsprinzip umfassend auch außerhalb seines gesetzlich normierten Bereichs als allgemeine Kollisionsregel angewandt. Einen ähnlich weitreichenden Gebrauch scheint es im deutschen Arbeitsrecht nicht zu geben. Dennoch setzen Rechtsprechung und Literatur dieses Prinzip auch in gesetzlich nicht geregelten Fällen ein. Angesichts dieser Praxis stellt sich die Frage, ob die Anwendung des Günstigkeitsprinzips auf die von Rechtsprechung und Literatur entwickelten Fallgruppen begrenzt ist oder ob ein weitergehender Anwendungsbereich ähnlich dem französischen Recht denkbar ist.

I. Betriebsverfassungsrecht

In Rechtsprechung und Literatur ist heute ganz überwiegend anerkannt, daß trotz fehlender Normierung des Günstigkeitsprinzips in § 77 IV Betriebsverfassungsgesetz (BetrVG), dieses Rechtsprinzip auch dort zur Anwendung gelangt.[219]

Keine Übereinstimmung besteht indes über die methodische Herleitung des Günstigkeitsprinzips im Betriebsverfassungsrecht. Teils wird die Geltung des Günstigkeitsprinzips aus einer Analogie zu § 4 III TVG hergeleitet[220], teils erfolgt die Herleitung aus einer teleologischen Reduktion des § 77 IV Satz 1 unter Hinweis auf das arbeitsrechtliche Schutzprinzip.[221] Am weitesten verbreitet ist jedoch die Ansicht, die das Günstigkeitsprinzip als verfassungsmäßigen Grundsatz ansieht und dementsprechend im Wege verfassungskonformer Auslegung

---

[219] Vgl. BAG GS, Beschluß vom 16.09.1986, AP Nr. 17 zu § 77 BetrVG 1972; BAG GS, Beschluß vom 07.11.1989, AP Nr. 46 zu § 77 BetrVG; BAG GS, Beschluß vom 7.11.1989, AP Nr. 46 zu § 77 BetrVG 1972; *D. Belling*, Günstigkeitsprinzip, S. 111 ff.; *ders.*, DB 1982, S. 2513 ff.; *ders.*, DB 1987, S. 1888 ff; *W. Blomeyer*, DB 1987, S. 634 (637); *W. Däubler*, AuR 1984, S. 1 (9 ff.); *Fitting/Kaiser/Heither/Engels/Schmidt*, Betriebsverfassungsgesetz, § 77, Rn. 126, 196; *U. Federlin*, Der kollektive Günstigkeitsvergleich, S. 62; *GK-BetrVG/Kreutz*, § 77, Rn. 234; *E. Herrmann*, ZfA 1989, S. 577 (617 f.); *Hess/Schlochauer/Worzolla/Glock*, BetrVG, § 77, Rn. 88; *G. v. Hoyningen-Huene*, Betriebsverfassungsrecht, S. 218; *W. Hromadka*, DB 1985 S. 864 (866); *D. Joost*, ZfA 1993, S. 257 (274); *St. Kraus*, Günstigkeitsprinzip und Autonomiebestreben am Beispiel der Arbeitszeit, S. 157; *H. Kunst*, Das Günstigkeitsprinzip im Betriebsverfassungsrecht, S. 20 ff.; *H. Pfarr*, BB 1983, S. 2001 (2004); *R. Richardi*, Betriebsverfassungsgesetz mit Wahlordnung, Rn. 132 ff; *ders.*, RdA 1983, S. 201 (215); *ders.*, NZA 1990, S. 331; *ders.*, ZfA 1992, S. 307 (323 ff.); *Th. Schmidt*, Günstigkeitsprinzip, S. 75 ff.; *K. Tech*, Günstigkeitsprinzip, S. 27 ff.; *B. Voigt*, Der kollektive Günstigkeitsvergleich, S. 11; *Zöllner/Loritz*, Arbeitsrecht, S. 535; **a. M.** *W. Leinemann*, DB 1985, S. 1394 (1395 f.); *ders.*, DB 1990, S. 732 (735); *D. Reuter*, ZfA 1993, S. 221 (246); *F. Jobs*, DB (BB) 1986, S. 1120 (1122).

[220] So *H. Otto*, Anm. zu BAG, NZA 1987, S. 168; *F.-J. Säcker*, AR Blattei (D) Betriebsvereinbarung I unter D II 4b.

[221] So *Fitting/Kaiser/Heither/Engels/Schmidt*, BetrVG, § 77, Rn. 196.

zu einer Anwendbarkeit des Günstigkeitsprinzips gelangt.[222] Gleichgültig welcher Ansicht man sich anschließt[223], bleibt an dieser Stelle zumindest festzuhalten, daß durch § 77 IV BetrVG keine Einschränkung der Autonomie der Arbeitsvertragsparteien dahingehend erfolgt, daß ihnen die Regelungsbefugnis in den Fällen einer Regelung durch Betriebsvereinbarung genommen wird. Die Betriebsvereinbarung entfaltet im Verhältnis zum Arbeitsvertrag vielmehr nur eine einseitig zwingende Wirkung, so daß eine Regelung zu Gunsten der Arbeitnehmer stets möglich ist.[224]

Mit der grundsätzlichen Anwendbarkeit des Günstigkeitsprinzips im Verhältnis von Betriebsvereinbarung und Arbeitsvertrag gilt es auch hier wiederum genau zwischen den einzelnen Funktionen des Günstigkeitsprinzip und deren Wirkungsweisen zu unterscheiden. Ein Gesichtspunkt, dem in Rechtsprechung und Lehre bisher keine Bedeutung beigemessen wird.

1. Die Wirkung des Günstigkeitsprinzips im Verhältnis von Betriebsvereinbarung und Arbeitsvertrag

Hinsichtlich der Wirkungsweise des Günstigkeitsprinzips zwischen Betriebsvereinbarung und Arbeitsvertrag bestand lange Zeit weitestgehend Einigkeit in der Literatur. Die zwingende Wirkung der Betriebsvereinbarung sollte alle arbeitsvertraglichen Regelungen ausschließen, die nicht günstiger sind. Hieraus folgerte man, daß alle Vertragsabreden, gleichgültig, ob diese vor Inkrafttreten der Betriebsvereinbarung bestanden oder nach deren Inkraftsetzung vereinbart worden waren, unwirksam (nichtig) werden.[225] § 77 Abs. 4 Satz 1 sei insofern Kollisionsnorm, die vertragliche Regelungen mit der Nichtigkeitsfolge verdränge.[226]

---

222 *Zöllner/Loritz,* Arbeitsrecht, S. 535 f.; *W. Blomeyer,* NZA 1996, S. 337 (338) m.w.N.; *ders.*, DB 1987, S. 634 (637); *GK-BetrVG/Kreutz,* § 77, Rn. 240 m.w.N.; *Ehmann/Schmidt,* NZA 1995, S. 193 (198f.); *Hess/Schlochauer/Worzolla/Glock,* BetrVG, § 77, Rn. 88; *W. Hromadka,* DB 1985, S. 864; *K.-P. Martens,* RdA 1983, S. 217 (222); *W. Moll,* NZA 1988 (Beil. 1), S. 17 (21).

223 Eine Entscheidung zwischen den verschiedenen Standpunkten ist für den weiteren Gang der Arbeit nicht von Bedeutung, so daß eine Stellungnahme an dieser Stelle nicht erfolgt. Eine Herleitung des Günstigkeitsprinzip aus dem Grundgedanken der Privatautonomie erscheint jedoch in jedem Fall plausibel.

224 Literaturnachweise vgl. oben Fn. 219.
Soweit neuerdings in der Literatur die Meinung vertreten wird (*W. Blomeyer,* NZA 1996, S. 337 (340)), es müsse für den Einzelfall überprüft werden, ob eine abweichende arbeitsvertragliche Regelung auch erforderlich sei, soll auf die in diesem Zusammenhang erörterten Fragen der Wirkungsgrenzen des Günstigkeitsprinzips nicht weiter eingegangen werden, da diese Fragestellung über das Thema dieser Untersuchung hinausgeht. Ausgangspunkt der weiteren Betrachtungen sind vielmehr die Fälle, die dieser Problematik nachgelagert sind, in denen mithin das Günstigkeitsprinzip zweifellos anwendbar ist.

225 Vgl. *GK-BetrVG/Kreutz,* § 77, Rn. 231 m.w.N.

226 Vgl. *GK-BetrVG/Kreutz,* § 77, Rn. 231.

Seit einer Entscheidung des BAG vom 21.9.1989[227] wird jedoch neuerdings von einer sich in Literatur und Rechtsprechung im Vordringen befindenden Meinung vertreten, daß die Regelungen der Betriebsvereinbarung ältere ungünstige arbeitsvertragliche Abreden nicht nichtig machen, sondern diese nach Ablauf der Betriebsvereinbarung wieder aufleben.[228] Eine ablösende Wirkung soll der Betriebsvereinbarung ausnahmsweise aber immer dann zukommen, wenn es sich um arbeitsvertragliche Ansprüche auf Sozialleistungen handelt, die auf arbeitsvertraglicher Einheitsregelung beruhen.[229]

Die Begründung des BAG, die auf der Prämisse aufbaut, die vertragliche Vereinbarung sei Mindeststandard für den Arbeitnehmer und könne daher nach dem Willen der Vertragsparteien nicht auf Dauer verdrängt werden[230], rechtfertigt das in diesem Urteil gefundene Ergebnis dogmatisch nicht.[231] Denn selbst wenn in solchen Fällen tatsächlich Mindeststandards vereinbart werden, so sagt diese Feststellung allein nichts darüber aus, welche Auswirkungen der spätere Abschluß eines Tarifvertrags oder einer Betriebsvereinbarung gleichen Inhalts rechtstechnisch auf die bereits bestehende Regelung zur Folge hat. Auch kann durch einen solchen konsentierten Willen nicht verhindert werden, daß die Rechtsordnung eine andere Rechtsfolge vorsieht. Ein dogmatisch „sauberes" und gut begründetes Ergebnis läßt sich nur finden, indem auch in diesen Konstellationen auf die im Recht bereits vorhandenen Regelungstechniken zurückgegriffen wird. Ein Sonderweg des Arbeitsrecht ist hier nicht erforderlich.[232] Um zu einem auch in anderen Fallkonstellationen anwendbaren Ergebnis zu gelangen, ist eine klare Abgrenzung zwischen den einzelnen Funktionen der Günstigkeit unumgänglich.

---

[227] BAG, Urteil vom 21.09.1989, AP Nr. 43 zu 77 BetrVG 1972.

[228] So BAG, Urteil vom 21.9.1989, EzA § 77 BetrVG 1972, Nr. 33 mit zustimmender Anmerkung *Otto*; AP Nr. 43 zu § 77 BetrVG 1972 mit zustimmender Anmerkung *M. Löwisch*; SAE 1990, S. 329 mit zustimmender Anmerkung *J. Schmitt*; AR-Blattei, Betriebsvereinbarung, Entscheidung 50 mit zustimmender Anmerkung *M. Kort*; *Fitting/Kaiser/Heither/Engels*, BetrVG, § 77, Rn. 167; *R. Richardi*, NZA 1990, S. 331; **a. A.** *GK-BetrVG/Kreutz*, § 77, Rn. 232.

[229] Vgl. oben Fn. 228.

[230] Siehe BAG, Urteil vom 21.9.1989,AP Nr. 43 zu § 77 BetrVG 1972 = DB, S. 692 (693).

[231] Der Grund, warum der 1. Senat hier nicht zu einer dogmatisch fundierten Entscheidung gelangt, scheint darin zu liegen, daß er sich zu sehr an der Argumentationsstruktur von Wiedemann orientiert, die dieser in Bezug auf die Frage der Verdrängung oder Nichtigkeit von Regelungen im Tarifvertragsrecht entwickelt hat. Es ist aber gerade nicht richtig, eine Entscheidung über diese Frage, den einzelnen Vertragsparteien zu überlassen. Vielmehr muß eine allgemeingültige und auf jede Konstellation anwendbare Lösung gefunden werden. Das ist nur möglich, wenn auf die allgemeinen Rechtsregeln zurückgegriffen wird.

[232] Gleiches gilt für Fragestellungen im Zusammenhang mit einer ablösenden Betriebsvereinbarung. Siehe hierzu unten S. 200 ff.

a) Kollisionsregel

Ausgangspunkt des Urteils des 1. Senats vom 21.9.1989 war ein Arbeitsvertrag, der durch eine spätere Betriebsvereinbarung in der Weise geändert wurde, daß ein anderer Tarifvertrag als Bemessungsgrundlage für die Lohnansprüche eingesetzt wurde. Da nicht feststand, ob der im Arbeitsvertrag vereinbarte Metalltarifvertrag oder der durch die Betriebsvereinbarung festgelegte BAT auf Dauer günstiger für den Kläger sein würde, wollte er vom Gericht festgestellt wissen, daß die Betriebsvereinbarung nicht, wie vom Großen Senat im Urteil vom 16.9.1986[233] entschieden, die vertragliche Grundlage auf Dauer verdrängt und ersetzt hatte.

Nicht zu entnehmen ist der Entscheidung, ob der Austausch der Tarifverträge tatsächlich günstiger für den Kläger war. Fest stand lediglich bei Urteilsverkündung, daß zu diesem Zeitpunkt durch Anwendung des BAT für den Kläger ein finanziell besseres Ergebnis erzielt wurde. Ob sich diese Entwicklung auch in Zukunft fortsetzen würde, konnte indes nicht bestimmt werden. Die vom 1. Senat des BAG getroffene Entscheidung führt daher zu dem Ergebnis, daß sich der für den Kläger maßgebliche Tarifvertrag je nach Günstigkeit von Jahr zu Jahr ändern kann.[234]

Das Ergebnis dieser Entscheidung des BAG vom 21.9.1989[235] ist dogmatisch nur zu begründen, wenn in dem hier entschiedenen Fall das Günstigkeitsprinzip in seiner Funktion als Kollisionsregel zur Anwendung gelangt ist. Denn ausschließlich in einer solchen Fallkonstellation ist ein Wiederaufleben der alten Regelung überhaupt möglich.[236] Eine Kollisionsnorm gelangt immer dann zum Einsatz, wenn sich gleichzeitig zwei rechtsgültige Regelungen gegenüberstehen, die den gleichen Regelungsgegenstand auf verschiedene Weise festlegen. Genau diese Konstellation lag dem entschiedenen Fall zu Grunde, denn Arbeitsvertrag und Betriebsvereinbarung waren gleichzeitig wirksam und ordneten die Anwendung eines unterschiedlichen Tarifvertrags an. Es stellt sich daher die Frage, welche Kollisionsregel bei dieser Sachlage anzuwenden ist, da der 1. Senat eine Ersetzung der arbeitsvertraglichen Regelung offensichtlich vermeiden wollte.[237]

Das Günstigkeitsprinzip findet im Betriebsverfassungsrecht keine gesetzliche Grundlage, gleichwohl hält es die überwiegende Meinung in Literatur und Rechtsprechung für anwendbar.[238] Ein Abweichen zu Gunsten der Arbeitnehmer im Arbeitsvertrag bei bestehender Betriebsvereinbarung ist daher grundsätzlich

---

233 AP Nr. 17 zu § 77 BetrVG.

234 Vgl. insoweit auch die Anmerkung von *H. Otto*, EzA § 77 BetrVG 1972 zu Nr. 33, S. 23.

235 AP Nr. 17 zu § 77 BetrVG = DB 1990, S. 692 ff.

236 Vgl. insoweit oben S. 182 ff.

237 Siehe in den Entscheidungsgründen unter III. Denn hier wird mit allen Argumentationsraffinessen zu begründen versucht, warum es sich in diesem Fall gerade nicht um einen dem vom GS 1986 entschiedenen parallelen Sachverhalt handelt.

238 Nachweise vgl. oben Fn. 219.

zulässig. Wenn aber nach Abschluß einer Betriebsvereinbarung in arbeitsvertraglichen Vorschriften von dieser Regelung zu Gunsten der Arbeitnehmer abgewichen werden kann, dann ist nicht einsehbar, warum Vertragsregelungen, die bereits vor Zustandekommen der Betriebsvereinbarung bestanden, nunmehr durch diese verdrängt oder gar abgelöst werden sollen.[239] Eine solche Folge läßt sich eventuell in den Ausnahmesituationen rechtfertigen, in denen eine einheitliche Anwendung der Regelung im Betrieb unumgänglich ist.[240] Das sind in der Regel die Fälle der Betriebsnormen, in denen das Günstigkeitsprinzip ohnehin von einem Teil der Literatur für unanwendbar gehalten wird.[241]

Grundsätzlich kann somit im Ergebnis festgehalten werden, daß das Günstigkeitsprinzip in seiner Funktion als Kollisionsregel auch im Betriebsverfassungsrecht seinen Platz hat. Eine gesetzliche Normierung dieser Kollisionsregel besteht genauso wenig wie in allen anderen Fällen des Einsatzes dieses Prinzips als Kollisionsnorm im deutschen Arbeitsrecht. Der Entscheidung des BAG ist damit im Grundsatz zuzustimmen. Die Entscheidungsgründe tragen den Tenor jedoch nicht. Vielmehr muß eine Begründung dahingehend erfolgen, daß das Günstigkeitsprinzip in seiner Funktion als Kollisionsregel zum Einsatz gelangt ist, die entgegenstehende Regelung daher lediglich überlagert wurde und somit entweder nach Außerkrafttreten der Betriebsvereinbarung oder für den Fall, daß deren Inhalt ungünstiger wird, wieder auflebt.
Wichtig und von grundsätzlicher Bedeutung ist jedoch die Tatsache, daß das BAG in diesem Urteil entschieden hat, daß das Günstigkeitsprinzip in seiner Funktion als Kollisionsregel auch im Betriebsverfassungsrecht zur Anwendung gelangt.

b) Schranke der Regelungsmacht

Neben seiner Funktion als Kollisionsregel wirkt das Günstigkeitsprinzip auch im Betriebsverfassungsrecht als Schranke der Regelungsmacht. Das folgt aus einer gleichen Regelungsstruktur im BetrVG und im TVG. Beide Gesetze ordnen die zwingende Wirkung der auf ihrer Grundlage erlassenen Normen an (§ 77 IV BetrVG und § 4 I TVG), wobei günstigere anderweitige Abmachungen grundsätzlich zugelassen werden.[242] Wie oben im Zusammenhang der Darstellung dieser Regelungstechnik im TVG bereits erörtert wurde[243], wird auf diese Weise der

---

239 So aber *GK-BetrVG/Kreutz*, § 77, Rn. 231.
240 Auf diese Problematik kann hier nicht weiter eingegangen werden, da sie über das Thema dieser Untersuchung zu weit hinaus führt.
241 Vgl. *Th. Schmidt*, Günstigkeitsprinzip, S. 79 ff. m.w.N.
242 Für das Tarifrecht ergibt sich dies aus dem Gesetz selbst (§ 4 III TVG), während im Betriebsverfassungsrecht dieser Grundsatz nach der h.M. aus der Verfassung hergeleitet wird. Siehe hierzu oben S. 196.
243 Siehe oben S. 152 ff. Da dort der Regelungsmechanismus bereits eingehend erörtert wurde, soll an dieser Stelle darauf verzichtet werden, um unnötige Wiederholungen zu vermeiden.

Bereich, der durch andere Vertragsparteien geregelt werden darf, konkretisiert. Eine anderweitige Gestaltung in Bezug auf die geregelte Materie bleibt solange möglich, solange Vereinbarungen getroffen werden, die günstiger für die Arbeitnehmer sind. Erst wenn diese Grenze überschritten wird, ist die getroffene Regelung rechtsunwirksam.[244]
Auch die rechtlichen Folgen unterscheiden sich nicht von den oben bereits vorgestellten.[245] Wird im Arbeitsvertrag bei bestehender Betriebsvereinbarung eine für den Arbeitnehmer ungünstigere Vereinbarung getroffen, so ist diese nichtig, da die Vertragsparteien keine Regelungszuständigkeit für die getroffene Abmachung hatten. Ein Wiederaufleben nach Ablauf der Betriebsvereinbarung ist damit in diesen Fällen nicht möglich.

2. Die ablösende Betriebsvereinbarung

In den letzten Jahren stand immer wieder die Fragestellung im Mittelpunkt der rechtswissenschaftlichen Diskussion, ob vertragliche Ansprüche von Arbeitnehmern, die auf einer Einheitsregelung, Gesamtzusage oder betrieblichen Übung beruhen, durch eine Betriebsvereinbarung eingeschränkt oder gar ganz abgelöst werden können.[246] Methodisch ist hier die Frage nach der maßgeblichen Kollisionsregel zu beantworten. Obwohl seit längerem eine Entscheidung des Großen Senats des BAG zu dieser Problematik vorliegt, ist bis heute die Diskussion darüber, wie eine Kollision zwischen ungünstigerer Betriebsvereinbarung und vertraglicher Regelung zu lösen ist, nicht abgeebbt.[247]

a) Die Entwicklung des kollektiven Günstigkeitsprinzips durch den Großen Senat des BAG

Bis zum Beginn der 80iger Jahre wurde überwiegend die Meinung vertreten, daß eine Ablösung einer Einheitsregelung, Gesamtzusage oder betrieblichen Übung nach den Grundsätzen zu erfolgen habe, die auch im Verhältnis einer ablösenden zur vorausgehenden Betriebsvereinbarung maßgebend sind und daher das Ordnungsprinzip oder seit den 70er Jahren das Ablösungsprinzip[248] anzuwenden ist.[249] Der Große Senat des BAG, der im Jahre 1986 über diese Frage zu ent-

---

[244] Siehe oben S. 161.
[245] Siehe oben S. 182 ff.
[246] Siehe z.B. *J. Wenzeck*, Die verschlechternde Betriebsvereinbarung; *G. Scharmann*, Die ablösende Betriebsvereinbarung.
[247] Vgl. insoweit nur die Darstellung bei *GK-BetrVG/Kreutz*, § 77, Rn. 254 ff.
[248] Seit der Entscheidung des 3. Senats vom 30.1.1970, AP Nr. 142 zu § 242 BGB Ruhegehlat wurde das Ordnungsprinzip durch das Ablösungsprinzip mit der Begründung ersetzt, daß es einen solchen Rechtsgrundsatz nicht gebe. Siehe auch die Anmerkung von *H. Oetker*, SAE 1970, S. 262 ff.
[249] Vgl. BAG, Urteile vom 26.10.1962 und 30.01.1970, AP Nr. 87 und 142 zu § 242 BGB Ruhegehalt; BAG, Urteil vom 30.10.1962, AP Nr. 1 zu § 4 TVG Ordnungsprinzip; BAG, Urteil vom 08.12.1981, AP Nr. 1 zu § 1 BetrAVG Ablösung.

scheiden hatte[250], ist der herrschenden Meinung nicht gefolgt, sondern hat in dem Bestreben einen Kompromiß zwischen dem in Literatur und Rechtsprechung vertretenen individualrechtlichen und dem kollektivrechtlichen Lösungsansatz zu finden das „kollektive Günstigkeitsprinzip“ entwickelt. Er hat in groben Zügen folgendes entschieden:

Ansprüche der Arbeitnehmer aus einer betrieblichen Einheitsregelung, einer Gesamtzusage oder einer betrieblichen Übung sind vertragliche Ansprüche. Die Besonderheiten bei der Begründung der Ansprüche haben keinen Einfluß auf deren Rechtsnatur. Insbesondere ist in den Einheitsregelungen keine selbständige kollektivrechtliche Gestaltungsmöglichkeit auf betrieblicher Ebene neben den Betriebsvereinbarungen zu sehen.[251] Für das Verhältnis vertraglicher Ansprüche zu den Normen einer nachfolgenden Betriebsvereinbarung gilt das Günstigkeitsprinzip. Günstigere arbeitsvertragliche Bestimmungen, die vor Abschluß der Betriebsvereinbarung vereinbart worden waren, bleiben - jedenfalls im Grundsatz - wirksam.[252] Das individuelle Günstigkeitsprinzip gilt jedoch nicht uneingeschränkt, sondern wird in den Fällen freiwilliger Sozialleistungen zu einem kollektiven Günstigkeitsprinzip, so daß in einem kollektiven Günstigkeitsvergleich zu überprüfen ist, ob die Verteilungsmasse insgesamt gleich geblieben ist. Darauf, ob der einzelne Arbeitnehmer schlechter gestellt wird, kommt es im Rahmen umstrukturierender Betriebsvereinbarungen bei Sozialleistungen nicht an.

Die Entwicklung eines kollektiven Günstigkeitsvergleichs wurde in der Literatur übereinstimmend als dem Arbeitsrecht wesensfremd abgelehnt.[253] Dennoch fand die Entscheidung in den Fragen einer grundsätzlichen Anwendbarkeit des Günstigkeitsprinzips als Kollisionsregel und der Klassifizierung der vertraglichen Einheitsregelung, Gesamtzusage und betrieblicher Übung als arbeitsvertraglicher Ansprüche auch Zustimmung.[254]

b) Stellungnahme

Mit der Literaturmeinung ist dem Großen Senat beizupflichten, daß es ist nicht einzusehen, warum vertragliche Einheitsregelungen Arbeitsverhältnisse minderer Qualität bilden sollen, deren Inhalt durch eine spätere Betriebsvereinbarung auch zu Ungunsten des Arbeitnehmers abgeändert werden kann.[255] Bevorzugt

---

[250] BAG GS, Urteil vom 16.9.1986, AP Nr. 17 zu § 77 BetrVG 1972.
[251] So in der Begründung unter C II 1.
[252] So in den Entscheidungsgründen unter C II 3.
[253] Vgl. nur *W. Blomeyer*, DB 1987, S. 634 ff.; *D. Belling*, DB 1987, S. 1888 ff.; *W. Hromadka*, NZA Beilage 3/1987, S. 2 ff.; *R. Richardi*, NZA 1987, S. 185 ff; *U. Federlin*, Der kollektive Günstigkeitsvergleich; S. 70 ff. und 140 ff.
[254] Vgl. *D. Belling*, DB 1987, S. 1888 ff.; *R. Richardi*, NZA 1987, S. 185 ff; *GK-BetrVG/Kreutz*, § 77 Rn. 257.
[255] So auch *D. Belling*, DB 1987, S. 1888 (1892).

wurden durch diese Rechtsprechung die Arbeitnehmer mit einer starken Verhandlungsposition.[256] Das breite Heer der Arbeiter und einfachen Angestellten war aufgrund der Anwendung des Ablösungsprinzips einer plötzlichen Veränderung ihres Arbeitsvertrages zu ihren Ungunsten jedoch schutzlos ausgeliefert. Kollisionsregel ist auch im Betriebsverfassungsrecht das Günstigkeitsprinzip, so daß die vertraglichen Ansprüche der Arbeitnehmer durch eine günstigere Betriebsvereinbarung nur verdrängt nicht aber vernichtet oder gar - wie früher - durch eine verschlechternde Betriebsvereinbarung abgelöst oder ersetzt werden können. Die einzige Ausnahme von diesem Grundsatz soll die umstrukturierende Betriebsvereinbarung bei Sozialleistungen bilden. Nicht deutlich geht jedoch aus der Urteilsbegründung hervor, welche Rechtsfolge eine solche Betriebsvereinbarung nach sich zieht. Das heißt, ob in den Fällen einer umstrukturierenden Maßnahme, in denen ein kollektiver Günstigkeitsvergleich durchzuführen ist, die arbeitsvertraglichen Bestimmungen durch die Regelungen der Betriebsvereinbarung abgelöst oder nur verdrängt werden.
Der 1. Senat scheint das Schweigen des Großen Senats in diesem Punkt im Sinne einer Ablösung verstanden zu haben. Denn in seinem Urteil vom 21.9.1989[257] legt er in den Entscheidungsgründen die Prämisse zugrunde, daß in diesen Fällen keine Verdrängung sondern die Ablösung der arbeitsvertraglichen Vereinbarung durch die Betriebsvereinbarung erfolgt.[258]. Eine solche Rechtsfolge ist jedoch systemfremd und bedarf einer eigenständigen Begründung, die der Große Senat in seinem Beschluß schuldig bleibt. Es stellt sich daher die Frage, ob die Ausführungen des Großen Senats im Urteil vom 16.9.1986 in dieser Weise zu interpretieren ist.

Außer dem 1. Senat verstehen auch einige Kommentatoren den Beschluß des Großen Senats vom 16.9.1989 dahingehend, daß dieser für die Fälle einer umstrukturierenden Betriebsvereinbarung von Sozialleistungen das Ablösungsprinzip aufrecht erhalten wollte.[259] Sie ziehen diesen Schluß aus den Formulierungen in der Beschlußbegründung unter C II 4 c, in denen der große Senat ausführt, daß die Ansprüche der Arbeitnehmer, die zuvor auf vertraglicher Grundlage beruhten, sich nun aus der Betriebsvereinbarung ergäben. Des weiteren hätten Arbeitgeber und Betriebsrat für die Ausgestaltung des Leistungssystems die gleiche Verantwortung. Sie könnten gemeinsam das Leistungssystem an die veränderten Rahmenbedingungen anpassen und die abgeschlossene Betriebsver-

[256] Das sind in der Regel qualifizierte Fachkräfte oder leitende Angestellte, die aufgrund ihrer spezifischen Qualifikation eine besonders starke Verhandlungsposition haben.
[257] AP Nr. 43 zu § 77 BetrVG 1972.
[258] Siehe das Urteil vom 21.9.1989.
[259] So *H. Otto*, EzA § 77 BetrVG 1972 zu Nr. 33, S. 24; *J. Schmitt*, SAE 1990, S. 329 (338).

einbarung durch neue Betriebsvereinbarungen - innerhalb der allgemeinen Grenzen des Bestandschutzes - abändern.[260]
Betrachtet man diese Textstelle für sich, so kann eventuell der Schluß gezogen werden, daß der Große Senat das Ablösungsprinzip für diese Fälle tatsächlich aufrechterhalten wollte. Daß er sich an dieser Stelle jedoch de facto nur etwas mißverständlich ausgedrückt hat, ergibt sich aus Punkt 5 der Beschlußbegründung, denn hier wird ausgeführt, daß das Ablösungs- und Ordnungsprinzip sowie die Lehre von der Normsetzungsprärogative der Parteien einer Betriebsvereinbarung als Kollisionsregel ausscheiden und allein das Günstigkeitsprinzip anwendbare Kollisionsnorm im Betriebsverfassungsrecht ist.[261] Werden diese beiden Aussagen in Zusammenhang gebracht, so ergibt sich unter Hinzuziehung des übrigen Beschlußtextes eine vollkommen andere Aussage, als von Rechtsprechung und Literatur in diese Textstelle hineininterpretiert wird.

Alleinige Kollisionsnorm für das Betriebsverfassungsrecht ist das Günstigkeitsprinzip. Dem Ablösungsprinzip kommt mithin seit Verkündung dieser Entscheidung keine Bedeutung mehr zu.[262] Das Günstigkeitsprinzip ist im Grundsatz ein individuelles, so daß ein individueller Günstigkeitsvergleich durchzuführen ist. In den Fällen einer umstrukturierenden Betriebsvereinbarung bei Sozialleistungen kommt jedoch ausnahmsweise ein kollektives Günstigkeitsprinzip zur Anwendung mit der Folge, daß dann der Günstigkeitsvergleich nach kollektiven Gesichtspunkten durchzuführen ist und die Betriebsvereinbarung nur günstiger ist, solange die Summe der zugesagten Sozialleistungen nicht gekürzt wird. Damit ändert sich in den Fällen eines kollektiven Günstigkeitsvergleichs lediglich der Vergleichsmaßstab nicht aber die anzuwendende Kollisionsregel, so daß sich die gleiche Rechtsfolge ergibt wie in allen anderen Fallkonstellationen, in denen das Günstigkeitsprinzip als Konfliktlösungsnorm zum Einsatz gelangt. Die entgegenstehende vertragliche Regelung wird verdrängt, lebt aber wieder auf, sobald die umstrukturierende Betriebsvereinbarung außer Kraft tritt oder durch eine andere Betriebsvereinbarung ersetzt wird, die den Dotierungsrahmen unterschreitet. Eine Ablösung der einzelvertraglichen Abreden insgesamt ist somit nicht mehr durchführbar.
Allerdings haben Arbeitgeber und Betriebsrat die Möglichkeit auch diese Betriebsvereinbarung wieder abzuändern, wenn sie sich in den Grenzen einer bloßen Umstrukturierung bewegen. Allein hierauf bezogen meint der Große Senat den Betriebsparteien ein leichter handhabbares Instrument an die Hand gegeben

[260] Vgl. BAG GS, Beschluß vom 16.9.1986, AP Nr. 17 zu § 77 BetrVG 1972 = DB 1987, S. 383 (387).
[261] Vgl. BAG GS, Beschluß vom 16.9.1986, AP Nr. 17 zu § 77 BetrVG 1972 = DB 1987, S. 383 (388 f.).
[262] Das BAG vertritt diese Auffassung in ständiger Rechtsprechung. Siehe z.B. das Urteil vom 28.03.2000, 1 AZR 366/99, BB 2001, S. 679. Hierzu auch *Merten/Schwartz*, DB 2001, S. 646 ff. und *G. Annuß*, NZA 2001, S. 756 ff.

zu haben, ohne jedoch das Günstigkeitsprinzip als Kollisionsnorm auszuschalten.

c) Zusammenfassung und Ergebnis

Zusammenfassend ist festzuhalten, daß der Große Senat in seiner Entscheidung vom 16.9.1986 das Ablösungsprinzip als Kollisionsregel im Betriebsverfassungsrecht für nicht anwendbar erklärt hat. Allein anzuwendende Kollisionsnorm ist das Günstigkeitsprinzip. Der Günstigkeitsvergleich ist individuell durchzuführen. Die einzige Ausnahme von diesem Grundsatz bildet die Umstrukturierung zugesicherter Sozialleistungen. Wurden betriebliche soziale Leistungen durch Gesamtzusage, betriebliche Übung oder vertragliche Einheitsregelung im Unternehmen eingeführt und sollen diese nunmehr in eine Betriebsvereinbarung einfließen, so ist im Rahmen eines kollektiven Günstigkeitsvergleichs zu prüfen, ob die Verteilungsmasse insgesamt gleich geblieben ist. Auf einzelne Interessen wird keine Rücksicht genommen, sondern die Betriebsvereinbarung ist stets als günstiger einzustufen und geht der individuellen Regelung vor, solange sie sich in diesem Rahmen bewegt. Das gilt selbst dann, wenn einzelne Arbeitnehmer schlechter gestellt werden, für sie also die arbeitsvertragliche Regelung vorteilhafter ist. Die Festschreibung des Günstigkeitsprinzips als allein anwendbare Kollisionsregel im Betriebsverfassungsrecht bedingt, daß eine Betriebsvereinbarung keine ablösende Wirkung mehr entfalten kann, indem Gesamtzusagen, betriebliche Übungen oder vertragliche Einheitsregelungen insgesamt durch sie ersetzt werden. Entgegenstehende Regelungen werden vielmehr nur überlagert mit der Folge, daß ein späteres Wiederaufleben möglich ist.

Dem Großen Senat ist daher nicht der Vorwurf zu machen, er habe das sich im Urteil vom 21.9.1989 auftretende Problem erst herbeigeführt, indem er die unzutreffende These aufgestellt habe, daß eine wirksame umstrukturierende Betriebsvereinbarung individualrechtliche Zusagen mit kollektivem Bezug auf Dauer ablöse, so daß in der Folgezeit nunmehr das Ordnungsprinzip gelte.[263] Denn diesen Inhalt haben die Ausführungen des Gerichts im Beschlußtext gerade nicht. Der einzige Vorwurf, der in diesen Zusammenhang gemacht werden kann, ist derjenige, daß an dieser Stelle der Gedankengang nicht klar zu Ende geführt wird. Das hat zur Folge, daß der Text aus dem Zusammenhang herausgenommen zu Mißverständnissen führen kann.[264]

II. Tarifkollisionen

Das Nebeneinander verschiedener Tarifverträge ist in Frankreich ein alltägliches Bild in den Betrieben. In der Regel sind auf ein Arbeitsverhältnis mindestens

---

[263] So aber *H. Otto*, EzA § 77 BetrVG 1972 zu Nr. 33, S. 24

[264] Zu den Fragen des kollektiven Günstigkeitsvergleichs wird später Stellung genommen.

zwei Tarifverträge gleichzeitig anwendbar.[265] Die französische Rechtsprechung löst die in diesem Zusammenhang auftretenden Tarifkollisionen - wie alle anderen Kollisionsfälle im Arbeitsrecht auch - nach dem Günstigkeitsprinzip, indem sie in einem kollektiven Günstigkeitsvergleich Regelungsgruppen gegenüberstellt. Von allen kollidierenden Vereinbarungen gelangt dann die insgesamt günstigere Regelung für alle Arbeitnehmer des Unternehmens zur Anwendung.[266] Ein „Rosinenpicken" ist so nicht möglich, da nicht das Interesse der einzelnen Arbeitnehmer sondern der Gesamtbelegschaft im Vordergrund steht.
Zu einer grundsätzlich anderen Lösung gelangt der 4. Senat des BAG in diesen Problemkonstellationen, indem er das Prinzip der Tarifeinheit postuliert.[267] Dieser Grundsatz verlange, daß innerhalb eines Betriebes nur ein Tarifvertrag Anwendung finde.[268] Welcher Tarifvertrag anzuwenden sei, entscheide sich nach dem Spezialitätsprinzip.[269]
Der Standpunkt des BAG hat in der Literatur allgemein Kritik hervorgerufen.[270] Ausgangspunkt der Auseinandersetzung bildet die Tatsache, daß sich der vom 4. Senat entwickelte Grundsatz nicht aus dem Tarifvertragsgesetz ergibt und auch sonst nicht aus allgemeinen Prinzipien ableiten läßt. Gerade mit Blick auf den französischen Nachbarn ist daher zu klären, ob sich tatsächlich ein Prinzip dahingehend herleiten läßt, daß Tarifverträge nur einheitlich in Betrieben gelten können oder ob nicht auf die allgemeinen Kollisionsregeln, insbesondere auf das Günstigkeitsprinzip, zur Konfliktlösung zurückzugreifen ist.

1. Begriffsklärung: Tarifkonkurrenz, Tarifpluralität

Da in der Bundesrepublik Tarifverträge nur bei beiderseitiger Tarifbindung gelten, können grundsätzlich zwei verschiedene Konstellationen auftreten, in denen es zum Aufeinandertreffen zweier gleichzeitig gültiger Tarifverträge kommen kann.[271] Einerseits besteht die Möglichkeit, daß der Betrieb eines Arbeitgebers vom Geltungsbereich zweier von verschiedenen Gewerkschaften abgeschlossener parallel geltender Tarifverträge erfaßt wird. Diese Sachlage wird gemeinhin

---

265 Dies sind der Branchen- und der Firmentarifvertrag. Siehe hierzu auch im 1. Teil, S. 17 ff.

266 Siehe oben im 1. Teil, S. 95 ff.

267 Siehe z.B. die Urteile BAG vom 29.3.1957, DB 1957, S. 482; BAG vom 5.9.1990, AP Nr. 19 zu § 4 ZVG Tarifkonkurrenz; BAG vom 20.03.1991, AP Nr. 20 zu § 4 TVG Tarifkonkurrenz.

268 So unter B II 2a der Begründung des Urteils vom 20.03.1991 a.a.O.

269 BAG Urteil vom 20.03.1991 a.a.O.

270 Vgl. *K.-St. Hohenstatt*, DB 1992, S. 1678 ff.; *D. Reuter*, Jus 1992, S. 105 ff.; *A. Kraft*, RdA 1992, S. 161 ff.

271 In Frankreich ist aufgrund der Tatsache, daß die Geltung eines Tarifvertrages allein von der Verbandszugehörigkeit des Arbeitgebers abhängt, nur die Konstellation der gleichzeitigen Geltung mehrerer Tarifverträge im Betrieb möglich, die automatisch zur Folge hat, daß auf ein Arbeitsverhältnis zur gleichen Zeit verschiedene Tarifverträge anzuwenden sind. Tarifkonkurrenz und Tarifpluralität fallen daher stets zusammen.

als *Tarifpluralität* bezeichnet.[272] Andererseits können beide Vertragsparteien eines Arbeitsverhältnisses gleichzeitig an mehrere Tarifverträge gebunden sein. In diesen Fällen spricht man von *Tarifkonkurrenz*.[273] Tarifkonkurrenzen treten in den Fällen doppelter Verbandszugehörigkeit auf oder dann, wenn ein Tarifvertrag für allgemeinverbindlich erklärt wird und bereits ein anderer aufgrund von Verbandszugehörigkeit anwendbar ist.[274] Des weiteren entstehen Tarifkonkurrenzen in den Fällen, in denen zusätzlich zu einem Verbandstarifvertrag mit der gleichen Gewerkschaft im Betrieb ein Firmentarifvertrag abgeschlossen wird.[275]

Der vierte Senat des BAG wendet den Grundsatz der Tarifeinheit sowohl zur Lösung von Tarifkonkurrenzen als auch bei Tarifpluralität an. In beiden Fallkonstellationen soll dem sachnäheren Tarifvertrag der Vorzug zu geben sein mit der Folge, daß der allgemeinere Tarifvertrag verdrängt wird. Dabei kommt es nicht darauf an, ob die gleiche oder verschiedene Gewerkschaften die konkurrierenden Tarifverträge abgeschlossen haben.[276] Als Konsequenz kann sich aus der Anwendung des Grundsatzes der Tarifeinheit bei Tarifpluralität die Folge ergeben, daß ein Arbeitnehmer, dessen Arbeitsverhältnis zunächst einem Tarifvertrag unterfällt, auf einmal wegen des als Kollisionsregel herangezogenen Spezialitätsprinzips aus jedem tarifvertraglichen Schutz herausfällt. Besonders häufig ist dieses Ergebnis dann anzutreffen, wenn ein Tarifvertrag für allgemeinverbindlich erklärt worden ist. Das BAG geht in seiner Rechtsprechung bisweilen soweit, allgemeinverbindliche Tarifverträge in einem Betrieb wegen des Grundsatzes der Tarifeinheit für nicht anwendbar zu erklären.[277]
Ein solches Ergebnis kann nicht richtig sein und auch nicht durch den Wunsch nach einheitlicher Verwendung von Tarifverträgen in einem Betrieb gerechtfertigt werden. Tarifkonkurrenzen und Tarifpluralität sind – wie ein Blick in das französische Recht zeigt - auf unterschiedliche Weise zu lösen.

---

[272] *Hagemeier/Kempen/Zachert/Zilius*, TVG, § 4 Rn. 102; *A. Kraft*, RdA 1992, S. 161 (164); *B. Müller*, NZA 1989, S. 449 (450); *A. Witzig*, Tarifeinheit, S. 4.

[273] *Hagemeier/Kempen/Zachert/Zilius*, TVG, § 4 Rn. 101; *B. Müller*, NZA 1989, S. 449 ; *A. Kraft*, RdA 1992, S. 161 (163); *G. Etzel*, NZA, Beilage1/1987, S. 19; *H. Hess*, RdA 1976, S. 45 (55); *A. Witzig*, Tarifeinheit, S. 3.

[274] Vgl. *B. Müller*, NZA 1989, S. 449 (450); *G. Etzel*, NZA, Beilage 1/1987, S. 19; *Hagemeier/Kempen/Zachert/Zilius*, TVG, § 4, Rn. 106; *K-St. Hohenstatt*, DB 1992, S. 1678 (1689).

[275] Vgl. hierzu auch *R. Wank*, in: Wiedemann, TVG § 4, Rn. 266; *B. Müller*, NZA 1989, S. 449 (450).

[276] So BAG, Urteil vom 14.6.1989, AP Nr. 16 zu § 4 TVG Tarifkonkurrenz.

[277] So geschehen im Urteil vom 20.03.1991, AP Nr. 20 zu § 4 TVG Tarifkonkurrenz.

2. Die rechtliche Lösung von Tarifkonkurrenzen und Tarifpluralität

a) Tarifkonkurrenz

aa) Rechtsprechung und Literatur

Für die Fälle einer Tarifkonkurrenz besteht weitestgehend Einigkeit in Literatur und Rechtsprechung, daß auf einen Arbeitsvertrag immer nur ein Tarifvertrag angewandt werden kann.[278] Da sich der Arbeitnehmer nach der überwiegenden Meinung aus den verschiedenen Tarifverträgen nicht, die für ihn günstigere Regelung heraussuchen können soll[279], wird in den Fällen einer Tarifkonkurrenz das Spezialitätsprinzip als Kollisionsregel eingesetzt.[280] Der sachnähere Tarifvertrag verdrängt den sachferneren und ist auf das Arbeitsverhältnis anzuwenden.[281]

Das Günstigkeitsprinzip wird von Literatur und Rechtsprechung fast übereinstimmend als Kollisionsregel bei Tarifkonkurrenzen abgelehnt.[282] Zum einen wird die These vertreten, das Günstigkeitsprinzip sei nur auf Regelungen verschiedenen Ranges anwendbar und könne daher nicht bei gleichrangigen Normen eingesetzt werden.[283] Zum anderen findet sich verbreitet die Meinung, eine Anwendung des Günstigkeitsprinzips verstoße gegen Grundsätze des Tarifvertragsrechts. Der Tarifvertrag sei ein einheitliches Regelwerk, dessen unterschiedliche Regelungen aufeinander abgestimmt seien. Sie seien das Ergebnis eines Verhandlungskompromisses und könnten daher im Falle einer Tarifkonkurrenz nicht einfach beliebig zusammengestellt werden.[284] Keines dieser Argumente vermag mit Blick auf das französische Recht zu überzeugen.

---

[278] Ständige Rechtsprechung seit BAG, Urteil vom 29.03.1957, AP Nr. 4 zu § 4 TVG Tarifkonkurrenz; jüngst wieder im Urteil vom 24.01.2001, 4 AZR 655/99, DB 2001, S. 1096 bestätigt. *H. Konzen*, RdA 1978, S. 146; *K.-J. Bieback*, DB 1989, S. 477 (479); *A. Kraft*, RdA 1992, S. 161 (165); *G. Etzel*, NZA Beilage 1/1987, S. 19; *Säcker/Oetker*, ZfA 1993, S. 1 (4); *Ph. Merten*, BB 1993, S. 572 (573).

[279] Zur sogenannten Rosinentheorie vgl. *D. Reuter*, JuS 1992, S. 105.

[280] Nachweise siehe oben Fn. 278.

[281] Ständige Rechtsprechung des BAG, vgl. nur BAG AP Nr. 2, 4, 8, 11, 12, 16, 19, 20, 21, 22 zu § 4 TVG Tarifkonkurrenz. Aus dem Schrifttum *Brox/Rüthers*, Arbeitsrecht, Rn. 294; *J.-H. Bauer*, Festschrift für Günter Schaub, S. 19 (22); *H. Buchner*, Festschrift für Günter Schaub S. 75 (83); *G. Etzel*, in: Festschrift für Günter Schaub, S 173 (174); *St. Hohenstatt*, DB 1992, S. 1678 (1679); *Hueck/Nipperdey*, Arbeitsrecht, Band II 1, S. 649; *F.A. Meik*, DB 1990, S. 2522 (2525).

[282] So *R. Wank*, in: Wiedemann, TVG, § 4, Rn. 283; *M. Jacobs*, Traifeinheit und Tarifkonkuurenz, S. 267; *K.-J. Bieback*, DB 1989, S. 477 (479 f.); *Ph. Merten*, BB 1993, S. 572 (573); *K.-St. Hohenstatt*, DB 1992, S. 1678 (1679); *P. Schulze*, Günstigkeitsprinzip, S. 138; a.A. *W. Däubler*, Tarifvertragsrecht, Rn. 1493 f.; *Hagemeier/Kempen/Zachert/Zilius*, TVG, § 4, Rn. 114.

[283] So *R. Wank*, in: Wiedemann, TVG, § 4, Rn. 283; *F. A. Meik*, DB 1990, S. 2522 (2525); *O. Wlotzke*, Günstigkeitsprinzip, S. 12; *P. Schulze*, Günstigkeitsprinzip, S. 138.

[284] Vgl. *Ph. Merten*, BB1993, S. 572 (573) m.w.N.

bb) Stellungnahme

Daß die These, das Günstigkeitsprinzip sei nur bei Normen verschiedenen Ranges als Kollisionsregel einsetzbar, nicht richtig ist, ergibt sich bereits aus den Darstellungen des 1. Teils dieser Untersuchung. Die Analyse des französischen Rechts hat ergeben, daß dieses Prinzip umfassend für alle auftretenden Konfliktsituationen, unabhängig von der Rangstellung der kollidierenden Regelungen, anwendbar ist. Etwas anderes kann auch für das deutsche Recht nicht gelten. Die Feststellung *Wanks*, das Günstigkeitsprinzip gelte nur bei Normen verschiedenen Ranges[285], erklärt sich wahrscheinlich dadurch, daß er von § 4 III TVG ausgeht und keine Differenzierung zwischen den einzelnen Funktionen des Günstigkeitsprinzips vornimmt. Wie bereits gezeigt wurde[286], gibt es im deutschen Recht gerade keine gesetzliche Normierung des Günstigkeitsprinzips in seiner Funktion als Konfliktlösungsregel, so daß bereits in den Fallkonstellationen, in denen es zum Einsatz kommt, auf die allgemeine Kollisionsregel zurückgegriffen werden muß.[287] Welche Gründe einer umfassenden Anwendung dieser Kollisionsnorm im deutschen Recht entgegen stehen sollten, ist daher nicht ersichtlich. Damit kann das Günstigkeitsprinzip auch für Regelungskonflikte zwischen Normen gleichen Ranges als Konfliktlösungsregel herangezogen werden.

Darüber hinaus überzeugt auch das Argument nicht, Tarifverträge könnten nicht „auseinandergerissen" werden. Ein diese These untermauernder Rechtssatz läßt sich im TVG nicht finden und kann darüber hinaus nicht aus Art. 9 III GG hergeleitet werden.[288] Denn Art. 9 III GG schützt auch die Koalitionsfreiheit des einzelnen Arbeitnehmers und damit die Möglichkeit sich für eine Mitgliedschaft in mehreren Gewerkschaften zu entscheiden (sog. Koalitionspluralismus).[289] In den Fällen einer doppelten Gewerkschaftszugehörigkeit wird daher den Arbeitnehmern ihr verfassungsrechtlich garantiertes Recht aus Art. 9 III GG mit der Begründung genommen, die Anwendung von zwei Tarifverträgen auf ein Arbeitsverhältnis bringe einen zu großen verwaltungstechnischen Aufwand in den Betrieben mit sich.[290] Hierbei handelt es sich jedoch um ein Scheinargument, denn die tatsächliche Anzahl der Arbeitnehmer, die eine doppelte Gewerkschaftsmitgliedschaft vorweisen können, ist verschwindend gering, so daß sich der in der Praxis zu verzeichnende Mehraufwand gegen Null bewegt.[291] Aus der Praxis heraus betrachtet kommen die Fälle einer Tarifkonkurrenz ohnehin nur

[285] In Wiedemann: TVG, § 4 Rn. 405.
[286] Siehe S. 161.
[287] Siehe oben S. 165 ff.
[288] So aber *Löwisch/Rieble*, TVG, § 4 Rdnr. 295 und diesen folgend *Ph. Merten*, BB 1993, S. 572 (573).
[289] BVerfGE 19, S. 312; *H. Konzen*, RdA 1978, S. 146 (154); *A. Kraft*, RdA 1992, S. 161 (168); *H. Fenn*, in: Festschrift für Otto Rudolf Kissel zum 65. Geburtstag, S. 213 (234).
[290] BAG 20.03.1991 AP Nr. 20 zu § 4 TVG Tarifkonkurrenz unter B II 2 a der Entscheidungsgründe.
[291] Vgl. *D. Reuter*, JuS 1992, S. 105 (106 f.).

selten und meistens in den Situationen einer Allgemeinverbindlichkeitserklärung vor.[292]
Darüber hinaus zeigt ein Blick nach Frankreich, daß diese Probleme selbst dann handhabbar sind, wenn die Anwendbarkeit von zwei Tarifverträgen auf ein Arbeitsverhältnis zur betrieblichen Regel wird. Die französischen Unternehmen sind trotz dieses zusätzlichen Verwaltungsaufwandes weiterhin konkurrenzfähig. Eine Auswirkung auf die Wettbewerbsfähigkeit der einzelnen Betriebe läßt sich nicht feststellen, so daß ein geringerer Mehraufwand nicht die Beschneidung der Rechte des einzelnen Arbeitnehmers rechtfertigen kann.
Durch die Argumentation der herrschenden Meinung in der Literatur werden allein die großen Gewerkschaften bevorzugt, indem sie vor Konkurrenz geschützt werden. Gewerkschaftsprotektionismus kann aber nicht Aufgabe und Ziel der Gerichte sein, da so jede „gesunde“ Konkurrenzsituation verhindert wird. Nur wenn die Arbeitnehmer über die Möglichkeit verfügen, durch eine „Abstimmung mit den Füßen“ deutlich zu machen, daß sie mit der Tarifpolitik einer Gewerkschaft nicht zufrieden sind und sich durch den Beitritt zu einem anderen Verband die Vorteile auch dieser Tarifverträge sichern können, kann verhindert werden, daß in den Tarifverhandlungen über die Interessen einzelner Berufsgruppen hinweggegangen wird. Denn dann muß auf die Interessen auch kleinerer Gruppen Rücksicht genommen werden, da sich Arbeitnehmer sonst durch einen Beitritt zu einer anderen Gewerkschaft mehr Vorteile sichern.

Eine Regelung von Tarifkonkurrenzen fehlt darüber hinaus im Gegensatz zur TVVO im TVG ganz.[293] Der Gesetzgeber hat sich bewußt dagegen entschieden, die noch im Stuttgarter Entwurf enthaltene Lösung oder eine andere Regelung in das Gesetz aufzunehmen[294]. Der Grund liegt darin, daß er eine derartige Rege-

---

[292] Vgl. *D. Reuter*, JuS 1992, S. 105 (106 f.).

[293] § 2 II TVVO regelte eine Tarifkonkurrenz bei mehreren aufeinander treffenden allgemeinverbindlichen Tarifverträgen wie folgt: *„Fällt ein Arbeitsvertrag unter mehrere allgemein verbindliche Tarifverträge, so ist im Streitfall, vorbehaltlich einer abweichenden Bestimmung des Reichsarbeitsministers, derjenige von ihnen maßgeblich, der für die größte Zahl von Arbeitsverträgen in dem Betrieb oder Betriebsabteilung Bestimmungen enthält.“*

[294] Siehe § 8 des Stuttgarter Entwurfs, der wie folgt lautete: *(1) Fällt ein Arbeitsverhältnis in den Geltungsbereich mehrerer Tarifverträge, sa hat zunächst der Tarifvertrag des Wirtschaftszweiges, dem der Betrieb nach seinem wirtschaftlichen Hauptzweck angehört, den Vorrang. Gelten für den gleichen Wirtschaftszweig mehrere Tarifverträge, so findet der für den Betrieb fachlich engste Anwendung.*
(2) Hat keiner der Tarifverträge nach Abs. 1 den Vorrang, so findet der Tarifvertrag mit dem engsten persönlichen Geltungsbereich, bei gleichem persönlichem Geltungsbereich der Tarifvertrag mit dem weitesten räumlichen Geltungsbereich Anwendung.
(3) Die Vorschriften der Abs. 1 und 2 finden auch Anwendung, wenn allgemeinverbindliche Tarifverträge untereinander oder mit anderen Tarifverträgen oder Tarifverträge mit Tarifordnungen oder Anordnungen der in § 4 Abs. 1 Art zusammentreffen.
(4) Die Abs. 1-3 finden auf die Tarifnormen über die Betriebsverfassung entsprechende Anwendung.

lung für entbehrlich hielt, da man davon ausging, daß durch die Organisationsform der Einheitsgewerkschaft Tarifkonkurrenzen nur noch eine geringe Rolle spielen würden.[295] Insoweit sollten Literatur und Rechtsprechung die Möglichkeit der Rechtsfortbildung eröffnet werden.[296] Da trotz des Bestehens von Einheitsgewerkschaften die Notwendigkeit besteht, auftretende Normenkollisionen zu lösen, ist eine bewußte gesetzliche Regelungslücke vorhanden, die es zu schließen gilt. Offene Gesetzeslücken werden zumeist im Wege der Analogie oder des Rückgriffs auf ein im Gesetz angelegtes Prinzip ausgefüllt.[297]

Eine Lückenschließung im Wege der Analogie scheidet aus, da vergleichbare Konstellationen im Arbeitsrecht keine Regelung erfahren haben.[298] Es bleibt daher einzig die Heranziehung eines im Gesetz bereits angelegten Prinzips. Als solches kann die Tarifeinheit nicht nutzbar gemacht werden, da sie eine gesetzliche Verankerung im TVG gerade nicht erfahren hat. Darüber hinaus ist ebenfalls nicht anderweitig rechtlich vorgegeben, daß eine Lückenausfüllung zwingend in diesem Sinne zu erfolgen hat, denn das Postulat der Widerspruchslosigkeit verlangt nur, daß von zwei kollidierenden Normen eine zurückzutreten hat. Es muß also allein die konkrete Kollision der Einzelnormen beseitigt werden, nicht aber die Kollision der Tarifverträge insgesamt.[299]

Die einzige Kollisionsregel, die sich aus dem TVG ableiten läßt, ist das Günstigkeitsprinzip, da es in seiner Funktion als Grenze der Regelungsmacht im Gesetzestext Eingang gefunden hat. Alle anderen denkbaren Kollisionsnormen hingegen sind im TVG nicht normiert.[300]
Nach den Grundsätzen der Lückenschließung sind daher Tarifkonkurrenzen in der Weise zu lösen, daß bei einem Aufeinandertreffen sich widersprechender Regelungen zweier Tarifverträge die günstigere von beiden auf das Arbeitsverhältnis des betroffenen Arbeitnehmers anzuwenden ist. Eine derartige Lösung bedingt, daß die einzelnen Tarifverträge in den Fällen einer Kollision miteinander kombiniert werden. Gegen ein solches Ergebnis lassen sich verfassungsrechtliche Bedenken nicht mit Erfolg ins Feld führen. Denn wenn verbreitet die Auffassung vertreten wird, eine Kombination der verschiedenen Tarifverträge sei von verfassungswegen ausgeschlossen, da dadurch der abschließende Regelungswille aller beteiligten Tarifparteien ignoriert und die tarifautonom gefundenen Kompromisse verschoben würden[301], übersehen diese Autoren, daß es

---

[295] *D. Reuter*, JuS 1992, S. 105.
[296] *H. Konzen*, RdA 1978, S. 146 (150 f.) m.w.N.
[297] *K. Larenz*, Methodenlehre, S. 381 ff.
[298] So gibt es auch für die Fälle eines Aufeinandertreffens zweier Betriebsvereinbarungen partiell gleichen Inhalts im Gesetz keine Konfliktlösungsregel.
[299] *H. Fenn*, in: Festschrift für Kissel, S. 213 (237).
[300] Vgl. oben S. 162 ff.
[301] So *H. Fenn*, in: Festschrift für Kissel, S. 213 (237); *M. Jacobs*, Tarifeinheit und Tarifkonkurrenz, S. 242 f.; *A. Witzig*, Tarifeinheit, S. 20 ff.

ebensowenig mit der Tariffreiheit vereinbar ist, daß ein Regelungswerk insgesamt nicht mehr zur Anwendung gelangt. Diese Argumentation wird jedoch gemeinhin übergangen oder lapidar beiseite geschoben[302], obwohl sich hierdurch eine wesentlich größere Einschränkung des Grundrechts aus Art. 9 III GG ergibt, als bei einer Verknüpfung der Vertragswerke. Denn im Gegensatz zum Zurücktreten einer einzelnen Regelung oder eines Regelungskomplexes im Fall der Anwendung des Günstigkeitsprinzips wird der Tarifvertrag bei einer Verwendung des Prinzips der Tarifeinheit insgesamt verdrängt und kann daher für diesen Zeitraum überhaupt keine rechtliche Wirkung mehr entfalten. Der Regelungswille dieser Tarifparteien ist also rechtlich nicht mehr beachtlich, solange die Konkurrenzsituation besteht. Diese Rechtsfolge ist weit weniger mit Art. 9 III GG vereinbar, als eine Kombination der Tarifvertragswerke.
Bedenklich ist es ebenfalls, daß eine Verdrängung bereits bei einer bloßen Normenkonkurrenz einsetzt. Es bedarf daher nicht einmal des Vorliegens eines echten Konfliktes, d.h., der Regelung des gleichen Gegenstandes auf verschiedene Weise. Darüber hinaus fallen häufig Tarifverträge kleinerer Gewerkschaften einer solchen Struktur zum Opfer, wodurch zusätzlich die Chancengleichheit erheblich eingeschränkt wird. Das TVG wird so zu einem Schutzgesetz für die großen Gewerkschaften, die durch geschicktes Taktieren sämtliche Tarifverträge anderer Gewerkschaften „ausschalten" können. Eine solche Folge kann nicht Sinn und Zweck des Tarifrechts sein und ist darüber hinaus verfassungswidrig, da Art. 9 III GG erheblich eingeschränkt wird.

cc) Zusammenfassung und Ergebnis

Zusammenfassend bleibt festzuhalten, daß der Grundsatz der Tarifeinheit nicht im TVG verankert worden ist. Das Gesetz schweigt vielmehr bewußt zu Fragen auftretender Tarifkollisionen. Die so entstandene Regelungslücke ist nach den Regeln der Lückenfüllung zu schließen. Bei offenen Gesetzeslücken geschieht ihre Ausfüllung zumeist im Wege der Analogie oder des Rückgriffs auf ein im Gesetz angelegtes Prinzip. Eine Analogie scheidet bei Tarifkonkurrenzen mangels anderweitiger gesetzlicher Regelung aus, so daß allein auf ein im Gesetz angelegtes Prinzip zurückgegriffen werden kann. Die einzige Kollisionsregel, die im TVG verankert ist, ist das Günstigkeitsprinzip, so daß die Lücke ausschließlich durch diese Kollisionsregel geschlossen werden kann. Die Anwendung dieses Prinzips bedingt eine Kombination der sich im Konflikt befindenden Tarifverträge. Verfassungsrechtliche Bedenken können gegen diese Lösung nicht durchdringen.

---

[302] Vgl. nur *H. Fenn*, in: Festschrift für Kissel, S. 213 (238).

b) Tarifpluralität

Auch die Fälle der Tarifpluralität werden vom BAG dahingehend gelöst, daß es den Grundsatz der Tarifeinheit postuliert, wonach im Betrieb nur ein Tarifvertrag zur Anwendung kommen kann.[303] Diese Rechtsprechung hat in der Lehre heftige Kritik erfahren und ist sehr umstritten. Die überwiegende Literaturmeinung lehnt diese Auffassung nahezu einmütig ab.[304]

Zur Rechtfertigung seiner Ansicht greift der 4. Senat auf das Instrument der richterlichen Rechtsfortbildung zurück, indem er diesen Grundsatz aus den übergeordneten Prinzipien der Rechtssicherheit und der Rechtsklarheit ableitet.[305] Das Gericht führt zur Begründung im wesentlichen an, daß sich kaum lösbare praktische Schwierigkeiten bei der Anwendung zweier Tarifverträge in einem Betrieb ergäben.[306]

Einerseits bestehen solche praktischen Probleme in der Realität nicht[307]. Andererseits wird durch die Behauptung, die gleichzeitige Anwendung zweier Tarifverträge sei unpraktikabel, die Problematik, die anschließend zum Einsatz des Grundsatzes der Tarifeinheit führt, erst geschaffen. Es ist daher zu klären, ob in Fällen der Tarifpluralität tatsächliche eine Gesetzeslücke vorhanden ist, die es auszufüllen gilt.

aa) Vorhandensein einer Regelungslücke

Das TVG schafft in den §§ 3 und 5 IV die Voraussetzung für die Entstehung von Tarifpluralität, indem es die Möglichkeit eröffnet, daß neben einen aufgrund beidseitiger Tarifbindung geltenden Tarifvertrag ein für allgemeinverbindlich erklärter Tarifvertrag treten kann. Für das sich aus dieser Konstellation ergebende Folgeproblem einer Tarifpluralität und der Frage, ob es bei einem rechtlichen Nebeneinander verschiedener Tarifverträge im Betrieb bleiben soll, enthält der Gesetzestext keine Lösung. Der Gesetzgeber hat insoweit bewußt auf eine Regelung verzichtet.[308] Von einer Regelungslücke ist allerdings nur dann auszugehen, wenn tatsächlich Regelungs- und damit Ergänzungsbedürftigkeit besteht.[309] Zur Beurteilung dieser Fragestellung sind in erster Linie die Normen und die

---

303 Vgl. die Urteile BAG AP Nr. 3, 4, 6, 8, 11, 12, 16, 19, 20, 22 zu § 4 TVG Tarifkonkurrenz.

304 *H. Buchner*, RdA 1997, S. 259 (267); *ders.*, Festschrift für Kissel, S. 97 (103 ff.); *W. Däubler*, Tarifvertragsrecht, Rn. 1502 ff.; *ders.*, NZA 1996, S. 225 (230); *H. Fenn;* Festschrift für Kissel, S. 213 (229 ff.); *St. Hohenstatt*, DB 1992, S. 1678 (1679 ff:.); *H. Konzen*, RdA 1978, S. 146 (150 ff.). Zustimmend allein *Säcker/Oetker*, RdA 1993, S. 1 ff.

305 So die ständige Rechtsprechung, vgl. BAG 14.6.1989, AP Nr. 16 zu § 4 TVG Tarifkonkurrenz; 5.9.1990, AP Nr. 19 zu § 4 TVG Tarifkonkurrenz; 20.3.1991, AP Nr. 20 zu § 4 TVG Tarifkonkurrenz.

306 Vgl. BAG 20.03.1991 AP Nr. 20 zu § 4 TVG Tarifkonkurrenz unter B II 2a der Entscheidungsgründe.

307 Siehe zu diesem Problem bereits oben S. 208 ff.

308 Siehe hierzu bereits oben S. 211 ff.

309 *H. Fenn*, in: Festschrift für Kissel, S. 213 (229).

Ratio des TVG heranzuziehen. Beide sind jedoch wenig aussagekräftig, da im Tarifvertragsgesetz bewußt auf eine Lösung dieses Problems verzichtet wurde.[310] Des weiteren kann sich die Ergänzungsbedürftigkeit zudem aus allgemeinen Rechtsprinzipien und tragenden Rechtsgedanken ergeben.[311] Hier führt das BAG die Prinzipien der Rechtssicherheit und der Rechtsklarheit an.[312] Diese können allerdings nur dann zum Tragen kommen, wenn sie die Lösung der Tarifpluralität zwingend fordern, nicht aber wenn eine Auflösung dieser Problematik lediglich zweckmäßig erscheint.

Das Argument einer Vermeidung von rechtlichen und tatsächlichen Unzuträglichkeiten, das der 4. Senat in diesem Zusammenhang anführt, vermag nicht zu überzeugen. Insoweit wurde bereits dargestellt, daß die praktischen Auswirkungen einer Tarifkonkurrenz tatsächlich unbedeutend sind.[313] Gleiches gilt für die Tarifpluralität, die vielfach einen noch geringeren Verwaltungsaufwand nach sich zieht, da letztlich nur zu entscheiden ist, welcher Tarifvertrag auf einen Arbeitnehmer anzuwenden ist. Für alle Fälle einer gleichzeitigen Geltung von mehreren Tarifverträgen für ein Arbeitsverhältnis sind ohnehin die Grundsätze der Tarifkonkurrenz heranzuziehen. Darüber hinaus bedingt der Grundsatz der Tarifeinheit im Betrieb vielfach selbst Rechtsunsicherheit. Denn welcher Tarifvertrag tatsächlich zur Anwendung gelangt, wird häufig erst in einem gerichtlichen Verfahren geklärt, das viele Jahre andauern kann. Während dieser Zeit besteht in den betroffenen Unternehmen ein Schwebezustand, so daß unklar ist, welcher Tarifvertrag umzusetzen ist. Ein später klärendes Gerichtsurteil bringt unter Umständen einen wesentlich größeren Verwaltungsaufwand mit sich, da eventuell hunderte von Arbeitsverhältnissen nachträglich abgerechnet werden müssen. Hier ergibt sich dann tatsächlich ein ungerechtfertigter Mehraufwand, der durch den Wunsch nur einen im Betrieb gültigen Tarifvertrag zu haben, tatsächlich nicht mehr gerechtfertigt ist.

Die Ausfüllung der Lücke beruht daher ausschließlich auf Zweckmäßigkeitserwägungen seitens des BAG. Ein zwingendes Erfordernis zu deren Schließung ist nicht gegeben, so daß die vom 4. Senat vorgenommene Rechtsfortbildung bereits mangels einer ausfüllungsbedürftigen Regelungslücke unzulässig ist.[314]

---

310 *A. Kraft*, RdA 1992, S. 161 (166); *H. Konzen*, RdA 1978, S. 146 (151).

311 *H. Fenn*, in: Festschrift für Kissel, S. 213 (230).

312 Entscheidungsgründe zum Urteil vom 20.03.1991, AP Nr. 20 zu § 4 TVG Tarifkonkurrenz unter B II 2a.

313 Siehe oben S. 210.

314 Ebenso *A. Kraft*, RdA 1992, S. 161 (166); *H. Konzen*, RdA 1978, 146 (151); *H. Fenn*, in: Festschrift für Kissel, S. 213 (231).

bb) Umgehung der Allgemeinverbindlichkeitserklärung

Darüber hinaus stellt sich das Problem einer Umgehung der Allgemeinverbindlichkeitserklärung. Denn in allen Urteilen des BAG zu Fragen der Tarifpluralität wurde der für allgemeinverbindlich erklärte Tarifvertrag verdrängt und mußte daher hinter die spezielleren Tarifverträge, die einen wesentlich kleineren Anwendungskreis umfassten, zurücktreten. Sinn und Zweck des in § 5 IV TVG normierten traifpolitischen Instruments der Allgemeinverbindlichkeit ist es jedoch, für eine möglichst große Anzahl nicht tarifgebundener Arbeitnehmer den Tarifstandard zu sichern, um so auch für diese Arbeitsverhältnisse einen sozialen Fortschritt herbeizuführen. Die Etablierung sog. Schmutztarife (Lohndrückerei) soll damit vermieden werden.[315] Durch die Postulierung des Grundsatzes der Tarifeinheit im Betrieb gibt der 4. Senat nunmehr den Arbeitgebern ein Instrument an die Hand, mit dem auf legalem Weg die oft teuren allgemeinverbindlichen Tarifverträge umgangen werden können. Denn sie brauchen nur mit einer Gewerkschaft, deren Mitgliederzahl im Betrieb gering ist, einen Haustarifvertrag abzuschließen. Dieser würde dann als der speziellere den allgemeineren allgemeinverbindlichen Tarifvertrag verdrängen, mit der Folge, daß nur noch wenige Arbeitnehmer tarifgebunden wären und in die Verzüge des Tarifvertrages kämen. Die Arbeitsbedingungen aller anderen Mitarbeiter hingegen können frei gestaltet werden, ohne an feste Vorgaben gebunden zu sein. Durch diese Umgehungsmöglichkeit wird die Zielsetzung des Gesetzgebers, für alle Arbeitnehmer Mindestarbeitsbedingungen zu schaffen, vereitelt. Die vom 4. Senat vorgenommene Rechtsfortbildung verstößt damit ebenfalls gegen Sinn und Zweck des § 5 IV TVG und damit gegen zwingendes Gesetzesrecht.[316]

III. Ergebnis

Das Günstigkeitsprinzip ist entgegen der herrschenden Meinung in Literatur und Rechtsprechung auch in Deutschland in vielen gesetzlich nicht geregelten Konstellationen als Kollisionsregel anzuwenden. Ihm kommt ein ähnlich umfassender Wirkungsbereich wie in Frankreich zu. Soweit sich das BAG bei Tarifkonkurrenz und Tarifpluralität des Spezialitätsprinzips zur Konfliktlösung bedient, hält dies einer Überprüfung anhand der Grundsätze der Lückenfüllung nicht statt. Das vielfach verwandte Argument, Tarifverträge dürften aus Praktikabilitätsgesichtspunkten nicht kombiniert werden, kann bereits durch einen Blick auf die Handhabung in Frankreich entkräftet werden. Denn dort ist eine Kombination von Tarifverträgen die Regel.

Das Postulat der Tarifeinheit findet im TVG keine Grundlage. Verfassungsrechtliche Bedenken stehen einer Kombination von Tarifverträgen ebenfalls nicht entgegen, da das Recht mehreren Koalitionen angehören zu können, eben-

---

[315] Vgl. *Hagemeier/Kempen/Zachert/Zilius*, TVG, § 5 Rn. 1; *R. Wank*, in: Wiedemann, TVG, § 5, Rn. 2 ff.

[316] So auch *K.-St. Hohenstatt*, DB 1992, S. 1678 (1682); *Ph. Merten*, BB 1993, S. 572 (575).

so schützenswert ist, wie eine einheitliche Verwendung eines Tarifvertrages. Das einzige im TVG verankerte Prinzip, das sich zur Lückenschließung eignet, ist das Günstigkeitsprinzip, da das Spezialitätsprinzip als Kollisionsregel im TVG nicht vorkommt.
Für die im Bereich der Tarifpluralität auftretenden Problemkonstellationen besteht bereits keine Lücke, die zu schließen ist. Das Argument einer Vermeidung von rechtlichen und tatsächlichen Unzuträglichkeiten überzeugt nicht, da auch hier das französische Beispiel zeigt, daß die Handhabung in der Praxis möglich ist. Darüber hinaus werden bei einer Anwendung des Spezialitätsprinzips auf Fälle der Tarifpluralität allgemeinverbindliche Tarifverträge „ausgehebelt". Denn den Arbeitgebern wird die Möglichkeit eröffnet durch den Abschluß eines Firmentarifvertrages mit einer „kleinen" Gewerkschaft einen allgemeinverbindlichen Flächentarifvertrag zu verdrängen. Dem Mißbrauch werden so Tor und Tür geöffnet.
Des weiteren ist das Günstigkeitsprinzip auch im Betriebsverfassungsrecht als Kollisionsregel anzuwenden. Für das Verhältnis Arbeitsvertrag zu einer späteren Betriebsvereinbarung hat der Große Senat des BAG dies bereits in seiner Entscheidung vom 21.09.1989 ausdrücklich bestätigt.

C. Ergebnis

Die Untersuchung für das deutsche Recht hat gezeigt, daß das Günstigkeitsprinzip in zwei Funktionen auftritt. Es ist zum einen Schranke der Regelungsmacht und zum anderen Kollisionsregel. Eine dritte Funktion als Anpassungsregel, wie sie in Frankreich zusätzlich vorliegt, ist nicht auszumachen.
Von diesen beiden Funktionen ist nur diejenige als Schranke der Regelungsmacht gesetzlich normiert. Hier läßt sich der Grundsatz bilden, daß alle gesetzlichen Vorschriften, in denen anderen Parteien ein Abweichen von der gesetzlichen Regelung zu Gunsten der Arbeitnehmer gestattet wird (§ 4 III TVG, § 28 II SprAuG, § 12 I EntgeltfortzahlungsG, § 13 I BurlG etc.), Schranken der Regelungsmacht sind. Da im Gegensatz zu Frankreich und der herrschenden Meinung in der Literatur eine gesetzliche Normierung der Kollisionsregel nicht vorliegt, ergibt sich diese Funktion ausschließlich aus einer Schlußfolgerung des gesetzlich verankerten Prinzips der Grenze der Regelungsmacht.

Das Günstigkeitsprinzip ist auf allen Ebenen und in allen Konstellationen als Kollisionsregel anwendbar. Es hat seinen Platz bei Kollisionen zwischen Tarifvertrag und Arbeitsvertrag genauso wie bei einem Aufeinandertreffen von Tarifvertrag und Betriebsvereinbarung. Auch eine Kollision zwischen zwei Tarifverträgen ist nach diesem Prinzip zu lösen.
Der vom BAG vertretene Ansatz der Tarifeinheit findet weder im Gesetz eine Grundlage, noch ist er als zwingende Folge wegen unüberwindbarer Schwierigkeiten bei der Handhabung der betroffenen Arbeitsverhältnisse geboten. Denn das Beispiel des französischen Nachbarn zeigt gerade, daß selbst dann, wenn Tarifpluralität zum Alltag gehört, eine reibungslose Abwicklung der Arbeitsverhältnisse möglich ist. Das vom BAG vertretene Prinzip unterstützt die großen Gewerkschaften und läßt damit einen Konkurrenzkampf praktisch nicht zu.

Eine Anwendung des Günstigkeitsprinzip zwischen Tarifvertrag und Betriebsvereinbarung scheidet immer dann aus, wenn bei bereits bestehendem Tarifvertrag später eine Betriebsvereinbarung geschlossen werden soll, die den Tarifvertrag oder Teile zu Gunsten der Arbeitnehmer abändern soll. Denn der Gesetzgeber hat in § 77 III BetrVG eine eindeutige Schranke der Regelungsmacht gesetzt. Diese ist zu akzeptieren solange sie besteht. Mag man sie auch für verfehlt halten.

Die einzelnen Funktionen des Günstigkeitsprinzips ziehen unterschiedliche Rechtsfolge nach sich. Fungiert das Günstigkeitsprinzip als Schranke der Regelungsmacht so kann keine Vereinbarung geschlossen werden, die ungünstiger ist, als die bereits bestehende Regelung. Geschieht das dennoch, so ist eine solche Abmachung nichtig, da die Vertragsparteien, die Regelung, die sie treffen wollten, mangels Regelungszuständigkeit nicht treffen konnten. Ein Wiederauf-

leben nach dem Außerkrafttreten der entgegenstehenden Norm ist in diesen Fällen nicht möglich.
Tritt das Günstigkeitsprinzip als Kollisionsregel in Erscheinung, so wird die entgegenstehende Vereinbarung indes nur überlagert und kann daher später wieder aufleben.

3. ABSCHNITT: DER GÜNSTIGKEITSVERGLEICH

Der Günstigkeitsvergleich ist eine der komplexesten und schwierigsten Materien des modernen Arbeitsrechts.[317] Immer umfangreicher und vielschichtiger werdende Verhandlungsgegenstände haben zur Folge, daß eine Vergleichspaarbildung zunehmend schwieriger wird und es häufig unmöglich ist, objektiv die günstigste Regelung zu bestimmen.
Für die Entscheidung darüber, welcher Regelung der Vorrang zu geben ist, sind in den vergangenen Jahren in Literatur und Rechtsprechung eine Reihe von Vergleichskriterien entwickelt worden, die der Bewertung zu Grunde gelegt werden. Dennoch scheinen diese Kriterien aufgrund der Komplexität der Sachverhalte heute nicht mehr auszureichen, so daß vereinzelt der Ruf nach dem Gesetzgeber laut wird.[318] Auch durch eine gesetzliche Regelung können indes nicht alle Fallkonstellationen erfaßt werden, so daß sich die Frage stellt, ob die bisher angewandten Vergleichskriterien tatsächlich nicht mehr ausreichen oder ob diese durch eine Weiterentwicklung angepaßt werden können oder schlicht eine flexiblere Handhabung die auftretenden Probleme löst. So vermehren sich in der Literatur die Stimmen, die sich für ein Umdenken aussprechen[319], während die Rechtsprechung weiterhin an den alten Denkmustern festhält und in diesen mitunter gefangen ist.[320]

Die Darstellung der Handhabung des Günstigkeitsvergleichs in der französischen Rechtsprechung[321] hat gezeigt, daß dort von den Gerichten in einem gewissen Rahmen eine flexible Handhabung der Vergleichskriterien erfolgt. So bewegt sich z.B. die Vergleichsgruppenbildung in einem Spannungsfeld zwischen einzelnen Vorschriften zu Tarifverträgen insgesamt. Hierdurch ergeben sich häufig sehr pragmatische und flexible Lösungen, denen bis auf wenige Ausnahmefällen im Ergebnis zugestimmt werden kann. Ein vergleichender Blick auf die französische Praxis kann daher helfen, die teils „eingerosteten" deutschen Strukturen aufzubrechen und neue Lösungsansätze zu erkennen. Hierbei wird unter anderem zu klären sein, ob es sich bei dem vom BAG im Beschluß vom 16.09.1989 ins Leben gerufenen „kollektiven Günstigkeitsvergleich" tatsächlich um einen solchen handelt und ob sich aus der Vergleichspraxis der Cour de Cassation neue Lösungsansätze für die Durchführung des Günstigkeitsvergleichs in der Bundesrepublik finden lassen.

---

317 Vgl. *W. Herschel,* Buchbesprechung Detlev Belling, AuR 1985, S. 96.
318 So das BAG im „Burda – Beschluß" vom 20.04.1999, AP Nr. 89 zu Art. 9 GG = NZA 1999, S. 887 (893).
319 *W. Gitter,* in: Festschrift für Otfried Wlotzke; *K. Adomeit,* NJW 1984, S. 26; *ders.*, NJW 1994, S. 837 ff.; *H. Buchner,* DB 1996, Beilage 12, S. 1 ff.; *St. Krauss,* Günstigkeitsprinzip und Autonomiebestreben, S. 103 ff.
320 So jüngst das BAG im „Burda – Beschluß", AP Nr. 89 zu Art. 9 GG.
321 Siehe oben S. 115 ff.

A. Beschäftigungsgarantie contra Lohnverzicht - Ein Vergleich zwischen Äpfeln und Birnen?

I. Vorbemerkung

In jüngerer Zeit haben sich Arbeitgeber immer wieder bemüht, Arbeitnehmer durch eine Arbeitsplatzgarantie zu veranlassen, auf Teile ihres Lohnes zu verzichten oder zur Zustimmung zu einer Arbeitszeitverlängerung zu bewegen, um so ihr Unternehmen aus einer Krisensituation herauszuführen und den Fortbestand der Arbeitsplätze zu sichern. Hierbei wurde vielfach versucht, unter Umgehung der tarifvertraglichen Vorschriften durch den Abschluß einer Regelungsabrede und auf dieser basierend durch vertragliche Einheitsregelungen das Lohnniveau in den Unternehmen zu senken. Diese sog. „Bündnisse für Arbeit"[322] befanden sich lange Zeit im Mittelpunkt des rechtlichen Interesses[323], und auch die Gerichte hatten immer wieder über die Zulässigkeit solcher Vereinbarungen zu entscheiden.[324] Im Zentrum der rechtswissenschaftlichen Diskussion stehen zum einen Fragen der rechtlichen Einordnung der Vereinbarungen zwischen Betriebsrat und Arbeitgeber zum anderen aber auch Fragestellungen im Rahmen des Günstigkeitsvergleichs. Diskutiert wird, ob eine Arbeitsplatzgarantie überhaupt in den Günstigkeitsvergleich miteinzubeziehen ist und wie der Vergleich in diesen Situationen konkret durchgeführt werden muß.[325]
Das BAG hat in seinem „Burda – Beschluß" vom 20.04.1999[326] zu diesen Fragen Stellung bezogen und den „Bündnissen für Arbeit" in dieser Form eine klare Absage erteilt.[327] Insbesondere führt es zur Frage der Günstigkeit solcher Vereinbarungen aus, ein Vergleich von Regelungen, deren Gegenstände sich thematisch nicht berührten, sei methodisch unmöglich („Äpfel und Birnen") und mit § 4 III TVG nicht vereinbar.[328]

---

[322] Vgl. die verschiedenen Vereinbarungen der folgenden Unternehmen: Adam Opel AG (FAZ vom 21.01.1998, S. 17), Babkock AG und Deutz AG (FAZ vom 24.09.1997, S. 31), Ford-Werke AG (FAZ vom 24.09.1997, S. 31), Bayer AG (FAZ vom 24.06.1997, S. 19), Daimler Benz AG (FAZ vom 10.04.1997, S. 21).

[323] Siehe unter anderem *M. Kort*, NZA 1997, S. 1476.

[324] Vgl. z.B. die Viessmann - Entscheidungen, ArbG Marburg, Beschlüsse vom 07.08.1996, NZA 1996, S. 1311 und S. 1337 und ArbG Frankfurt, Urt. vom 28.10.1996, NZA 1996, S. 1340.

[325] Vgl. Fn. 319 sowie *W. Zöllner*, ZfA 1988, S. 265; *M. Lieb*, NZA 1994. S. 289 (292 f.); *H. Konzen*, NZA 1995, S. 913 (919); *R. Wank*, NJW 1996, S. 2273 (2278); *A. Junker*, ZfA 1996, S. 383 (414); *W.-D. Walker*, ZfA 1996, S. 353 (377); *W. Hromadka*, AuA 1996, S. 289; *U. Zachert*, AuA 1996, S. 293 (294); *D. Freihube*, Probleme der Tarifbindung, S. 27 ff.

[326] AP Nr. 89 zu Art. 9 GG = NZA 1999, S. 887 (893).

[327] Leider wurde eine Stellungnahme des 4. Senats am 16.06.1999 dadurch vermieden, daß die Revision seitens der Gewerkschaft zurückgenommen wurde. Vgl. *D. Freihube*, Probleme der Tarifbindung, S. 57.

[328] So AP Nr. 89 zu Art 9 GG = NZA 1999, S. 887 (893 oben).

Damit setzt sich der 1. Senat des Bundesarbeitsgerichts in Gegensatz zur Rechtsprechung seiner französischen Nachbarn, denn die Richter der Cour de Cassation hatten bereits im Februar 1997 entschieden, daß auch Regelungsgegenstände verschiedenen Ursprungs miteinander verglichen werden können und eine Beschäftigungsgarantie in den Vergleich miteinzubeziehen ist.[329] Diese Auffassung wurde in einem Urteil vom 3. November 1999 erneut bestätigt[330] und ist in der französischen Literatur weitestgehend auf Akzeptanz gestoßen[331], wenngleich sich auch einige warnende Stimmen ausmachen lassen.[332]
Angesichts dieser konträren Rechtsprechungen in den beiden Ländern stellt sich die Frage, ob die Vergleichspraktiken in Deutschland und Frankreich grundsätzlich verschieden sind oder ob die deutsche Rechtspraxis nur unflexibel oder vielleicht doch vorsichtiger beim Festlegen der Vergleichsgegenstände ist?

II. Der „Burda – Beschluß“ des BAG vom 20.04.1999

1. Beschlußinhalt

Das BAG hatte in seinem viel beachteten Beschluß[333] vom 20.04.1999[334] darüber zu entscheiden, ob eine Gewerkschaft von einem Arbeitgeber verlangen kann, die Anwendung von Regelungen zu unterlassen, die von dem im Betrieb maßgeblichen Tarifvertrag abweichen, obgleich diese mit fast allen Arbeitnehmern des Betriebes einzelvertraglich vereinbart worden waren und auf einer Absprache mit dem Betriebsrat basierten. Darüber hinaus war zu klären, ob eine Beschäftigungsgarantie bei gleichzeitigem Lohnverzicht und einer Erhöhung der Wochenarbeitszeit günstiger sein kann, als die ursprüngliche Regelung des Tarifvertrags. Dem Beschluß lag folgender Sachverhalt zu Grunde:

Die Arbeitgeberin stellt Druckerzeugnisse her und wurde 1995 durch Ausgliederung aus der Burda-GmbH gegründet. Während die Burda-GmbH unstreitig Mitglied des Arbeitgeberverbandes Papierverarbeitung und Druck Südbaden e.V. ist, ist das für deren Tochter streitig. Nachdem bereits ein Produktionsstandort in D geschlossen worden war, versuchten Betriebsrat und Arbeitgeberin den Standort O durch ein „Bündnis für Arbeit“, aufgrund dessen jährlich 30 Mio. DM eingespart werden sollten, zu retten. Um dies zu verwirklichen, wurde zunächst zwischen dem Betriebsrat und der Arbeitgeberin eine Rahmenvereinbarung geschlossen, die einen Sparmaßnahmenkatalog enthielt. Im einzelnen

---

329 Cass. soc., Urteil vom 19. Februar 1997, Dr. soc. 1997, S. 432 f. Siehe zu diesem Urteil auch die Ausführungen oben im 1. Teil, S. 161 ff.
330 Cass. soc., Urteil vom 03. November 1999, Bull. Civ. V, n° 429.
331 Vgl. Anmerkung *G. Couturier*, Dr. soc. 1997, S. 433.
332 So z.B. *M. le Friant*, NZA 2000, S. 81 ff. und *dies.*, Dr. soc. 1999, S. 904 ff.
333 Siehe nur die zu diesem Beschluß erschienen Aufsätze von; *J.-H. Bauer*, NZA 1999, S. 957. ff; *H.-D. Wohlfarth*, NZA 1999, S. 962 ff.; *H. Buchner*, NZA 1999, S. 897 ff.; *Trappehl/Lambrich*, NJW 1999, S. 3217 ff.
334 AP Nr. 89 zu Art. 9 GG.

waren die Heraufsetzung der Wochenarbeitszeit von 35 auf 39 Stunden unter teilweisem Lohnverzicht und die Absenkung der Nacht-, Sonn-, Feiertags-, und Überstundenzuschläge vorgesehen. Die Arbeitnehmer wurden alsdann aufgefordert, dem Sparmaßnahmenkatalog durch schriftliche Erklärung zuzustimmen und diese neuen Arbeitsbedingungen zu akzeptieren. Im Gegenzug erhielten sie eine Beschäftigungsgarantie bis zum 31. Dezember 2000. Fast alle Arbeitnehmer (98,5%) unterschrieben diese Vereinbarung und arbeiteten zu den veränderten Bedingungen.

Die Gewerkschaft ging mit den Argumenten gegen diese Praxis vor, daß die Übereinkunft zwischen Betriebsrat und Arbeitgeberin eine Betriebsvereinbarung sei und daher gegen § 77 III BetrVG verstieße. Selbst wenn es sich nur um eine Regelungsabrede handele, sei § 77 III BetrVG dennoch anwendbar. Darüber hinaus könne sie von der Arbeitgeberin auch die Unterlassung der Durchführung tarifwidriger Einzelvereinbarungen verlangen. Ein solcher Anspruch ergebe sich aus §§ 1004, 823 BGB i.V.m. Art. 9 III GG.

Der 1. Senat hat dem Antrag stattgegeben und einen eigenen Unterlassungsanspruch der Gewerkschaften gegenüber tarifwidrigen Abreden zwischen Arbeitgeber und Arbeitnehmern bejaht, weil die Gewerkschaft im zu entscheidenden Fall eigene Rechte verteidige.[335] Der Grundrechtsschutz aus Art. 9 III Satz 2 GG richte sich auch gegen privatrechtliche Beschränkungen und habe daher Drittwirkung. Abreden, welche die Koalitionsfreiheit einschränkten oder zu behindern suchten, seien daher nichtig.[336] Ein Eingriff in die Tarifautonomie liege jedoch nur dann vor, wenn wie im vorliegenden Fall eine Tarifnorm als kollektive Ordnung verdrängt und damit ihrer zentralen Funktion beraubt werden solle. Das setze eine betriebliche Regelung voraus, die einheitlich wirken und an die Stelle der Tarifnorm treten solle.[337] Eines gemeinsamen Antrages von Arbeitgeberverband und Gewerkschaft zur Durchsetzung der Einhaltung des Tarifvertrages bedürfe es nicht.[338] Allerdings liege kein Verstoß gegen § 77 III BetrVG vor, da diese Vorschrift nur Betriebsvereinbarungen, nicht aber Regelungsabreden verbiete.[339] Die vorliegende Vereinbarung zwischen Betriebsrat und Arbeitgeberin sei jedoch als Regelungsabrede zu qualifizieren, da die normative Wirkung ausdrücklich abbedungen worden sei und es daher an der Voraussetzung des § 77 IV BetrVG fehle.[340]

Zum Günstigkeitsvergleich führt das BAG aus, die Abweichungen in den Einzelvereinbarungen seien vom Günstigkeitsprinzip des § 4 III TVG nicht ge-

[335] Siehe in den Gründen, II 2, AP Nr. 89 zu Art. 9 GG = NZA 1999, S. 887 (890 f.).
[336] Gründe II 2 a), AP Nr. 89 zu Art. 9 GG = NZA 1999, S. 887 (890 f.); ausführlich unter II 2 b) bb), AP Nr. 89 u Art, 9 GG = NZA 1999, S. 887 (891 f.).
[337] Gründe II 2) bb), = NZA 1999, S. 887 (892).
[338] So in den Gründen unter I 3 b) = NZA 1999, S. 887 (889).
[339] Siehe in den Gründen unter II 1 b) = NZA 1999, S. 887 (890).
[340] Gründe unter II 1 b) bb), = NZA 1999, S. 887 (890).

deckt.[341] Ein Vergleich von Regelungen, deren Gegenstände sich thematisch nicht berührten, sei methodisch unmöglich („Äpfel mit Birnen") und mit § 4 III TVG nicht vereinbar. Die Vorschrift verlange vielmehr nach der Rechtsprechung des Bundesarbeitsgerichts und der herrschenden Meinung im arbeitsrechtlichen Schrifttum, daß die zu vergleichenden Regelungen miteinander in einem sachlichen Zusammenhang stünden („Sachgruppenvergleich"). Es seien also, soweit nicht sowohl der Tarifvertrag als auch der Einzelarbeitsvertrag Anhaltspunkte für ein abweichendes Vorgehen böten, die sachlich einander entsprechenden Regelungen zu vergleichen.[342] Arbeitszeit oder Arbeitsentgelt einerseits und eine Beschäftigungsgarantie andererseits seien jedoch völlig unterschiedlich geartete Regelungsgegenstände, für deren Bewertung es keinen gemeinsamen Maßstab gebe. Sie könnten nicht miteinander verglichen werden. Eine Beschäftigungsgarantie sei nicht geeignet, Verschlechterungen beim Arbeitsentgelt oder bei der Arbeitszeit zu rechtfertigen.[343] Der nach § 4 III TVG vorzunehmende Günstigkeitsvergleich sei Normvollzug. Seine Maßstäbe müßten aus den Wertungen des Tarifvertrages abgeleitet werden.[344]

2. Reaktionen

Die Reaktionen im Schrifttum auf diese Entscheidung des BAG waren zunächst überwiegend ablehnender Natur.[345] Man sah weder eine ausreichende Begründung für die Zuerkennung eines eigenen Unterlassungsanspruchs der Gewerkschaften gegenüber tarifwidrigen Einzelvereinbarungen[346], noch konnten die sehr zurückhaltenden und wenig aussagekräftigen Äußerungen des BAG zur Frage einer Einbeziehung von Beschäftigungsgarantien in den Günstigkeitsvergleich die einzelnen Autoren überzeugen.[347] Aus einigen Kommentaren spricht eine große Enttäuschung über den mangelnden Mut des 1. Senats, neue Wege zu beschreiten und das starre Festhalten an festgefahrenen Positionen, die der heutigen Situation in den Betrieben nicht mehr gerecht werden. Ein Autor geht so-

---

[341] Gründe unter III 1 b), = NZA 1999, S. 887 (892).

[342] Gründe unter III 1 b) aa), = NZA 1999, S. 887 (893).

[343] Gründe unter III 1 b) aa), = NZA 1999, S. 887 (893).

[344] Gründe unter III 1 b) aa), = NZA 1999, S. 887 (893).

[345] *J.-H. Bauer*, NZA 1999, S. 957 ff.; *H. Buchner*, NZA 1999, S. 897 ff.; *Trappehl/Lambrich*, NJW 1999, S. 3217 ff.; *G. Thüsing*, DB 1999, S. 1552; *K. Adomeit*, NJW 2000, S. 1918; *M. Löwisch*, BB 1999, S. 2080; *H.-P. Müller*, DB 1999, S. 2310; *Niebler/Schmiedl*, BB 2001, S. 1631; *Ch. Fischer*, Anm. EzA Art. 9 GG, Nr. 65 (ablehnend nur im Hinblick auf den Unterlassungsanspruch); *W. Hromadka*, ZTR 2000, S. 253; *H. Lesch*, DB 2000, S. 322, *D. Freihube*, DB 2000, S. 1022; *A. Hänlein*, DB 2001, S. 2097. Positiv äußerten sich zunächst lediglich der Prozeßanwalt der Gewerkschaft *Hans-Dieter Wohlfarth*, NZA 1999, S. 962 ff..

[346] *J.-H. Bauer*, NZA 1999, S. 957 (958 f.); *H. Buchner*, NZA 1999, S. 897 (898); *Trappehl/Lambrich*, NJW 1999, S. 3217 (3218 f.); *G. Thüsing*, DB 1999, S. 1552 (1553).

[347] *H. Buchner*, NZA 1999, S. 897 (901 f.); *J.-H. Bauer*, NZA 1999, S. 957 (960 f.); *Trappehl/Lambrich*, NJW 1999, S. 3217 (3220 f.).

gar soweit, diese Entscheidung als „Sargnagel" des Flächentarifvertrages zu bezeichnen.[348] Insbesondere auf Ablehnung ist die Aussage des 1. Senats gestoßen, es sei zunächst der Gesetzgeber gefordert, bevor die Möglichkeit bestehe, eine Beschäftigungsgarantie in den Günstigkeitsvergleich miteinzubeziehen, denn eine solche Zurückhaltung wurde bei der Etablierung eines Unterlassungsanspruchs für die Gewerkschaften gerade nicht geübt.[349] *Trappehl/Lambrich* weisen darauf hin, daß der Günstigkeitsvergleich und insbesondere der Sachgruppenvergleich vom BAG in dieser Entscheidung in einer Form durchgeführt wird, die gerade nicht der herrschenden Meinung entspricht[350]. *Niebler/Schmiedl* meinen, der Erhalt des Arbeitsplatzes sei als Fundament in jeden Günstigkeitsvergleich einzubeziehen.[351] *H. Buchner* vertritt die Auffassung, der 1. Senat wolle Glauben machen, er sei in den Fesseln seiner eigenen früheren Interpretation des Günstigkeitsbegriffs gefangen, obwohl es ein Leichtes sei, sich davon zu befreien.[352]

Die Zahl der zustimmenden Stellungnahmen in den Fachzeitschriften stieg erstaunlich schnell an. Die positiven Reaktionen werden darüber hinaus durch Grundsatzbeiträge weiterer Autoren ergänzt.[353] Bei manchen dieser Aufsätze entsteht der Eindruck, daß es sich um „Auftragsarbeiten" von Gewerkschaftsseite handelt, mit dem Ziel, den „Burda-Beschluß" wieder in das rechte Licht zu rücken. Dieser Anschein wird verstärkt, wenn einzelne Verfasser bedauerlicherweise nicht kenntlich machen, in welcher Funktion sie tätig sind. Besonders deutlich wird das bei *Berg/Platow*, die zwar im Beitrag selbst als Rechtsanwälte bezeichnet werden, anscheinend aber tatsächlich hauptberuflich als Gewerkschaftsfunktionäre tätig sind und das Beschlußverfahren begleitet haben.[354] Derartige Beiträge sind einer offenen wissenschaftlichen Auseinandersetzung nicht förderlich und müssen es sich gefallen lassen, ignoriert zu werden.
Die Argumentationsstruktur der zustimmenden Artikel ist meist sehr ähnlich. Der besondere Schwerpunkt wird stets darauf gelegt, daß betriebliche Bündnisse für Arbeit und die Einbeziehung der Beschäftigungsgarantie in den Günstigkeitsvergleich Eingriffe in die Tarifautonomie seien und daher gegen Art. 9 III

[348] So *Göhner* auf der 20. Verbandsversammlung des DT Arbeitsgerichtsverbandes am 29./30.04.1999 (vgl. den Bericht von *Kalb*, AuR 1999, S. 298 (300)).
[349] Z.B. *J.-H. Bauer*, NZA 1999, S. 957 (960 f.); *H. Buchner*, NZA 1999, S. 897 (902).
[350] NJW 1999, S. 3217 (3220).
[351] BB 2001, S. 1631 (1635).
[352] NZA 1999, S. 897 (898).
[353] Z.B. *Berg/Platow*, DB 1999, S. 2362 ff.; *A. Söllner*, NZA 2000, Sonderbeilage zu Heft 24, S.33, der sich jedoch allgemeiner mit den Grenzen der Tarifmacht auseinandersetzt; *U. Zachert*, AuR 2002, S. 41; *Th. Dietrich*, DB 2001, S. 2398, der sich in diesem Beitrag vor allem mit den FDP – Vorschlägen auseinandersetzt; *ders.*, RdA 2002, S. 1.
[354] Vgl. *Ch. Fischer*, Anm. zu EzA Art. 9 GG, Nr. 65, S. 28.

GG verstießen.[355] Hierbei handelt es sich um ein Argument, das schwer zu entkräften ist.

Die sich gegenüberstehenden kontroversen Meinungen laden zu einer Analyse des vom BAG tatsächlich durchgeführten Vergleichs und einer Stellungnahme zu einzelnen Gesichtspunkten ein.

III. Der Günstigkeitsvergleich im „Burda – Beschluß“

1. In Literatur und Rechtsprechung entwickelte Grundsätze

Ein Vergleich ist nur durchführbar, wenn gewisse Regeln aufgestellt werden, nach deren Schema stets zu verfahren ist. Literatur und Rechtsprechung haben in den vergangenen Jahrzehnten Vergleichsgrundsätze entwickelt, an denen sich nach herrschender Meinung jeder Günstigkeitsvergleich zu orientieren hat. Auch wenn Einzelheiten noch streitig sind, so kann doch der Rahmen, der an dieser Stelle kurz vorgestellt wird, als allgemein konsentiert gelten.[356]

a) Bezugspunkt, Bewertungsmaßstab und berücksichtigungsfähige Umstände

Als wesentliche Vergleichspunkte sind von Literatur und Rechtsprechung unter anderem der Bezugspunkt, der Bewertungsmaßstab und berücksichtigungsfähige Umstände klassifiziert worden. Einigkeit besteht darüber, daß für den Günstigkeitsvergleich ausschließlich der Inhalt der tarifvertraglichen Regelung und der abweichenden Vereinbarung heranzuziehen sind.[357] Außerhalb dieser Bestimmung liegende wirtschaftliche Verhältnisse, insbesondere arbeitsmarktpolitische Implikationen und Auswirkungen auf die Wettbewerbsfähigkeit des Unternehmens, sind nicht zu berücksichtigen.[358] Wenn teilweise die Auffassung vertreten

---

[355] Vgl. *Berg/Platow*, DB 1999, S. 2362 ff.; *A. Söllner*, NZA 2000, Sonderbeilage zu Heft 24, S. 33, *Th. Dietrich*, DB 2001, S. 2398; *ders.*, RdA 2002, S. 1.

[356] Im Rahmen dieser Untersuchung sollen nicht noch einmal alle Vergleichskriterien vorgestellt und analysiert werden, da sich solche Aufstellungen bereits in einer Vielzahl von Dissertationen finden lassen (vgl. *O. Wlotzke*, Günstigkeitsprinzip, S. 72 ff.; *D. Belling*, Günstigkeitsprinzip, S. 169 ff.; *K. Tech*, Günstigkeitsprinzip, S. 95 ff.; *P. Schulze*, Günstigkeitsprinzip, S. 207 ff.; *Th. Schmidt*, Günstigkeitsprinzip, S. 115 ff.; *St. Krauss*, Günstigkeitsprinzip und Autonomiebestreben, S. 84 ff.). In den Mittelpunkt dieser Untersuchung sollen vielmehr nur die Fragen gerückt werden, die auch das BAG im „Burda – Beschluß“ ins Zentrum seiner Entscheidung gestellt hat, nämlich wie der Sachgruppenvergleich durchzuführen ist und ob kompensatorische Maßnahmen Gegenstand des Günstigkeitsvergleichs sein können.

[357] Vgl. *Hueck/Nipperdey*, Arbeitsrecht, Band II/1, S. 607; *A. Nikisch*, Arbeitsrecht, Band II, S. 430; *O. Wlotzke*, Günstigkeitsprinzip, S. 73 ff.; *D. Belling*, Günstigkeitsprinzip, S. 170 ff.; *P. Courth*, Günstigkeitsprinzip, S. 136 ff; *Th. Schmidt*, Günstigkeitsprinzip, S. 128; *K. Tech*, Günstigkeitsprinzip, S. 95 ff.; *R. Wank*, in: Wiedemann, TVG, § 4, Rn. 436; *W. Zöllner*, DB 1989, S. 2121 (2125).

[358] So auch das BAG, Urteil vom 18.12.1997, AP Nr. 46 zu § 2 KSchG 1969 mit Anmerkung *Wiedemann*.

wird, dadurch sei auch eine Kompensation untertariflicher Arbeitsbedingungen ausgeschlossen[359], übersehen diese Autoren, daß es sich hier nicht um eine Frage der Einbeziehung außervertraglicher Umstände handelt, sondern um die Problematik der Vergleichsgruppenbildung.
Weitgehende Übereinstimmung besteht weiterhin darin, daß der für den Vergleich maßgebliche Bezugspunkt das Interesse des einzelnen Arbeitnehmers ist[360] und der Bewertungsmaßstab ein objektiver zu sein hat.[361] Eine Ausnahme vom Individualvergleich macht das BAG jedoch in den Fällen, in denen eine freiwillige soziale Leistung mit kollektivem Bezug (z.B. eine betriebliche Altersversorgung), die zuvor aufgrund vertraglicher Einheitsregelung oder Gesamtzusage gewährt wurde, durch eine Betriebsvereinbarung verändert werden soll. Dann ist nach Ansicht des Großen Senats des BAGs ausnahmsweise ein kollektiver Günstigkeitsvergleich in der Form durchzuführen, daß die Verteilungssummen vor und nach der Umstrukturierung miteinander verglichen werden.[362] Sind diese gleich geblieben und wird die Belegschaft nicht insgesamt schlechter gestellt, so ist die Betriebsvereinbarung günstiger. Auf das Interesse des einzelnen Arbeitnehmers kommt es dann nicht an.[363] Diese Form eines kollektiven Günstigkeitsvergleichs ist in der Literatur überwiegend zu Recht auf Ablehnung gestoßen,[364] da sich bereits die Frage stellt, inwieweit überhaupt ein Vergleich stattfindet. Denn die Bejahung des Gleichbleibens des Dotierungsrahmens impliziert automatisch die Günstigkeit der Betriebsvereinbarung. Verglichen wird daher außer den Investitionssummen nichts.[365]

---

[359] *D. Belling,* Günstigkeitsprinzip, S. 177 ff; *K. Tech,* Günstigkeitsprinzip, S. 95 ff.; *H.-J. Tyska,* AuR 1985, S. 276 (281).

[360] *O. Wlotzke,* Günstigkeitsprinzip, S. 76 ff.; *D. Belling,* Günstigkeitsprinzip, S. 173 ff.; *K. Tech,* Günstigkeitsprinzip, S. 144; *H.-J. Tyska,* Günstigkeitsprinzip, S. 105; *P. Schulze,* Günstigkeitsprinzip, S. 209 f.; *Th. Schmidt,* Günstigkeitsprinzip, S. 116 ff.; *R. Bergner,* Zulässigkeit kollektivvertraglicher Arbeitszeitregelungen, S. 32; *H.-P. Fette,* Günstigkeitsvergleich, S. 35; *D. Freihube,* Probleme der Tarifbindung, S. 44 f.

[361] *O. Wlotzke,* Günstigkeitsprinzip, S. 78 ff.; *D. Belling,* Günstigkeitsprinzip, S. 175 f.; *P. Courth,* Günstigkeitsprinzip, S. 118; *K. Tech,* Günstigkeitsprinzip, S. 124 ff.; *H.-J. Tyska,* Günstigkeitsprinzip, S. 101 f.; *P. Schulze,* Günstigkeitsprinzip, S. 211 ff.; *Th. Schmidt,* Günstigkeitsprinzip, S. 124 ff.; *H. Kunst,* Günstigkeitsprinzip, S. 22; *H.-P. Fette,* Günstigkeitsvergleich, S. 32; *P. Bengelsdorf,* ZfA 1990, S. 563 (595); *W. Däubler,* DB 1989, S. 2534 (2536). Einschränkend *W. Zöllner,* DB 1989, S. 2121 (2126) im Bereich der Arbeitszeitregelungen. A.A. *R. Bergner,* Zulässigkeit kollektiver Arbeitszeitregelungen, S. 33 ff.; *K. Adomeit,* NJW 1984, S. 27; *M. Heinze,* NZA 1991, S. 329 (333); *Ch. Krummel,* Die Geschichte des Unabdingbarkeitgrundsatzes, S. 233 ff.

[362] BAG GS, Beschluß vom 16.09.1986, AP Nr. 17 zu § 77 BetrVG 1972.

[363] BAG GS, Beschluß vom 16.09.1986, AP Nr. 17 zu § 77 BetrVG 1972 = DB 1987, S. 383 (387).

[364] Vgl. nur *W. Blomeyer,* DB 1987, S. 634 ff.; *D. Belling,* DB 1987, S. 1888 ff.; *W. Hromadka,* NZA Beilage 3/1987, S. 2 ff.; *R. Richardi,* NZA 1987, S. 185 ff; *U. Federlin,* Der kollektive Günstigkeitsvergleich; S. 70 ff. und 140 ff.

[365] So auch *Th. Schmidt,* Günstigkeitsprinzip, S. 117 f.

b) Vergleichsgegenstand

aa) Meinungsstand

Mit der Vergleichspaarbildung steht und fällt jeder Günstigkeitsvergleich. Sie ist das Herzstück zugleich aber auch der schwierigste Bereich jeder Günstigkeitsabwägung. Je nachdem wie weit die einzelnen Vergleichsgruppen gefaßt werden, kann sich aufgrund einer solchen Eingrenzung bereits entscheiden, ob eine Regelung als günstiger für den Arbeitnehmer anzusehen ist oder nicht. Ist z.B. von den Arbeitsvertragsparteien ein Vertragspaket geschnürt worden, das gegenüber dem Tarifvertrag zum Teil übertarifliche, zum Teil aber auch untertarifliche Vereinbarungen enthält, so führt ein isolierter Vergleich der Regelungsinhalte zu dem Ergebnis, daß der Arbeitnehmer die jeweils beste Vereinbarung für sich einfordern kann. Gegen eine solche, vielfach als „Rosinentheorie"[366] bezeichnete, Vergleichsmethode, hat sich die Literatur bereits sehr früh gewandt, sie wird heute jedoch wieder von einigen Autoren „salonfähig" gemacht.[367] Trotz eines Vordringens der Verfasser, die einen Einzelvergleich propagieren, befürwortet die herrschende Meinung in Rechtsprechung[368] und Literatur[369] weiterhin die Durchführung eines Gruppenvergleichs.

Im Rahmen eines Sachgruppenvergleichs werden alle Regelungen einer abweichenden Vereinbarung, die eine Einheit bilden, also offensichtlich in einem inneren Zusammenhang stehen, den Bestimmungen des Tarifvertrages gegenübergestellt.[370] Die Ermittlung einer solchen Konnexität erfolgt nach herrschender Meinung sowohl objektiv als auch subjektiv. Ein subjektiver innerer Zusammenhang besteht immer dann, wenn zu erkennen ist, daß die Vertragsparteien bestimmte Regelungen zu einer Gruppe zusammengefaßt haben, das heißt, diese bewußt und gewollt miteinander verknüpft haben.[371] Dies kann

---

[366] *Hueck/Nipperdey*, Arbeitsrecht, Band II/1, S. 610.

[367] *D. Belling*, Günstigkeitsprinzip, S. 173 ff.; *K. Tech*, Günstigkeitsprinzip, S. 101 ff.

[368] So das BAG im „Burda-Beschluß", AP Nr. 89 zu Art. 9 GG = NZA 1999, S. 887 (893); BAG, AP Nr. 1 zu § 10 UrlG Hamburg; BAG, AP Nr. 17 zu § 5 UrlG NRW; BAG, AP Nr. 2 zu § 6 UrlG Nidersachsen; BAG, AP NR. 1 zu § 6 ArbKrankhG.

[369] *Zöllner/Loritz*, Arbeitsrecht, S. 400; *Löwisch/Rieble*, TVG, § 4 Rdnr. 199; *O. Wlotzke*, Günstigkeitsprinzip, S. 81 ff.; *H.-J. Tyska*, Günstigkeitsprinzip, S. 107; *P. Schulze*, Günstigkeitsprinzip, S. 215 ff.; *Th. Schmidt*, Günstigkeitsprinzip, S. 118 ff.; *R. Bergner*, Zulässigkeit kollektivvertraglicher Arbeitszeitregelungen, S. 30 f.; *St. Krauss*, Günstigkeitsprinzip und Autonomiebestreben, S. 86 ff., *Th. Lambrich*, Tarif- und Betriebsautonomie, S. 413.

[370] Vgl. für viele *R. Wank*, in: Wiedemann, TVG, § 4, Rn. 471; *Löwisch/Rieble*, TVG, § 4, Rn.198.

[371] *R. Wank*, in: Wiedemann, TVG, § 4, Rn. 471; *O. Wlotzke*, Günstigkeitsprinzip, S. 85 ff. mit weiteren Nachweisen aus dem älteren Schrifttum; *P. Schulze*, Günstigkeitsprinzip, S. 219 f.; *Th. Schmidt*, Günstigkeitsprinzip, S. 118 f.; Auch das BAG hat in einer früheren Entscheidung einen subjektiven Sachzusammenhang hergestellt, vgl. Urt. Vom 19.12.1958, BAGE 7, 149, 151 f.

durch eine ausdrückliche Festschreibung im Arbeitsvertrag geschehen.[372] Fehlt eine solche ausdrückliche Bestimmung, so kann der Wille der Parteien auch durch Auslegung gemäß §§ 133, 157 BGB ermittelt werden.[373] Da es allein auf den Parteiwillen der Vertragsparteien ankommt, ist ebenfalls die Verbindung von Vereinbarungen möglich, die objektiv gesehen nicht zueinander passen, wie z.B. Lohnverzicht und Urlaubsanspruch. Grenzen einer solchen freien Vereinbarkeit können nur durch die Gesetze gezogen werden.[374]

Erst wenn der Parteiwille nicht mehr ermittelt werden kann, dann verbleibt die Möglichkeit einer objektiven Vergleichsgruppenbildung.[375] Zu einer Vergleichsgruppe werden in diesem Fall alle Vereinbarungen zusammengefaßt, die isoliert keine selbständige Existenz führen können und nur in einer Gesamtschau mit anderen Bestimmungen ihren Sinn erhalten, das bedeutet, die nach der Natur der Sache zusammengehören.[376] Ein solcher objektiver innerer Zusammenhang wird z.B. angenommen zwischen Grundlohn und übertariflichen Lohnzuschlägen[377], zwischen Grundurlaub und Sonderurlaub, zwischen Verlängerung der Probezeit und Kündigungsfristen, zwischen Jahressonderzahlungen und Gratifikationen, zwischen Vergütungsgruppe und Vergütungsdienstalter.[378] Zum Teil wird in der Literatur die Diskussion über die Frage des Bestehens eines objektiven inneren Zusammenhangs für einige Fallgruppen sehr kontrovers geführt. So werden z.B. von einigen Autoren die Dauer des Urlaubs, die Länge der Wartezeit und die Höhe des Urlaubsgeldes zu einer Vergleichsgruppe zusammengefaßt[379], während andere hiergegen anführen, das sei nicht möglich, da sich aufgrund des wesentlich zu großen Vergleichskomplexes ein Verstoß gegen § 13 I BUrlG ergäbe.[380] Ähnliche Auseinandersetzungen werden auch im Zusammenhang mit den Arbeitszeitbestimmungen geführt.[381] Ein Gesichtspunkt, der in den Erörterungen der Probleme der Vergleichsgruppenbildung immer wieder im Zentrum steht, ist die Frage nach der Zulässigkeit kompensatorischer Vereinbarungen.

---

372 *D. Belling*, Günstigkeitsprinzip, S. 179; *R. Wank*, in: Wiedemann, TVG, § 4, Rn. 471; BAG AP Nr. 1 zu § 4 TVG Tariflohn und Leistungsprämie.

373 *P. Schulze*, Günstigkeitsprinzip, S. 220.

374 *P. Schulze*, Günstigkeitsprinzip, S. 220; *R. Wank*, in: Wiedemann, TVG, § 4, Rn. 472.

375 *R. Wank*, in: Wiedemann, TVG, § 4 Rn. 471 f.; *D. Belling*, Günstigkeitsprinzip, S. 179; *Th. Schmidt*, Günstigkeitsprinzip, S. 119, Fn. 196; *Trappehl/Lambrich*, NJW 1999, S. 3217 (3220).

376 *O. Wlotzke*, Günstigkeitsprinzip, S. 87; *P. Schulze*, Günstigkeitsprinzip, S. 217 m.w.N.

377 *O. Wlotzke*, Günstigkeitsprinzip, S. 86.

378 Weitere Beispiele bei *P. Schulze*, Günstigkeitsprinzip, S. 218.

379 *H.P. Fette*, Günstigkeitsvergleich, S. 46, 48 f.; *A. Nikisch*, Arbeitsrecht, Band II, S. 434; *R. Wank*, in: Wiedemann, TVG, § 4, Rn. 472.

380 *Dersch/Neumann*, Kommentar zum BUrlG, § 13, Rn. 31 ff. m.w.N.; *Stahlhake/Bachmann/Berscheid/Bleistein/Berscheid*, GK-BUrlG, § 13, Rn. 44.

381 Vgl. zu diesem Komplex *St. Krauss*, Günstigkeitsprinzip und Autonomiebestreben, S. 95 ff.

bb) Kompensatorische Vereinbarungen

Rechtsprechung[382] und Literatur[383] gehen überwiegend davon aus, daß teils untertarifliche, teils übertarifliche Vertragsbedingungen insgesamt günstiger sein können als der entsprechende Regelungskomplex auf der Ebene des Tarifvertrages. Allerdings soll eine solche Kompensationsmöglichkeit nach der vorherrschenden Meinung nicht geben sein, wenn untertarifliche Vereinbarungen durch eine Beschäftigungsgarantie ausgeglichen werden sollen.[384] Dieser Standpunkt, den auch das BAG einnimmt, ist nicht überzeugend.

Der von der herrschenden Meinung bevorzugte Sachgruppenvergleich impliziert die Möglichkeit einer Kompensation untertariflicher Abmachungen durch übertarifliche Begünstigungen, wenn und soweit die Regelungen der Vergleichsgruppe insgesamt günstiger sind als die entsprechenden Vorschriften der anderen Gruppe.[385] Da Vergleichsgegenstand allein die Gesamtheit der Regelungen in einer Gruppe ist, kann es nicht mehr darauf ankommen, ob einige Abmachungen untertarifliche Vertragsbedingungen enthalten. Die Einzelregelung ist in der Gruppe für sich nicht mehr existent, es gilt nur noch die Gruppenregelung. Es kommt daher nur noch darauf an, ob die Vergleichsgruppe des Arbeitsvertrags im Verhältnis zum Tarifvertrag untertariflich ist. Die Kompensation ist damit logische Folge des Sachgruppenvergleichs. An einem Beispiel verdeutlicht, ergibt sich aus dem zuvor gesagten Folgendes:
Ein Tarifvertrag bestimmt, daß ein Arbeitnehmer bei einer Arbeitszeit von 40 Stunden in der Woche einen Anspruch auf 30 Tage Urlaub im Jahr hat. Die Vertragsparteien vereinbaren eine wöchentliche Arbeitszeit von 45 Stunden dafür jedoch einen Urlaubsanspruch von 60 Tagen im Jahr. Wird zwischen diesen beiden Regelungskomplexen nun ein Sachgruppenvergleich durchgeführt, so gilt es allein die Frage zu beantworten, welche der beiden Vergleichsgruppen (40 Std. und 30 Tage oder 45 Std. und 60 Tage) günstiger ist. In diesem Fall ist die Gruppe 45 Stunden und 60 Tage Urlaub günstiger, da bei 1800 zu 1880 Arbeitsstunden trotz der höheren Wochenstundenzahl ein geringeres Arbeitspensum auf das Jahr gerechnet von dem jeweiligen Arbeitnehmer zu leisten ist.

---

[382] BAGE 7, 149 (151); BAG AP, Nr. 1 zu § 6 ArbKrankhG.

[383] *O. Wlotzke*, Günstigkeitsprinzip, S. 82; *R. Richardi*, Kollektivgewalt und Individualwille bei der Gestaltung des Arbeitsverhältnisses, S. 377; *A. Nikisch*, Arbeitsrecht, Band II, S. 434; *R. Bergner*, Zulässigkeit kollektivvertraglicher Arbeitszeitregelungen, S. 26 ff.; *G. Schmidt*, Günstigkeitsprinzip, S. 75; Einschränkend *P. Schulze*, Günstigkeitsprinzip, S. 224. A.A. *D. Belling*, Günstigkeitsprinzip, S. 177 ff; *K. Tech*, Günstigkeitsprinzip, S. 95 ff.; *H.-J. Tyska*, AuR 1985, S. 276 (281); *Linnekohl/Rauschenberg/Reh*, BB 1990, S. 628 (629).

[384] *W. Zöllner*, ZfA 1988, S. 265 (287); *M. Lieb*, NZA 1994, S. 289 (292); .*H. Konzen*, NZA 1995, S. 915 (919); *R. Wank*, NJW 1996, S. 2273 (2278).

[385] *A. Nikisch*, Arbeitsrecht, Band II, S. 433 f.; *O. Wlotzke*, Günstigkeitsprinzip, S. 82 ff.; *Hueck/Nipperdey*, Lehrbuch des Arbeitsrecht, Band II/1, S. 613 in Fn. 101 a.

Im Mittelpunkt der Günstigkeitsbewertung steht daher ausschließlich die Sachgruppe; auf eine Einzelbetrachtung (Urlaub zu Urlaub und Stunden zu Stunden) kommt es genau so wenig an, wie auf die Problematik der geringeren Freizeit pro Tag etc.

Der Begriff der „Kompensation" geht deshalb fehl, da er suggeriert, daß die einzelnen Bestimmungen innerhalb einer Gruppe doch miteinander zu vergleichen sind. Das ist jedoch gerade nicht der Fall.

Folglich werden den Autoren, die einen Sachgruppenvergleich befürworten, sämtliche Argumentationsgrundlagen im Hinblick auf eine Verletzung des Unabdingbarkeitsgrundsatzes[386] oder einer Aushöhlung der Schutzfunktion des Tarifvertrages[387] entzogen, denn unverrückbare Mindeststandards bestehen auch weiterhin. Ein Unterschied ist lediglich darin zu sehen, daß es sich nunmehr um Gruppenstandards und nicht mehr um Einzelstandards handelt.[388]

Festzuhalten bleibt, daß der Sachgruppenvergleich eine Zusammenfassung mehrerer Vorschriften zu einer Gruppe impliziert, die jede für sich gesehen auch zu Ungunsten des Arbeitnehmers vom Tarifvertrag abweichen können. Auf eine Einzelbetrachtung kann es bei der Durchführung des Sachgruppenvergleichs jedoch nicht ankommen, da nur die Gruppen insgesamt, nicht aber deren einzelne Regelungen zu betrachten sind. Der Begriff „Kompensation" ist in diesen Fällen verfehlt, da rechtlich nichts kompensiert wird, sondern vielmehr ausschließlich ein Gruppenvergleich durchgeführt wird.

2. Die Vergleichspraxis des BAG im „Burda – Beschluß"

Das BAG hat sich in seiner bisherigen Rechtsprechung der herrschenden Meinung angeschlossen und einen Sachgruppenvergleich aus objektiver Sicht unter ausschließlicher Einbeziehung der jeweils abweichenden Regelungen im Hinblick auf das Interesse des einzelnen Arbeitnehmers durchgeführt.[389] Von dieser Praxis weicht es auch in der vorliegenden Entscheidung nicht ab. Der 1. Senat äußert sich ausschließlich zur Frage des Sachgruppenvergleichs, ohne auf die anderen Punkte des Günstigkeitsvergleichs einzugehen. Hieraus läßt sich der Schluß ziehen, daß die anderen Vergleichskriterien entweder nicht entscheidungserheblich waren oder aber von ihnen stillschweigend ausgegangen wird und keine Abweichung von der bisherigen Rechtsprechung erfolgen soll.
Der Sachgruppenvergleich wird in dem vorliegenden Beschluß vom BAG objektiv durchgeführt, denn insoweit führt das Gericht unter III 1 b) aa) der Ent-

---

386 So *K. Tech*, Günstigkeitsprinzip, S.107 ff.
387 So *Linnenkohl/Rauschenberg/Reh*, BB 1990, S. 629; *W. Däubler*, Tarifvertragsrecht, Rn. 206.
388 Wie hier auch *Th. Schmidt*, Günstigkeitsprinzip, S. 122.
389 Siehe z.B. Urteil vom 23.05.1984, AP Nr. 9 zu § 339 BGB; Urteil vom 18.12.1997, AP Nr. 46 zu § 2 KSchG 1969.

scheidungsgründe aus[390], es müßten die Regelungen miteinander verglichen werden, die in einem sachlichen Zusammenhang zueinander stünden. Soweit nicht sowohl Tarifvertrag als auch Arbeitsvertrag Anhaltspunkte für ein abweichendes Vorgehen böten, seien die sachlich einander entsprechenden Regelungen miteinander zu vergleichen. Bei der Analyse der einzelnen Vereinbarungen stellt der 1. Senat dann fest, daß Arbeitszeit und Arbeitsentgelt einerseits und eine Beschäftigungsgarantie andererseits völlig unterschiedlich geartete Regelungsgegenstände seien, für deren Bewertung es keinen gemeinsamen Maßstab gebe.[391] Mangels sachlichen Zusammenhangs kann somit die Beschäftigungsgarantie nach Meinung des BAG nicht in den Günstigkeitsvergleich miteinbezogen werden.

Die Formulierung in den Gründen an dieser Stelle ist jedoch nicht sehr geglückt, denn anhand der Paarbildung „Arbeitszeit oder Arbeitsentgelt“ einerseits und „Beschäftigungsgarantie“ andererseits, wird der Eindruck erweckt, hier werde ein Sachgruppenvergleich auf der Ebene des Arbeitsvertrages oder gar ein Einzelvergleich durchgeführt.[392] Der Vergleich ist jedoch auch nach der ständigen Rechtsprechung des BAG[393] und der herrschenden Meinung[394] grundsätzlich in der Weise vorzunehmen, daß die einzelnen Sachgruppen des Tarifvertrags und des Arbeitsvertrags gegenüber gestellt werden.

Zur Begründung, daß die Beschäftigungsgarantie nicht in die Sachgruppe miteinbezogen werden kann, führt das BAG aus, diese sei nicht geeignet, Verschlechterungen beim Arbeitsentgelt oder bei der Arbeitszeit zu rechtfertigen. Darüber hinaus gehörten die wertenden Entscheidungen, wie die gegensätzlichen Interessen von Arbeitgebern und Arbeitnehmern in Einklang gebracht werden könnten, zu den typischen Aufgaben der Tarifvertragsparteien. Diesen sei es überlassen, nach ihren gemeinsamen Zweckmäßigkeitsvorstellungen einerseits Kostenfaktoren für die unternehmerische Tätigkeit und andererseits Untergrenzen der Arbeitsbedingungen zu bestimmen.[395] Die Rechtsprechung würde nicht nur ihre Möglichkeit rationaler Kontrolle überschreiten, sondern auch in Wertungsfragen der Tarifpolitik eindringen, wollte sie die gemeinsame Meinungsbildung der Tarifvertragsparteien daraufhin überprüfen, ob sich eine andere Gewichtung der betroffenen Interessenlage für die Arbeitnehmer einzelner Betriebe günstiger auswirkt. Der nach § 4 Abs. 3 TVG vorzunehmende Günstigkeitsver-

---

[390] AP Nr. 89 zu Art. 9 GG = NZA 1999, S. 887 (893).
[391] So unter III 1 b) aa) der Gründe = NZA 1999, S. 887 (893).
[392] *Trappehl/Lambrich*, NJW 1999, S. 3217 (3220).
[393] Vgl. oben Fn. 389.
[394] Vgl. oben Fn. 370.
[395] So in den Entscheidungsgründen unter III 1 b) aa), AP Nr. 89 zu Art 9 GG = NZA 1999, S. 887 (893).

gleich sei Normvollzug. Seine Maßstäbe müßten aus den Wertungen des Tarifvertrags abgeleitet werden.[396]

Keines der vom 1. Senat vorgebrachten Argumente für die Nichteinbeziehung der Beschäftigungsgarantie vermag jedoch zu überzeugen.

3. Kritik

a) Unter Zugrundelegung des deutschen Rechts

Das BAG folgt im „Burda-Beschluß“ vom 20.04.1999 der herrschenden Meinung in der Literatur in der Frage der Einbeziehbarkeit einer Beschäftigungsgarantie in den Günstigkeitsvergleich. Obwohl die obersten deutschen Arbeitsrichter damit einen großen Teil der Lehre hinter sich haben, weist die der Entscheidung zugrundegelegte Argumentation dennoch einige dogmatische Schwächen auf. Ferner werden die Gründe nicht stringent geführt.

Bereits der vom Senat gewählte Vergleichsgegenstand gibt Anlaß zur Kritik, da nach der herrschenden Meinung nicht ein objektiver innerer Sachzusammenhang als Vergleichsgruppe heranzuziehen ist, sondern ein subjektiver Ansatz zu Grunde zu legen ist.[397] In der Literatur ist anerkannt, daß bei der Bestimmung des Sachzusammenhangs zunächst nach dem Parteiwillen der Tarif- oder Arbeitsvertragsparteien zu forschen ist und erst, wenn dieser nicht mehr ermittelt werden kann, die Vergleichsgegenstände objektiv zu bestimmen sind.[398] Das ist auch dem BAG bewußt, denn es führt in den Gründen unter III 1 b) aa)[399] aus, daß die Sachgruppe objektiv bestimmt wird, soweit nicht sowohl der Tarifvertrag als auch der Einzelarbeitsvertrag Anhaltspunkte für ein abweichendes Vorgehen bieten.

Wohl in den wenigsten Fällen wird es einem Richter so leicht gemacht, den Willen der Vertragsparteien festzustellen, wie in dem vorliegenden. Denn aus der von den Arbeitnehmern unterschriebenen Zusatzvereinbarung geht eindeutig hervor, daß die Arbeitsvertragsparteien aus Arbeitszeit, Arbeitsentgelt und Beschäftigungsgarantie eine Sachgruppe gebildet haben. Es entsprach daher dem Parteiwillen, „Äpfel und Birnen“ miteinander zu verbinden. Diese Entscheidung ist von den Richtern zu respektieren. Als Vergleichsgruppe darf in solchen Fällen nur die von den Vertragsparteien gebildete gewählt werden, mag sie auch noch so unsinnig erscheinen.

Nur weil sich der 1. Senat über den eindeutigen Willen der Vertragsparteien hinweggesetzt hat und die Bildung eines subjektiven inneren Sachzusammenhangs nicht in Betracht gezogen hat, konnte er überhaupt zu der Aussage gelangen, daß eine Beschäftigungsgarantie kein tauglicher Abwägungsgegenstand des

---

[396] So unter III 1 b) aa) der Gründe, AP Nr. 89 zu Art. 9 GG = NZA 1999, S. 887 (893).
[397] Vgl. *Trappehl/Lambrich*, NJW 1999, S. 3217 (3220 f.).
[398] Siehe oben S. 224 ff.
[399] AP Nr. 89 zu Art. 9 GG = NZA 1999, S. 887 (893).

Günstigkeitsvergleichs ist. Durch diesen methodisch fragwürdigen Ansatz, der nur von wenigen Autoren erkannt worden ist[400], hat er sich geschickt der schwierigen Aufgabe einer Entscheidung zwischen den beiden Vergleichsgruppen entledigt.

Dieses „Manöver" des BAG kann jedoch nicht über die Tatsache hinwegtäuschen, daß die Aussage, die Beschäftigungsgarantie sei kein tauglicher Vergleichsgegenstand, für die Fälle, in denen der innere Sachzusammenhang subjektiv zu bestimmen ist, falsch ist. Die Vertragsparteien können jeder Zeit „Äpfel und Birnen" zueinander in Beziehung setzen und auch die Beschäftigungsgarantie in eine solche Gruppe aufnehmen. Eine Einbeziehung einer Arbeitsplatzgarantie in die Sachgruppe des Günstigkeitsvergleichs ergibt sich bei richtiger Anwendung der von Literatur und Rechtsprechung gebildeten Vergleichsregeln damit automatisch. Eines Tätigwerdens des Gesetzgebers bedarf es insofern nicht.

So fällt es dann dem 1. Senat auch sichtlich schwer, den von ihm gewählten Weg substantiiert und fundiert zu begründen. Ein bloßes „Scheinargument" ist die Behauptung, die Rechtsprechung dränge in Wertungsfragen der Tarifpolitik ein, wenn die Beschäftigungsgarantie mit in den Vergleich miteinbezogen werde. Denn Wertungsfragen, über die zuvor die Tarifparteien in einem Tarifvertrag verbindlich entschieden haben, stehen stets im Mittelpunkt einer gerichtlichen Entscheidung über die Günstigkeit einer arbeitsvertraglichen Regelung. Bereits im Rahmen der bloßen Frage des Lohnes greift ein Richter in tarifpolitische Wertungen ein, wenn er entscheidet, daß die arbeitsvertragliche Bestimmung günstiger ist. Denn die Tarifparteien haben zuvor in langwierigen Verhandlungen ein ihrer Meinung nach ausgewogenes und gerechtes Lohngefüge festgelegt.

Einer solchen Argumentation steht § 4 III TVG jedoch selbst entgegen. Der Gesetzgeber hat in dieser Vorschrift deutlich zum Ausdruck gebracht, daß der Regelungsbefugnis der Tarifvertragsparteien Grenzen durch den Einzelvertrag gesetzt werden können. Über Wertungen des Tarifvertrags dürfen sich die Parteien des Einzelvertrages stets zu Gunsten des einzelnen Arbeitnehmers hinwegsetzen. Dem Richter obliegt es dann, ein Urteil darüber zu fällen, ob die von den Arbeitsvertragsparteien getroffene Vereinbarung tatsächlich günstiger ist als der Tarifvertrag. Allein diese Wertung im Verhältnis Arbeitsvertrag zum Tarifvertrag gilt es zu treffen.
Das verliert das BAG jedoch aus dem Blickpunkt, wenn es in seinen Ausführungen immer wieder auf kollektive Bezüge zurückgreift. Die Tatsache, daß im vorliegenden Fall mit 98,5 % der Arbeitnehmer die gleiche Vereinbarung getroffen worden ist, hat für den Günstigkeitsvergleich keine Bedeutung. Zu beurteilen ist ausschließlich jede einzelvertragliche Regelung im Verhältnis zum Tarif-

[400] Als einzige erwähnen dies *Trappehl/Lambrich*, NJW 1999, S. 3217 (3221).

vertrag. Ein Korrektiv für eine eventuelle Gefährdung der Tarifpolitik durch eine Vielzahl solcher Abmachungen ist an anderer Stelle in das System einzufügen. Im Rahmen des Günstigkeitsvergleichs ist hierfür kein Raum.
Ausführungen über die Aufgaben der Tarifparteien und die von ihnen zu treffenden Entscheidungen sollten daher im Rahmen des Günstigkeitsvergleichs unterbleiben. Dennoch räumt das BAG ihnen einen großen Platz ein.[401] Darüber hinaus zeugen die Erläuterungen des BAG an dieser Stelle von einer unkritischen Sichtweise des Flächentarifvertrages, wenn es dort heißt: *„Den Tarifvertragsparteien ist es überlassen, nach ihren gemeinsamen Zweckmäßigkeitsvorstellungen einerseits Kostenfaktoren für die unternehmerische Tätigkeit und andererseits Untergrenzen der Arbeitsbedingungen, insbesondere der Arbeitseinkommen zu bestimmen."*[402]

Die Begründung einer Vielzahl von Bündnissen für Arbeit in den letzten Jahren[403] beweist doch gerade, daß die Tarifvertragsparteien nicht mehr in der Lage sind, für alle Unternehmen tragbare Tarifverträge abzuschließen. Im Vordergrund stehen vielfach die politischen Interessen insbesondere der Gewerkschaften, ohne daß häufig darauf geachtet wird, daß ein Tarifvertrag für die Betriebe auch tragbar und bezahlbar bleibt. Gerade aus diesem Grund ist es erforderlich, daß für die einzelnen Unternehmen mehr Gestaltungsfreiraum belassen wird, um so einen Tarifvertrag an die dortigen Bedürfnisse anpassen zu können.
Eine denkbare Alternative ist die Stärkung der Firmentarifverträge, wie das in Frankreich vor einigen Jahren geschehen ist. Auf diese Weise wird den Unternehmen die Möglichkeit gegeben, einen speziell auf ihre Anliegen zugeschnittenen Tarifvertrag abzuschließen. Eine Knebelung durch einen Flächentarifvertrag, der an den Erfordernissen der Betriebe vorbeigeht, wird dadurch vermieden. Folge einer solchen Erweiterung der Firmentarifverträge ist jedoch die Stärkung der kleineren Gewerkschaften. Mit starker Gegenwehr der Dachverbände gegen einen solchen Vorstoß ist daher zu rechnen.

Nach den bisher gemachten Ausführungen ist auch die Aussage des 1. Senats, der nach § 4 III TVG vorzunehmende Günstigkeitsvergleich sei Normvollzug, seine Maßstäbe müßten aus den Wertungen des Tarifvertrags abgeleitet werden[404], nicht richtig. Da § 4 III TVG eine Schranke der Regelungsmacht bildet, kommt dem Günstigkeitsvergleich die Aufgabe zu, festzustellen, ob von den Arbeitsvertragsparteien die Grenzen ihrer Regelungsbefugnis eingehalten worden sind. Mit der Feststellung der Günstigkeit der arbeitsvertraglichen Vereinba-

---

401 So das BAG ausführlich unter III 1.b) aa), AP Nr. 89 zu Art. 9 GG = NZA 1999, S. 887 (893 1. Spalte letzter Absatz).

402 So das BAG ausführlich unter III 1 b) aa), AP Nr. 89 zu Art. 9 GG = NZA 1999, S. 887 (893 1. Spalte letzter Absatz).

403 Vgl. oben Fn. 322.

404 Siehe unter III 1 b) aa) der Gründe, AP Nr. 89 zu Art. 9 GG = NZA 1999, S. 887 (893).

rung wird gleichzeitig eine Entscheidung über die Gültigkeit dieser Bestimmung getroffen. Gelangen die Richter zu dem Ergebnis, daß die abweichende Abmachung ungünstiger ist, so zieht dies automatisch die Rechtsfolge der Nichtigkeit nach sich.[405] Eines Unterlassungsanspruchs der Gewerkschaften bedarf es daher in diesen Fällen wegen der Unwirksamkeit der Regelung schon nicht.
Bei Günstigkeit der arbeitsvertraglichen Vereinbarung wird das entsprechende Pendant des Tarifvertrags für den Geltungszeitraum des Arbeitsvertrags überlagert. Da in diesen Fällen eine rechtswirksame Vorschrift vorliegt, kann ein Unterlassungsanspruch keinen Erfolg haben.
In beiden Fallkonstellationen müßte ein Gericht daher den Unterlassungsanspruch nach der in dieser Untersuchung vertretenen Konzeption zurückweisen - bei ungünstigerer arbeitsvertraglicher Regelung mangels existenter Vereinbarung, deren Unterlassung gefordert werden kann und bei einer günstigeren Vereinbarung wegen Unbegründetheit des Antrags. Letztlich hilft der Unterlassungsantrag den Gewerkschaften daher nicht, ihre Rechte durchzusetzen, da sie nach der vorliegend vertretenen Konzeption in keiner denkbaren Konstellation ein antragstattgebendes Urteil erwirken können.

b) Unter Zugrundelegung der französischen Vergleichspraxis

Die Kritik auf der Grundlage der deutschen Literatur und Rechtsprechung hat gezeigt, daß der vom BAG im „Burda-Beschluß" durchgeführte Günstigkeitsvergleich bereits nicht der herrschenden Meinung und bisherigen Praxis des BAG entspricht. Hätte die Cour de Cassation über diesen Fall zu entscheiden gehabt, so wäre die Entscheidung des obersten französischen Gerichtshofes zu Gunsten der Beschäftigungsgarantie getroffen worden. Das ergibt sich aus folgenden Überlegungen:

Zu berücksichtigen ist zunächst, daß das Urteil der Cour de Cassation vom 19. Februar 1997[406] nicht eins zu eins auf die im „Burda-Beschluß" vorliegende Situation übertragbar ist. Der oberste französische Gerichtshof hatte über einen Konflikt zwischen zwei Kollektivregelungen zu entscheiden, während im vorliegenden Fall eine Individual- und eine Kollektivvereinbarung miteinander kollidieren. Damit ist nach der Rechtsprechung in Frankreich ein individueller und kein kollektiver Vergleich durchzuführen[407], im Rahmen dessen die Interessen des einzelnen Arbeitnehmers im Vordergrund stehen. Das ist auch die Ausgangslage in der Bundesrepublik.

---

[405] Vgl. oben S. 179 ff.
[406] Dr. soc. 1997, S. 432.
[407] Zu Durchführung des Günstigkeitsvergleich zwischen Arbeitsvertrag und Tarifvertrag in Frankreich siehe oben S. 120 ff.

Dennoch besteht in dieser Situation die Besonderheit, daß die zu klärende Frage insgesamt aus einem kollektiven Blickwinkel betrachtet wird. Hierdurch könnte sich die Notwendigkeit eines kollektiven Gesamtvergleichs ergeben.

Zentraler Punkt einer von einem französischen Gericht zu treffenden Entscheidung ist ebenfalls die Frage der Vergleichsgruppenbildung. Im Gegensatz zur deutschen Rechtsprechung ist hier eine Einteilung anhand eines subjektiven und objektiven Sachzusammenhangs nicht üblich, sondern die in den Vergleich einzubeziehenden Gegenstände werden objektiv durch das Gericht bestimmt.[408] In den letzten Jahren hat sich eine sehr pragmatische Handhabung im Hinblick auf die Zusammensetzung der Vergleichsgruppen herausgebildet, so daß nunmehr sogar ein globaler Vergleich zulässig ist.[409] Da die Cour de Cassation eine Gesamtgegenüberstellung zweier Regelungswerke zum ersten Mal im Zusammenhang mit der Frage der Günstigkeit einer Beschäftigungsgarantie im Verhältnis zum Lohnverzicht vorgenommen hat[410], ist davon auszugehen, daß von ihr auch in dieser Konstellation die Beschäftigungsgarantie in die Vergleichsgruppe einbezogen würde und keine bloße Gegenüberstellung der Gehaltssituation im Tarif- und Arbeitsvertrag erfolgt. Ob die französischen Richter jedoch einen Gesamtvergleich der beiden Regelungswerke vornehmen würden, läßt sich nicht klären, da möglicherweise bereits die Bildung einer kleineren Vergleichgruppe ausreicht.
Die Positionen der obersten Gerichte in Frankreich und Deutschland sind damit in diesem Punkt konträr, denn die Cour de Cassation vergleicht „Äpfel mit Birnen". Ein vom französischen obersten Gericht durchzuführender Vergleich in einer solchen Situation würde daher nicht bereits an der Hürde des Sachzusammenhanges scheitern.

Ob die Vereinbarung für den einzelnen Arbeitnehmer günstiger ist, ist nach der Rechtsprechung der Cour de Cassation dann in der vorliegenden Situation im Rahmen eines individuellen Günstigkeitsvergleichs zu klären. Eventuell würde wegen des kollektiven Bezuges auch eine Mischung aus individuellem und kollektivem Günstigkeitsvergleich herangezogen, eine abschließende Klärung ist hier nicht möglich.[411]
Für den Fall der Durchführung eines kollektiven Günstigkeitsvergleichs ist zunächst für jedes einzelne Arbeitsverhältnis zu klären, ob die Regelung für den jeweiligen Arbeitnehmer günstiger ist, um dann in einer Zusammenschau der Ergebnisse für die Gesamtbelegschaft über die Günstigkeit der Abrede insge-

---

[408] Siehe oben S.138 ff.
[409] Siehe oben S. 138 ff.
[410] Urteil vom 19. Februar 1999, Dr. soc. 1997, S. 432.
[411] Siehe hierzu auch unten im Rahmen der Darstellung des kollektiven Günstigkeitsvergleichs, S. 242 ff.

samt zu entscheiden. Mit großer Wahrscheinlichkeit wäre eine solche Gesamtabwägung zu Gunsten der Beschäftigungsgarantie ausgefallen.

c) Ergebnis

Abschließend kann festgehalten werden, daß bei einer konsequenten Anwendung der in der deutschen Rechtsprechung und Literatur entwickelten Dogmatik zur Frage der Vergleichsgruppenbildung das BAG im „Burda-Beschluß" zu einer Vergleichbarkeit von Beschäftigungsgarantie und Lohnverzicht hätte kommen müssen. Das ergibt sich aus der Tatsache, daß die Vertragsparteien einen Sachzusammenhang zwischen diesen beiden nach Meinung des BAG nicht vergleichbaren Gruppen gebildet haben und daher eine subjektive Vergleichsgruppe hätte gebildet werden müssen. Des revolutionären Funken[412] aus Frankreich bedarf es daher nicht, um im Fall des „Burda-Beschlußes" zu einer vergleichbaren Lösung wie derjenigen im französischen Urteil vom 19. Februar 1997 zu gelangen. Eine ähnliche Situation wird bei den meisten „Bündnissen für Arbeit" gegeben sein, da die Konditionen zwischen den Parteien ausgehandelt werden und die Vergleichsgruppe daher aufgrund des Willens der Vertragsparteien bestimmbar ist.

Etwas anderes gilt jedoch dann, wenn die Sachgruppe objektiv zu bestimmen ist. In diesen Situationen zeigt die „CGG-Entscheidung" der Cour de Cassation einen Weg auf, der in der Tat als richtungsweisend bezeichnet werden kann. Sie setzt sich über die Grenzen eines engen Sachgruppenvergleichs hinweg und stellt die Regelungswerke insgesamt gegenüber. Das ist ein mutiger Schritt, der dennoch nicht zu weitgehend ist, da in der Art und Weise der Durchführung des Günstigkeitsvergleichs durch die Cour de Cassation ein Korrelativ gegeben ist. Nur dann, wenn sich nach dem individuellen Günstigkeitsvergleich für alle Arbeitnehmer ergibt, daß die Regelung tatsächlich für die Mehrzahl der Mitarbeiter günstiger ist, wird die Günstigkeit für alle angenommen. Allerdings verbleibt die Problematik der Entwicklung von Vergleichskriterien für die Günstigkeit einer Vorschrift im Einzelfall. Hierüber gibt die „CGG-Entscheidung" keinen Aufschluß, da aufgrund der französischen Urteilstechnik der argumentative Weg, den die Cour de Cassation gegangen ist, nicht nachvollziehbar ist.[413]

4. Lösungsansätze

Die Abwägung der Günstigkeit bei Einbeziehung einer Beschäftigungsgarantie in die Sachgruppe gestaltet sich schwierig. Für das BAG bot sich im „Burda-Beschluß" die Möglichkeit, Kriterien und Denkansätze für die Lösung dieses Problems zu entwickeln. Diese Chance wurde nicht genutzt, sondern man hat sich darauf beschränkt diejenigen Aspekte in den Vordergrund zu rücken, die

---

[412] So *R. Frik*, NZA 1998, S. 525 (526).
[413] Zur französischen Urteilstechnik siehe S. 132.

einen Günstigkeitsvergleich nach Meinung des 1. Senats unmöglich machen. Hierdurch wird weder die Arbeit der Richter, noch der Praktiker erleichtert, die sich auch in Zukunft mit Fragen eines Bündnisses für Arbeit auseinanderzusetzen haben. Denn es ist nicht davon auszugehen, daß in der Praxis nach der Entscheidung des BAG eine geringere Anzahl solcher Bündnisse geschlossen werden. Da darüber hinaus bei korrekter Durchführung des Günstigkeitsvergleichs die Beschäftigungsgarantie ein tauglicher Vergleichsgegenstand ist[414], ist es unabdingbar, Kriterien zu entwickeln, an denen sich der Günstigkeitsvergleich in diesen Fällen zu orientieren hat.

a) Tatsächliche Gefahrenlage

Von einer Vielzahl der Autoren, die eine Einbeziehung der Beschäftigungsgarantie in den Günstigkeitsvergleich ablehnen, wird als Hauptargument hiergegen vorgebracht, es bestünde die Gefahr, daß die zwingende Wirkung der Tarifverträge verfassungswidrig[415] zur Disposition der Vertragsparteien gestellt werde.[416] Da diese Gefahr auch von Verfassern gesehen wird, die die Einbeziehung einer Arbeitsplatzgarantie in den Günstigkeitsvergleich befürworten, wird vereinzelt gefordert, nur in den Fällen einer tatsächlichen Gefahrenlage für den jeweiligen Arbeitsplatz, die Beschäftigungsgarantie mit in die Waagschale zu legen.[417] Ein solcher Ansatz ist zwar vom Grundsatz her zu befürworten, doch werden durch die von diesen Autoren gewählten Regelungstechniken Ausnahmeregelungen ins Leben gerufen, die der Schaffung eines einheitlichen Systems nicht dienlich sind und die die ohnehin unübersichtlichen Vergleichsmaßstäbe weiter verkomplizieren. Es erscheint daher sinnvoller, diese Abwägungen im Rahmen des Vergleiches selbst durchzuführen und hierzu Vergleichsgrundsätze oder -regeln zu entwickeln.

---

[414] Siehe S. 226 ff.

[415] *D. Freihube* hat in seiner Dissertation darüber hinaus mit beachtlichen Argumenten dargestellt, daß ein Verfassungsverstoß gerade nicht vorliegt, sondern daß man im Rahmen einer verfassungskonformen Auslegung von § 4 III TVG dazu kommt, daß allein dem Arbeitnehmer die Entscheidung zusteht, ob er sich vorübergehend mit untertariflichen Bedingungen zufrieden gibt. Dies gelte auch dann, wenn er einer Gewerkschaft beigetreten sei. Eine Auslegung des Günstigkeitsprinzips, die den Aspekt des Arbeitsplatzerhalts beim Günstigkeitsvergleich unberücksichtigt lassen wolle, verstoße gegen die Verfassungsvorgaben hinsichtlich der Abgrenzung der kollektiven Privatautonomie nach Art. 9 III GG und der individuellen Privatautonomie nach Art. 12 GG. Nur die Auslegung, die eine mögliche Erwerbslosigkeit im Günstigkeitsvergleich berücksichtigen wolle, sei als verfassungskonform anzusehen. (so in Probleme der Tarifbindung, ab S. 65 [98]).

[416] *H. Reichold*, ZfA 1998, S. 237 (253); *P. Hanau*, RdA 1993, S. 1 (5 ff.); *A. Junker*, ZfA 1996, S. 383 (386); *M. Lieb*, NZA 1994, S. 289 (293); *W.-D. Walker*, in: Festschrift für Günther Wiese zum 70. Geburtstag, S. 603 (608); *R. Wank*, NJW 1996, S. 2273.

[417] So *Trappehl/Lambrich*, NJW 1999, S. 3217 (3221); *Th. Lambrich*, Tarif- und Betriebsautonomie, S. 414 ff.

Wird eine Beschäftigungsgarantie von den Arbeitsvertragspartnern in den Günstigkeitsvergleich miteinbezogen, besteht die Möglichkeit, daß ein Arbeitgeber versucht, auch für den Fall einer nicht bestehenden Gefährdung des Arbeitsplatzes die Arbeitnehmer zu veranlassen, auf Entgelt zu verzichten und ihnen dafür eine Arbeitsplatzgarantie zu geben. Auf ein solches Angebot werden in der Praxis mit großer Wahrscheinlichkeit jedoch nur wenige Angestellte eingehen, weil niemand auf höheres Gehalt verzichtet, wenn hierfür nicht unbedingt ein Erfordernis zur Erhaltung des Arbeitsplatzes besteht. Da auch in diesen Fällen die Beschäftigungsgarantie in den Günstigkeitsvergleich einzubeziehen ist, müssen geeignete Abgrenzungskriterien entwickelt werden, um einen solchen Mißbrauch in Zukunft auszuschließen oder zumindest als ungünstiger ausscheiden zu können. Denn günstiger ist eine Beschäftigungsgarantie gegen Lohnverzicht nur in den Fällen, in denen eine tatsächliche Betriebsgefährdung gegeben ist.

Eine Möglichkeit hier zu justiziablen Ergebnissen zu gelangen, ist die Darlegungs- und Beweislastverteilung.[418] Kommt es zu einem Prozeß, so wird sich im Regelfall der Arbeitgeber, der eine entsprechende Vereinbarung mit seinen Arbeitnehmern geschlossen hat, darauf berufen, daß diese Abmachung günstiger ist als die tarifvertragliche Regelung. In einem Rechtsstreit hat in der Regel immer derjenige die Tatsachen darzustellen und zu beweisen, die für ihn günstig sind. Es ist daher vorstellbar, daß die Richter von einem Arbeitgeber in den Fällen eines Lohnverzichts gegen Beschäftigungsgarantie eine detaillierte Darlegung und geeignete Beweisführung verlangen. Zu denken ist z.B. daran, daß Kennzahlen des Unternehmens offen zu legen sind, die die konkrete Gefahr einer Betriebsstillegung oder einer Unternehmensverlagerung belegen können. Darüber hinaus kann auch der Nachweis einer tatsächlich getroffenen unternehmerischen Entscheidung zur Produktionsverlagerung gefordert werden. Des weiteren sind sicherlich Garantien von den Unternehmen für die Einhaltung der Beschäftigungsgarantie oder gar eine Art Vollstreckungsanspruch der Arbeitnehmer auf Nachzahlung oder Nachgewährung der Leistungen, auf die sie verzichtet haben, zu fordern, falls der Arbeitgeber vertragsbrüchig wird. Denn andernfalls sind die Arbeitnehmer vollständig ungeschützt und können nur auf die gute Absicht seines Vertragspartners vertrauen.
In der Praxis besteht keine Schwierigkeit, eine enge und ausführliche Darlegungs- und Beweisführung von den Unternehmen zu fordern. Das zeigt bereits die Rechtsprechung des BAG zur abgestuften Darlegungs- und Beweislast bei betriebsbedingten Kündigungen. Auf diesem Weg kann die Erbringung des Nachweises einer realen Betriebsgefährdung so schwierig gestaltet werden, daß einige Arbeitgeber unter Umständen davon absehen werden, solche Vereinbarungen wegen späterer Beweisschwierigkeiten zu schließen. Je anspruchsvoller

[418] Zu Fragen der Darlegungs- und Beweislast in diesen Fällen, siehe auch *Th. Lambrich*, Tarif- und Betriebsautonomie, S. 418.

daher die Nachweisführung einer tatsächlichen Betriebsgefährdung von der Rechtsprechung gestaltet wird, um so leichter werden solche Vereinbarungen justiziabel.

Es handelt sich daher um eine erstaunliche Behauptung, wenn das BAG im Beschluß vom 20.04.1999 ausführt, es mangele an handhabbaren Kriterien für einen Vergleich[419]. Denn es ist gerade Aufgabe der Rechtsprechung diese zu entwickeln und im Prozeß eine dementsprechende nachvollziehbare Beweisführung von den Parteien zu verlangen.

b) Wahlmöglichkeit des Arbeitnehmers

In den letzten Jahren hatten sich die Gerichte der unteren Instanzen, so wie auch das BAG mehrfach mit Fallgestaltungen zu beschäftigen, bei denen eine Günstigkeit für den Arbeitnehmer objektiv nicht meßbar war. So hatte das LAG Baden-Württemberg sich in einer Entscheidung vom 14.06.1989[420] mit der Frage auseinanderzusetzen, ob längere Arbeitszeit und höheres Entgelt einerseits mit der kürzeren Arbeitszeit und dem niedrigeren Entgelt verglichen werden kann. Das LAG hatte dies abgelehnt, weil „die Gegenüberstellung derart heterogener Bedingungen sich einer objektiven Vergleichsbetrachtung völlig entziehen" würde.[421] Das daraufhin angerufene BAG ließ durch den damaligen Vorsitzenden des 4. Senats *Neumann* in der Revisionsverhandlung erkennen, daß es das Wahlrecht eines Arbeitnehmers hinsichtlich der Arbeitsdauer stets als günstiger anerkenne[422], woraufhin die Klage zurückgenommen wurde.
In einer Entscheidung des Großen Senats aus dem Jahr 1989 war eine Lösung für die Fragestellung zu entwickeln, ob eine vom Arbeitgeber einheitlich angewandte und arbeitsvertraglich festegelegte Altersgrenze für das Ausscheiden eines Arbeitnehmers aus dem Arbeitsverhältnis durch eine nachfolgende Betriebsvereinbarung herabgesetzt werden kann.[423] Der Große Senat des BAG hat in dieser Entscheidung noch einmal ausdrücklich festgehalten, daß für das Verhältnis einer Betriebsvereinbarung zu einer arbeitsvertraglichen Abrede das Günstigkeitsprinzip gilt.[424] Allerdings wendet das BAG in dieser Entscheidung keinen kollektiven Vergleichsmaßstab an, sondern führt einen Einzelvergleich durch.[425] Auch in diesem Fall gab es jedoch keinen objektiven Maßstab für die Frage, ob die kürzere oder die längere Arbeitszeit günstiger ist. Insoweit ließ der Große Senat ausschlaggebend sein, ob dem Arbeitnehmer ein Wahlrecht zwi-

---

419 So in den Gründen AP Nr. 89 zu Art. 9 GG = NZA 1999. S. 887 (893).
420 DB 1989, S. 2028.
421 DB 1989, S. 2028 (2029).
422 *D. Neumann*, NZA 1990, S. 961 (963); *P. Bengelsdorf*, ZfA 1990, S. 563 (581).
423 Urteil vom 7.11.1989 BAG GS, AP Nr. 46 zu § 77 BetrVG 1972.
424 BAG GS AP Nr. 46 zu § 77 BetrVG 1972 unter C Einleitung und II der Entscheidungsgründe.
425 BAG GS AP Nr. 46 zu § 77 BetrVG 1972 unter C II 2.der Entscheidungsgründe.

schen den beiden Arbeitszeitmodellen eingeräumt worden war. Eine Altersgrenzenregelung sei umso günstiger, je länger der Arbeitnehmer die Wahlmöglichkeit zwischen Arbeit und Ruhestand habe. Allein darin sah er den die Günstigkeit begründenden Umstand.[426]

Diese beiden, vom BAG entschiedenen Sachverhalte lassen den Schluß zu, daß bei objektiv nicht zu vergleichenden Tatbeständen nach der Auffassung des BAG ein vorhandenes Wahlrecht für den Arbeitnehmer stets die Günstigkeit der getroffenen Vereinbarung begründet.
Bezieht man das auf den „Burda-Beschluß", so wird den Arbeitnehmern auch hier eine Wahlmöglichkeit eröffnet. Denn sie können sich zwischen weniger Lohn/mehr Arbeit und einer Arbeitsplatzgarantie oder keinen Veränderungen und dem Risiko, ihren Arbeitsplatz in nächster Zeit zu verlieren, entscheiden. Nach der bisherigen Rechtsprechung des Bundesarbeitsgerichts müßte allein dieser Tatbestand an sich ausreichen, um die Günstigkeit einer solchen Regelung zu begründen.[427]

Denkbar und vernünftig ist es jedoch, in diesen speziellen Fallgestaltungen, von den Vertragsparteien zu fordern, eine Rücktrittsoption zu vereinbaren. Das heißt, für den Arbeitnehmer muß jeder Zeit die Möglichkeit bestehen, seine Entscheidung wieder rückgängig zu machen und zum Tarifvertrag oder seinem alten Arbeitsvertrag zurückzukehren. Für den Fall, daß eine solche Klausel in den Zusatzverträgen vorhanden ist, kommt auch das BAG nach seiner bisherigen Rechtsprechung nicht umhin, diese Regelungen als günstiger einzustufen, denn sonst würde es sich in Widerspruch zur Rechtsprechung des großen Senats setzen.

IV. Ergebnis

Das vom BAG im „Burda-Beschluß" vom 20.04.1999 gefundene Ergebnis einer Nichteinbeziehbarkeit einer Beschäftigungsgarantie in den Günstigkeitsvergleich überzeugt nicht. Die dieser Entscheidung zugrundeliegende Argumentation des 1. Senats wird nicht stringent geführt und beinhaltet überdies einen Zirkelschluß. Indem das BAG methodisch fragwürdig einen objektiven Sachgruppenvergleich durchführt, umgeht es die Problematik einer Beurteilung der Günstigkeit der einzelnen Regelungen. Das ist insofern enttäuschend, als für die Arbeit in der Praxis dringend Beurteilungskriterien erforderlich sind, denn auch in Zukunft ist nicht mit einer Verringerung der Anzahl von Bündnissen für Arbeit zu rechnen.
Es ist denkbar, daß zur Vermeidung von Mißbrauchstatbeständen der Beweis vom Arbeitgeber für das tatsächliche Bestehen einer Gefährdungslage zu erbrin-

---

[426] BAG GS, AP Nr. 46 zu § 77 BetrVG 1972 unter C II 3. b) der Entscheidungsgründe.
[427] Dieser Ansatz geht zurück auf *H. Buchner*, NZA 1999, S. 897 ff. und *ders.* bereits DB 1996, Beil. 12, 9 ff.; ablehnend *Niebler/Schmiedl*, BB 2001; S. 1631 (1634 f.).

gen ist. Ferner sind bei Vereinbarung einer Rücktrittsklausel für den Arbeitnehmer solche Abmachungen bereits nach der bisherigen Rechtsprechung des BAG günstiger, da insoweit ein sonst nicht bestehendes Wahlrecht eröffnet wird.

Wäre die Frage der Einbeziehbarkeit einer Beschäftigungsgarantie gegen Lohnverzicht von der Cour de Cassation zu entscheiden gewesen, so hätte der oberste französische Gerichtshof diese Kriterien in die Vergleichsgruppe miteinbezogen und wäre zu einer Günstigkeit der arbeitsvertraglichen Regelung gelangt.

B. Der kollektive Günstigkeitsvergleich

Der große Senat des BAG hat in seinem viel beachteten aber zugleich auch kritisierten Beschluß vom 16.9.1986[428] einen kollektiven Günstigkeitsvergleich im Zusammenhang mit einer „ehemals" ablösenden Betriebsvereinbarung zum ersten Mal durchgeführt und ein neues Rechtsinstitut geschaffen, das inzwischen in ständiger Rechtsprechung zur Anwendung gelangt.[429] Der kollektive Günstigkeitsvergleich findet exklusiv Anwendung auf die Konstellationen der Ersetzung einer Gesamtzusage durch eine Betriebsvereinbarung. Bei allen anderen Konstellationen besteht in Rechtsprechung und Literatur Einigkeit darüber, daß der im deutschen Recht durchzuführende Vergleich grundsätzlich ein individueller ist.[430]
Anders ist die Situation jedoch in Frankreich. Dort werden in ca. 70 % der Kollisionsfällen kollektive Vergleiche vorgenommen. Das hängt unter anderem mit der Tatsache zusammen, daß die weitaus meisten Kollisionskonstellationen zwischen Tarifverträgen in den unterschiedlichsten Ausprägungen oder im Rahmen der sog. avantages acquis bei nachfolgenden Tarifverträgen auftreten. Eine Konstellation, die in der Bundesrepublik aufgrund des durch die Rechtsprechung des BAG geprägten Grundsatzes der Tarifeinheit und der Anwendung des Spezialitätsprinzips in diesen Fällen bereits ausgeschlossen wird.[431]

Auffallend ist, daß ein kollektiver Günstigkeitsvergleich in beiden Ländern unter unterschiedlichen Vorzeichen zur Anwendung gelangt. In der Bundesrepublik beschränkt sich der Anwendungsbereich auf ablösende oder umstrukturierende Betriebsvereinbarungen, wenn unter anderem die Einhaltung von Vertrauensschutzgesichtspunkten im Vordergrund steht, während in Frankreich hauptsächlich bei einem Aufeinandertreffen mehrerer Tarifverträge kollektiv verglichen wird. Bereits diese unterschiedlichen Anwendungsbereiche deuten auf ein anderes Verständnis und eine andere Rechtspraxis in den Ländern hin. Es ist daher zu klären, ob Deutsche und Franzosen das gleiche meinen, wenn über einen kollektiven Günstigkeitsvergleich diskutiert wird und ob ein solcher Vergleich in der gleichen Weise durchgeführt wird.

I. Die Vergleichspraxis des BAG

Die Konstellationen, in denen nach der Rechtsprechung des BAG ein kollektiver Günstigkeitsvergleich durchzuführen ist, sind limitiert. Die Grundlage für diese im deutschen Arbeitsrecht neue Vergleichsform, auf der die Rechtsprechung der

---

[428] BAG GS, Beschluß vom 16.09.1986, AP Nr. 17 zu § 77 BetrVG 1972 = DB 1987, S. 383 (387).
[429] Siehe zuletzt das Urteil vom 15.11.2000, 5 AZR 310/99.
[430] Siehe oben S. 225 und das Urteil des Großen Senats vom 7.11.1989 AP Nr. 46 zu § 77 BetrVG.
[431] Siehe oben S. 204 ff.

folgenden Jahrzehnte aufbaut, hat der Große Senat des BAG hat zum ersten Mal in seinem Beschluß aus dem Jahr 1986[432] ausführlich dargelegt. Die Basis für die heutige gerichtliche Praxis ist daher in diesem Judikat niedergelegt.

1. Der kollektive Günstigkeitsvergleich nach dem Beschluß vom 16.9.1986

Der 5. Senat des BAG hatte mit Beschluß vom 8.12.1982[433] dem Großen Senat drei Fragen zur Entscheidung vorgelegt, die sich mit auftretenden Problemkonstellationen im Rahmen einer ablösenden Betriebsvereinbarung befaßten. Eine der Fragen, die in diesem Zusammenhang zu lösen war, war diejenige nach der Art des durchzuführenden Günstigkeitsvergleichs. Der Große Senat hat sich in diesem Zusammenhang für einen bisher in Literatur und Rechtsprechung kaum diskutiert kollektiven Vergleichsrahmen entschieden. Sein Verständnis eines solchen Vergleiches und die Vorstellungen über die Reichweite dieses neuen Rechtsinstituts hat der Große Senat im Beschlußtext niedergelegt.

Nach den Ausführungen des Großen Senates im Beschluß vom 16.9.1986 unter C II 4. in den Entscheidungsgründen[434] versteht das BAG unter einem kollektiven Günstigkeitsvergleich die Gegenüberstellung der Gesamtheit der Leistungen des Arbeitgebers vor und nach Abschluß einer Betriebsvereinbarung. Im Folgenden führt der Große Senat dann später unter C II 4. b) aus:

„Durch den kollektiven Bezug der Ansprüche wird die Eigenart der geschützten Rechtsposition eines einzelnen Arbeitnehmers gekennzeichnet. Die inhaltlichen Besonderheiten dieser Ansprüche bestimmen notwendigerweise die Kriterien des Vergleichsmaßstabes bei der Anwendung des Günstigkeitsprinzips. Dem Schutzzweck des Günstigkeitsprinzips entspricht es, wenn bei der Ablösung vertraglicher Einheitsregelungen nur ein kollektiver Günstigkeitsvergleich angestellt werden kann. Wenn die kollektiven Voraussetzungen und der Verteilungsplan das Bild einer vertraglichen Einheitsregelung bestimmen, dürfen bei der Anwendung des Günstigkeitsprinzips nicht die einzelnen Zusagen und Besitzstände als Maßstab benutzt werden. Entscheidend kann es nur auf den wirtschaftlichen Wert der Zusage insgesamt ankommen.

... Es kann nur auf die Vor- und Nachteile ankommen, die die Neureglung für die Belegschaft insgesamt zur Folge hat. Wenn die Leistungen des Arbeitgebers sich nicht insgesamt verringern oder sogar erweitert werden, steht das Günstigkeitsprinzip einer Ablösung nicht entgegen, auch wenn einzelne Arbeitnehmer dadurch schlechter gestellt werden sollten. Andererseits muß der Arbeitgeber zu seinem Wort stehen. Er kann sich von der wirtschaftlichen Gesamtlast seiner Zusagen im allgemeinen weder einseitig noch mit Hilfe des Betriebsrates ganz oder teilweise befreien."

---

[432] BAG GS, Beschluß vom 16.9.1986, AP Nr. 17 zu § 77 BetrVG 1972.
[433] AP Nr. 6 zu § 77 BetrVG 1972.
[434] AP Nr. 6 zu § 77 BetrVG 1972 = DB 1987, S. 383 (386 oben).

Zusammenfassend kann somit festgehalten werden, daß Inhaltsnormen einer nachfolgenden Betriebsvereinbarung vertraglich begründete Ansprüche der Arbeitnehmer mit kollektivem Bezug, die auf einer vom Arbeitgeber gesetzten Einheitsregelung oder Gesamtzusage beruhen, stets einschränken können, wenn die Neuregelung bei kollektiver Betrachtung für die Belegschaft keine Nachteile zur Folge hat. Das ist immer dann der Fall, wenn die geplanten Aufwendungen des Arbeitgebers für die Sozialleistung konstant bleiben oder erweitert werden. Darauf, ob einzelne Arbeitnehmer schlechter gestellt werden, kommt es dann nicht an.[435]

2. Die Praxis des durchzuführenden Vergleiches

Wie der Vergleich in der Praxis nach der Vorstellung des Großen Senates durchzuführen ist, wird in dem vorliegenden Beschlußtext deutlich beschrieben.

Auf der einen Seite des Vergleichs steht die Gesamtheit der Leistungen, die der Arbeitgeber aufgrund der bereits bestehenden Einzelzusagen an alle Arbeitnehmer zu zahlen hat. Gegenübergestellt wird der Betrag der Leistungen, die auf der Basis der neuen Betriebsvereinbarung an die gesamte Belegschaft auszukehren ist. Ändert sich diese Summe nicht oder zu Gunsten der Arbeitnehmer, so ist die Umstrukturierung durch die Betriebsvereinbarung günstiger und damit zulässig. Auf die Interessen einzelner Arbeitnehmer wird in diesem Fall keine Rücksicht genommen. Ergibt sich indes ein negatives Ergebnis zu Ungunsten der Gesamtheit der Belegschaft, so ist weiterhin die individuelle Abrede anzuwenden.

Verglichen wird damit nach der Rechtsprechung des BAG ausschließlich der jeweilige Dotierungsrahmen. Das bedeutet, betrachtet wird die zur Verteilung vorgesehene Masse. Bleibt diese gleich oder verbessert sich, so wird davon ausgegangen, daß damit auch die Interessen der Gesamtheit der Arbeitnehmer gewahrt werden und der Günstigkeitsvergleich zu Gunsten der Betriebsvereinbarung entschieden. Wenn der Große Senat hier daher von der Durchführung eines kollektiven Günstigkeitsvergleichs spricht, dann nur bezogen auf diese eine Komponente, die zugegebener Maßen am einfachsten zu handhaben ist. Alle anderen Kriterien bleiben jedoch außer Betracht.

Die Tatsache, daß darüber hinaus noch andere Gesichtspunkte für die Frage der Günstigkeitsabwägung von Bedeutung sein können, wie z.B. der Zeitpunkt der Zusage oder der Entsehung des Anspruches, wird bei einer solchen einseitigen Vergleichspraxis jedoch außer acht gelassen. Wichtig kann darüber hinaus auch eine Zukunftsprognose werden, denn es ist problemlos möglich, eine Betriebsvereinbarung so zu gestalten, daß in der Zukunft aufgrund der Struktur der Arbeitnehmer tatsächlich nur noch sehr wenige überhaupt einen Anspruch erwer-

[435] Siehe auch die Zusammenfassung des BAG im Beschlußtext unter C II 4. f), AP Nr. 6 zu § 77 BetrVG 1792 = DB 1987, S. 383 (388).

ben werden. In der Gegenwart würde damit der Verteilungsrahmen beibehalten, während in der Zukunft die Leistung praktisch abgeschafft wird.

An einem Beispiel verdeutlicht, könnte eine umstrukturierende Betriebsvereinbarung folgende Auswirkungen haben:
In einem Unternehmen mit einer verhältnismäßig hohen Altersstruktur werden die Jubiläumsgratifikationen neu geregelt. Während zuvor aufgrund einer Gesamtzusage die Regelung bestand, daß für je 5 Jahre Betriebszugehörigkeit eine Gratifikation gezahlt wurde, wird nunmehr durch eine Betriebsvereinbarung festgelegt, daß die Arbeitnehmer erst ab dem 10. Jahr Betriebszugehörigkeit eine Gratifikation erhalten und dann wieder bei 20 und 25. Die Höhe der Gratifikationen wird zu Gunsten der Arbeitnehmer erhöht. Aufgrund der sehr hohen Altersstruktur ist damit zu rechnen, daß sehr viele Arbeitnehmer eine entsprechende Betriebszugehörigkeitszeit erreichen werden, so daß nach der Rechtsprechung des BAG die Betriebsvereinbarung die Gesamtzusage verdrängt und damit in Zukunft grundsätzlich anzuwenden ist.
Nachdem aber die meisten der älteren Arbeitnehmer in Rente gegangen sind, werden die Arbeitsplätze mit jungen Leuten besetzt. Junge Arbeitnehmer bleiben statistisch gesehen jedoch in der heutigen Zeit häufig keine 10 Jahre im gleichen Unternehmen, so daß in der Zukunft kaum noch ein Arbeitnehmer eine Jubiläumsgratifikation erhalten wird. Diese ist damit praktisch abgeschafft worden. Bei einer Beibehaltung einer Gratifikation für fünfjährige Betriebszugehörigkeit besteht die Wahrscheinlichkeit des Erreichens dieser Grenze auch bei einer jüngeren Belegschaftsstruktur jedoch nach wie vor.

Dieses Bespiel zeigt, daß ein vorausschauender Arbeitgeber durch geschickte Planung betriebliche Sozialleistungen unter Ausnutzung dieser Rechtsprechung des BAG faktisch abschaffen kann, ohne eine Sanktion fürchten zu müssen. Gleichzeitig wird die Oberflächlichkeit und Vordergründigkeit der Günstigkeitsbetrachtung des BAG deutlich. Denn verglichen wird im Hinblick auf die Interessen der Arbeitnehmer, ob nun kollektiv oder individuell, nichts.[436] Nach diesen wird nicht einmal gefragt. Einem Arbeitgeber wird durch diese Rechtsprechung die Möglichkeit eröffnet, seine betrieblichen Sozialleistungen mit kollektivem Bezug umzugestalten, ohne daß Interessen einzelner hiergegen vorgebracht werden können. Der angeblich kollektiv durchgeführte Günstigkeitsvergleich erstreckt sich auf eine bloße Betrachtung der Verteilungsmasse. Worin ein Vergleich unter Zugrundelegung der Gesamtinteressen der Belegschaft liegen soll, ist nicht ersichtlich. Denn auch bei einem Gleichbleiben der Verteilungsmasse kann nicht unmittelbar auf die Vorteilhaftigkeit der neuen Regelung für einen oder die Gesamtheit der Arbeitnehmer geschlossen werden.

---

[436] Vgl. auch *Th. Schmidt,* Günstigkeitsprinzip, S. 117 f..

Der vom BAG „angeblich“ kollektiv durchgeführte Günstigkeitsvergleich ist daher eine „Mogelpackung“, da es letztendlich um nichts anderes geht als die Festlegung der Grenzen des zuvor propagierten Günstigkeitsprinzips im Hinblick auf dessen Anwendbarkeit bei ablösenden Betriebsvereinbarungen.[437] Die Ausführungen des Großen Senats des BAG zum kollektiven Günstigkeitsvergleich lassen sich daher auf die Aussage reduzieren, daß das Günstigkeitsprinzip als Kollisionsregeln bei Einheitsregelungen dann eine Grenze erfährt, wenn es sich um eine solche mit kollektivem Bezug handelt. Denn in diesen Fällen ist das Günstigkeitsprinzip als Kollisionsregel nicht mehr anwendbar, sondern die Einheitsregelung kann durch eine Betriebsvereinbarung ersetzt werden, wenn sich auf die Gesamtbelegschaft des Unternehmens bezogen die Verteilungsmasse im Zeitpunkt des Inkrafttretens der Betriebsvereinbarung insgesamt nicht ändert oder vermehrt.
Daß durch das BAG nur eine Grenze gesetzt wird, nicht aber die Neueinführung eines kollektiven Günstigkeitsvergleichs vorliegt, wird um so deutlicher, wenn die französische Vergleichspraxis gegen dieses System gestellt wird.

II. Die Vergleichspraxis der französischen Rechtsprechung

Der kollektive Günstigkeitsvergleich hat in Frankreich eine lange Tradition. Bereits im Urteil vom 11.01.1962[438] wurde von der Cour de Cassation zum ersten Mal ein kollektiver Günstigkeitsvergleich durchgeführt, indem sie beim Vergleich zweier gleichzeitig anwendbarer Tarifverträge die Interessen der Gesamtheit der Arbeitnehmer in den Vordergrund stellte. Diese Vergleichspraxis hat sich in den Folgejahren bei einem Aufeinandertreffen zweier zur gleichen Zeit geltenden Tarifverträge fortgesetzt und gehört heute zum täglichen Handwerkszeug eines Arbeitsrichters.[439]

1. Vergleichskonstellationen

Ein kollektiver Günstigkeitsvergleich wird in Frankreich stets bei einem Aufeinandertreffen zweier oder mehrerer gleichzeitig gültiger Tarifverträge durchgeführt.[440] Darüber hinaus ist seine Anwendung auch dann zu beobachten, wenn aufgrund einer clause de maintien des avantages acquis Regelungen nachfolgender Tarifverträge miteinander zu vergleichen sind.[441] Als Regel kann daher festgehalten werden, daß in Frankreich der Günstigkeitsvergleich stets dann unter einem kollektiven Blickwinkel vorgenommen wird, wenn zwei Kollektivvereinbarungen miteinander in Konflikt stehen.

---

[437] So auch *Th. Schmidt*, Günstigkeitsprinzip; S. 117 f.
[438] Dr. soc. 1962. S. 290 f.
[439] Siehe insoweit im 1. Teil, S. 136 ff.
[440] Siehe oben im 1. Teil S. 124 ff.
[441] Siehe oben im 1. Teil S. 127 ff.

Die vom BAG im Urteil vom 16.9.1986 beleuchtete besondere Problematik der Ablösung einer betrieblichen Einheitsregelung durch eine Kollektivvereinbarung ist indes in Frankreich in dieser Form nicht bekannt.[442] Arbeitsvertragliche Vereinbarungen werden ausschließlich als solche behandelt, gleichgültig ob in allen Arbeitsverträgen eines Betriebes die gleiche Regelung getroffen wird. Auch ein engagement unilatéral des Arbeitgebers, das mit einer betrieblichen Gesamtzusage im deutschen Arbeitsrecht gleichzusetzen ist, wird als vertragliche Einzelzusage gewertet, mit der Folge, daß ein individueller Günstigkeitsvergleich zwischen engagement unilatéral (oder Arbeitsvertrag) und dem Tarifvertrag durchgeführt wird.[443]

Ein kollektiver Günstigkeitsvergleich ist in Frankreich daher immer dann anzutreffen, wenn kollektivvertragliche Regelungen miteinander kollidieren. Da Betriebsvereinbarungen dort nicht bekannt sind, ist das ausschließlich bei einem Aufeinandertreffen zweier Tarifverträge der Fall. Andere Konstellationen treten nicht auf.

2. Vergleichstechnik

Der im französischen Recht zu beobachtende andere Ansatz setzt sich fort, wenn nunmehr die Art der Durchführung des Vergleichs betrachtet wird.

Werden die im 1. Teil zu Konflikten unter Tarifverträgen vorgestellten Urteile[444] als Ausgangspunkt zu Grunde gelegt, so fällt auf, daß die Cour de Cassation in keinem dieser Fälle einen Vergleich dahingehend vornimmt, ob die Verteilungsmasse in dem einen oder anderen Tarifvertrag größer ist oder gleich bleibt. Eine solche Vergleichstechnik ist der französischen Rechtsprechung fremd. Vielmehr lassen die Urteile erkennen, daß in der Form verfahren wird, daß in Bezug auf den jeweiligen Vergleichsgegenstand die Interessen der Gesamtheit der Arbeitnehmer in den Blick genommen und gegeneinander abgewogen werden. Das geschieht anhand einer Betrachtung der Auswirkungen der in Konflikt stehenden Tarifverträge auf alle Arbeitsverhältnisse und einer Auswertung der Ergebnisse im Hinblick darauf, welcher Tarifvertrag für die Mehrzahl der Arbeitnehmer günstiger ist. Hierbei bemüht sich das jeweilige Gericht, einen möglichst objektiven Standpunkt einzunehmen.

Deutlich werden die beiden unterschiedlichen Ansätze der Gerichte, wenn sie anhand eines Urteils der Cour de Cassation vom 3.11.1999[445] gegenüber gestellt werden.

---

[442] Das läßt sich aus der Tatsache schließen, daß eine vergleichbare Diskussion in der französischen Literatur nicht stattfindet.

[443] Vgl. das Urteil Cass. soc. 12.04.1995, Dr. soc. 1995, S. 684.

[444] Siehe S. 124 ff.

[445] Bull. Civ. V 1999, n° 429. Siehe zu diesem Urteil auch oben im 1. Teil, S. 134 f.

In einem Unternehmen war im Jahr 1977 ein Firmentarifvertrag mit mehreren Gewerkschaften über die Zahlung einer Gratifikation abgeschlossen worden. Im Jahre 1991 kam ein neuer Tarifvertrag nur mit einer dieser Gewerkschaften zu Stande, in der die Kalkulationsbasis geändert wurde. Da nicht alle Gewerkschaften, die den ursprünglichen Tarifvertrag abgeschlossen hatte auch diesem neuen Tarifvertrag beigetreten sind, standen sich aufgrund der damaligen Rechtslage zwei gültige Tarifverträge mit unterschiedlichen Berechnungsmodi für die Gratifikation gegenüber.

Hätte das BAG diesen Fall zu entscheiden gehabt[446], so wären die Richter folgendermaßen vorgegangen:
Für beide Tarifverträge wäre die Höhe der insgesamt an alle Arbeitnehmer zu zahlenden Gratifikationen ausgerechnet worden. Hätte sich im Rahmen dieser Berechnung herausgestellt, daß die nach dem zweiten Tarifvertrag auszuzahlenden Leistungen gleichwertig oder höher im Verhältnis zum ersten sind, wäre dieser günstiger und anzuwenden. Im umgekehrten Fall müßte die Anwendung des alten Tarifvertrages fortgesetzt werden.

Anders war jedoch die Vorgehensweise der französischen Gerichte. Diese haben die Vor- und Nachteile der Regelungen unter einem kollektiven Blickwinkel insgesamt miteinander verglichen. Nur ein Faktor im Rahmen dieses Vergleichs war die Höhe der aufgrund der beiden Tarifverträge zu zahlenden Gratifikationen. Verglichen wurde jedoch nicht die Verteilungsmasse, sondern die Kalkulationsbasis der Gratifikation auf deren Günstigkeit oder Ungünstigkeit zunächst für jeden einzelnen Arbeitnehmer. Danach erfolgte eine Überprüfung im Hinblick darauf, ob die Mehrheit der Arbeitnehmer (gebildet aus den Ergebnissen für jeden einzelnen Arbeitnehmer) prozentual gesehen besser oder schlechter gestellt wird. Hätte sich bei diesem Vergleich herausgestellt, daß de facto die Mehrzahl der Mitarbeiter besser gestellt wird, so wäre der neue Tarifvertrag anzuwenden gewesen, selbst wenn sich die Verteilungsmasse prozentual gesehen verringert hätte.

Aufgrund dieser Darstellung wird deutlich, daß die Ansätze der Gerichte in beiden Ländern verschieden sind. Während sich das BAG einen einzigen Gesichtspunkt für die Günstigkeitsbeurteilung herausgreift und diesen nur oberflächlich im Hinblick auf die Verteilungsmasse auswertet, ist die Vergleichsmethode der Cour de Cassation eine ganzheitliche. Die Interessen der Arbeitnehmer werden insgesamt beleuchtet. Das geschieht im Rahmen einer Überschlagsbetrachtung hinsichtlich der Auswirkungen des neuen Tarifvertrages auf die einzelnen Arbeitsverhältnisse. Ergibt sich hierbei, daß die weitaus meisten Arbeitnehmer

---

[446] An dieser Stelle wird nicht berücksichtigt, daß das BAG bereits aufgrund des Postulats einer Tarifeinheit im Betrieb nur zur Anwendung eines Tarifvertrages und hier des spezielleren gekommen wäre.

besser gestellt werden, so ist der neue Tarifvertrag der günstigere. In Einzelfällen können auch weitere Interessen der Arbeitnehmer wie z.B der Erhalt des Arbeitsplatzes und Zukunftsprognosen etc. in einen solchen Vergleich miteinbezogen werden.

Deutlich wird bei dieser Gegenüberstellung der Vergleichspraxis, daß das BAG tatsächlich keinen kollektiven Günstigkeitsvergleich vornimmt. Denn bei näherer Betrachtung ist erkennbar, daß bei einem derartigen Vergleich die Interessen der Mehrheit der Arbeitnehmer im Grunde nicht von Bedeutung sind. Ausschlaggebend ist allein das Gleichbleiben oder die Erhöhung der Verteilungsmasse. Darauf, ob jedoch das Gros der Arbeitnehmer tatsächlich besser gestellt wird, kommt es nach der Rechtsprechung des Bundesarbeitsgerichts indes nicht an. Das hat zur Folge, daß trotz eines Gleichbleibens der Verteilungsmasse die Möglichkeit besteht, daß die Mehrzahl der Arbeitnehmer de facto schlechter gestellt wird, weil nur einige wenige höhere Leistungen erhalten.

III. Ergebnis

Die Gegenüberstellung der Vergleichstechniken des BAGs und der Cour de Cassation hat gezeigt, daß trotz gleicher Bezeichnung unter dem Begriff „kollektiver Günstigkeitsvergleich" in den beiden Ländern nicht das gleiche verstanden wird. Darüber hinaus ist auch die Vergleichstechnik grundsätzlich verschieden. Während das Bundesarbeitsgericht hierunter nur eine Gegenüberstellung der Verteilungsmassen im Rahmen einer ablösenden Betriebsvereinarung bei Einzelzusagen mit kollektivem Bezug faßt, wendet die Cour de Cassation diese Vergleichstechnik grundsätzlich bei allen Konflikten zwischen Tarifverträgen an. Die Bedeutung eines kollektiven Günstigkeitsvergleichs ist damit in Frankreich erheblich größer. Verglichen werden dort die Interessen der Arbeitnehmer insgesamt. Das heißt, eine Gegenüberstellung der Tarifverträge erfolgt in der Form, daß die Auswirkung einer Regelung auf jedes einzelne Arbeitsverhältnis in den Blick genommen wird, um dann zu schauen, ob die Mehrzahl der Arbeitnehmer besser oder schlechter gestellt wird.

Stellt man die Auffassung des Bundesarbeitsgerichts dem gegenüber, so ergibt sich die Frage, ob seitens des BAGs tatsächlich ein kollektiver Günstigkeitsvergleich vorgenommen wird. Denn es wird weder deutlich, inwieweit die Interessen der Arbeitnehmer berücksichtigt werden, noch was außer dem Dotierungsrahmen verglichen wird. Ein bloßer Vergleich der Verteilungsmassen legt weder zwingend die Interessen der Arbeitnehmer zu Grunde, noch beinhaltet er eine Garantie, daß letztendlich die günstigste Regelung zur Anwendung gelangt.

Der Große Senat irrt daher, wenn er meint, in seinem Beschluß vom 16.9.1986 einen kollektiven Günstigkeitsvergleich im deutschen Arbeitsrecht eingeführt zu haben.[447] Tatsächlich werden durch die angewandte Methodik nämlich die Grenzen der Anwendbarkeit des Günstigkeitsprinzips im Hinblick auf die Ablösung einer betrieblichen Einheitsregelung mit kollektivem Bezug durch eine Betriebsvereinbarung festgelegt. Eine solche Ablösung durch einen Betriebsvereinbarung ist immer dann möglich, wenn die Verteilungsmasse gleich bleibt. Ein individueller Günstigkeitsvergleich kommt in diesen Fällen nicht zum Tragen. Die im Urteil vom 16.9.1986 zuvor getroffene Aussage, daß eine Einheitsregelung grundsätzlich als arbeitsvertragliche Regelung anzusehen ist und daher durch eine Betriebsvereinbarung nur dann abgelöst werden kann, wenn der Arbeitnehmer hierdurch besser gestellt wird, wird für diese Ausnahmefälle zurückgenommen. Ein kollektiver Günstigkeitsvergleich findet hingegen nicht statt.

Im deutschen Arbeitsrecht gibt es daher keinen kollektiven Günstigkeitsvergleich. Er hat methodisch nur dort seinen Platz, wo kollektivvertragliche Regelungen miteinander kollidieren. Diese Situation kann jedoch nach der Rechtsprechung im deutschen Recht nicht eintreten, da das BAG in ständiger Rechtsprechung bei Kollisionen von Tarifverträgen das Prinzip der Tarifeinheit und das Spezialitätsprinzip zu deren Lösung heranzieht und darüber hinaus eine Kollision einer Betriebsvereinbarung mit einem Tarifvertrag aufgrund des Tarifvorrangs des § 77 III BetrVG nahezu ausgeschlossen ist.

---

[447] Vgl. auch *R. Wank*, Anm. zu BAG EzA Nr. 20 zu § 77 BetrVG 1972, der unter B II, 2f den Begriff für eine *Falschbezeichnung* hält und *U. Ferderlin*, Der kollektive Günstigkeitsvergleich, S. 140 ff.

Gesamtergebnis

- Der Günstigkeitsgedanke durchzieht das gesamte französische Arbeitsrecht und ist äußerst facettenreich. Im französischen Gesetzestext werden der Günstigkeitsmaxime drei Funktionen zugeordnet. Sie dient zum einen als Grenze der Regelungsmacht (Art. L. 132-4 CT), zum anderen wird sie als Anpassungskriterium für Tarifverträge auf verschiedenen Verhandlungsebenen verwandt (Art. L.132-23 CT) und schließlich ist sie auch Kollisionsregel (Art. L. 135-2 CT). Die bedeutendste und wichtigste Funktion dieser drei ist die der Kollisionsregel. Denn nahezu alle Konflikte im französischen Arbeitsrecht werden durch das Günstigkeitsprinzip gelöst. Das gilt auch für solche Konfliktkonstellationen, deren Lösung nach dem Günstigkeitsprinzip nicht gesetzlich normiert ist, denn die Cour de Cassation hat in einem Urteil aus dem Jahr 1996 das Günstigkeitsprinzip als „principe général du droit du travail" eingestuft und diesem Prinzip somit den Status einer allgemeinen Kollisionsregel für das französische Arbeitsrecht verliehen.
- In der Bundesrepublik kommt das Günstigkeitsprinzip in zwei Funktionen zur Anwendung, nämlich als Schranke der Regelungsmacht und als Kollisionsregel. Gesetzlich normiert ist es ausschließlich in seiner Funktion als Schranke der Regelungsmacht. § 4 III TVG, § 28 II SprAuG und § 13 I BUrlG haben entgegen der allgemeinen Meinung in Literatur und Rechtsprechung nur diese Funktion und sind keine Kollisionsregeln. Für das Günstigkeitsprinzip in seiner Funktion als Kollisionsregel gibt es im deutschen Arbeitsrecht keine gesetzliche Normierung, sondern deren Anwendbarkeit ist nach allgemeinen Grundsätzen zu entwickeln. In Literatur und Rechtsprechung ist heute die Anwendung des Günstigkeitsprinzips in dieser Funktion für die meisten Konfliktkonstellationen anerkannt. Lediglich Konflikte unter Tarifverträgen sind nach der herrschenden Meinung in Literatur und Rechtsprechung nach dem Spezialitäts- und nicht nach dem Günstigkeitsprinzip zu lösen. Darüber hinaus ist aber auch eine Konfliktlösung zwischen Tarifverträgen und Betriebsvereinbarungen anhand dieses Prinzips in den meisten Fällen ausgeschlossen, weil § 77 III BetrVG die Funktion einer Schranke der Regelungsmacht erfüllt. Da auch das Günstigkeitsprinzip in seiner gesetzlich normierten Grundfunktion Schranke der Regelungsmacht ist, hat sich der Gesetzgeber bewußt für ein anderes Prinzip entschieden, so daß Betriebsvereinbarungen, die nach Abschluß eines Tarifvertrages in Kraft treten nicht von den Regelungen des Tarifvertrages abweichen dürfen, auch nicht zu Gunsten der Arbeitnehmer.
- Die einzelnen Funktionen der Günstigkeitsmaxime ziehen verschiedene Rechtsfolgen nach sich. Als Schranke der Regelungsmacht kommt die Günstigkeitsmaxime immer dann zur Geltung, wenn die Rechtsetzungsphase betroffen ist, so beispielsweise beim Aushandeln neuer Verträge. Ein

Abweichen von der jeweiligen Vorschrift, z.B. § 4 III TVG, zu Ungunsten der Arbeitnehmer hat in diesen Fällen zur Folge, daß die abweichende Regelung nichtig ist, weil die getroffene Vereinbarung, in dieser Form nicht von den Parteien geregelt werden konnte. Wird das Günstigkeitsprinzip hingegen in seiner Funktion als Kollisionsregel angewandt, also in Situationen, in denen sich zwei rechtsgültige Regelungen gegenüberstehen, die jede für sich Geltung beansprucht, wird die ungünstigere Regelung nur überlagert. Aufgrund dieser unterschiedlichen Rechtsfolgen ist stets genau abzugrenzen, in welcher Funktion das Günstigkeitsprinzip gerade angewandt wird. Es ist in den Blick zu nehmen, ob es sich um Vereinbarungen handelt, die vortariflich oder nachtariflich zu Stande gekommen sind, oder um Regelungen, die vor oder nach Abschluß einer Betriebsvereinbarung getroffen worden sind. Denn bei Abreden, die nach Abschluß eines Tarifvertrages oder einer Betriebsvereinbarung vereinbart werden, ist die Funktion der Schranke der Regelungsmacht einschlägig, während bei bereits vorher bestehenden Abmachungen die Kollisionsregel zur Anwendung gelangt.

- Die unterschiedlichen Rechtsfolgen wirken sich auf die Frage aus, ob eine Regelung nach Außerkrafttreten eines Tarifvertrages oder einer Betriebsvereinbarung wieder aufleben kann. Bei Vereinbarungen, die wegen einer Überschreitung der Regelungsmacht nichtig sind, ist ein Wiederaufleben nicht möglich. Eine Lücke insbesondere in den Arbeitsverträgen entsteht hierdurch jedoch nicht, da die nachwirkende tarifvertragliche Vorschrift diesen Raum solange einnimmt bis eine anderweitige, zum Beispiel arbeitsvertragliche Regelung, getroffen wird. Wird hingegen bei der Anwendung des Günstigkeitsprinzips als Kollisionsregel die entgegenstehende Regelung lediglich überlagert, so ist ein Wiederaufleben nach Außerkrafttreten des Tarifvertrages oder der Betriebsvereinbarung möglich.

- Die weitaus größte Anzahl von Konfliktkonstellationen, die es in Frankreich zu lösen gilt, besteht zwischen Tarifverträgen. Das liegt in der Gewerkschafts- und Tarifpluralität, die dort gegeben ist, begründet. In jedem Betrieb sind zumindest zwei Tarifverträge gleichzeitig anwendbar, nämlich ein Branchen- und ein Firmentarifvertrag. Darüber hinaus können auch Konstellationen auftreten, in denen verschiedene Gewerkschaften mit einem Arbeitgeber jeweils eigene Tarifverträge abgeschlossen haben. Ein großes Konfliktpotential liegt des weiteren in der sog. "clause de maintien des avantages acquis", die heute in fast jedem Tarifvertrag enthalten ist. Diese Regelung bewirkt, daß günstigere Vereinbarungen aus einem alten Tarifvertrag bei Abschluß eines neuen aufrechterhalten bleiben. Gelöst werden diese Konfliktfälle durch einen kollektiven Günstigkeitsvergleich, indem bei einem Vergleich die Interessen aller Arbeitnehmer oder in Einzelfällen auch nur der Betroffenen für die Bewertung der Günstigkeit einer Regelung zu Grunde gelegt werden. Die Cour de Cassation führt in ständiger Rechtsprechung einen Sachgruppenvergleich durch, dessen Rahmen je nach Komplexität der zu vergleichenden Vorschriften sehr weit gezogen werden kann. Aufgrund dieser Praxis werden in Frankreich Tarifverträge verschiedenen Ursprungs regelmäßig kombiniert, ohne daß es zu Schwierigkeiten kommt.

- In der Bundesrepublik hingegen gilt das Günstigkeitsprinzip bei einem Konflikt unter Tarifverträgen als nicht anwendbar. Das BAG wendet in diesen Fällen den Grundsatz der Tarifeinheit an und löst auftretende Konflikte nach dem Spezialitätsprinzip. Die Begründungen für die Heranziehung des Spezialitätsprinzips vermögen diese Entscheidung jedoch nicht zu tragen, denn sie gehen von fragwürdigen Prämissen aus. Bereits die vielfach anzutreffende Aussage, das Günstigkeitsprinzip sei nur bei Normen verschiedenen Ranges anwendbar, wird durch einen Blick auf das französische Recht widerlegt. Gleiches gilt für die Annahme, bei einer Anwendung mehrerer Tarifverträge in einem Betrieb komme es zu verwaltungstechnisch nur schwer lösbaren Problemen. Einem „Auseinanderreißen“ von Tarifverträgen steht Art. 9 III GG entgegen einer in Literatur und Rechtsprechung vielfach vertretenen Meinung ebenfalls nicht entgegen, denn es ist auch mit Art. 9 III GG nicht vereinbar, wenn die Regelungen einer Tarifpartei gar nicht zur Anwendung gelangen. Darüber hinaus zeigt ein Blick in die Entwicklungsgeschichte des TVG, daß der Gesetzgeber sich bewußt gegen die Regelung von Tarifkonkurrenz und Tarifkollisionen entschieden hat. Damit liegt eine Regelungslücke vor, die im Wege der Analogie oder unter Rückgriff auf ein im Gesetz angelegtes Prinzip zu schließen ist. Mangels einer gesetzlich normierten Kollisionsregel ist die Schließung der Lükke im Wege der Analogie nicht möglich. Das Prinzip der Tarifeinheit hingegen findet keine gesetzliche Verankerung im TVG, so daß es nicht herangezogen werden kann. Einzig normiert ist das Günstigkeitsprinzip, das auch bei Tarifkollisionen und Konkurrenzen als Konfliktlösungsregel heranzuziehen ist.

- Der vom BAG für den Sonderfall der Ablösung betrieblicher Sozialleistungen in Form von vertraglichen Einheitsregelungen durch eine Betriebsvereinbarung entwickelte kollektive Günstigkeitsvergleich ist kein solcher. Verglichen wird tatsächlich nur, ob die Leistungshöhe gleich bleibt oder sich verbessert. Erfüllt die Betriebsvereinbarung diese Voraussetzung, so wird unterstellt, daß die Regelung für die Gesamtheit der Arbeitnehmer günstiger ist. Tatsächlich kommen die Interessen der Arbeitnehmer bei einem solchen Vergleich jedoch nicht vor, denn es werden gerade nicht, wie das in Frankreich üblich ist, für jeden einzelnen oder Gruppen von Arbeitnehmern die Auswirkungen der Neuregelung ermittelt und dann in einer Gesamtschau überprüft, welche der Regelungen für die Mehrzahl der Arbeitnehmer günstiger ist. Tatsächlich ist das, was das BAG als kollektiven Günstigkeitsvergleich bezeichnet, nichts anderes, als die Festsetzung einer Grenze für die Anwendung des Günstigkeitsprinzip im Rahmen von ablösenden Betriebsvereinbarungen bei betrieblichen Sozialleistungen. Das Günstigkeitsprinzip wird damit in diesen Fällen gerade nicht angewandt, da nach der Rechtsprechung des BAG aus den vorzunehmenden vielen „Einzelgünstigkeitsvergleichen" ein Vergleich der Verteilungsmasse wird.

- Der Vergleichsrahmen wird in der französischen Rechtsprechung mitunter sehr weit gezogen. Eine Einbeziehung einer Beschäftigungsgarantie in den Günstigkeitsvergleich ist damit grundsätzlich möglich und zulässig und wird von den Gerichten auch durchgeführt. Das BAG hingegen lehnt eine solche Vergleichspraxis als einen „Vergleich zwischen Äpfeln- und Birnen" grundsätzlich ab. Bei der Durchführung des Vergleichs geht der Spruchkörper jedoch von fragwürdigen Prämissen aus. Eine Einbeziehung einer Beschäftigungsgarantie in den Günstigkeitsvergleich ist immer dann möglich und zulässig, wenn die Vertragsparteien diese erkennbar und bewußt zum Gegenstand ihrer Vertragsverhandlungen gemacht und in Beziehung zueinander gesetzt haben. Denn im Rahmen des Sachgruppenvergleichs ist zunächst ein subjektiver innerer Zusammenhang zu ermitteln, bevor ein objektiver Maßstab angesetzt werden kann. Ist der subjektive Wille der Vertragsparteien ermittelbar, so ist er der Vergleichspaarbildung zu Grunde zu legen. Da ein solcher innerer Zusammenhang im Rahmen des „Burda-Beschlusses" ermittelt werden kann, hätte das BAG die Beschäftigungsgarantie in den Vergleichsgegenstand einbeziehen müssen.

- Die Gefahren, die das BAG bei einer Einbeziehung einer Beschäftigungsgarantie in den Günstigkeitsvergleich sieht, sind „in den Griff zu bekommen". So können, wie dies z.B. bei betriebsbedingten Kündigungen der Fall ist, durch eine rigorose Darlegungs- und Beweislastverteilung zu Lasten der Arbeitgeber sehr hohe Anforderungen an die Darstellung einer betrieblichen Problemsituation gestellt werden. Des weiteren ist zu fordern, daß die Arbeitnehmer die Möglichkeit erhalten, jeder Zeit von einer solchen Vereinbarung zurückzutreten, um so in ihrer Entscheidung frei zu bleiben. Nicht zuletzt besteht die Möglichkeit, den Arbeitnehmern, wie das in Frankreich der Fall ist, Schadensersatzansprüche zu gewähren, falls sich ein Arbeitgeber nicht an die Zusagen hält.

Literaturverzeichnis

Adomeit, Klaus, Rechtsquellenfragen im Arbeitsrecht, München 1969.

ders., Zur Theorie des Tarifvertrages, RdA 1967, S. 297.

ders., Das Günstigkeitsprinzip - neu verstanden?, NJW 1984, S. 26.

ders., Arbeitsplätze und Solidarität , NJW 1994, S. 837.

ders., Der Tarifvertrag – liberal revidiert, NJW 2000, S. 1918.

Aliprantis, Nikitas, La place de la convention collective dans la hiérarchie des normes, Paris 1980.

ders., Conflits entre conventions collectives de niveaux différents: étude comparative, R.I.D.C. 1987, S. 7.

ders., Les organisations patronales et la justice en matière sociale, Paris 1981.

Aliprantis, Nikitas/Kessler, Francis (Hrsg.), Le droit collectif du travail – questions fondamentales – évolutions récentes; Études en hommage à Madame le Professeur Hélène Sinay, Frankfurt a.M. u.a. 1994.

Annuß, Georg, Der Eingriff in den Arbeitsvertrag durch Betriebsvereinbarung, NZA 2001, S. 756.

Arseguel, Albert, La notion d'organisations syndicales les plus représentatives, thèse Toulouse, 1976.

Barthélémy, Jacques, La négociation collective, outil de gestion de l'entreprise, J.C.P. 1987, éd. E, I 16937.

ders., L'aménagement des temps du travail depuis la loi du 28 février 1986, J.C.P. 1986, éd. E, I 15483.

ders., Négociations collective d'entreprise: dérogations et concessions, Dr. soc. 1988, S. 554.

Battis, Ulrich, Der Verfassungsverstoß und seine Rechtsfolgen, in: HStR VII, § 165, Heidelberg 1992.

Bauer, Jobst-Hubertus, Sprecherausschußgesetz, 2. Aufl., München 1990.

ders., Betriebliche Bündnisse für Arbeit vor dem Aus?, NZA 1999, S. 957.

ders., Flucht aus Tarifverträgen: Königs- oder Irrweg?, in: Tarifautonomie für ein neues Jahrhundert, Festschrift für Günter Schaub zum 65. Geburtstag, München 1998, S. 19.

Bélier, Gilles, Les dérogations au droit du travail dans les nouveaux contrats d'entreprise: réflexions critiques sur certains projets, Dr. soc. 1986, 49.

Belling, Detlev W., Das Günstigkeitsprinzip im Arbeitsrecht, Berlin 1984.

ders., Das Günstigkeitsprinzip im Betriebsverfassungsrecht, DB 1982, S. 2513.

ders., Das Günstigkeitsprinzip nach dem Beschluß des Großen Senats vom 16.9.1986, DB 1987, S. 1888.

Bengelsdorf, Peter, Tarifliche Arbeitszeitbestimmung und Günstigkeitsprinzip, ZfA 1990, S. 563.

Berg, Peter/Platow, Helmut, Unterlassungsanspruch der Gewerkschaften gegen tarifwidrige betriebliche Regelungen, DB 1999, S. 2362 ff.

Bergner, Ralf, Die *Zulässigkeit* kollektivvertraglicher Arbeitszeitregelungen und ihr Verhältnis zu abweichenden individualvertraglichen Vereinbarungen im Lichte des Günstigkeitsprinzips, Bochum 1994.

Bieback, Karl, Tarifrechtliche Probleme des Verbandswechsels von Arbeitgebern, DB 1989, S. 477.

Biedenkopf, Kurt, Grenzen der Tarifautonomie, Karlsruhe 1964.

Blomeyer, Wolfgang, Das kollektive Günstigkeitsprinzip - Bemerkungen zum Beschluß des Großen Senats des Bundesarbeitsgerichts vom 16.9.1986, DB 1987, S. 634.

ders., Das Günstigkeitsprinzip in der Betriebsverfassung, NZA 1996, S. 337.

ders., Arbeitsplätze und Solidarität, NJW 1994, S. 837.

Bocquillon, Fabrice, Que reste-t-il du «principe de faveur » ?, Dr. soc. 2001, S. 255.

ders., La dérogation en droit du travail, thèse, Straßburg 1999.

ders., De l'autorité du « principe de faveur », Anmerkung zum Urteil Conseil d'État vom 27. Juli 2001, RJS 2002, S. 9.

Bonnechère, Michèle, L'ordre public en droit du travail, ou la légitime résistance du droit du travail à la flexibilité, Dr. ouvr. 1988, S. 171.

dies., „L'ordre public" au sens du droit du travail, J.C.P. 1974, éd. C I, II 11604.

dies., Les tendances à la dèrèglementation et leur incidence sur la théorie des sources en droit du travail, Dr. soc. 1990, S. 40.

Boré, Jacques, La Cour de cassation et le principe d'égalité, Dr. soc. 1987, S. 137.

Borenfreund, Georges, Propos sur la représentativité syndicale, Dr. soc. 1988, S. 476.

ders., Le droit du travail en mal de transparence, Dr. soc. 1996, S. 465.

Branciard, Michel, La CFDT, Paris 1986.

Brethe de La Gressaye, Jean, De la nature juridique de la convention collective de travail, thése, Bordeaux 1921.

Brox, Hans/Rüthers, Bernd, Arbeitsrecht, 15. Aufl. Stuttgart/Berlin/Köln 2002.

Brun, André/Galland, Henri, Droit du travail, tome 2, Les rapports collectifs de travail, 2. Aufl. Paris 1978.

Buchner, Herbert, Der Unterlassungsanspruch der Gewerkschaft - Stabilisierung oder Ende des Verbandstarifvertrages?, NZA 1999, S. 897.

ders., Beschäftigungssicherung unter dem Günstigkeitsprinzip - Betriebliche Arbeitsplatzgarantie gegen Verzicht auf tarifliche Positionen?, DB 1996, Beilage 12, S. 1.

ders., Vereinheitlichung tariflicher Strukturen im Unternehmens- und Konzernbereich, in: Tarifautonomie für ein neues Jahrhundert, Festschrift für Günter Schaub zum 65. Geburtstag, München 1998, S. 75.

ders., Die tarifrechtliche Situation bei Verbandsaustritt und bei Auflösung eines Arbeitgeberverbandes, RdA 1997, S. 259.

ders., Wirkliche und vermeintliche Gefährdung der Tarifautonomie, in: Arbeitsrecht in der Bewährung, Festschrift für Otto Rudolf Kissel zum 65. Geburtstag, München 1994, S. 97.

Camerlynck, Guilleaume-Henri, Traité de droit du travail, 2. Aufl., Paris 1988.
Canaris, Claus-Wilhelm, Die Allgemeinen Arbeitsbedingungen im Schnittpunkt von Privat- und Kollektivautonomie, RdA 1974, S. 18.
Chauchard, Jean-Pierre, La conception française de la négociation et de la convention collective de travail, thèse, Paris I, 1984.
ders., Anmerkung zum Urteil ass. plén. vom 18. März 1988, D. 1989, S. 221.
Chalaron, Yves, Négociations et accords collectifs d'entreprise, Litec, Paris 1990.
ders., Conventions et accords collectifs, in: Juris-Classeur du travail, fascicule 19-10 bis 19-20.
ders., L'application de la disposition la plus favorable, in: Les transformations du droit du travail – Études offertes à Gérard Lyon-Caen, Paris 1989, S. 243.
Chevillard, Alain, La notion de la disposition plus favorable, Dr. soc. 1993, S. 363.
Chorin, Jacky, Le particularisme des relations du travail dans les entreprise publiques à statut, LGDJ, Paris 1994.
Chotard, Yvon, Les patrons et le patronat, Paris 1986.
Coester, Michael, Vorrangprinzip des Tarifvertrages, Heidelberg 1974.
Cohen, Maurice, Anmerkung zum Urteil Cass. soc. vom 08. Nov. 1994, Dr. soc. 1995, S. 68.
Courth, Paul, Günstigkeitsprinzip und Günstigkeitsvergleich im Spannungsfeld zwischen Individual- und Kollektivrecht, Diss. jur., Köln 1969.
Couturier, Gérard, L'ordre public de protection, heurs et malheurs d'une vieille notion neuve, in: Études offertes à Jacques Flour, Paris 1979, S. 95.
ders., Oberservations à l'arrêt de la Cour de Cassation, cass. soc. 19 février 1997, Dr. soc. 1997, S. 432.
ders., La méconnaissance d'un engagement de maintien d'emploi (À propos de l'arrêt Briou, Cass. Soc. 22. janvier 1998), Dr. Soc. 1998, S. 375.
Cruege, M.J., Le concept contractuel et les négociations collectives, thèse Paris I, 1974.

Däubler, Wolfgang, Tarifvertragsrecht, 3. Aufl., Baden-Baden 1993.
ders.; Verschlechterung der Arbeitsbedingungen durch Betriebsvereinbarung?, AuR 1984, S. 1.
ders.; Der Arbeitsvertrag - ein Mittel zur Verlängerung der Wochenarbeitszeit?, DB 1989, S. 2534.
ders.; Tarifausstieg - Erscheinungsform und Rechtsfolgen, NZA 1996, S. 225.

Delamotte, Yves/Marchand, Daniel; Le droit du travail en pratique, 13. Aufl., Paris 2000.
Déprez, Jean, Le régime juridique des avantages collectifs de source informelle à travers la jurisprudence, RJS 1995, S. 639.
ders., Conventions et accords collectifs, accords atypiques, usages, RJS 1992, S. 3.
ders., Anmerkung zum Urteil vom 01. März 1989, Dr. soc. 1989, S. 431.
Dersch, Hermann/Neumann, Ulrich, Bundesurlaubsgesetz, Kommentar, 8. Aufl., München 1997.
Despax, Michel, Négociations, conventions et accords collectifs, 2. Aufl., Paris 1989.
ders., La réforme du droit des conventions collectives par la loi n° 71-561 du 13 juillet 1971, Dr. soc. 1971, S. 530.
ders., L'exercice du droit d'opposition de l'article L. 132-26 CT à l'encontre d'accords sur la durée et l'aménagement du temps de travail, Dr. soc. 1991, S. 292.
ders., La place de la convention d'entreprise dans le système conventionnel, Dr. soc. 1988, S. 8.
ders., Anmerkung zum Urteil Cass. soc. 9. März 1989, Dr. soc. 1989, S. 931.
Dietrich, Thomas, Betriebliche Bündnisse für Arbeit und Tarifautonomie, DB 2001, S. 2398.
ders., Flexibilisiertes Tarifrecht und Grundgesetz, RdA 2002, S. 1.
Dietz, Rolf, Die Betriebsvereinbarung im heutigen Arbeitsrecht, RdA 1949, S. 161.
Dockès, Emmanuel, L'avantage individuel acquis, Dr. soc. 1993, S. 826.
ders., L'engagement unilatéral de l'employeur, Dr. Soc. 1994, S. 227.
ders., Anmerkung zum Urteil Cass. soc. vom 12. April 1995, Dr. soc. 1995, S. 684.
Dreier, Horst (Hrsg.), Grundgesetz, Kommentar, Band II, Art. 20-82, Tübingen 1998.
Dütz, Wilhelm, Arbeitsrecht, 7. Aufl., München 2002.
Durand, Paul, La loi du 11 février 1950 sur les conventions collectives, Dr. soc. 1950, S. 93, 155 und 186.
Durand, Paul/Vitu, André, Traité de droit du travail, tome III, Paris 1956.
Durand, Paul/Jaussaud, R. , Traité de droit du travail, tome I, Paris 1947.

Ehmann, Horst, Empfiehlt es sich die Regelungsbefugnis der Tarifpartner im Verhältnis zu den Betriebsparteien neu zu ordnen?, ZRP 1996, S. 314.
Ehmann, Horst/Lambrich, Thomas, Vorrang der Betriebsautonomie vor der Tarifautonomie kraft des Subsidiaritätsprinzips?, NZA 1996, S. 346.
Ehmann, Horst/Schmidt, Thomas B., Betriebsvereinbarungen und Tarifverträge, NZA 1995, S. 193.

Eisele, Franz, Unverbindlicher Gesetzesinhalt, AcP Bd. 69 (1886), S. 275 ff.
Engisch, Karl, Die Einheit der Rechtsordnung, Heidelberg 1935.
Ennecurus, Ludwig/Nipperdey, Hans Carl, Allgemeiner Teil des Bürgerlichen Rechts,
1. Halbband, 15. Aufl. Tübingen 1959;
2. Halbband, 15. Aufl. Tübingen 1960.
Etzel, Gerhard, Tarifordnung und Arbeitsvertrag, NZA, Beilage 1/1987, S. 19.
ders., Die Entwicklung des Tarifrechts in der Rechtsprechung des Vierten Senats des Bundesarbeitsgerichts unter Günter Schaub, in: Tarifautonomie für ein neues Jahrhundert, Festschrift für Günter Schaub zum 65. Geburtstag, München 1998, S. 173.

Fabricius, Fritz, Schrifttumsbesprechung, RdA 1973, S. 125.
Fabricius, Fritz/Kraft, Alfons/Wiese, Günther/Kreutz, Peter/Oetker, Hartmut/Raab, Thomas/Weber, Christoph, Gemeinschaftskommentar zum Betriebsverfassungsrecht, Band 2, 7. Aufl., Neuwied 2002 (zitiert: GK-BetrVG/Bearbeiter).
Farthmann, Friedhelm, Die Mitbestimmung des Betriebsrates bei der Regelung der Arbeitszeit, RdA 1974, S. 65.
Federlin, Ulrich, Der kollektive Günstigkeitsvergleich, Diss. jur., Gießen 1992.
Fenn, Herbert, Der Grundsatz der Tarifeinheit, in: Arbeitsrecht in der Bewährung, Festschrift für Otto Rudolf Kissel zum 65. Geburtstag, München 1994, S. 213.
Fette, Hans-Peter, Der Günstigkeitsvergleich im Urlaubsrecht, Diss. jur., Köln 1967.
Firnhaber, Ulrich, Das Günstigkeitsprinzip im Tarifvertragsrecht, Diss. jur., Kiel 1951.
Fischer, Christian, Anmerkung zu EzA Art. 9 GG, Nr. 65.
Fitting, Karl/Kaiser, Heinrich/Heither, Friedrich/Engels, Gert/Schmidt, Ingrid, Betriebsverfassungsgesetz, 21. Aufl., München 2002.
Flume, Werner, Allgemeiner Teil des Bürgerlichen Rechts, Band II - Das Rechtsgeschäft -, 4. Aufl. Berlin/Heidelberg/New York 1992.
Freihube, Dirk, Probleme der Tarifbindung in der Unternehmenskrise, Beschäftigungszusagen im Günstigkeitsvergleich und außerordentliche Kündigung des Tarifvertrages, Berlin 2001.
ders., Die einzelvertragliche Umsetzung von Beschäftigungsbündnissen, DB 2000, S. 1022.
Freyria, Charles, Les accords d'entreprise atypiques, Dr. soc. 1988, S. 43.
ders., Les accords d'entreprise atypiques, jurisprudence commentée, Dr. soc. 1988, S. 464.
Friedrich, Hans Wolf; Nachwirkender Tarifvertrag und seine Ablösung durch einen Tarifvertrag eines anderen Arbeitgeberverbandes mit einer anderen

Gewerkschaft – eine Fallstudie, in: Festschrift für Günter Schaub zum 65. Geburtstag, München 1998, S. 193.

Friant le, Martine, Die Rechtsprechung des BAG zum Günstigkeitsprinzip aus französischer und deutscher Sicht, NZA 2000, S. 81.

dies., La comparaison entre dispositions conventionnelles: la position de la Cour de cassation ne fait pas école Outre-Rhin, Dr. soc. 1999, S. 904.

Frik, Roman, Die neue Interpretation des Günstigkeitsprinzips in Frankreich, NZA 1998, S. 525.

ders., RdA 2000, S. 117.

Fröhlich, Armin, Eintritt und Beendigung der Nachwirkung von Tarifnormen, NZA 1992, S. 1105.

Frouin, Jean-Yves, L'envers du arrêt Basirico, Rapport du conseiller référendaire, Dr. soc. 1996, S. 608.

Gaillard, Thérèse, Généralités et sources, in: Juris-Classeur du travail, fascicule 1-10.

Gamillscheg, Franz, Kollektives Arbeitsrecht, Band I, München 1997.

Garbar, Christian, Le droit applicable au personnel des entreprises publiques à statut, LGDJ, Paris 1996.

Gatumel, Denis, Le droit du travail en France, 11. Aufl., Paris 2000.

Gélineau-Larrivet, Gérard, Quelques observations sur le respect des engagements en matière d'emploi, Dr. soc. 1998, S. 380.

Ghestin, Jacques, Traité de droit civil, tome II, 2 ème éd., Paris 1988.

Ghestin, Jacques/Goubeaux, Gilles, Traité de Droit Civil, Introduction Générale, 4. Aufl., Paris 1994.

Gitter, Wolfgang/Michalski, Lutz, Arbeitsrecht, 5. Aufl., Heidelberg 2002.

ders., Zum Maßstab des Günstigkeitsvergleichs, in: Festschrift für Ottfried Wlotzke, München 1996, S. 297.

Goineau, J., Anmerkung zum Urteil Cass. soc. vom 10. März 1988, D. 1989, somm., S. 201.

ders., Anmerkung zum Urteil Cass. soc. vom 10. Mai 1989, D. 1991, somm. 153.

Gramm, Hans, Das Ordnungsprinzip im kollektiven Arbeitsrecht, AuR 1961, S. 353.

Gross, Willi, Arbeitsrecht 2 - Kollektives Arbeitsrecht, 2. Aufl., Wiesbaden 1992.

Großmann, Ruprecht/Schneider, Friedrich, Arbeitsrecht, 9. Aufl., Bonn 1995.

Groutel, Hubert, La réforme du droit des conventions collectives (commentaire de la loi du 13 juillet 1971, J.C.P. 1972, I 2462.

ders., Anmerkung zum Urteil Cass. soc. vom 28. Jan. 1970, J.C.P. 1970 II, 16365.

Hablitzel, Hans, Das Verhältnis von Tarif- und Betriebsautonomie im Lichte des Subsidiaritätsprinzips, NZA 2001, S. 467.

Hänlein, Andreas, Frischer Wind für betriebliche „Bündnisse für Arbeit", DB 2001, S. 2097.

Hanau, Peter, Die Deregulierung von Tarifverträgen durch Betriebsvereinbarungen als Problem der Koalitionsfreiheit (Art. 9 III GG), RdA 1993, S. 1.

ders., Der Tarifvertrag in der Krise, RdA 1998, S. 65.

Hanau, Peter/Adomeit, Klaus, Arbeitsrecht, 12. Aufl., Neuwied 2000.

Heinze, Meinhard, Kollektive Arbeitsbedingungen im Spannungsfeld zwischen Tarif- und Betriebsautonomie, NZA 1995, S. 5.

ders., Tarifautonomie und sogenanntes Günstigkeitsprinzip, NZA 1991, S. 329.

Helml, Ewald, Entgeltfortzahlungsgesetz, Heidelberg 1995.

Herrmann, Elke, Günstigkeitsprinzip und die verschlechternde Betriebsvereinbarung, ZfA 1989, S. 577.

Herschel, Wilhelm, Buchbesprechung: Detlev Belling, Das Günstigkeitsprinzip im Arbeitsrecht, AuR 1985, S. 96.

ders., Gedanken zu Richterrecht und Tarifautonomie, AuR 1972, S. 129.

Hess, Harald/Schlochauer, Ursula/Worzolla, Michael/Glock, Dirk, Kommentar zum Betriebsverfassungsrecht, 6. Aufl., Neuwied 2003.

Hess, Harald, Rechtsfragen zum „betriebsnahen Tarifvertrag" unter Berücksichtigung von Tarifpluralitäten, RdA 1976, S. 45.

Höpfner, Bernard, Die normativen Wirkungen kollektivvertraglicher Inhaltsnormen - Verdrängung oder Vernichtung entgegenstehender einzelvertraglicher Regelungen?, Frankfurt a.M. 1995.

Hohenstatt, Klaus-Stefan, Problematische Ordnungsvorstellungen des BAG im Tarifrecht - Tarifpluralität und Tarifeinheit - zugleich Anmerkung zum BAG-Urteil vom 20.3.1991, DB 1992, S. 1678.

von Hoyningen-Huene, Gerrick, Betriebsverfassungrecht, 5. Aufl. München 2002.

von Hoyningen-Huene, Gerrick/Meier-Krenz, Ulrich, Mitbestimmung trotz Tarifvertrag?, NZA 1987, S. 793.

Hromadka, Wolfgang, Sprecherausschußgesetz, Neuwied 1991.

ders., Die belastende Betriebsvereinbarung, DB 1985, S. 864.

ders., Änderung und Ablösung von Einheitsarbeitsbedingungen - Zum Beschluß des Großen Senats des BAG über die ablösende Betriebsvereinbarung, NZA Beilage 3/1987, S. 2.

ders., Reformbedarf im Tarifrecht?, AuA 1996, S. 289.

ders., Zum Unterlassungsanspruch gegen tarifwidrige Bündnisse für Arbeit, ZTR 2000, S. 253.

Hübner, Ulrich/Constantinesco, Vlad, Einführung in das französische Recht, 4. Auflage, München 2001.

Hueck, Alfred/Nipperdey, Hans Carl, Lehrbuch des Arbeitsrechts,
Band I: Allgemeine Lehren, Individualarbeitsrecht, 7. Aufl., Berlin/Frankfurt a.M. 1963;
Band II: Kollektives Arbeitsrecht, 7. Aufl., Berlin/Frankfurt a.M. 1967;
sowie 1. und 2. Aufl., Mannheim/Berlin/Leipzig 1930.
Hueck, Alfred/Nipperdey, Hans Carl/Tophoven, Ernst, TVG, Kommentar, 3. Aufl., München/Berlin 1955.
Hueck, Götz, Zur Kollektiven Gestaltung der Einzalarbeitsverhältnisse, in: Festschrift für Erich Molitor zum 75. Geburtstag, München/Berlin 1962.

Ipsen, Jörn, Rechtsfolgen der Verfassungswidrigkeit von Norm und Einzelakt, Baden-Baden 1980.
Isele, Hellmut Georg, Ordnungsprinzip oder Parteiwille? Zur Rechtsnatur des Ordnungsprinzips im Arbeitsrecht, JZ 1964, S. 113.

Jacobs, Matthias, Tarifeinheit und Tarifkonkurrenz, Berlin 1999.
Jansen, Peter/Kißler, Leo/Kühne, Peter/Leggewie, Claus/Seul, Otmar Gewerkschaften in Frankreich, Frankfurt, New York 1986.
Jeammaud, Antoine, Le principe de faveur. Enquête sur une règle émergente, Dr. soc. 1999, S. 115.
ders., Les principes dans le droit français du travail, Dr. soc. 1982, S. 618.
Jobs, Friedhelm, Die Betriebsvereinbarung als kollektives Regelungsrecht zur Änderung von arbeitsvertraglichen Individual- und Gesamtzusagen, DB 1986, S. 1120.
Joost, Detlev, Betriebliche Mitbestimmung bei der Lohngestaltung im System von Tarifautonomie und Privatautonomie, ZfA 1993, S. 257.
ders., Tarifliche Grenzen der Verkürzung der Wochenarbeitszeit, ZfA 1984, S. 173.
Junker, Abbo, Der Flächentarifvertrag im Spannungsverhältnis von Tarifautonomie und betrieblicher Regelung, ZfA 1996, S. 383.

Käppler, Renate, Tarifvertragliche Regelungsmacht, NZA 1991, S. 745.
dies.; Voraussetzungen und Grenzen tarifdispositiven Richterrechts, Berlin 1977.
Kaiser, Heinrich/Dunkel, Hans/Hold, Dieter/Kleinsorge, Georg, Entgeltfortzahlungsgesetz, 5. Aufl., Köln 2000.
Kelsen, Hans, Reine Rechtslehre, 2. Aufl., Wien 1976 (unveränderter Nachdruck der 1. Aufl. 1960).
ders., Allgemeine Theorie der Normen, Wien 1979.
Kempen, Otto Ernst/Zachert, Ulrich, Tarifvertragsgesetz, Kommentar für die Praxis, 3. Aufl., Köln 1997.

Kessler, Francis, Das neue französische Tarifvertragsgesetz vom 13. November 1982, BlStSozArbR 1983, S. 369.
Kissel, Otto Rudolf, Kollektive Arbeitsbedingungen im Spannungsfeld zwischen Tarif- und Betriebsautonomie, NZA 1995, S. 1.
Klußmann, Günther, Das Verhältnis zwischen Tarifvertrag und Betriebsvereinbarung, Diss. jur., Göttingen, 1952.
Körner, Marita, Das andere Modell: Die französische Betriebsverfassung, NZA 2001, S. 429.
Konzen, Horst, Die Tarifeinheit im Betrieb, RdA 1978, S. 146.
ders., Die Tarifautonomie zwischen Akzeptanz und Kritik, NZA 1995, S. 913.
Kort, Michael, Arbeitszeitverlängerndes „Bündnis für Arbeit“ zwischen Arbeitgeber und Betriebsrat - Verstoß gegen die Tarifautonomie?, NZA 1997, S. 1476.
ders., Anmerkung zum Urteil BAG vom 21.09.1989, AR-Blattei, Betriebsvereinbarung, Entscheidung 50.
Kraus, Stefan, Günstigkeitsprinzip und Autonomiebestreben am Beispiel der Arbeitszeit, Bayreuth 1995.
ders., Der bunte Korb der Günstigkeit, NZA 1996, S. 294.
Kraft, Alfons, Tarifkonkurrenz, Tarifpluralität und das Prinzip der Tarifeinheit, RdA 1992, S. 161.
Krebber, Sebastian, Internationales Privatrecht des Kündigungsschutzes bei Arbeitsverhältnissen, Baden-Baden 1997.
Kreis, Werner, Die Zulässigkeit von Höchstarbeitsbedingungen, RdA 1961, S. 97.
Kronenberg, Kurt, Ausnahmen von der Unabdingbarkeit der Tarifnormen, Jena 1929.
Krieger, Gabriel, Das französische Tarifvertragsrecht, Heidelberg 1991.
Krummel, Christoph, Die Geschichte des Unabdingbarkeitgrundsatzes und des Günstigkeitsprinzips im Tarifvertragsrecht, Frankfurt a.M. 1991.
Kunst, Harald, das Günstigkeitsprinzip im Betriebsverfassungsrecht, Diss. jur., Bochum 1973.

Lagarde, Paul, Une application du principe de faveur dans le secteur du football professionel, Anmerkung zum Urteil Cass. soc. vom 6. Mai 1998, D. 1998, S. 611.
Lambrich, Thomas, Tarif- und Betriebsautonomie, Berlin 1999.
Lambrich, Thomas/Trappehl, Bernhard, Unterlassungsanspruch der Gewerkschaft – Stabilisierung oder Ende des Verbandstarifs?, NJW 1999, S. 3217.
Langlois, Philippe, La pluralité des conventions collectives applicables à un même contrat de travail, in: Aliprantis/Kessler (Hrsg.), Le droit collectif du travail – questions fondamentales – évolutions récentes; Études en hom-

mage à Madame le Professeur Hélène Sinay, Frankfurt a.M. u.a. 1994, S. 23.
ders., La Cour de cassation et le respect de la loi, D. 1997, S. 50.
ders., Anmerkung zum Urteil Cass. soc. vom 8. Juli 1980; D. 1981, IR 131.
Larenz, Karl, Methodenlehre der Rechtswissenschaft, 6. Aufl. Berlin, Heidelberg, New York 1991.
Larenz, Karl, Allgemeiner Teil des deutschen Bürgerlichen Rechts, 7. Aufl. München 1989.
Lechner, Wolfgang, Gewerkschaften und industrielle Beziehungen in Frankreich, Italien, Großbritannien und Deutschland, WSI Diskussionspapier, Düsseldorf 1997.
Leinemann, Wolfgang, Wirkungen von Tarifverträgen und Betriebsvereinbarungen, DB 1990, S. 732.
ders., Änderung einzelvertraglicher Ansprüche durch Betriebsvereinbarungen, DB 1985, S. 1394.
Leinemann, Wolfgang/Linck, Rüdiger, Urlaubsrecht, 2. Aufl., München 2001.
Lesch, Hagen, Dezentralisierung der Tarifpolitik und Reform des Tarifrechts, DB 2000, S. 322.
Lieb, Manfred, Mehr Flexibilität im Tarifvertragsrecht? „Moderne" Tendenzen auf dem Prüfstand, NZA 1994. S. 289 und S. 337.
ders., Arbeitsrecht, 7. Aufl., Heidelberg 2000.
Linnenkohl, Karl/Rauschenberg, Hans-Jürgen/Reh, Dirk, Abschied vom „Leber-Kompromiß" durch das Günstigkeitsprinzip?, BB 1990, S. 628.
Lochak, Danièle, Réflexions sur la notion de discrimination, Dr. soc. 1987, S. 778.
Löwisch, Manfred, Kommentar zum Sprecherausschußgesetz, 2. Aufl., Heidelberg 1994.
ders., Arbeitsrecht, 6. Aufl., Heidelberg 2002.
ders., Anmerkung zu BAG, Urteil vom 21.9.1989, AP Nr. 43 zu § 77 BetrVG 1972, Bl. 25 ff.
ders., Deliktschutz gegen abtrünnige Mitglieder?, BB 1999, S. 2080.
ders., Tariföffnung bei Unternehmens und Arbeitsplatzgefährdung, NJW 1997, S. 905.
Löwisch, Manfred/Rieble, Volker, Tarifvertragsgesetz (Kommentar), München 1992.
dies., Tarifvertragrechtliche und arbeitsrechtliche Fragen des Übergangs vom Haustarif zum Verbandstarif, in: Tarifautonomie für ein neues Jahrhundert, Festschrift für Günter Schaub zum 65. Geburtstag, München 1998, S.457.
Lotmar, Philip, Der Arbeitsvertrag nach dem Privatrecht des Deutschen Reiches, Band I. Leipzig 1902; Band II, Leipzig 1908.
Lyon-Caen, Gérard, La bataille truquée de la flexibilité, Dr. soc. 1985, 801.
ders., Négociation et législation d'ordre public, Dr. soc. 1973, S. 89.

Lyon-Caen, Gérard/Pélissier, Jean, Les grands arrêts du droit du travail, 2. Aufl., Paris 1980.
Lyon-Caen, Gérard/Pélissier, Jean/Supiot, Alain, Droit du travail, 19. Aufl., Paris 1998.
Lyon-Caen, Pierre, La solution du conflit de normes entre Code du travail et status des entreprise publiques par l'application de la règle la plus favorable aux salariés, Concluions de l'avocat général Pierre Lyon-Caen zu den Urteilen SNCF und EDF, Cass. soc. 17 juillet 1996, Dr. soc. 1996, S. 1049.
Lyon-Caen, Antoine, Anmerkung zum Urteil Cass. soc. 16. Jan. 1985, D. 1985, IR 439.
ders., Anmerkung zum Urteil Cass. soc. vom 9. März 1989, D. 1990, somm., 165.

Malaurie, Philippe, L'ordre public et le contrat (étude du droit civil comparé France, Angleterre, U.R.S.S.), Reims 1953.
Mankowski, Peter, Wichtige Klärungen im Internationalen Arbeitsrecht, Anm. zu BAG 29.10.92 2 AZR 267/92, IPRax 1994, S. 88.
Mansfeld/Pohl/Steinmann/Krause, Die Ordnung der nationalen Arbeit, Kommentar, München 1934.
Marienhagen, Rolf/Künzl, Reinhard, Entgeltfortzahlungsgesetz, Loseblatt, Stand Mai 2002, Neuwied.
Martens, Klaus-Peter, Das betriebsverfassungsrechtliche Ablösungsprinzip im System der §§ 87, 88, 77 BetrVG, RdA 1983, S. 217.
Maunz, Theodor/Dürig, Günter/Herzog, Roman/Scholz, Rupert (Hrsg.), Grundgesetz, Kommentar, Band II, Art. 12-21, 8. Aufl. 2000, Stand Juni 2002.
Meik, Frank Andreas, Zu Problemen der Bildung und Entscheidung tariflicher Einigungsstellen bei konkurrierenden bzw. gleichlautenden Tarifverträgen, DB 1990, S. 2522.
Merkel, Adolf, Allgemeines Verwaltungsrecht, Berlin 1927.
ders., Prolegomena einer Theorie des rechtlichen Stufenbaus, in: Festschrift für Hans Kelsen, Wien 1931, S. 252.
Merten, Philip, Das Prinzip der Tarifeinheit als arbeitsrechtliche Kollisionsnorm, BB 1993, S. 572.
Merten, Philip/Schwartz, Philip, Die Ablösung einer betrieblichen Übung durch Betriebsvereinbarung, DB 2001, S. 646.
Moll, Wilhelm, Der Ablösungsgedanke im Verhältnis zwischen Vertragsregelung und Betriebsvereinbarung, NZA 1988 (Beil. 1), S. 17.
Moor, Julius, Das Logische im Recht, Internationale Zeitschrift für Theorie des Rechts, Bd. II 1927/28, S. 165.
Morin, Marie-Laure, Le droit des salariés à la négociation collective principe général du droit, Paris 1994.
Mouriaux, René, La CGT, Paris 1982.

Müller, Bernd, Tarifkonkurrenz und Tarifpluralität, NZA 1989, S. 449.
Müller, Gerhard, Zum Verhältnis zwischen Betriebs- und Tarifautonome, AuR 1992, S. 257.
ders., Ablösung betrieblicher Einheitsregelungen durch Tarifvertrag, Düsseldorf, Frankfurt a.M. 1983.
Müller, Hans-Peter, Privatautonomie gegen Kollektivgewalt, DB 1999, S. 2310.
Münchener Kommentar, BGB, Band 1 – Allgemeiner Teil, §§ 1 – 240, 4. Aufl., München 2001 (zitiert: MünchKom/Bearbeiter).

Neumann, Dirk, Urlaubsrecht, 12.Aufl., München 2001.
ders., Arbeitszeit und Flexibilisierung, NZA 1990, S. 961.
Niebler, Michael/Schmiedl, Wolfgang, Sind Abweichungen vom Tarifvertrag zur Beschäftigungssicherung zulässig?, BB 2001, S. 1631.
Nikisch, Arthur, Arbeitsrecht, 1. Aufl., Tübingen 1951.
ders., Arbeitsrecht, Band I: Allgemeine Lehren und Arbeitsvertragsrecht, 3. Aufl., Tübingen 1961;
Band II: Koalitionsrecht, Arbeitskampfrecht und Tarifvertragsrecht, 2. Aufl., Tübingen 1959;
Band III: Betriebsverfassungsrecht, 1. Aufl., Tübingen 1967.
ders., Inhalt und Grenzen des tariflichen Günstigkeitsprinzips, DB 1963, S. 1254.
Nipperdey, Hans Carl, Mindestbedingungen und günstigere Arbeitsbedingungen nach dem Arbeitsordnungsgesetz (Ordnungsprinzip und Leistungsprinzip), in: Festschrift für Heinrich Lehmann zum 60. Geburtstag, München 1937, S. 257.

Oetker, Hartmut, Anmerkung zum Urteil BAG vom 31.01.1970, SAE 1970, S. 262.
Ollier, Pierre-Dominique, Le droit du travail, Paris 1972.
Olivier, Jean-Michel, Les conflits de sources en droit du travail interne, in: B. Teyssié (Hrsg.), Les sources du droit du travail, Paris 1998, S. 194.
Otto, Hansjörg, Anmerkung zu BAG, NZA 1987, S. 168.
ders., Anmerkung zum Urteil BAG vom 21.09.1989, EzA § 77 BetrVG, Nr. 33.

Palandt (Hrsg.), Bürgerliches Gesetzbuch (Kommentar), 62. Aufl., München 2003.
Papritz, Ludwig, Das Günstigkeitsprinzip im Arbeitsrecht – Auch in verfassungsrechtlicher Sicht, Diss. jur., Würzburg 1976.
Pélissier, Jean, Anmerkung zum Urteil Cass. soc. vom 18. Dez. 1975, D. 1976, J. 210.

Petit, Max, La nouvelle loi relative à „la négociation collective sur l'aménagement du temps de travail" dite loi sur la flexibilité, Dr. ouvr. 1986, S. 45.
ders., Une loi à tout casser?, Dr. ouvr. 1987, S. 371.
Pfarr, Heide M., Mitbestimmung bei der Ablösung und Verschlechterung allgemeiner Arbeitsbedingungen, BB 1983, S. 2001.
Prétot, Xavier, De l'esprit des circulaires et instructions et des rapports qu'elles entretiennent avec le droit social, RJS 1997, S. 415.

Radé, Christophe, Anmerkung zum Urteil cass. soc. 13. März 2001, Dr. soc. 2001, S. 572.
ders., Anmerkung zum Urteil cass. soc. 17. Juli 2001, Dr. soc. 2001, S. 1018.
ders., L'ordre public social et la renonciation du salarié, Dr. soc. 2002, S. 931.
Ramm, Thilo, Die Parteien des Tarifvertrages. Kritik und Neubegründung der Lehre vom Tarifvertrag, Arbeits- und sozialrechtliche Studien, Heft 7, Stuttgart 1961.
Ranon de la Vergne, Pierre, Les conventions collectives sous le régime de la loi du 11 février 1950, thèse, Paris 1951.
Ray, Jean-Emmanuel, Les accords sur le temps de travail, Dr. soc. 1988, S. 99.
Reichold, Hermann, Rechtsprobleme der Einführung der 32-Stunden-Woche durch Tarifvertrag und Betriebsvereinbarung, ZfA 1998, S. 237.
Reynaud, Jean-Daniel, Les syndicats en France, tome I, Paris 1975.
ders., De la CFTC à la CFDT, Dr. soc. 1965, S. 199.
ders., Les syndicats, les patrons et l'État, tendances de la négociation collective en France, Paris 1978.
Reuter, Dieter, Lohnbestimmung im Betrieb, ZfA 1993, S. 221.
ders., Die problematische Tarifeinheit - BAG, NZA 1991, 736, Jus 1992, S. 105.
ders., Das Verhältnis von Individualautonomie, Betriebsautonomie und Tarifautonomie, RdA 1991, S. 193.
Richardi, Reinhard, Betriebsverfassungsgesetz mit Wahlordnung, 8. Aufl. München 2002.
ders., Kollektivgewalt und Individualwille bei der Gestaltung des Arbeitsverhältnisses, München 1968.
ders., Eingriff in eine Arbeitsvertragsregelung durch Betriebsvereinbarung, RdA 1983, S. 201 und 278.
ders., Ablösung arbeitsvertraglicher Vereinbarungen durch Betriebsvereinbarung, NZA 1990, S. 331.
ders., Die Betriebsvereinbarung als Rechtsquelle des Arbeitsverhältnisses - Zur Reichweite eines betriebsverfassungsrechtlichen Gestaltungsrechts in einer rechtsgeschäftlichen Ordnung des Arbeitslebens, ZfA 1992, S. 307.
ders., Der Beschluß des Großen Senats des Bundesarbeitsgerichts zur ablösenden Betriebsvereinbarung, NZA 1987, S. 185.

Richardi, Reinhard/Wlotzke, Otfried (Hrsg.), Münchener Handbuch zum Arbeitsrecht, Band 1, Individualarbeitsrecht I, 2. Aufl., München 2000.
Rieble, Volker, Krise des Flächentarifvertrages?, RdA 1996, S. 151.
Rivero, Jean, Conventions collectives et solutions des conflits collectifs dans la loi du 11 février 1950, J.C.P. 1950 I 875.
Rodière, Pierre, La convention de travail en droit international, thèse, Paris 1977.
Rotschild-Souriac, Marie-Armelle, Les accords collectifs au niveau de l'entreprise, thèse, Paris 1986.
dies., Les accords de groupe, quelques difficultés juridiques, Dr. soc. 1991, S. 491.
dies., Anmerkung zum Urteil Cass. soc. vom 16. März 1989, D. 1989, somm. 163.
Rozès, Louis, Remarques sur l'ordre public en droit du travail, Dr. soc. 1977, S. 311.

Säcker, Franz-Jürgen, Das Verhältnis des Tarifvertrages zu den übrigen arbeitsrechtlichen Rechtsquellen, AR-Blattei (D).
ders., Tarifvorrang und Mitbestimmung des Betriebsrates beim Arbeitsentgelt, BB 1979, S. 1201.
ders., Die Regelung sozialer Angelegenheiten im Spannungsfeld zwischen tariflicher und bertriebsverfassungsrechtlicher Normsetzungsbefugnis, ZfA-Sonderheft 1972, S. 41.
ders., Gruppenautonomie und Übermachtkontrolle, Berlin 1972.
Säcker, Franz-Jürgen/Oetker, Hartmut, Tarifeinheit im Betrieb - ein Akt unzulässiger richterlicher Rechtsfortbildung?, ZfA 1993, S. 1.
Saramito, Jean, Les accords dérogatoires, Dr. ouvr. 1990, S. 253.
Savatier, Jean, Accords d'entreprise atypiques, Dr. soc. 1985, S. 188.
ders., Anmerkung zum Urteil Cass. soc. 17. juillet 1996 (EDF/SNCF), Dr. soc. 1996, S. 1054.
ders., Anmerkung zum Urteil Cass. soc. 11. Jan. 1962, Dr. soc. 1962, S. 290.
ders., Anmerkung zum Urteil, Ass. plén. 6. Febr. 1976, Dr. soc. 1976, S. 472.
ders., Anmerkung zum Urteil Cass. soc. 8. Juni 1999, Dr. soc. 1999, S. 852.
ders., Anmerkung zum Urteil Cass. soc. 8. Jan. 2002, Dr. soc. 2002, S. 473.
Scharmann, Giesela, Die ablösende Betriebsvereinbarung, Frankfurt a.M. 1988.
Schaub, Günter, Arbeitsrechts - Handbuch, 10. Aufl. München 2002.
Schelp, Günther, Tarifvertrag und Betriebsvereinbarung im Rahmen von § 59 des Betriebsverfassungsgesetzes, DB 1962, S. 1242.
Schlüter, Wilfried, Die Grenzen der Tarifmacht bei der Regelung der Wochenarbeitszeit, in: Festschrift für Stree und Wessels, Heidelberg 1993, S. 1061.
Schmidt, Thomas Benedikt, Das *Günstigkeitsprinzip* im Tarifvertrags- und Betriebsverfassungsrecht, Berlin 1994.

Schmidt, Gerhard, Einfluß eines Tarifvertragsabschlusses auf bestehende günstigere Abmachungen, RdA 1950, S. 336.
ders., Einfluß eines Tarifvertragsabschlusses auf bestehende günstigere Abmachungen, RdA 1952, S. 305.
ders., Das Günstigkeitsprinzip im Deutschen und Schweizerischen Arbeitsrecht, Diss. jur., Fribourg 1969.
Schmitt, Jochem, Entgeltfortzahlungsgesetz, 4. Aufl., München 1999.
ders., Anmerkung zum Urteil BAG vom 21.09.1989, SAE 1990, S. 329.
Schulze, Peter R., Das Günstigkeitsprinzip im Tarifvertragsrecht, Diss. jur., München 1985.
Siebert, Wolfgang, Kollektivnorm und Individualrecht im Arbeitsverhältnis, in: Festschrift für Hans Carl Nipperdey zum 60. Geburtstag, München/Berlin 1955, S. 119.
Sieg, Karl, Der Tarifvertrag im Blickpunkt der Dogmatik des Zivilrechts, AcP 151, S. 246.
Sinzheimer, Hugo, Der korporative Arbeitsnormenvertrag, 2. Aufl., Berlin 1977 (unveränderter Nachdruck der 1. Aufl. 1907/08).
Söllner, Alfred, Grundriß des Arbeitsrechts, 12. Aufl. München 1998.
ders., Tarifmacht – Grenzen und Grenzverschiebungen, NZA 2000, Sonderbeilage zu Heft 24, S. 33.
Stahlhacke, Eugen/Bachmann, Bernward/Bleistein, Franz-Josef/Berscheid, Ernst-Dieter, Gemeinschaftskommentar zum Bundesurlaubsgesetz, 5. Aufl. Neuwied 1992.
Staudinger, Bürgerliches Gesetzbuch, Kommentar, Buch 1, §§ 1 – 240, 11. Bearb., Berlin 1957.
ders., Buch 1, §§ 90 - 240, 12. Bearb., Berlin 1980.
ders., Buch 2, §§ 611 – 619, 12. Bearb., Berlin 1993.
ders.; Buch 2, §§ 611 – 615, 13. Bearb., Berlin 1999.
Supiot, Alain, Les juridictions du travail, Traité de droit du travail (Hrsg. Camerlynck), tome IX, Paris 1987.
ders.; Déréglemenation des relations de travail et autoréglementation de l'entreprise, Dr. soc. 1989, 195.

Tech, Karsten, Günstigkeitsprinzip und Günstigkeitsbeurteilung im Arbeitsrecht, Diss. jur., Kiel 1987.
Teyssié, Bernard (Hrsg.), Les sources du droit du travail, Paris 1998.
ders., Anmerkung zum Urteil Cass. soc. 19. Nov. 1997, Travail et Protection sociale 1998, n° 45.
Thüsing, Gregor, Der Schutz des Tarifvertrags vor den tariflich Geschützten, DB 1999, S. 1552.
Thuillier, Hugues, „Contribution à la théorie des sources en droit du travail". La réception des sources. Un ordre statuaire?, J.C.P. 1974, I 2649.

ders., Les usages en droit du travail, J.C.P. 1975 II 11699.
Tissandier, Hélène, L'articulation des niveaux de négociation: à la recherche de nouveaux principes, Dr. soc. 1997, S. 1045.
Trappehl, Bernhard/Lambrich, Thomas, Unterlassungsanspruch der Gewerkschaft - das Ende für betriebliche „Bündnisse für Arbeit"?, NJW 1999, S. 3217.
Tricot, Daniel, Le nouvel arrêt Basirico, Rapport du conseiller, Dr. soc. 1992, S. 360.
Tyska, Hans-Joachim, Das Günstigkeitsprinzip im Tarifvertragsrecht, Diss. jur., Bielefeld 1994.
ders., Die Zulässigkeit untertariflicher Löhne unter dem Blickpunkt von Tariföffnungsklauseln und Günstigkeitsprinzip, AuR 1985, S. 276.

Vachet, Gérard, Les accords atypiques, Dr. soc. 1990, S. 620.
ders., Les conflits entre conventions collectives en droit français, thèse, Lyon, 1977.
ders., Anmerkung zum Urteil Cass. soc. vom 9. März 1989, JCP, éd. E, 1992 II 324.
Voigt, Burkhard, Der kollektive Günstigkeitsvergleich im System der arbeitsrechtlichen Gestaltungsmittel, Pfaffenweiler 1992.
Walker, Wolf-Dietrich, Beschäftigungssicherung durch betriebliche Bündnisse für Arbeit, in: Festschrift für Günther Wiese zum 70. Geburtstag, Neuwied 1998, S. 603.
ders., Möglichkeiten und Grenzen einer flexibleren Gestaltung von Arbeitsbedingungen - Das Spannungsfeld zwischen Tarif- und Betriebsautonomie, ZfA 1996, S. 353.
Walter, R., Der Stufenbau nach der derogatorischen Kraft im österreichischen Recht. Zum 75. Geburtstag von Adolf Julius Merkl', Österreichische Juristenzeitung 1965, S. 169.
Waltermann, Raimund, Rechtsetzung durch Betriebsvereinbarung zwischen Privatautonomie und Tarifautonomie, Tübingen 1996.
ders., Zuständigkeiten und Regelungsbefugnisse im Spannungsfeld von Tarifautonomie und Betriebsautonomie, RdA 1996, S. 129.
Wank, Rolf, Empfiehlt es sich, die Regelungsbefugnisse der Tarifparteien im Verhältnis zu den Betriebsparteien neu zu ordnen?, NJW 1996, S. 2273.
ders., Anm. zu BAG EzA Nr. 20 zu § 77 BetrVG 1972.
Waquet, Philippe, Les arrêts de la chambre sociale de la Cour de Cassation, Dr. soc. 1998, S. 63.
Wenzeck, Joachim, Die verschlechternde Betriebsvereinbarung, Diss. jur., Gießen 1986.
Wiedemann, Herbert (Hrsg.), Tarifvertragsgesetz, 6. Aufl., München 1999.

Witzig, Andreas, Der Grundsatz der Tarifeinheit und die Lösung von Tarifkonkurrenzen, Diss. jur., Kiel 1992.
Wlotzke, Otfried, Das Günstigkeitsprinzip im Verhältnis des Tarifvertrags zum Einzelarbeitsvertrag und zur Betriebsvereinbarung, Heidelberg 1957.
Wohlfarth, Hans-Dieter, Stärkung der Koalitionsfreiheit durch das BAG, NZA 1999, S. 962.
Wollenschläger, Michael, Arbeitsrecht, 1. Aufl., Köln 1999.

Yurtsev, Abdelkadir, Die Bedeutung des Günstigkeitsprinzips bei der Abänderung von Sozialleistungen durch Tarifvertrag und Betriebsvereinbarung, Diss. jur., Kiel 1996.

Zachert, Ulrich, Krise des Flächentarifvertrages? Herausforderungen für das Tarifrecht, RdA 1996, S. 140.
ders., Hat der Flächentarifvertrag noch eine Zukunft?, AuA 1996, S. 293.
ders., Individuum und Kollektiv im Arbeitsrecht: alte Fragen – neue Probleme, AuR 2002, S. 41.
Zeuner, Albrecht, Günstigkeitsprinzip und Verbandsbeschluß zur Verhinderung übertariflicher Arbeitsbedingungen, DB 1965, S. 630.
Zöllner, Wolfgang/Loritz, Karl-Georg, Arbeitsrecht, 5. Aufl., München 1998.
ders., Die Zulässigkeit einzelvertraglicher Verlängerung der tariflichen Wochenarbeitszeit, DB 1989, S. 2121.
ders., Flexibilisierung des Arbeitsrechts, ZfA 1988, S. 265.
ders., Immanente Grenzen arbeitsvertraglicher Regelungen, RdA 1989, S. 152.
ders., Privatautonomie und Arbeitsverhältnis. Bemerkungen zur Parität und Richtigkeitsgewähr beim Arbeitsvertrag, AcP 176, S. 221.

Kolibri 360 GmbH
Ferdinand-Jühlke-Straße 7
99095 Erfurt, Deutschland
produktsicherheit@kolibri360.de

Druck:
CPI Druckdienstleistungen GmbH
im Auftrag der
Kolibri 360 GmbH
Ferdinand-Jühlke-Str. 7
99095 Erfurt